乌克兰民法典

刘鹏 译

商务印书馆
创于1897
The Commercial Press

ЦИВІЛЬНИЙ КОДЕКС УКРАЇНИ

乌克兰民法典

刘鹏　译

《乌克兰最高拉达公报》（ВВР）2003 年第 40—44 期

译者序言

一

乌克兰位于欧洲中东部，首都基辅。根据乌克兰国家统计局 2019 年 2 月的数据，乌克兰常住居民 41953020 人，现有人口 42122657 人，国家宪法体制范围内的领土面积为 603549 平方公里。居民人数占世界第 38 位，领土面积占世界第 44 位。就完全位于欧洲的国家而言，乌克兰的领土面积为欧洲国家之最。根据国际货币基金组织 2019 年的数据，乌克兰的国内生产总值，2017 年为 1121.28 亿美元，2018 年为 1263.90 亿美元，在欧洲 46 国中居第 23 位，世界第 59 位。

国内对乌克兰历史的认识，通常从基辅罗斯开始。实际上，同其他许多民族国家一样，乌克兰的历史可以追溯到史前时代。公元前 5000—前 3000 年，在这片土地上形成了第聂伯—顿河文化。公元前 1500 年，最初的游牧部落——辛梅里安人迁徙进入乌克兰的草原部分；公元前 7 世纪，他们被斯基泰人取代，斯基泰人在这片土地上建立了完全意义上的国家。与此同时，希腊人开始在黑海沿岸定居。公元前 2 世纪，萨尔玛特人在这个区域聚集，他们驱逐了斯基泰人，并开始长期统治这片土地。公元 3 世纪，哥特人迁入此地，并组建了自己的国家。后来，哥特人又被匈奴人取代，但匈奴人又受到罗马人的驱逐，四散而去。后来，斯拉夫部族开始逐渐在这片土地上定居，由于罗马帝国发生危机，无法顾及外省，于是，斯拉夫人开始在这片土地上生养众多，形成了自己的文化和语言，并分散为不同的部族。这些斯拉夫部族和平相处，但受到阿瓦尔汗国和哈萨克汗国的影响。9世纪，开始了乌克兰历史的正式阶段——基辅罗斯时期，实际上，东斯拉夫部族的联合大致在7世纪就开始了。

基辅罗斯是乌克兰土地上第一个完整意义上的国家。它的起源与留里克王朝密切相关。留里克王朝的第一位大公是奥列格，他巩固并发展了国家，通过战争获得了拜占庭的承认，并最终摆脱哈萨克汗国获得独立。留里克王朝期间，有女大公奥尔佳受洗，有弗拉基米尔和雅罗斯拉夫大公统治的黄金时期，不仅使乌克兰保持独立，而且在世界上获得承认。雅罗斯拉夫大公之后，乌克兰国家开始衰落，其土地被邻近的基辅、契尔尼戈夫、加利西亚、弗拉基米尔—沃伦、佩利亚斯拉夫等公国瓜分。这些小国经常被游牧民族侵扰，在13世纪它们彻底被金帐汗国征服，沦为其朝贡国。14世纪初，立陶宛公国兼并了基辅、契尔尼戈夫、沃伦、加利西亚的土地，巩固了自己的政权，具备了抵抗金帐汗国的能力。随后，莫斯科公国开始在政治舞台上登场。

随后，乌克兰的历史开始与波兰王国联系在一起。15—16世纪，波兰王国开始夺取邻近的土地。首当其冲的是占有乌克兰大部分土地的立陶宛公国。1569年的卢布林联合，将波兰和立陶宛的土地联合为波兰立陶宛联邦。对于普通人民而言，加入波兰只会使他们的状况更为糟糕，如同立陶宛贵族一样，波兰贵族无力保护农民免受游牧民族侵扰，也未能阻止农民向其纳贡。为了阻碍可能的反抗，开始进行宗教改革，但这个举措引发平民和小贵族的坚决反对。复杂的情况激发了哥萨克人的出现。由于厌倦了波兰人的枷锁，以及鞑靼人和土耳其人经常性的攻击，一些男子开始离开居住点，在禁区建立了军事据点，这种据点被称作谢奇。在此居住和接受训练的战士，被称作哥萨克。

　　哥萨克的人数和技艺在不断增长，他们实际上在波兰立陶宛联邦内部建立了自己的国家。他们的军队不仅防御土耳其人和鞑靼人，也会每年进攻大型商业城市，解放为奴的同胞。哥萨克军队的日益壮大引发小贵族的担忧，他们试图监控并利用哥萨克军队，为己所用。1648年，哥萨克领袖波格丹·赫梅利尼茨基起义，控制了乌克兰的大部分土地，成为乌克兰历史上的重要事件。1651年，波兰人集结武装力量，收回了失去的领土。接下来的三年，哥萨克高层试图维系自己的国家，但必须在回归波兰立陶宛联邦的统治和建立其他联盟之间选择。赫梅利尼茨基选择了后者，缔结了将哥萨克土地并入莫斯科王国的条约。此后，乌克兰与俄罗斯开始复杂交织的历史进程。联合起来的哥萨克和莫斯科的军队，在若干年内削弱了波兰人的统治。根据1667年休战协定的结果，乌克兰沿第聂伯河而分，左岸归莫斯科王国，名为盖特曼，由哥萨克高层管理；右岸归波兰立陶宛联邦。

　　赫梅利尼茨基死后的权力斗争，导致乌克兰左岸的盖特曼日渐衰落。1772—1795年，在与波兰立陶宛联邦的战争后，右岸被夺回的领土被并入小俄罗斯。此外，1768—1774年的俄土战争后，第聂伯、近亚速海地区和克里米亚成为乌克兰的组成部分。恰恰是在俄罗斯帝国的帮助下，大部分乌克兰的土地在法律上得以联合。当然，在现实生活中，所有俄罗斯的军队中，也都有哥萨克的身影。后来，为巩固帝国，叶卡捷琳娜二世剥夺了哥萨克高层的土地，并解散了谢奇，这被视为哥萨克的终结。

　　18世纪末，乌克兰最终成为小俄罗斯，完全失去独立性。但这在某种程度上刺激了其上层人士民族自我意识的发展。随后，在乌克兰组建了众多文化和政治组织,寻求组建独立的国家。20世纪初,在乌克兰的土地上,到处都有寻求分离的努力,而第一次世界大战和十月革命为其提供了可能性。

二月革命后,在乌克兰领土上曾出现16个国家。在基辅,组建了乌克兰中央拉达,宣告成立乌克兰人民共和国。与此同时,列宁领导的布尔什维克在彼得格勒获取十月革命的胜利,1917年12月5日,乌克兰苏维埃社会主义共和国成立,1918年,西乌克兰被波兰占领。1922年苏联成立,东乌克兰成为苏联创始加盟国之一。

加入苏联后,乌克兰的社会经济有了很大发展,工业和农业均有很大成绩。1920年,乌克兰参加了列宁倡导的全国电气化计划,1921年,实行了列宁的新经济政策。1925年,苏联开始搞社会主义工业化,相继制订五年计划。在第二个五年计划期间,乌克兰工业产值增加一倍多。1936年社会主义经济成分在全部工业产值中占99.8%,在全部农业产值中占97.7%。农业集体化全部实现,人民物质和文化生活有很大提高。

1939年11月,西乌克兰与乌克兰苏维埃社会主义共和国合并。1941年,乌克兰被德国法西斯占领,1944年10月,乌克兰解放。1945年10月,乌克兰苏维埃社会主义共和国作为一个非独立国同苏联一起加入联合国。1990年7月16日,乌克兰最高拉达通过《主权宣言》。1991年8月24日,乌克兰正式宣布独立。

二

1996年6月28日,乌克兰最高拉达通过了《乌克兰宪法》。《乌克兰宪法》共15章,161条,为乌克兰国家确立了基本法。截至目前,该宪法经过 7 次修改,最近一次修改日期为 2019 年 9 月 3 日。根据《乌克兰宪法》,乌克兰承认并且实施法治原则,乌克兰宪法具有最高的法律效力,法律和其他规范性法律文件在乌克兰宪法的基础上适用,并且必须符合宪法。乌克兰宪法的规范是直接适用的规范,为保护人和公民的权利与自由,可基于乌克兰宪法直接诉诸法院。在宪法的基础上,乌克兰构建了完整的法律体系。其中,法的一般领域,由法典调整;法的特别领域,由法律调整。在广义的民事领域,通过的法典主要有民法典、家庭法典、经济法典,还有民事诉讼法典、经济诉讼法典、仲裁程序法典等;通过的民事法律包括为数众多的单行法。

与民法典相关的宪法条文,主要规定在《乌克兰宪法》第二编"人和公民的权利、自由和义务"之中。对此,《乌克兰民法典》第270 条第 1 款规定:"根据乌克兰宪法,自然人享有生命权,健康保护权,保障生命和健康的安全环境权,自由和人身不受侵犯权,个人和家庭生活不受侵犯权,名誉和尊严受到尊重权,通信、电话、电报和其他通讯秘密权,住所不受侵犯权,自由选择居所地和自由迁徙权,自由进行文学、艺术、科学和技术创造权。"并且,"乌克兰宪法、本法典和其他法律确定的人身非财产权清单不是封闭性的"。

三

乌克兰成立后,在法律转型的过程中,那些不违反乌克兰立法的苏联立法仍然适用,包括 1963 年《乌克兰苏维埃社会主义共和国民法典》。1994 年起,乌克兰开始启动新的立法活动,民法典即在其中。在民法典制定过程中,产生了很多争议问题,包括民事法典与经济法典是否分立,选择哪个法律体系作为样本、在多大程度上参考,未来法典的结构,是否应当调整家庭法律关系和涉外民事法律关系,等等。

就法律移植与法典的体系而言,乌克兰学者的意见可分为三类。第一类可概括为罗马—日耳曼学派。例如,申舒琴科(Ю. С. Шемшученко)认为,当代乌克兰的法律体系更接近罗马—日耳曼体系,尽管与其有一系列实质性的差别(近来乌克兰则强化了从盎格鲁—撒克逊法继受元素的进程);哈利托诺夫(Е. О. Харитонов)指出了采用罗马私法的思想和现代化的制度的可行性,因为罗马私法是许多西方法典的第一渊源。第二类可概括为文明民法学派,其比较视野更为广泛,如班杜尔卡(А. М. Бандурка)、普希金(А. А. Пушкин)、斯卡昆(О. Ф. Скакун)认为,现行西方国家民法典都应进入乌克兰民法典作者的视野,以便采用文明民法学宝库中所有有价值的学说。第三类可概括为苏维埃学派,如马特维耶夫(Г. К. Матвеев)、皮多普利戈拉(А. А. Пидопригора)认为,许多民法学者公正地注意到采用1991年民事立法纲要的可行性,尽管这个纲要并未生效,但成为苏维埃民法学的最高成就。

十年磨一剑。《乌克兰民法典》最终于2003年1月16日由乌克兰最高拉达通过,自2004年1月1日起生效。在不少国家,法典通过后,修订是一种常态的立法活动。截至目前,《乌克兰民法典》历经几十次修订,最近一次修订日期为2021年9月8日。

四

《乌克兰民法典》共6卷,90章,1308条。第1卷总则(Загальні положення),第2卷自然人的人身非财产权(Особисті немайнові права фізичної особи)，第 3 卷所有权和其他物权（ Право власності та інші речові права ），第 4 卷智力所有权（ інтелектуальноі власності ），第 5 卷债权（ Зобов'язальне право ），第 6 卷继承权（ Спадкове право ）。卷下设编；编下或设分编（如第 5 卷债权第三编债的特定种类下设合同之债与非合同之债两个分编），或直接设章、（节）、条、款、（段）。纵向对比《乌克兰民法典》与 1963 年《乌克兰苏维埃社会主义共和国民法典》，最明显的变化，一是《乌克兰民法典》设卷统领各编；二是删去外国公民和无国籍人的民事权利能力、外国民法和国际条约的适用编；三是合并智力所有权编为智力所有权卷；四是增补人身非财产权卷。

　　《乌克兰民法典》的 6 卷体系，集中体现了乌克兰国家在民法法典化和体系化方面的最高成就。从外在体系和法律渊源等形式层面看，这部民法典具有鲜明的体系化特色。判断一部民法典的体系性是否科学，不应依照德国民法典、法国民法典这些经典类型甚至"理想类型"，而应当从一国民法体系所具有的调整民事权利义务关系的功能角度出发，才会得出比较科学的学术判断。

　　首先，在乌克兰的法律体系中，民法典、家庭法典与经济法典并存。其中，民法典调整民事关系，即人身非财产和财产关系，其基础是参加者的法律地位平等、意思表示自由和财产独立；家庭法典的目的是，巩固家庭作为社会机构和具体的人的联合体，确定婚姻的基础，夫妻的人身非财产和财产权利与义务，父母和子女、养父母和养子女、其他家庭成员和近亲属的人身非财产和财产权利与义务产生的根据；经济法典确定在乌克兰经济活动的基础，调整经济主体之间以及这些主体与经济领域关系的其他参加者之间，在组织和进行经济活动中产生的经济关系。

　　其次，在乌克兰的民法体系中，民法典与民事立法的其他法律文件并存。乌克兰宪法是乌克兰民事立法的基础,乌克兰民法典是民事立法的基本文件,在这两者之外,仍然存在一系列不同位阶的民事立法。一是其他法律,当立法提案权主体向乌克兰最高拉达提交的调整民事关系的法律草案与民法典不同的,其应当同时提交关于修改乌克兰民法典的法律草案,这些法律草案由乌克兰最高拉达同时审议。二是乌克兰总统的法令,但仅在宪法有规定的情形。三是乌克兰内阁的决议,且不得违反民法典和其他法律规定。四是在乌克兰宪法和法律规定的情形和范围内,乌克兰其他国家政权机关可做出调整民事关系的规范性法律文件。

最后,从法典的外在体系看,《乌克兰民法典》设置总则卷,下设基本规定,人,民事权利的客体,法律行为、代理,期间和期日、诉讼时效5编,概念清晰,内容完整,增强了整部法典的逻辑性和体系性。总则卷之后,法典按照从人身关系到财产关系的逻辑展开;在人身关系中,按照从自然性权利到社会性权利的顺序铺设;在财产关系中,则按照"先静后动"的逻辑构建,线索清晰,逻辑严密。

第2卷为自然人的人身非财产权,全面规定了人身非财产权的概念、种类、内容、行使、保障、限制、保护等内容,并将人身非财产权做了类型化的规范,即保障自然人自然存在的人身非财产权和保障自然人社会存在的人身非财产权。第3卷为所有权和其他物权,下设所有权编和对他人财产的物权编。人对物(财产)的权利即所有权,其根据自己的意志依法实现,不取决于其他人的意志。对他人财产的物权则包括占有权、使用权(役权)、为农业需要对地块的使用权(永佃权)、地块建造权(地上权)。第4卷为智力所有权,即人对智力、创造活动的成果,或者对本法典和其他法律确定的智力财产权的其他客体的权利。第5卷为债权,下设关于债的总则、关于合同的总则、债的特定种类三编。债是一种法律关系,在其中,一方当事人（债务人）有义务实施有利于另一方当事人（债权人）的特定行为（移转财产、完成工作、提供劳务、偿付金钱等），或者不实施特定行为（否定的债），债权人有权要求债务人履行其债务。第6卷为继承权，继承即权利和义务（遗产）从死亡的自然人（被继承人）移转给其他人（继承）。显而易见，如果说所有权和其他物权、智力所有权为"静"，则债权、继承权为"动"。这样的篇章布局，不仅符合民法典外在形式的要求，也在人文关怀和严谨秩序的基础上产生了一定的审美共鸣。

五

《乌克兰民法典》最明显的立法创新，是增设人身非财产权卷。从民法典内在体系看，这一卷所蕴含的价值体系，集中反映出民法典的人文关怀。

人身非财产权（личное неимущественное право, особисті немайнові права）是源自苏维埃法律传统的一个独特的法律概念，对其渊源、内涵、外延、类型、演变等进行考察，可以有一些新的发现。在俄文法学文献中，人身非财产权的使用，首先与民法调整对象有关。从立法规定分析，人身非财产权的概念来源于1961年《苏联和各加盟共和国民事立法纲要》第1条，即："苏维埃民法调整财产关系以及与财产关系有关的人身关系，以便满足建立共产主义的物质技术基础并日益充分地满足公民的物质和精神需要。在法律规定的情况下，民法也调整其他的人身非财产关系。"这个立法纲要成为苏俄、乌克兰等加盟国制定民法典的依据，在《苏俄民法典》《乌克兰苏维埃社会主义共和国民法典》中都规定有人身非财产关系。

在此后近50年的时间里，俄文民法教科书通常在民法的调整对象这个章节对人身非财产关系进行阐释。通说认为，该条文将人身非财产关系分为两类：一类是与财产关系有关的人身非财产关系，另一类是与财产关系无关的人身非财产关系。前者包括因科学、文学或艺术作品的著作人身权以及科学发现人、发明人或合理化建议人身份权而产生的关系；因作者创作的著作的不可侵犯性、因授予经济组织以企业名称、因使用生产标记和商标等产生的关系。后者包括保护公民或组织的名誉和尊严有关的关系；保护在造型艺术作品中被描绘的公民的利益有关的关系；与保护收信人利益有关的关系。与财产权无关的人身非财产权，只有在法律规定的情况下，才可以由民法调整。

在苏俄民法传统下，人身非财产权分为与财产有关的和与财产无关的这两种法定类型，主要基于如下逻辑。从调整对象看，民法调整社会关系，社会关系包括财产社会关系与人身非财产社会关系。苏联民法规范所调整关系的基本部分是财产关系，财产关系是人与人之间关于财产的关系。基于财产关系的重要性，形成了以财产关系为标准对民法调整对象进行两次二元化划分的立法逻辑：财产关系与人身非财产关系，与财产有关的人身非财产关系和与财产无关的人身非财产关系。从人身关系本身的内容看，苏维埃私法对人身关系的调整，一是著作权、发明权、发现权等知识产权中的人身关系，按照苏维埃法律传统，属于与财产关系有关的人身非财产关系，规定在民法典中；二是名誉、荣誉等纯粹的、与财产关系无关的人身非财产关系，从数量看，民法典并没有将名誉、荣誉等确认为权利，只将其作为非物质利益予以保护，更没有独立成编；三是在家庭关系、婚姻关系中产生的身份关系，按照苏维埃法律传统，这些纯粹的、与财产关系无关的人身非财产权规定在家庭法典中，没有规定在民法典中。从价值判断看,在苏维埃法律传统下,财产关系优于人身关系;在人身关系中,与财产权有关的人身关系优于与财产权无关的人身关系。这可以从法条排序、法条数量、权利称谓等方面予以证明。

在民法调整对象二元化划分的逻辑下,作为民事法律关系内容的民事权利自然被分为财产权和人身非财产权,人身非财产权又分为与财产权有关的人身非财产权和与财产权无关的人身非财产权。从功能比较的方法出发,苏维埃法律传统中的人身非财产权大致可以对应我国民法理论中的人身权。我国形成较早的代表性学说认为,人身权是指与权利主体自身不能分离的没有财产内容的权利;其可分为人格权和身份权;有的教科书把人身权称为人身非财产权。那么,与财产权无关的人身非财产权是否可以对应我国民法中的人格权,与财产权有关的人身非财产权是否可以对应我国民法中的身份权?

首先,随着我国人格权制度与实践的发展,我国人格权的内容主要是精神性权利,人格权与财产关系的关联也日益密切。尽管在概念的外延上有重合,但苏维埃法中的与财产权无关的人身非财产权不能对应我国民法中的人格权,也不能将其翻译为"人格权"。其次,在苏维埃法律传统中,与财产权有关的人身非财产权主要是知识产权;我国民法中的身份权,主要在婚姻、家庭法律关系中。因此,与财产权有关的人身非财产权不可等同于身份权。可见,苏维埃法中民事权利的二元划分与我国民法中民事权利的二元划分不能简单对应,二者基于不同的法律传统和逻辑前提。关于人身非财产权概念内涵的揭示,并无重要的规范意义,对作为外延的法律条文进行梳理和分析更有学术价值。

《乌克兰民法典》第269条规定了人身非财产权的概念。这个法律概念可从四个方面进行解释。

关于人身非财产权的取得与归属。取得人身非财产权原因，一是基于出生这个法律事实，比如生命权、自由和人身不受侵犯权，是自然人出生时即取得的人生非财产权；二是依据法律取得，例如根据《乌克兰民法典》第 277 条第 2 款，回应和辟谣关于死者不实信息的权利，属于死者的家庭成员、近亲属和其他利害关系人。死者家庭成员、近亲属和其他利害关系人的该种人身非财产权，即依据法律取得。人身非财产权归属于每一个自然人。

关于人身非财产权的内容。自然人的人身非财产权不具有经济内容。首先，这个属性将人身非财产权与财产权区分开来，人身非财产权不同于债权、物权、知识产权中的财产权，立法确立了其独立民事权利地位。其次，人身非财产权不具有经济内容，就经济关系的定义而言，这表明人身非财产权不可生产、交换、消费和分配。比如，转让人身非财产权，在法律上是无效的法律行为。再次，人身非财产权本身不具有经济内容，不意味着其受到侵害后，权利人请求损害赔偿的内容不具有经济内容，显然，前者属于非财产权，规定在人身非财产权卷，后者属于债权，规定在债权卷。

关于人身非财产权的人身性。人身非财产权与自然人紧密联系。自然人不得放弃，也不得被剥夺人身非财产权。首先，人身非财产权是自然人所享有的权利，自然人以外的法人或者组织，不享有人身非财产权。其次，从私法角度看，人身非财产权具有不得自由处分的性质，自然人不得放弃；从公法角度看，人身非财产权不得被剥夺。以生命权为例，因生命权不得被剥夺，遵循这样的逻辑，《乌克兰刑法典》废除了死刑。

关于人身非财产权的期限：自然人终生享有人身非财产权。人身非财产权终生享有，又具有对世性，表明该种权利属于绝对权。

　　本法典的翻译始于 2017 年,2019 年完成后即处于搁置状态。感谢商务印书馆王兰萍女士的帮助,她对学术出版和学术研究的真心热爱,以及对译者的恒久忍耐,激励本人最终完成这个译本。

刘　鹏

2022 年 3 月 7 日于北京

译者说明

1.《乌克兰民法典》官方文本刊载于《乌克兰最高拉达公报（ВВР）》2003 年第 40—44 期。本译本所用的《乌克兰民法典》文本，来源于乌克兰最高拉达网站，http://zakon2.rada.gov.ua/laws/show/435-15，该版本最后修订日期为 2019 年 2 月 28 日，最后访问日期为 2019 年 4 月 9 日。乌克兰最高拉达每年均对民法典进行若干次修改、修订，历史版本、最新版本皆可通过前述链接检索。

2.《乌克兰民法典》官方文本的注释皆在法典正文中以大括号 ｛ ｝ 标识，用以指明某个条款的修改、修订或者解释等情况。本译本的脚注（尾注）由译者所作，以必要为原则。

3. 乌克兰的立法体例，条（ стаття ）下设款（ частина ），款下设项（ пункт ）。某个条文之下只有 1 款的，也以序号"1"标识。

4. 法典原文无目录，文本接排不分页，目录、分页皆为译本所加。

目　　录

乌克兰民法典修改沿革

乌克兰最高拉达公报（BBP），2003 年，第 40—44 期，第 356 条 *

〔根据以下法律修改

2003 年 6 月 19 日第 980-IV 号，最高拉达公报，2004 年，第 2 期，第 6 条

2003 年 11 月 18 日第 1255-IV 号，最高拉达公报，2004 年，第 11 期，第 140 条

2004 年 5 月 12 日第 1713-IV 号，最高拉达公报，2004 年，第 33—34 期，第 403 条

2004 年 11 月 2 日第 2135-IV 号，最高拉达公报，2005 年，第 2 期，第 37 条

2004 年 11 月 3 日第 2146-IV 号，最高拉达公报，2005 年，第 2 期，第 39 条

2005 年 3 月 3 日第 2450-IV 号，最高拉达公报，2005 年，第 13 期，第 234 条

2005 年 3 月 3 日第 2452-IV 号，最高拉达公报，2005 年，第 16 期，第 257 条

---

* 作为乌克兰最高拉达的官方出版物，乌克兰最高拉达公报正式公布乌克兰法律、乌克兰最高拉达决议和其他官方文件。公报每年出版若干期，通常自每年第 1 期始，以"条"为序，顺序刊登前述文件。

2005 年 6 月 2 日第 2620-IV 号,最高拉达公报,2005 年,第 26 期,第 352 条

2005 年 6 月 16 日第 2664-IV 号,最高拉达公报,2005 年,第 31 期,第 420 条

2005 年 6 月 23 日第 2705-IV 号,最高拉达公报,2005 年,第 33 期,第 427 条

2005 年 6 月 23 日第 2710-IV 号,最高拉达公报,2005 年,第 32 期,第 423 条

2005 年 9 月 6 日第 2798-IV 号,最高拉达公报,2005 年,第 42 期,第 464 条

2005 年 12 月 1 日第 3165-IV 号,最高拉达公报,2006 年,第 12 期,第 102 条

2005 年 12 月 15 日第 3165-IV 号,最高拉达公报,2006 年,第 13 期,第 110 条

2005 年 12 月 22 日第 3261-IV 号,最高拉达公报,2006 年,第 15 期,第 127 条

2006 年 1 月 17 日第 2248-IV 号,最高拉达公报,2006 年,第 19—20 期,第 161 条

2006 年 2 月 22 日第 3456-IV 号,最高拉达公报,2006 年,第 27 期,第 234 条

2006 年 2 月 23 日第 3480-IV 号,最高拉达公报,2006 年,第 31 期,第 268 条

2006 年 9 月 21 日第 185-V 号,最高拉达公报,2006 年,第 46 期,第 456 条

2006 年 12 月 20 日第 501-V 号,最高拉达公报,2007 年,第 11 期,第 93 条

2006 年 12 月 22 日第 524-V 号，最高拉达公报，2007 年，第 10 期，第 87 条

2007 年 5 月 31 日第 1111-V 号，最高拉达公报，2007 年，第 44 期，第 512 条

2008 年 9 月 16 日第 509-VI 号，最高拉达公报，2008 年，第 48 期，第 358 条

2008 年 9 月 17 日第 514-VI 号，最高拉达公报，2008 年，第 50—51 期，第 384 条

2008 年 12 月 12 日第 661-VI 号，最高拉达公报，2009 年，第 15 期，第 190 条

2008 年 12 月 17 日第 675-VI 号，最高拉达公报，2009 年，第 15 期，第 192 条

2008 年 12 月 18 日第 692-VI 号，最高拉达公报，2009 年，第 17 期，第 236 条

2008 年 12 月 25 日第 800-VI 号，最高拉达公报，2009 年，第 19 期，第 257 条

2009 年 3 月 3 日第 1055-VI 号，最高拉达公报，2009 年，第 29 期，第 393 条

2009 年 4 月 14 日第 1254-VI 号，最高拉达公报，2009 年，第 36—37 期，第 511 条

2009 年 5 月 21 日第 1390-VI 号，最高拉达公报，2009 年，第 39 期，第 559 条

2009 年 11 月 17 日第 1599-VI 号，最高拉达公报，2010 年，第 1 期，第 2 条

2009 年 6 月 25 日第 1568-VI 号，最高拉达公报，2010 年，第 1 期，第 5 条

2009 年 7 月 24 日第 1617-VI 号，最高拉达公报，2010 年，第 2—3 期，第 11 条

2009 年 11 月 5 日第 1702-VI 号，最高拉达公报，2010 年，第 5 期，第 40 条 }

{ 参见宪法法院判决对法典的正式解释

2009 年 12 月 10 日第 31-рп/2009 号 }

{ 参见宪法法院判决对法典的正式解释

2010 年 1 月 12 日第 1-рп/2010 号 }

{ 根据以下法律修改

2010 年 1 月 21 日第 1822-VI 号，最高拉达公报，2010 年，第 10 期，第 106 条

2010 年 2 月 11 日第 1878-VI 号，最高拉达公报，2010 年，第 18 期，第 141 条

2010 年 5 月 14 日第 2257-VI 号，最高拉达公报，2010 年，第 28 期，第 354 条

2010 年 5 月 18 日第 2258-VI 号，最高拉达公报，2010 年，第 29 期，第 392 条

2010 年 6 月 1 日第 2289-VI 号，最高拉达公报，2010 年，第 33 期，第 471 条

2010 年 6 月 15 日第 2328-VI 号，最高拉达公报，2010 年，第 32 期，第 449 条

2010 年 6 月 29 日第 2367-VI 号，最高拉达公报，2010 年，第 34 期，第 486 条

2010 年 7 月 1 日第 2389-VI 号，最高拉达公报，2010 年，第 38 期，第 509 条

2010 年 7 月 6 日第 2435-VI 号，最高拉达公报，2010 年，第 46

期,第 539 条

2010 年 7 月 8 日第 2457-VI 号,最高拉达公报,2010 年,第 48
期,第 564 条

2010 年 9 月 9 日第 2510-VI 号,最高拉达公报,2011 年,第 4 期,
第 20 条

2010 年 9 月 9 日第 2518-VI 号,最高拉达公报,2011 年,第 4 期,
第 22 条

2010 年 9 月 21 日第 2527-VI 号,最高拉达公报,2011 年,第 5
期,第 29 条

2010 年 9 月 23 日第 2555-VI 号,最高拉达公报,2011 年,第 6
期,第 41 条

2010 年 11 月 4 日第 2677-VI 号,最高拉达公报,2011 年,第 19—
20 期,第 142 条

2010 年 12 月 2 日第 2735-VI 号,最高拉达公报,2011 年,第 21
期,第 144 条

2010 年 12 月 2 日第 2741-VI 号,最高拉达公报,2011 年,第 18
期,第 123 条

2010 年 12 月 2 日第 2756-VI 号,最高拉达公报,2011 年,第 23
期,第 160 条

2010 年 12 月 21 日第 2825-VI 号,最高拉达公报,2011 年,第 27
期,第 228 条

2010 年 12 月 22 日第 2850-VI 号,最高拉达公报,2011 年,第 28
期,第 252 条

2011 年 1 月 13 日第 2938-VI 号,最高拉达公报,2011 年,第 32
期,第 313 条

2011 年 3 月 17 日第 3166-VI 号,最高拉达公报,2011 年,第 38

期,第385条

2011年4月19日第3234-VI号,最高拉达公报,2011年,第42期,第433条

2011年4月21日第3262-VI号,最高拉达公报,2011年,第43期,第445条

2011年4月21日第3263-VI号,最高拉达公报,2011年,第43期,第446条

2011年5月12日第3323-VI号,最高拉达公报,2011年,第45期,第479条

2011年5月19日第3384-VI号,最高拉达公报,2011年,第46期,第512条

2011年5月19日第3390-VI号,最高拉达公报,2011年,第47期,第531条

2011年5月31日第3436-VI号,最高拉达公报,2011年,第50期,第542条

2011年6月2日第3461-VI号,最高拉达公报,2011年,第51期,第578条

2011年7月5日第3565-VI号,最高拉达公报,2012年,第5期,第34条

2011年7月7日第3610-VI号,最高拉达公报,2012年,第7期,第53条

2011年9月22日第3795-VI号,最高拉达公报,2012年,第21期,第197条

2011年12月20日第4176-VI号,最高拉达公报,2012年,第29期,第340条

2011年12月22日第4212-VI号,最高拉达公报,2012年,第

32—33 期,第 413 条

2011 年 12 月 22 日第 4220-VI 号,最高拉达公报,2012 年,第 29 期,第 345 条

2012 年 2 月 21 日第 4416-VI 号,最高拉达公报,2012 年,第 42 期,第 522 条

2012 年 4 月 13 日第 4652-VI 号,最高拉达公报,2013 年,第 21 期,第 208 条

2012 年 5 月 17 日第 4765-VI 号,最高拉达公报,2013 年,第 15 期,第 99 条 }

{ 参见宪法法院判决对法典的正式解释

2012 年 7 月 3 日第 14-pп/2012 号 }

{ 根据以下法律修改

2012 年 7 月 4 日第 5042-VI 号,最高拉达公报,2013 年,第 26 期,第 264 条

2012 年 7 月 5 日第 5080-VI 号,最高拉达公报,2013 年,第 29 期,第 337 条

2012 年 7 月 6 日第 5178-VI 号,最高拉达公报,2013 年,第 39 期,第 517 条

2012 年 9 月 18 日第 5284-VI 号,最高拉达公报,2013 年,第 37 期,第 488 条

2012 年 10 月 2 日第 5405-VI 号,最高拉达公报,2013 年,第 40 期,第 540 条

2012 年 10 月 16 日第 5463-VI 号,最高拉达公报,2014 年,第 4 期,第 61 条

2012 年 11 月 6 日第 5477-VI 号,最高拉达公报,2013 年,第 50 期,第 693 条

2012 年 11 月 20 日第 5495-VI 号, 最高拉达公报, 2013 年, 第 50 期, 第 698 条

2013 年 5 月 16 日第 245-VII 号, 最高拉达公报, 2014 年, 第 12 期, 第 178 条

2013 年 7 月 4 日第 402-VII 号, 最高拉达公报, 2014 年, 第 20-21 期, 第 708 条

2013 年 7 月 4 日第 406-VII 号, 最高拉达公报, 2014 年, 第 20-21 期, 第 712 条

2013 年 10 月 10 日第 642-VII 号, 2014 年, 第 22 期, 第 773 条 〗

〔参见宪法法院判决对法典的正式解释

2014 年 2 月 11 日第 1-рп 号 〗

〔根据以下法律修改

2014 年 3 月 27 日第 1170-VII 号, 最高拉达公报, 2014 年, 第 22 期, 第 816 条

2014 年 4 月 15 日第 1206-VII 号, 最高拉达公报, 2014 年, 第 24 期, 第 885 条

2014 年 5 月 13 日第 1255-VII 号, 最高拉达公报, 2014 年, 第 27 期, 第 912 条

2014 年 5 月 13 日第 1258-VII 号, 最高拉达公报, 2014 年, 第 28 期, 第 936 条

2014 年 6 月 17 日第 1508-VII 号, 最高拉达公报, 2014 年, 第 34 期, 第 1167 条

2014 年 9 月 2 日第 1673-VII 号, 最高拉达公报, 2014 年, 第 43 期, 第 2037 条

2014 年 10 月 14 日第 1702-VII 号, 最高拉达公报, 2014 年, 第 50—51 期, 第 2057 条

2014 年 10 月 20 日第 1709-VII 号,最高拉达公报,2015 年,第 1 期,第 2 条

2015 年 2 月 12 日第 189-VIII 号,最高拉达公报,2015 年,第 16 期,第 112 条

2015 年 2 月 12 日第 191-VIII 号,最高拉达公报,2015 年,第 21 期,第 133 条

2015 年 4 月 7 日第 289-VIII 号,最高拉达公报,2015 年,第 25 期,第 188 条

2015 年 5 月 14 日第 417-VIII 号,最高拉达公报,2015 年,第 29 期,第 262 条

2015 年 5 月 14 日第 424-VIII 号,最高拉达公报,2015 年,第 30 期,第 270 条

2015 年 7 月 16 日第 629-VIII 号,最高拉达公报,2015 年,第 43 期,第 386 条

2015 年 9 月 3 日第 675-VIII 号,最高拉达公报,2015 年,第 45 期,第 410 条

2015 年 11 月 26 日第 835-VIII 号,最高拉达公报,2016 年,第 2 期,第 17 条

2015 年 12 月 23 日第 901-VIII 号,最高拉达公报,2016 年,第 4 期,第 44 条

2015 年 12 月 25 日第 922-VIII 号,最高拉达公报,2016 年,第 9 期,第 89 条

2016 年 2 月 18 日第 1021-VIII 号,最高拉达公报,2016 年,第 11 期,第 129 条

2016 年 6 月 2 日第 1404-VIII 号,最高拉达公报,2016 年,第 30 期,第 542 条

2016 年 6 月 14 日第 1414-VIII 号,最高拉达公报,2016 年,第 32 期,第 555 条

2016 年 9 月 20 日第 1533-VIII 号,最高拉达公报,2016 年,第 44 期,第 747 条

2016 年 10 月 6 日第 1666-VIII 号,最高拉达公报,2016 年,第 47 期,第 800 条

2016 年 11 月 15 日第 1734-VIII 号,最高拉达公报,2017 年,第 1 期,第 2 条

2017 年 3 月 23 日第 1982-VIII 号,最高拉达公报,2017 年,第 18 期,第 222 条

2017 年 3 月 23 日第 1983-VIII 号,最高拉达公报,2017 年,第 25 期,第 289 条

2017 年 3 月 23 日第 1984-VIII 号,最高拉达公报,2018 年,第 10 期,第 52 条

2017 年 4 月 5 日第 1999-VIII 号,最高拉达公报,2017 年,第 24 期,第 277 条

2017 年 10 月 3 日第 2147-VIII 号,最高拉达公报,2017 年,第 48 期,第 436 条

2017 年 11 月 16 日第 2210-VIII 号,最高拉达公报,2018 年,第 6—7 期,第 38 条

2017 年 12 月 7 日第 2234-VIII 号,最高拉达公报,2018 年,第 6—7 期,第 40 条

2018 年 1 月 18 日第 2269-VIII 号,最高拉达公报,2018 年,第 12 期,第 68 条

2018 年 2 月 6 日第 2275-VIII 号,最高拉达公报,2018 年,第 13 期,第 69 条

2018 年 7 月 3 日第 2478-VIII 号,最高拉达公报,2018 年,第 46 期,第 368 条

2018 年 7 月 12 日第 2505-VIII 号,最高拉达公报,2018 年,第 38 期,第 280 条

2018 年 10 月 2 日第 2581-VIII 号,最高拉达公报,2018 年,第 46 期,第 371 条

2018 年 11 月 23 日第 2628-VIII 号,最高拉达公报,2018 年,第 49 期,第 399 条

2019 年 2 月 28 日第 2694-VIII 号〕

〔根据 2013 年 7 月 4 日第 406-VII 号法律,法典文本中"国家税务机关"一词全部的格和数由"税收机关"一词相应的格和数 ① 所取代〕

---

① 乌克兰语名词有数(число)的形式和格(відмінки)的变化:大部分名词有单数和复数两种形式;格(відмінки)表示名词在句子或词组中与其他词的关系,名词有六个格,除此还有呼格形式。因此,国家税务机关(орган державної податкової служби)一词由税收机关(орган доходів і зборів)所取代,是指前者全部的数和格由后者相应的数和格所取代。

第一卷

总 则

第Ⅰ编　基本规定

第 1 章　乌克兰的民事立法

第 1 条　民事立法调整的关系

1. 民事立法调整人身非财产和财产关系(民事关系),其基础是参加者的法律地位平等、意思表示自由和财产独立。

2. 民事立法不适用于以行政或者一方当事人从属于另一方当事人为基础的财产关系以及税务、预算关系,法律另有规定的除外。

第 2 条　民事关系的参加者

1. 自然人和法人(下称"人")是民事关系的参加者。

2. 乌克兰国家、克里米亚自治共和国、区域共同体①、外国国家和其他公法主体是民事关系的参加者。

第 3 条　民事立法的总原则

1. 民事立法的总原则是:

(1)不允许任意干涉私人生活的领域;

(2)除乌克兰宪法和法律确定的情形外,不允许剥夺财产权;

(3)合同自由;

(4)法律未予禁止的营业活动自由;

(5)民事权利和利益的司法保护;

(6)公平、善意和合理性。

第 4 条　乌克兰民事立法的文件

---

① 根据《乌克兰地方自治法》(Про місцеве самоврядування в Україні)第 1 条,区域共同体(територіальна громада),是指在作为独立行政区域单位(адміністративно-територіальна одиниця)的村、镇、市内经常居住的联合的居民,或者具有统一行政中心的几个村的自愿联合的居民;行政区域单位包括:州、地区、市,市内的区、镇、村。

1. 乌克兰宪法是乌克兰民事立法的基础。

2. 乌克兰民法典是乌克兰民事立法的基本文件。

　　根据乌克兰宪法和本法典所适用的乌克兰其他法律(下称"法律"),也是民事立法文件。

　　立法提案权主体向乌克兰最高拉达提交的调整民事关系的法律草案与本法典不同的,其应当同时提交关于修改乌克兰民法典的法律草案。提交的法律草案与相应的关于修改乌克兰民法典的法律草案,由乌克兰最高拉达同时审议。

3. 在乌克兰宪法规定的情形,民事关系可以由乌克兰总统的法令调整。

4. 乌克兰内阁的决议也是民事立法文件。

　　乌克兰内阁的决议违反本法典或者其他法律规定的,适用本法典或者其他法律的相应规定。

5. 仅在乌克兰宪法和法律规定的情形和范围内,乌克兰其他国家政权机关、克里米亚自治共和国政权机关可以作出调整民事关系的规范性法律文件。

6. 民事关系在乌克兰全部领域内受到同样的调整。

第5条　民事立法文件的时间效力

1. 民事立法文件调整其生效后产生的关系。

2. 民事立法不具有时间上的溯及力,除非其减轻或者免除人的民事责任。

3. 民事关系产生在先并且由失效的民事立法文件调整的,新的民事立法文件适用于在其生效后所产生的权利和义务。

第6条　民事立法文件与合同

1. 当事人有权订立民事立法文件没有规定,但符合民事立法的总原则的合同。

2. 当事人有权在民事立法文件有规定的合同中,调整这些文件未予调整的自己的关系。

3. 当事人在合同中可以不遵守民事立法文件的规定,根据本人的意志调整自己的关系。

民事立法文件有直接规定,以及从民事立法文件规定的内容或者当事人之间关系的实质衍生出当事人义务的,当事人在合同中须遵守民事立法文件的规定。

4. 本条第 1、2、3 款的规定适用于单方法律行为。

第 7 条　习惯

1. 民事关系可以由包括商业流转习惯在内的习惯调整。

习惯是民事立法文件没有确定,但在民事关系领域具有稳定性的行为规则。

习惯可以固定在相应的文书中。

2. 违反合同或者民事立法文件的习惯,在民事关系中不得适用。

第 8 条　类推 [①]

1. 本法典、其他民事立法文件或者合同没有调整的民事关系,可以由调整类似民事关系内容的本法典和其他民事立法文件的法律规范所调整(法律类推)。

2. 无法适用法律类推调整民事关系的,其由民事立法相应的总原则调整(法的类推)。

第 9 条　乌克兰民法典在经济、利用自然资源、环境保护领域,以及劳动和家庭关系中的适用

---

① 类推(аналогія)包括法律类推(аналогія закону)与法的类推(аналогія права)。民法不同于刑法,后者拒绝类推适用,前者承认类推适用。对于法无明文规定、合同无明文约定的民事关系,首先适用法律类推,寻找调整类似民事关系的法律规范;无法适用法律类推的,适用法的类推,通过对民事立法总原则的解释予以适用。

1. 在其他立法文件没有调整的情况下,本法典可适用于调整利用自然资源和环境保护领域产生的关系,以及劳动和家庭关系。

2. 法律可以规定调整经济领域财产关系的特殊性。

第 10 条   国际条约

1. 乌克兰最高拉达同意其拘束力的调整民事关系的现行国际条约,是乌克兰国内民事立法的组成部分。

2. 依照法定程序缔结的乌克兰现行国际条约中包含的规则与相关民事立法文件的规定不同的,适用乌克兰相关国际条约的规则。

第 2 章   民事权利和义务产生的根据,民事权利的行使和义务的履行

第 11 条   民事权利和义务产生的根据

1. 民事权利和义务由民事立法文件规定的人的行为,以及这些文件没有规定,但根据类推可发生民事权利和义务的人的行为所产生。

2. 民事权利和义务产生的根据包括:

（1）合同和其他法律行为;

（2）创作文学、艺术作品,发明和其他智力活动成果;

（3）致使他人财产（物质）和精神损害;

（4）其他法律事实。

3. 民事权利和义务可以直接由民事立法文件产生。

4. 在民事立法文件规定的情形,民事权利和义务由国家政权机关、克里米亚自治共和国政权机关或者地方自治机关的文件

产生。

5. 在民事立法文件规定的情形,民事权利和义务可以由法院判决产生。

6. 在民事立法文件或者合同规定^①的情况下,民事权利和义务产生的根据可以是一定事件的发生或者不发生。

第 12 条　民事权利的行使

1. 人根据本人的意志自由行使自己的民事权利。

2. 人不行使自己的民事权利不是其终止的根据,法律规定的情形除外。

3. 人可以放弃自己的财产权。

　　放弃对交通工具、动物、不动产的所有权,依照民事立法文件规定的程序行使。

4. 人可以根据有偿或者无偿合同将自己的财产权转移给其他人,但法律规定的情形除外。

5. 法律规定人非善意或者不合理行使自己权利的法律后果的,人的行为被认为是善意和合理的,除非法院作出相反的认定。

第 13 条　民事权利行使的范围

1. 人在合同或者民事立法文件赋予的范围内行使民事权利。

2. 在行使自己权利时,人有义务不从事可能侵害他人权利、损害环境或者文化遗产的行为。

3. 不允许人实施有意造成他人损害以及其他形式滥用权利的行为。

4. 在行使民事权利时,人应当遵守社会道德基础。

---

　　① 　在乌克兰民法典中,法律与合同均使用"规定"(встановлення)一词,不同于中国民法语境下法律规定与合同约定的区分使用。

5. 不允许以非法限制竞争、滥用市场垄断地位，以及非善意竞争为目的使用民事权利。

6. 人在行使自己权利时不遵守本条第2—5款规定的要求的，法院可以要求其停止滥用自己的权利，以及适用法律规定的其他后果。

第14条　民事义务的履行

1. 民事义务在合同或者民事立法文件规定的范围内履行。

2. 人不得被强迫实施对其而言没有约束力的行为。

3. 民事义务的履行，受到合同或者民事立法文件规定的奖励和责任手段的保障。

4. 在合同或者民事立法文件规定的情形，人可以免除民事义务或者民事义务的履行。

第3章　民事权利和利益的保护

第15条　保护民事权利和利益的权利

1. 在受到侵害、不被确认或者发生争议时，每个人都有权保护自己的民事权利。

2. 每个人都有权保护自己不违反民事立法总原则的利益。

第16条　法院保护民事权利和利益

1. 每个人都有权请求法院保护自己的人身非财产或者财产权利和利益。

2. 保护民事权利和利益的方式可以包括：

　（1）确认权利；

　（2）确认法律行为无效；

　（3）终止违法行为；

（4）恢复原状；

（5）强制实际履行义务；

（6）变更法律关系；

（7）终止法律关系；

（8）赔偿损失和以其他方式赔偿财产损害；

（9）赔偿精神（非财产）损害；

（10）确认国家政权机关、克里米亚自治共和国机关或者地方自治机关的决定、行为或者不作为违法。

在法律规定的情形，法院可以采用合同或者法律或法院确定的其他方式保护民事权利和利益。

〔第 16 条第 2 款第 12 段根据 2017 年 10 月 3 日第 2147-VIII 号法律修改〕

3. 违反本法典第 13 条第 2—5 款规定情形的，法院可以拒绝保护人的民事权利和利益。

第 17 条　乌克兰总统、国家政权机关、克里米亚自治共和国政权机关或者地方自治机关对民事权利和利益的保护

1. 乌克兰总统在乌克兰宪法确定的权限范围内，行使对民事权利和利益的保护。

2. 在乌克兰宪法和法律规定的情形，人有权请求国家政权机关、克里米亚自治共和国政权机关或者地方自治机关保护民事权利和利益。

3. 国家政权机关、克里米亚自治共和国政权机关或者地方自治机关在乌克兰宪法和法律规定的范围内，根据乌克兰宪法和法律规定的原则和程序，行使对民事权利和义务的保护。

上述机关作出的保护民事权利和利益的决定，不得成为请求法院保护的障碍。

第18条　公证人对民事权利的保护

1. 公证人在法律规定的情形,依照法律规定的程序,通过对债权文书进行执行签署,行使对民事权利的保护。

第19条　民事权利的自力保护

1. 人有权对自己的民事权利和他人的权利进行自力保护,免受侵害和违法侵犯。

　　自力保护,是人运用的法律未予禁止并且不违反社会道德基础的对抗手段。

2. 自力保护的方式应当符合被侵害权利的内容、被侵害行为的性质以及该侵害导致的后果。

　　自力保护的方式可以由人本人选择,或者由合同、民事立法文件规定。

第20条　保护权的行使

1. 人根据自己的意志行使保护权。

2. 人不行使保护权,不是终止被侵害的民事权利的理由,但法律规定的情形除外。

第21条　确认国家政权机关、克里米亚自治共和国政权机关或者地方自治机关法律文件违法

1. 国家政权机关、克里米亚自治共和国政权机关或者地方自治机关作出的独立行为的法律文件违反民事立法文件,并且侵害民事权利或者利益的,法院可以认定其违法并予以撤销。

2. 国家政权机关、克里米亚自治共和国政权机关或者地方自治机关作出规范性法律文件违反民事立法文件,并且侵害民事权利或者利益的,法院可以认定其违法并予以撤销。

第22条　赔偿损失和其他方式的赔偿财产损害

1. 因民事权利受到侵害而遭受损失的人,有权请求赔偿。

2. 损失包括：

（1）人因物遭受毁坏、损坏所致的损失，以及人为恢复自己被侵害的权利所发生或者应当发生的费用（实际损失）；

（2）如果权利没有受到侵害，在通常情况下人可以实际得到的收益（预期利益）。

3. 损失应当全额赔偿，除非合同或者法律规定在较小或者较大范围内赔偿。

　　侵权人获得收益的，向被侵权人赔偿预期利益的数额，不得少于其所获得的收益。

4. 根据遭受损害的人的要求和案件的情况，财产损害可以其他方式赔偿，包括以实物赔偿财产损失（移交相同种类和相同质量的物，修理受损的物等）。

第23条　精神损害赔偿

1. 因权利受到侵害导致精神损害的，人有权请求赔偿。

2. 精神损害包括：

（1）自然人因残疾或者其他健康损害而遭受的身体疼痛和痛苦；

（2）自然人因对其本人、其家庭成员或者近亲属的违法行为而遭受的精神痛苦；

（3）自然人因其财产毁坏或者损坏而遭受精神痛苦。

（4）自然人的名誉和尊严、自然人和法人的商誉受到贬损。

　　〔第23条第2款第4项根据2005年12月22日第3261-IV号法律修订〕

3. 精神损害以金钱、其他财产或者其他方式赔偿。

　　精神损害的金钱赔偿数额，由法院根据以下情形确定：违法行为的性质；身体和精神痛苦的深度；受害人能力的恶化或者恢复可能性的剥夺程度；对于过错是损害根据的，须考虑造成精神损害的人的过错；以及其他具有实质意义的情形。确定赔偿数额时，须考虑合理性和公平性的要求。

4. 精神损害赔偿独立于应当赔偿的财产损害，并且与该赔偿的数额无关。

5. 精神损害应当一次性赔偿，合同或者法律另有规定的除外。

第 II 编　人

第 1 分编　自然人

第4章 自然人总则

第24条 自然人的概念

1. 作为民事关系参加者的个人是自然人。

第25条 自然人的民事权利能力

1. 所有的自然人都有拥有民事权利和义务的能力(民事权利能力)。

2. 自然人的民事权利能力自其出生时起产生。

   在法律规定的情形,已受孕但未出生的胎儿的利益受到保护。

3. 在法律规定的情形,拥有特定民事权利和义务的能力可以与自然人达到相应的年龄有关。

4. 自然人的民事权利能力在其死亡时终止。

第26条 自然人民事权利能力的内容

1. 所有自然人在拥有民事权利和义务的能力方面一律平等。

2. 自然人享有乌克兰宪法和本法典规定的所有人身非财产权。

3. 自然人享有本法典和其他法律规定的所有财产权。

4. 自然人享有乌克兰宪法、本法典、其他法律没有规定,但不违反法律和社会道德基础的其他民事权利。

5. 自然人作为民事关系的参加者拥有义务。

第27条 防止限制自然人拥有民事权利和义务的可能性

1. 限制自然人拥有法律未禁止的民事权利和义务的可能性的法律行为,是法定无效的。

2. 乌克兰总统、国家政权机关、克里米亚自治共和国权力机关、地方自治机关及其公职和公务人员的法律文件,不得限制自然人拥有法律未禁止的民事权利和义务的可能性,但这种限制是由乌克兰宪法规定的除外。

第28条 自然人的姓名

1. 自然人以自己的姓名取得、行使民事权利和义务。

成为乌克兰公民的自然人的姓名,由姓、名和父称组成,法律或者其所属少数民族的习惯另有规定的除外。

2. 在行使特定民事权利时,自然人可以依法使用笔名(别名)或者不指明姓名而实施行为。

3. 自然人根据法律取得姓名。[①]

第29条 自然人的居住地

1. 自然人经常或者临时居住的住所[②],是自然人的居住地。

〔第29条第1款由2014年9月2日第1673-Ⅶ号法律修订〕

2. 年满十四岁的自然人可以为自己自由选择居住地,但法律作出限制的除外。

3. 年满十岁未满十四岁的自然人的父母(收养人)或者与其共同生活的人中的一人、监护人的居住地,或者自然人所居住的教育机构、保健机构的所在地,是其居住地,但子女与父母(收养人、监护人)或者对其履行监护职能的机构的协议对居住地另有约定的除外。

---

① 依法取得姓名,是指自然人起名、改名皆须依法进行。首先,自然人应当在出生时起名,根据《乌克兰家庭法典》第144条第3款,在民事状态证书登记机关(РАЦС, органи реєстрації актів цівільного стану)登记子女出生时,同时赋予其姓、名和父称。《乌克兰家庭法典》对子女的姓、名和父称的取得规则做了详细规定。其次,根据《乌克兰民法典》第295条,自然人改变自己姓名亦须依法进行。现有中文文献,大多将俄文(органы ЗАГС)、乌克兰文(органи РАЦС)译为户籍登记机关。户籍登记在我国属于公安机关管理的户口登记事项,该词难以涵盖户口登记事项之外的诸多事项,故译者将其直译为民事状态证书登记机关。

② 关于住所(житло)的概念,参见本法典第379条。

发生争议时,年满十岁未满十四岁的自然人的居住地由监护和保护机关或者法院确定。

4. 未满十岁的自然人的父母(收养人)或者与其共同生活的人中的一人、监护人的居住地,或者自然人所居住的教育机构、保健机构的所在地,是其居住地。

5. 无行为能力人的监护人的居住地,或者对其履行监护职能的相关机构的所在地,是其居住地。

6. 自然人可以有几个居住地。

第 30 条　自然人的民事行为能力

1. 可以认识自己行为的意义并且可以控制自己行为的自然人,具有民事行为能力。

自然人的民事行为能力,是其以自己的行为为自己取得、独立行使民事权利的能力,以及以自己的行为为自己创设、独立履行民事义务,并在其不履行时独立承担责任的能力。

2. 自然人民事行为能力的范围由本法典规定,依照法律规定的条件和程序,可以对其进行例外的限制。

第 31 条　未满十四岁的自然人的部分民事行为能力

1. 未满十四岁的自然人(幼年人)有权:

(1)独立实施小额的日常生活性的法律行为。

满足人的日常生活需要,促进其身体、精神和社会性发展,所涉物品价格不高的法律行为,是小额的、日常生活性的。

(2)对受法律保护的智力活动成果行使人身非财产权。

2. 幼年人对其造成的损害不承担责任。

第 32 条　年满十四岁未满十八岁的自然人的不完全民事行为能力

1. 除本法典第 31 条规定的法律行为外,年满十四岁未满十八岁的自然人(未成年人)有权:

（1）独立支配自己的工资、奖学金和其他收入；

（2）对受法律保护的智力活动成果独立行使人身非财产权；

（3）成为法人的参加人（发起人），但法律或者法人的设立文件禁止的除外；

（4）独立订立银行存款（账户）合同，并且以自己名义支配其存款（账户内的资金）。

2. 经父母（收养人）或者保护人的同意，未成年人可以实施其他法律行为。

未成年人对交通工具或者不动产实施法律行为，应经书面的公证，证明其已取得父母（收养人）或者保护人的同意、监护和保护机关的允许。

3. 经监护和保护机关、父母（收养人）或者保护人的同意，未成年人可以支配其他人以其名义全部或者部分存入金融机构的资金。

〔第 32 条第 3 款由 2005 年 12 月 15 日第 3201-IV 号法律修订〕

4. 同意未成年人实施法律行为，应当由父母（收养人）或者保护人、监护和保护机关根据法律作出。

〔第 32 条第 4 款由 2005 年 12 月 15 日第 3201-IV 号法律修订；根据 2011 年 4 月 19 日第 3234-VI 号法律修改〕

5. 在具备充分理由时，法院可依父母（收养人）、监护人、监护和保护机关的申请，限制或者剥夺未成年人独立支配自己的工资、奖学金或者其他收入的权利。

作为法院判决根据的情形消失的，法院可以撤销关于限制或者剥夺上述权利的判决。

6. 限制未成年人民事行为能力的程序，由乌克兰民事诉讼法典规定。

〔第 32 条根据 2005 年 6 月 2 日第 2620-IV 号法律修改〕

第 33 条　未成年人的民事责任

1. 未成年人违反其依法独立订立的合同的,应当承担责任。

2. 未成年人违反其经过父母(收养人)同意订立的合同的,应当承担责任。未成年人的财产不足以赔偿损失的,其父母(收养人)或者监护人承担补充责任。

3. 未成年人对其造成他人损害的,应当根据本法典第 1179 条承担责任。

第 34 条　完全民事行为能力

1. 年满十八岁的自然人(成年人)具有完全民事行为能力。

2. 未成年的自然人登记结婚的,自婚姻登记时起取得完全民事行为能力。

　　婚姻终止时自然人未成年的,其所取得的完全民事行为能力予以保留。

　　婚姻被认定无效,无效的根据与未成年人的违法行为无关的,其所取得的完全民事行为能力予以保留。

第 35 条　完全民事行为能力的赋予

1. 年满十六岁并且根据劳动合同工作的自然人,以及成为孩子母亲或者父亲的未成年人,可以被赋予完全民事行为能力。

2. 完全民事行为能力的赋予,依利害关系人的申请并取得父母(收养人)或者保护人的书面同意,由监护和保护机关作出决定,在没有前述同意时,完全民事行为能力可以根据法院判决赋予。

3. 年满十六岁并且希望从事经营活动的未成年人,可以被赋予完全民事行为能力。

具备父母（收养人）、保护人或者监护和保护机关书面同意
的，该人可以被登记为经营者。在此情形，自然人自国家登记
为经营者时起取得完全民事行为能力。

4. 赋予自然人的完全民事行为能力，适用所有的民事权利和
义务。

5. 劳动合同终止、自然人的经营活动终止的，赋予其的完全民事
行为能力予以保留。

第 36 条　自然人民事行为能力的限制

1. 自然人患有精神病，实质影响到其认识自己行为和（或）控制
自己行为的能力的，法院可以限制其民事行为能力。

2. 自然人滥用酒精、麻醉品、毒品、赌博等，使自己或者自己家
庭、其他其依法有义务供养的人陷入物质状况艰难的，法院可
以限制其民事行为能力。

〔第 36 条第 2 款根据 2012 年 2 月 21 日第 4416-Ⅵ 号法律
修改〕

3. 限制自然人民事行为能力的程序，由乌克兰民事诉讼法典
规定。

4. 自法院相关判决生效时起，自然人的民事行为能力受到限制。

第 37 条　自然人民事行为能力受到限制的法律后果

1. 对民事行为能力受到限制的自然人，应当设立保护。

2. 民事行为能力受到限制的自然人，仅可以实施小额的日常生
活性法律行为。

3. 民事行为能力受到限制的自然人实施支配财产的法律行为和
其他超出小额的日常生活性法律行为界限的法律行为，应当
取得保护人的同意。

保护人拒绝作出关于实施超出小额的日常生活性法律行为

的同意的,民事行为能力受到限制的人可以向监护和保护机关或者法院申诉。

4. 保护人取得并且支配民事行为能力受到限制的人的工资、养老金、奖学金、其他收入。保护人可以书面允许民事行为能力受到限制的自然人独立取得并且支配工资、养老金、奖学金、其他收入。

5. 民事行为能力受到限制的人,独立承担违反经保护人同意订立的合同和致使其他人损失的责任。

第 38 条　民事行为能力受到限制的自然人民事行为能力的恢复

1. 民事行为能力受到限制的自然人康复,或者其精神状态改善,完全恢复认识自己行为的意义和(或者)控制自己行为的,法院可以恢复其民事行为能力。

2. 自然人终止滥用酒精、麻醉品、毒品、赌博等的,法院可以恢复其民事行为能力。

〔第 38 条第 2 款根据 2012 年 2 月 21 日第 4416-VI 号法律修改〕

3. 为自然人设立的保护,根据法院关于恢复民事行为能力的判决终止。

4. 民事行为能力受到限制的人的民事行为能力的恢复的程序,由乌克兰民事诉讼法典规定。

第 39 条　自然人无行为能力的认定

1. 由于慢性、顽固性精神病,不能认识自己行为的意义和(或)控制自己行为的自然人,可以由法院认定为无行为能力。

2. 认定自然人无行为能力的程序,由乌克兰民事诉讼法典规定。

3. 法院驳回认定无行为能力的申请,并且确认提出的请求是没有充分根据的非善意申请的,因该行为受到精神损害的自然人有权请求申请人赔偿。

第 40 条　自然人被认定为无行为能力的时刻

1. 自法院相关判决生效时起,自然人被认定为无行为能力。

2. 无行为能力的产生时间取决于认定婚姻、合同或者其他法律
　 行为无效的,法律可以考虑司法精神病鉴定结论和其他精神
　 状况证据,在判决中确定人被认定为无行为能力的日期。

第 41 条　认定自然人无行为能力的法律后果

1. 对无行为能力的自然人,应当设立监护。

2. 无行为能力的自然人无权实施任何法律行为。

3. 监护人以无行为能力的自然人的名义,为其利益实施法律
　 行为。

4. 无行为能力的自然人所致损害的责任,由其监护人承担(本法
　 典第 1184 条)。

第 42 条　被认定为无行为能力的自然人行为能力的恢复

1. 确认被认定无行为能力的自然人康复或者其精神状态实质改
　 善,恢复认识自己行为意义和控制自己行为的,依监护人或者
　 监护和保护机关的申请,法院可以恢复其民事行为能力。

2. 被认定无行为能力的自然人民事行为能力的恢复的程序,由
　 乌克兰民事诉讼法典规定。

　　〔第 42 条根据 2005 年 9 月 6 日第 2798-IV 号法律修改〕

第 43 条　认定自然人失踪

1. 在自然人的经常居住地一年之内没有关于其所在地讯息的,
　 其可以被法院认定失踪。

2. 在无法确认得到关于其所在地的最后信息的日期时,自然人
　 失踪的始期是得到该讯息的下个月的第一日,无法确定该月
　 份的,始期是下一年的一月一日。

3. 认定自然人失踪的程序,由乌克兰民事诉讼法典规定。

第 44 条　被认定失踪的自然人以及失踪的人①**的财产的监护**

〔第 44 条名称根据 2018 年 7 月 12 日第 2505-VIII 号法律修改〕

1. 基于法院认定自然人失踪的判决,其最后居住地的公证人对属于该人的财产进行登记,并确定财产的监护人。

2. 依利害关系人或者对失踪的人的财产进行监护和保护的机关的申请,公证人可以在法院作出认定其失踪的判决前确定监护人。

〔第 44 条第 2 款根据 2018 年 7 月 12 日第 2505-VIII 号法律修改〕

3. 被认定失踪的自然人或者失踪的人的财产监护人,履行对其有利的民事义务,以其财产清偿债务,为其利益管理该财产。

〔第 44 条第 3 款根据 2018 年 7 月 12 日第 2505-VIII 号法律修改〕

4. 依利害关系人的申请,被认定失踪的自然人或者失踪的人的财产监护人以该财产供养其依法有义务供养的人。

〔第 44 条第 4 款根据 2018 年 7 月 12 日第 2505-VIII 号法律修改〕

---

①　失踪的人(особа, зникла безвісти)是 2018 年 7 月 12 日通过的《关于失踪的人的法律地位的乌克兰法律》(Про правовий статус осіб, зниклих безвісти)所确立的法律概念。该法的立法目的是确定失踪的人的法律地位,调整与确定、统计、寻找失踪人有关的法律关系,对失踪人及其亲属提供社会保护。这些失踪人,实际上大多是由于武装冲突等特别情势所失踪的。根据该法第 1 条,失踪的人是指在申请人提出寻找申请时,没有关于其所在地的讯息的自然人。与根据民事诉讼法典提出认定自然人失踪的申请不同,根据《关于失踪的人的法律地位的乌克兰法律》提出申请的人,其目的不是认定失踪人失踪这一法律事实,而是寻找到失踪人本身;接受其申请的机关也不是法院,而是特别情势下失踪人问题委员会。

5. 在法院认定自然人失踪的判决被撤销的情形,以及在失踪的
人出现的情形,对财产的监护终止。

〔第 44 条第 5 款根据 2018 年 7 月 12 日第 2505-VIII 号法律
修改〕

第 45 条　法院认定自然人失踪判决的撤销

1. 被认定失踪的自然人重新出现或者得到其所在地消息的,依
该人或者其他利害关系人的申请,其所在地法院或者作出认
定该人失踪的法院撤销认定自然人失踪的判决。

第 46 条　宣告自然人死亡

1. 在自然人的经常居住地三年之内没有关于其所在地消息的;自
然人在有死亡威胁的情势下失踪或者有理由推定其因确定的
不幸事故死亡的,六个月内没有关于其所在地消息的;因技术
工程和自然性紧急情况而组建的特别委员会工作完成后的一
个月内,有可能认为自然人因确定的不幸事故或者因其他技
术工程和自然性紧急情况所致情形而死亡的,自然人可以被
法院宣告死亡。

〔第 46 条第 1 款根据 2009 年 6 月 25 日第 1568-VI 号法律
修改〕

2. 因战争行为、武装冲突失踪的自然人,自战争行为结束之日起
满两年,法院可以宣告其死亡。考虑案件的具体情势,法院
可以在该期限届满前宣告自然人死亡,但不得少于六个月的
期限。

〔第 46 条第 2 款根据 2018 年 7 月 12 日第 2505-VIII 号法律
修改〕

3. 法院宣告自然人死亡的判决生效之日起,自然人被宣告死亡。
自然人在有死亡威胁的情况下失踪,或者有理由推定其因确

定的不幸事故死亡的,或者因战争行为、武装冲突失踪的,自其可能死亡之日起可以被宣告死亡。

〔第 46 条第 3 款根据 2018 年 7 月 12 日第 2505-VIII 号法律修改〕

4. 宣告自然人死亡的程序,由乌克兰民事诉讼法典规定。

第 47 条 自然人被宣告死亡的法律后果

1. 自然人被宣告死亡的法律后果,与死亡发生的法律后果相同。

2. 被宣告死亡的自然人的继承人,在五年内无权转让因继承而移转给其的不动产。

为继承人作出继承不动产权利证明的公证人,应当在不动产上涂写禁止出让的标记。

第 48 条 被宣告死亡的自然人出现的法律后果

1. 被宣告死亡的自然人重新出现或者得到其所在地的消息,依该人或者其他利害关系人的申请,该人住所地法院或者作出宣告其死亡判决的法院撤销宣告自然人死亡的法院判决。

2. 无论出现多久,被宣告死亡的自然人都有权要求占有其财产的人返还该财产,如果该财产是在自然人被宣告死亡后由其保管或者其无偿接受转移的,但是因取得时效以及支付金钱和无记名有价证券取得的财产除外。

3. 根据有偿合同取得财产的人,如果可以确认在取得财产时其知晓被宣告死亡的自然人生存的,有义务返还财产。无法返还财产原物给被宣告死亡的人的,赔偿该财产的价值。

4. 被宣告死亡的自然人重新出现,其财产已转移给国家、克里米亚自治共和国或者区域共同体并且被变卖的,变卖该财产所取得的款项应当返还给该人。

第 49 条 民事状态证书

1. 民事状态证书,是与自然人紧密联系,开始、变更、增补或者终结其成为民事权利和义务主体可能性的事件和行为。

2. 民事状态证书适用于自然人的出生,确认其出生地,国籍的取得、退出和丧失,达到相应的年龄,赋予完全民事行为能力,限制民事行为能力,认定无行为能力,结婚,离婚,收养,丧失和恢复亲权,变更姓名,残疾,死亡等。

3. 自然人的出生和出生地、国籍、结婚、法律规定情形的离婚、变更姓名、死亡,应当进行国家登记。

　　〔第 49 条第 3 款根据 2010 年 7 月 1 日第 2398-VI 号法律修改〕

4. 民事状态证书登记应当根据法律进行。

　　自然人的出生和出生地、收养、剥夺和恢复亲权、结婚、离婚、变更姓名、死亡应当依照乌克兰内阁确定的程序,在司法部机关载入民事状态证书的国家登记簿。

　　〔第 49 条根据 2005 年 6 月 23 日第 2710-IV 号、2006 年 12 月 22 日第 524-V 号法律修改〕

第 5 章　自然人经营者

第 50 条　自然人从事经营活动的权利

1. 有完全的民事行为能力的自然人,有权从事法律不禁止的经营活动的权利。

　　对自然人从事经营活动的权利的限制,由乌克兰宪法和法律规定。

2. 自然人从事经营活动的权利,须依照法律规定的程序进行国家登记。

自然人经营者的国家登记信息是公开的。

3. 自然人未进行国家登记而开始经营活动,并订立相关合同的,其无权以其不是经营者为理由对该合同提出异议。

〔第 50-1 条基于 2014 年 5 月 13 日第 1258-VII 号法律删除〕

第 51 条　对自然人的经营活动适用调整法人经营活动的规范性法律文件

1. 对自然人的经营活动适用调整法人经营活动的规范性法律文件,但法律另有规定或者关系的本质另有结论的除外。

第 52 条　自然人经营者的民事法律责任

1. 自然人经营者以其与经营活动有关的全部财产承担义务,但根据法律不得追索的财产除外。

2. 处于婚姻状态中的自然人经营者,以其与经营活动有关的全部个人财产,和夫妻共同财产中在分割该财产时属于其的份额承担义务。

第 53 条　自然人经营者的破产

1. 自然人不能满足与其从事经营活动有关的债权人的请求的,可以依照法律规定的程序被认定为破产人。

第 54 条　监护和保护机关对用于经营活动的财产的管理

1. 自然人经营者被认定失踪、无行为能力或者其民事行为能力受到限制,或者被用于经营活动的财产的所有权人是未成年人或者幼年人的,监护和保护机关可以指定该财产的管理人。

　　监护和保护机关与管理人应当订立关于管理该财产的合同。

2. 行使财产管理权限时,财产管理人以自己的名义、为财产所有权人的利益实施行为。

3. 管理人的权利和义务,由关于管理财产的合同约定。

监护和保护机关根据监督监护人和保护人的规则,对财产管理人的活动进行监督。

4.据以订立合同的情形消失的,关于管理财产的合同终止。

第6章　监护和保护

第55条　监护和保护的任务

1.为保障幼年人、未成年人以及因健康状况不能独立行使自己权利和履行义务的成年人的人身非财产性和财产性权利和利益,设立监护和保护。

第56条　监护和保护机关

〔第56条关于地方国家管理机构的权限,与乌克兰《关于修改〈地方国家管理机构法〉第23条的法律》对地方行政机构确定未成年人监护和保护的权限,同时生效。参见2010年12月21日第2825-VI号法律第2条〕

1.区、基辅市和塞瓦斯托波尔市的区的国家管理机构,市、城市的区、村、镇拉达的执行机关是监护和保护机关。

2.保障需要监护和保护的自然人权利和利益的监护和保护机关的权利和义务,由法律和规范性法律文件规定。

〔第56条文本由2010年12月21日第2825-VI号法律修订〕

第57条　对需要监护和保护的自然人情况的告知义务

1.知道需要监护和保护的自然人情况的人,有义务立即将此情况告知监护和保护机关。

第58条　自然人监护的设立

1.成为孤儿或者失去父母保护的幼年人,被认定为无行为能力的人,应当为其设立监护。

〔第 58 条第 1 款根据 2010 年 12 月 21 日第 2825-VI 号法律修改〕

第 59 条　自然人保护的设立

1. 成为孤儿或者失去父母保护的未成年人,民事行为能力受到限制的自然人,应当为其设立保护。

〔第 59 条第 1 款根据 2010 年 12 月 21 日第 2825-VI 号法律修改〕

第 60 条　法院设定监护和保护

1. 法院认定自然人无行为能力的,应当为其设立监护,并根据监护和保护机关的意见指定监护人。

2. 法院限制自然人民事行为能力的,应当为其设立保护,并根据监护和保护机关的意见指定保护人。

3. 法院在审理案件时查明幼年人失去父母保护的,应当为其设立监护,并根据监护和保护机关的意见指定监护人。

4. 法院在审理案件时查明未成年人失去父母保护的,应当为其设立保护,并根据监护和保护机关的意见指定保护人。

〔第 60 条根据 2005 年 3 月 3 日第 2450-IV 号法律修订〕

第 61 条　监护和保护机关设定监护和保护

1. 在本法典第 60 条第 1 至 4 款规定的情形之外,由监护和保护机关为幼年人设立监护,为未成年人设立保护。

第 62 条　设定监护或者保护的地点

1. 根据需要监护或者保护的自然人的居住地、监护人或者保护人的居住地,设定监护或者保护。

第 63 条　监护人或者保护人的指定

1. 监护人或者保护人由监护和保护机关指定,但本法典第 60 条规定的情形除外。

2. 只有完全民事行为能力的自然人,才可以被指定为监护人或者保护人。

3. 只有依书面申请,自然人才可以被制定为监护人或者保护人。

4. 监护人或者保护人优先从与被监护人有家庭、亲属关系的人中指定,并考虑他们之间的关系、该人履行监护或者保护义务的可能性。

　　为幼年人指定监护人、为未成年人指定保护人时,应当考虑被监护人的意愿。

5. 可以为自然人指定一个或者几个监护人或者保护人。

〔第 63 条根据 2005 年 3 月 3 日第 2450-IV 号法律修改〕

第 64 条　不得成为监护人或者保护人的自然人

1. 下列自然人不得成为监护人或者保护人:

　　(1)失去不得恢复的亲权的;

　　(2)其行为和利益违背需要监护或者保护的自然人的利益。

第 65 条　对尚未指定监护人或者保护人的自然人的监护或者保护

1. 在确定监护或者保护前,由相应的监护和保护机关指定对自然人进行监护或者保护的监护人或者监护机关。

第 66 条　处于特别机构中的自然人的监护或者保护

1. 对处于教育机构、保健机构、居民社会保护机构中的自然人没有确定监护或者保护,或者没有指定监护人或者保护人的,由该机构对其进行监护或者保护。

第 67 条　监护人的权利和义务

1. 监护人有义务关心被监护人,为其创造必要的日常生活条件,保障其护理和治疗。

　　幼年人的监护人有义务关心其营养、教育和发展。

2. 监护人有权要求无法律根据保有被监护人的人交出被监

护人。

3. 监护人以被监护人的名义、为了被监护人的利益实施法律行为。

4. 监护人有义务采取措施保护被监护人的民事权利和利益。

第 68 条　监护人不得实施的法律行为

1. 监护人及其妻子、丈夫和近亲属（父母、子女、兄弟、姐妹）不得与被监护人订立合同，但根据赠与合同向被监护人移转财产，或者根据借用合同无偿使用的除外。

2. 监护人不得以被监护人的名义实施赠与，以及以其名义提供保证。

第 69 条　保护人的权利和义务

1. 未成年人的保护人有义务为其创造必要的日常生活条件，关心其营养、教育和发展。

民事行为能力受到限制的保护人，有义务关心其治疗，创造必要的日常生活条件。

2. 保护人根据本法典第 32、37 条，对被监护人实施法律行为作出同意。

3. 保护人有义务采取措施保护被监护人的权利和义务。

第 70 条　监护人不得作出同意的法律行为

1. 对于被监护人与保护人妻子（丈夫）或者保护人近亲属订立的合同，保护人不得作出同意，但是根据赠与合同向被监护人移转财产或者根据借用合同无偿使用的除外。

第 71 条　监护和保护机关准许实施的法律行为

1. 未经监护和保护机关准许，监护人无权：

（1）放弃被监护人的财产权；

（2）以被监护人名义承诺书面义务；

（3）订立应经公证证明和（或）国家登记的合同，包括关于分
割或者互换住房、住宅的合同；

（4）针对其他贵重财产订立合同。

2. 只有经监护和保护机关准许，保护人才有权对实施本条第 1
款的法律行为作出同意。

第 72 条　被设立监护的人的财产的管理

1. 监护人有义务为被监护人的利益，关心其财产的保管和使用。

2. 幼年人可以独立确定自己的需要和利益的，管理其财产的监
护人应当考虑其意愿。

3. 监护人独立行使为满足被监护人需要的必要费用，该费用由
养老金、抚养费、失去抚养人的赔偿金、被监护儿童的救济金
和其他根据乌克兰法律对被监护儿童提供的社会支出、被监
护人财产的收入等支付。

〔第 72 条第 3 款根据 2009 年 5 月 21 日第 1390-Ⅵ 号法律
修订〕

4. 被监护人是不动产或者需要经常管理的动产的所有权人的，
经监护或者保护机关同意，由监护人管理该财产，或者根据管
理合同由其转交其他人管理。

第 73 条　监护人和保护人因履行自己义务而获得报酬的权利

1. 监护人和保护人因劳务而获得报酬的权利产生的根据，其数
额和支付程序，由乌克兰内阁规定。

第 74 条　对财产的监护

1. 被设立监护或者保护的人拥有处于其他地方的财产的，由财
产所在地监护和保护机关设立对该财产的监护。

在法律规定的其他情形，也可以对财产设立监护。

第 75 条　监护和保护的免除

1. 指定监护人或者保护人的法院,或者监护和保护机关,依该人申请可以免除其监护人或者保护人的权限。该申请由法院或者监护和保护机关在一个月期限内进行审理。

   在关于免除其监护或者保护权限的决定作出前,或者自其提出申请之日起一个月期间届满前其未受审理的,该人应当行使监护人或者保护人的权限。

2. 指定保护人的法院,或者监护和保护机关,依被设定保护的人的申请,可以免除其保护人的权限。

3. 监护人或者保护人不履行自己的义务、侵害被监护人的权利,以及将被监护人安置在教育机构、保健机构或者社会保护机构的,依监护和保护机关的申请,法院可以免除其监护或者保护人的权限。

   〔第 75 条根据 2005 年 3 月 3 日第 2450-IV 号法律、2006 年 1 月 17 日第 3348-IV 号法律修改〕

第 76 条　监护的终止

1. 幼年人移交给父母(抚养人)的,监护终止。

2. 被监护人达到十四岁的,监护终止。在这种情形,行使监护人义务的人成为保护人,无须对其作出专门的决定。

3. 被认定无行为能力的自然人的民事行为能力恢复的,监护终止。

第 77 条　保护的中止

1. 在以下情形,保护终止:

   (1)自然人达到成年;

   (2)未成年人登记结婚;

   (3)未成年人被赋予完全民事行为能力;

   (4)民事行为能力受到限制的自然人的民事行为能力恢复。

第 78 条　对有行为能力的自然人行使权利和履行义务提供辅助

1. 有行为能力的自然人,根据健康状况不能独立行使自己权利和履行义务的,有权为自己选择辅助人。

　　辅助人应当是有行为能力的自然人。

　　依需要辅助的人的申请,其辅助人的姓名可以在监护和保护机关进行登记,由相关文件予以证明。

2. 辅助人有权取得属于需要辅助的自然人的养老金、扶养费[①]、工资、信件。

3. 辅助人有权根据赋予其的权限,为需要辅助的人的利益实施小额的日常生活性法律行为。

4. 在国家政权机关、克里米亚自治共和国政权机关、地方自治机关和其活动与服务居民有关的机构中,辅助人可以代表自然人。只有基于特别委托,辅助人才可以在法院代表自然人。

5. 辅助人的劳务是有偿的,但当事人另有约定的除外。

6. 需要辅助的人可以在任何时间撤销辅助人。在这种情形,辅助人的权限终止。

第79条　对监护人行为、监护和保护机关决定的申诉

1. 包括被监护人的亲属在内的利害关系人,可以对监护人的行为向监护和保护机关或者法院申诉。

2. 监护和保护机关的决定,可以向监护和保护机关所从属的相应机关或者法院申诉。

---

① 扶养费,原文为 аліменти。乌克兰法律中的 аліменти,是指在法律规定的情形,一名家庭成员照料有需要的其他家庭成员的义务。根据《乌克兰家庭法典》,这种法律关系的种类可以是父母向子女支付的(相当于中国民法中的抚养费),也可以是子女向父母支付的(相当于中国民法中的赡养费),还可以是夫妻一方向另一方支付的(相当于中国民法中的扶养费)。本译本使用扶养费一词,借其广义,也借鉴了《德国民法典》中 Unterhalt 一词译为扶养的译法。

第 2 分编　法人

第7章　法人总则

第80条　法人的概念

1. 依照法定程序成立和登记的组织,是法人。

法人享有民事权利能力和行为能力,可以在法院成为原告和被告。

第81条　法人的种类

1. 法人可以通过人和(或)财产的联合而成立。

2. 由于成立程序的不同,法人分为私法法人和公法法人。

私法法人根据本法典第87条基于设立文件成立。私法法人可以基于依照法律确定的章程范本成立和实施行为。

〔第81条第2款第2段根据2011年4月21日第3632-VI号法律修改〕

公法法人根据乌克兰总统、国家政权机关、克里米亚自治共和国政权机关或者地方自治机关的指令成立。

3. 本法典规定私法法人的成立程序、组织法形式、法律地位。

公法法人的成立程序、法律地位由乌克兰宪法和法律规定。

4. 在法律规定的情形,法人可以通过强制分立(分出)成立。

第82条　公法法人参加民事关系

1. 本法典的规定适用于民事关系中的公法法人,但法律另有规定的除外。

第83条　法人的组织法形式

1. 法人可以公司^①、机构^②和法律规定的其他形式成立。

2. 通过有权参加该公司的人（参加人）的联合成立的组织，是公司。公司可以由一人成立，但法律另有规定的除外。

---

　　① 在 1963 年 7 月 18 日《乌克兰苏维埃社会主义共和国民法典》中，并不存在公司（товариство）的概念。在乌克兰语中，товариство 一词有处于紧密联系中的人的联合之义，契合公司概念中人合性的特征，故为民法典所用。从功能比较的视角看，《乌克兰民法典》中的公司（товариство），可以对应《德国民法典》总则编中社团（Verein）的概念（《德国民法典》第 21、22 条），因二者皆为人的结合。在中国的法律体系中，社团一词通常为社会团体的简称，《中华人民共和国民法典》亦未采社团概念，以社团中译 товариство 既不契合乌克兰的法律传统，又不符合法律汉语的表述习惯，故不采用。

　　② 在乌克兰民事立法中，机构（установа）的概念较早出现在 1963 年 7 月 18 日《乌克兰苏维埃社会主义共和国民法典》中。该法典第 24 条是关于法人种类的法律规范，其第 3 段规定："由国家预算维系、有自己独立的预算、其领导人拥有信贷支配权的机构和其他国家机构（установи та інші державні організації）"。机构法人是与国家企业法人并列的一种法人类型。根据该法典第 24 条第 2 款，"由经济核算维系、拥有自己的固定和流动资金与独立的资产负债表的国家企业和其他国家机构"是法人的一种。常见的机构法人有银行、医院、博物馆等，其不直接从事生产活动，而是从事其他经济活动、社会文化性质等活动。在苏维埃时期，《乌克兰苏维埃社会主义共和国民法典》关于机构法人的规定与《苏俄民法典》的规定完全相同，因为二者共同的规范渊源是 1961 年 12 月 8 日《苏联和各苏维埃共和国民事立法纲要》。该立法纲要第 11 条第 3 段第 2 句即为："由国家预算维系、有自己独立的预算、其领导人拥有信贷支配权的机构和其他国家机构（учреждения и иные государственные организации）"。《乌克兰民法典》第 83 条第 3 款使用了苏维埃时期民法典的 установа 概念，但赋予其不同内涵。1994 年《俄罗斯联邦民法典》第 120 条也延续了苏维埃时期机构法人的概念，其第 1 款规定，"财产所有人为行使管理、社会文化或者其他非商业性质职能而成立的非商业组织是机构"；但根据俄罗斯联邦 2014 年 5 月 5 日第 99 号联邦法律，该条文自 2014 年 9 月 1 日起失效。从功能比较的视角看，《乌克兰民法典》中的机构（установа），可以对应《德国民法典》总则编中财团（Stiftungen）的概念（《德国民法典》第 80—88 条），因二者皆非人的结合，而是为实现一定目的的财产的结合。在中国法律体系中并不存在财团的法律概念，《中华人民共和国民法典》亦未采用财团概念；在现代汉语中，财团专指由金融寡头控制的大型银行和大型企业结合而成的垄断集团，以财团中译 установа 既无法体现乌克兰法律传统的延续性，又不符合汉语的表述习惯，故不采用。

公司分为经营性和非经营性公司。[①]

3. 由一个或者若干不参加管理的人（设立人），通过其财产的联合（分离）、为了达到设立人确定的目的成立的组织，是机构。机构的费用由该财产负担。

　　特定种类的机构法律地位的特殊性，由法律规定。

4. 法律没有规定特定种类公司或者机构的其他规则的，本章的规定适用于所有的公司和机构。

第84条　经营性公司

1. 从事经营性活动，以获取利润为目的并且获取利润后在参加人之间分配的公司（经营性公司），仅可作为商业公司（无限公司、两合公司、有限责任或者补充责任公司、股份公司）或者生产合作社成立。

第85条　非经营性公司

1. 不具有获取利润在参加人之间分配为目的的公司，是非经营性公司。

2. 特定种类的非经营性公司法律地位的特殊性，由法律规定。

第86条　非经营性公司和机构从事经营活动

1. 非经营性公司（生产性合作社之外的合作社、公民的联合组织等）和机构可以在从事其基本活动的同时从事经营活动，但法律另有规定的除外，并且该活动应当符合成立它们的目的，促

---

　　① 《乌克兰民法典》的法人制度在结构上与《德国民法典》相同。《德国民法典》首先将法人分为公法人（die juristische Personen des öffentlichen Rechts）和私法人（die juristische Personen des Privaten Rechts），《乌克兰民法典》第81条第2款即采用此种分类。对私法人，《德国民法典》将其分为社团法人（Verein）和财团法人（Stiftung）；其中，社团法人又可分为非经济性社团（nicht wirtschaftlicher Verein，《德国民法典》第21条）和经济性社团（wirtschaftlicher Verein，《德国民法典》第22条）两种。对比苏维埃法律传统，可以推出《乌克兰民法典》法人制度在部分结构上采用了部分德国法因素。

进该目的的达到。

〔第 86 条第 1 款根据 2012 年 11 月 20 日第 5495-VI 号法律修改〕

第 87 条 法人的成立

1. 为成立法人,其参加人(设立人)应当制定设立文件,该文件应当书面作出并由所有参加人(设立人)签署,但法律规定其他批准程序的除外。

   私法法人可以基于乌克兰内阁批准的示范章程成立和实施行为,参加人通过该示范章程后,其成为设立文件。

   〔根据 2011 年 4 月 21 日第 3262-VI 号法律增补第 87 条第 1 款第 2 段〕

   基于示范章程组建的法人的设立人(参加人),可以根据法律规定的程序批准成为设立文件的章程,在其基础上进行活动。

   〔根据 2011 年 4 月 21 日第 3262-VI 号法律增补第 87 条第 1 款第 3 段〕

2. 参加人批准的章程或者参加人之间的设立合同,是公司的设立文件,但法律另有规定的除外。

   一人成立的公司,基于该人批准的章程实施行为。

3. 机构基于由一个或多个设立人单独或者共同编制的设立证书①成立。设立证书可以包含在遗嘱中。由一人或多人制订的成立机构的设立证书,可以由设立人撤销。

4. 自其国家登记之日起,法人完成成立。

---

① 通过比较本条第 1、2、3 款可知,《乌克兰民法典》对公司和机构的设立采用了不同表述:对于公司的设立,由设立人制定设立文件(розробляти установчі документи);对于机构的设立,由设立人编制设立证书(скласти установчий акт)。

第88条　设立文件内容的要求

1. 公司章程中应当指明法人的名称、法人的管理机关、管理机关的权限和作出决议的程序、加入和退出法人的程序,但本法典或者其他法律对章程内容有补充要求的除外。

2. 公司设立合同中应当确定设立人设立公司的义务,为设立法人设立人共同活动的程序,参加人向公司移转财产的条件,但本法典或者其他法律对设立合同内容有补充要求的除外。

3. 机构设立证书中应当指明其目的,确定为达到该目的所必需的向机构移转的财产。包含在遗嘱中的设立证书中没有前述特定规定的,由进行国家登记的机关予以规定。

〔第88条根据2005年3月3日第2452-IV号法律修改〕

第89条　法人的国家登记

1. 法人应当依照法律规定的程序进行国家登记。国家登记的数据应当记入统一的国家登记簿,向全社会公开。

2. 拒绝对法人进行国家登记的理由,由法律规定。不允许根据法律规定之外的理由,拒绝对法人进行国家登记。

〔第89条第2款由2013年10月10日第642-VII号法律修订〕

3. 拒绝以及拖延进行国家登记,可以向法院申诉。

4. 统一的国家登记簿应当记载关于法人组织法形式的信息,其名称、住所地、管理机关、分支机构和代表机构、设立目的以及法律规定的其他信息。

5. 法人设立文件中涉及记入统一的国家登记簿的信息的变更,自其国家登记时起对第三人生效。在与考虑该变更而实施行为的第三人的关系中,法人及其参加人无权援引该变更尚未进行国家登记。

〖第 89 条第 5 款根据 2010 年 9 月 23 日第 2555-VI 号法律修改〗

第 90 条　法人的名称

1. 法人应当有自己的名称,该名称包含关于其组织法形式和名号的信息。

〖第 90 条第 1 款第 1 段根据 2015 年 11 月 26 日第 835-VIII 号法律修改〗

机构的名称应当包含关于其活动性质的信息。

法人可以有完整名称之外的简称。

2. 经营性公司法人可以有商号(厂商名称)①。

法人的商号(厂商名称)可以依照法律规定的程序进行登记。

3. 法人的名称应当在其设立文件中指明并记入统一的国家登记簿。

〖第 90 条第 4 款基于 2015 年 11 月 26 日第 835-VIII 号法律删除〗

5. 法人无权使用其他法人的名称。

第 91 条　法人的民事权利能力

1. 法人能够享有与自然人相同的民事权利和义务(民事权利能力),但是根据自己的属性仅属于人类的除外。

2. 只有根据法院判决,才可以限制法人的民事权利能力。

---

①　商号(厂商名称),原文为 комерційне (фірмове) найменування。商号(комерційне найменування)是乌克兰立法中较新的概念。《乌克兰民法典》出台前,乌克兰法律较多使用厂商名称(фірмове найменування)的概念。在乌克兰法律体系中,厂商名称的概念来源于乌克兰加入的两个知识产权国际条约——《保护工业产权巴黎公约》第 1、8 条,和《成立世界知识产权组织公约》第 2 条。《保护工业产权巴黎公约》第 1 条规定了厂商名称(Le nom commercial, trade names)的概念。

3. 经取得特别准许(许可),法人可以实施法律规定的清单中的特定种类的活动。

4. 法人的民事权利能力自其成立时产生,自统一的国家登记簿记载其终止之日起终止。

第 92 条 法人的民事行为能力

1. 法人通过自己的机关取得、行使民事权利和义务,该机关应当根据设立文件和法律实施行为。

   法人机关的成立程序,由设立文件和法律规定。

2. 在法律规定的情形,法人可以通过其参加人取得、行使民事权利和义务。

3. 根据法人的设立文件或者法律以法人名义行事的机关或者人,有义务为了法人的利益,善意、合理地实施行为,并且不得超越自己的权限。

   在与第三人的关系中,对法人代表机关权限的限制没有法律效力,除非法人证明第三人知道或者根据所有情势不可能不知道这些限制。

4. 法人机关的成员,或者根据法律或者设立文件以法人名义行事的其他人,违背自己对代表机构的义务的,应当就其对法人造成的损失承担连带责任。

第 93 条 法人的住所地

进行活动的实际地方,或者对法人活动进行日常管理的(主要领导)以及管理和核算的办公所在地,是法人的住所地。

〔第 93 条由 2005 年 3 月 3 日第 2452-IV 号法律修订;第 93 条文本由 2010 年 12 月 2 日第 2756-VI 号法律修订〕

第 94 条 法人的人身非财产权

1. 法人享有其商誉不受侵犯权、通讯秘密权、信息权和属于它的其他人身非财产权。

法人人身非财产权的保护,根据本法典第3章进行。

第95条　分支机构和代表机构

1. 位于法人住所地之外、行使法人全部或者部分职能的独立部门,是分支机构。

2. 位于法人住所地之外、行使代表和保护法人利益的独立部门,是代表机构。

3. 分支机构和代表机构不是法人。它们的财产由成立它的法人划拨,基于法人批准的规定实施行为。

4. 分支机构和代表机构的领导人由法人任命,基于法人作出的委托授权而实施行为。

5. 关于法人分支机构和代表机构的信息,应当记入统一的国家登记簿。

第96条　法人的责任

1. 法人对自己的债务独立承担责任。

2. 法人以属于它的全部财产对自己的债务承担责任。

3. 参加人(设立人)不对法人的债务承担责任,法人不对参加人(设立人)的债务承担责任,但设立文件和法律规定的情形除外。

4. 成立法人的人对在国家登记之前产生的债务承担连带责任。

法人可以对与其成立相关的参加人(设立人)的债务承担责任,但须取得法人相应机关的核准。

第97条　公司的管理

1. 公司由其机关进行管理。

2. 参加人大会和执行机关是公司的管理机关,但法律另有规定的除外。

第 98 条 公司的参加人大会

1. 公司的参加人大会有权对公司活动的所有问题作出决议[①],包括大会已经移转给公司其他机关主管的问题。

{第 98 条第 1 款根据 2018 年 2 月 6 日第 2275-VIII 号法律修改}

2. 大会的决议以出席参加人的简单多数作出,但设立文件或者法律另有规定的除外。

关于变更公司章程、转让公司财产 50% 以上的公司财产和关于公司清算的决议,依不少于 3/4 表决权的多数通过,但法律另有规定的除外。

3. 公司大会对与参加人实施法律行为的问题和对参加人与公司之间的争议作出决议时,公司的参加人没有表决权,但法律另有规定的除外。该规则不适用于只有一名参加人的公司。

{第 98 条第 3 款由 2018 年 2 月 6 日第 2275-VIII 号法律修订}

4. 大会的召集程序由公司的设立文件确定。持有不少于 10% 表决权的公司参加人,可以要求召集大会。

参加人关于召集大会的要求没有实现的,该参加人有权自行召集大会。

{第 98 条第 5 款基于 2018 年 2 月 6 日第 2275-VIII 号法律删除}

第 99 条 公司的执行机关

1. 公司大会以自己的决议成立执行机关,确定其主管权限和人

---

① 在《乌克兰民法典》中,公司权力机关、国家机关、法院均可就公司的实体事项作出 рішення,本译本根据汉语法律表述习惯,将公司权力机关作出的译为决议,将国家机关作出的译为决定,法院作出的译为判决。

员组成。

2. 公司的执行机关可以由一人或者若干人组成。由若干人组成的执行机关,依照本法典第98条第2款第1段规定的程序作出决议。

3. 执行机关成员的权限可以在任何时间被终止,或者被临时停止执行自己的权限。

〔第99条第3款由2014年5月13日第1255-VII号法律修订〕

4. 根据设立文件或者法律,公司执行机关的称谓可以是"董事会"、"经理室"[①]等。

第100条　加入和退出公司的权利

1. 公司的参加人有权退出公司,但法律另有结论的除外。

2. 在法律规定的情形和程序,公司的参加人可以从公司中除名。

〔第100条根据2011年4月21日第3262-VI号法律修改;由2018年2月6日第2275-VIII号法律修订〕

第101条　机构的管理

1. 机构的设立人不参加对机构的管理。

在机构中必须成立适用于本法典第99条规定的董事会。

设立证书可以规定其他机关的成立,确定这些机关及其组成人员的组建程序。

2. 对机构活动的监督由监事会进行。

---

① 根据1991年9月19日第1576-XII号《关于商业公司的乌克兰法律》,有限责任公司的执行机关,属于集体执行机关的,其称谓是经理室(дирекція),属于个人执行机关的,其称谓是经理(директор);股份公司的执行机关,属于集体执行机关的,其称谓是董事会(правління),属于个人执行机关的,其称谓是经理(директор)、总经理(генеральний директор)。

监事会监督机构财产的管理、对设立目的的遵守和根据设立证书进行的其他活动。

第102条 机构财产的移转

1. 在设立证书中应当确定设立人(在其死亡的情形,由义务人)在其国家登记后应当向机构移转的财产。

第103条 机构目的和管理结构的变更

1. 机构目的成为不可能或者机构威胁社会利益的,相应的国家政权机关可以根据与机构管理机关的合同,向法院申请确定机构的其他目的。

   〔第103条第1款根据2013年10月10日第642-VII号法律修改〕

2. 在变更机构目的的情形,法院应当考虑创建者的意愿,考虑使用财产的收益应移转给根据设立人意愿所指定的受益人。

3. 由变更机构目的所致或者其他正当理由的,法院可以变更机构的管理结构。

4. 在变更机构目的或者变更机构管理结构的情形,机构的董事会有义务向法院以书面形式报告自己就该问题的意见。

第104条 法人的终止

1. 法人由于重组(合并、加入、分立、分出、改组)或者清算而终止。在法人重组的情形,财产、权利和义务移转给权利继受人。

   〔第104条第1款由2013年10月10日第642-VII号法律修订〕

2. 自关于法人终止的记载记入统一的国家登记簿之日起,法人终止。

3. 处于支付能力恢复或者破产程序中的法人终止的程序,由法律规定。

4. 作为法人的银行,其终止的特殊性由法律规定。

〔第 104 条第 4 款根据 2011 年 9 月 22 日第 3795-VI 号法律增补〕

第 105 条 关于法人终止决定的执行

1. 法人的参加人、法院或者作出关于法人终止决定的机关,有义务自决定作出之日起三个工作日内书面告知进行国家登记的机关。

〔第 105 条第 2 款基于 2015 年 11 月 26 日第 835-VIII 号法律删除〕

3. 法人的参加人、法院或者作出关于法院终止决定的机关,根据本法典指定法人终止的委员会(重组委员会、清算委员会),由委员会或者清算人的代表人确定债权人向终止的法人提出请求的程序和期限。

法人终止的委员会(重组委员会、清算委员会)功能的执行,可以委托给法人的管理机关。

4. 法人终止的委员会(重组委员会、清算委员会)或者清算人自被指定时起,接受管理法人事务的权限。委员会的代表人、委员会的成员或者法人的清算人代表其对第三人的事务,以终止的法人的名义在法院活动。

5. 债权人向终止的法人提出请求的期限,应当自针对终止法人的决定公布之日起计算,不得少于两个月,不得多于六个月。

〔第 105 条第 5 款根据 2015 年 2 月 12 日第 191-VIII 号法律修改〕

6. 债权人每个独立的请求,包括缴付税和费,向强制性的国家社会保险、乌克兰养老基金的保险资金、社会保险基金缴费,都应进行审查,并作出相应的决定,审查的期限自终止的法人取得债权人的相应申请之日起不得迟于 30 日。

{第 105 条根据 2006 年 2 月 22 日第 3456-IV 号法律修改；由 2011 年 5 月 19 日第 3384-VI 号法律修订}

第 106 条 法人的合并、加入、分立和改组

1. 法人的合并、加入、分立和改组，设立文件有授权的，根据其参加人或者法人机关的决议进行，在法律规定的情形，根据法院的判决或者相关国家政权机关的决定进行。

2. 法人通过合并或者加入终止的，法律可以规定其应当取得相关国家政权机关的许可。

第 107 条 法人通过合并、加入、分立和改组终止的程序

1. 债权人可以要求终止的法人履行没有担保的债务，终止或者其他履行债务，或者未债务设定担保，但法律规定的情形除外。

{第 107 条第 1 款根据 2009 年 7 月 24 日第 1617-VI 号法律修改；由 2011 年 9 月 22 日第 3795-VI 号法律修订}

2. 债权人提出请求的期限届满、满足或者拒绝这些请求后，终止法人的委员会应当编制移转证书（在合并、加入或者改组的情形）或者分立资产负债表（在分立的情形），后者应当包含关于通过分立终止的法人的财产、权利和义务的权利继受的规定，该规定针对其所有的债权人和债务人，包括当事人争议的债务。

{第 107 条第 2 款根据 2015 年 11 月 26 日第 835-VIII 号法律修改}

3. 移转证书和分立资产负债表，由法人的参加人或者作出终止法人决定的机关批准，但法律规定的情形除外。

{第 107 条第 3 款第 1 段根据 2011 年 3 月 17 日第 3166-VI

号法律修改}

﹛第 107 条第 3 款第 2 段基于 2015 年 11 月 26 日第 835-VIII
号法律删除﹜

4. 违反本条第 2、3 款规定的,构成拒绝将法人终止的记载记入
统一的国家登记簿和拒绝成立法人权利继受人的国家登记的
理由。

5. 由分立而组建的法人权利继受人,对终止法人的债务承担辅
助责任,根据分立资产负债表,它们转变为其他的法人权利继
受人。由分立而组建的法人权利继受人多于两个的,它们连
带地承担该辅助责任。

﹛第 107 条第 5 款由 2011 年 9 月 22 日第 3795-VI 号法律
修订﹜

6. 法人的权利继受人是若干法人,就终止法人的具体债务无法
准确确定权利继受人的,法人权利继受人对终止法人的债务
人承担连带责任。根据法律或者设立文件对终止法人债务负
责的参加人(设立人),对法人终止前产生的权利继受人的债
务,在法律或者设立文件没有规定参加人(设立人)对权利继
受人主要责任的范围内负责。

﹛第 107 条部分内容由 2011 年 9 月 22 日第 3795-VI 号法律
修订﹜

第108条　法人的改组

1. 法人组织法形式的变更,是改组。

2. 在改组的情形,原法人所有的财产、所有的权利和义务移转给
新法人。

第109条　法人的分出

1. 根据分立资产负债表,法人的部分财产、权利和义务移转给一

个或者若干组建的新法人,是分出。

2. 分出决定作出后,法人的参加人或者作出分出决定的机关应当编制和批准分立资产负债表。

作出分出判决的法院,在其判决中应当有义务编制和批准分立资产负债表的法人的参加人或者法人的上级机关(所有权人)。

〔第109条第2款由2011年9月22日第3795-VI号法律修订〕

3. 由分出所组建的法人,对分出它的法人的债务承担辅助责任,即使根据分立资产负债表该债务没有移转给因分出所组建的法人。分出法人的法人,对根据分立资产负债表已转给因分出所组建的法人的债务承担辅助责任。因分出所组建的法人为两个或者两个以上的,其与分出它们的法人共同连带地承担辅助责任。

〔第109条部分内容由2011年9月22日第3795-VI号法律修订〕

4. 分出后,就法人分出前存在的特定债务无法准确确定债务人的,由分出法人和由分出所组建的法人就该债务对债权人承担连带责任。

〔第109条部分内容由2011年9月22日第3795-VI号法律修订〕

第110条　法人的清算

1. 法人的清算:

（1）因法人存续的期限结束、法人存续的目的达到以及设立文件规定的其他情形,根据设立文件授权的法人的参加人或者法人的机关的决议进行;

（2）因法人成立时存在的违法行为无法消除的，经法人的参
加人或者相关国家政权机关提起的诉讼，根据法院关于
清算法人的判决进行；

〔第 110 条第 1 款第 2 项由 2012 年 7 月 4 日第 5042-VI 号法
律、2013 年 10 月 10 日第 642-VII 号法律修订〕

（3）在法律规定的其他情形，经相关国家政权机关提起的诉
讼，根据法院关于清算法人的判决进行。

〔第 110 条第 1 款部分内容由 2013 年 10 月 10 日第 642-VII
号法律修订〕

2. 国家政权机关提起关于清算法人之诉的，该机关可以指定被
赋予相关权限的人作为清算人。

〔第 110 条第 2 款第 1 段根据 2008 年 9 月 17 日第 514-VI 号
法律、2011 年 7 月 7 日第 3610-VI 号法律、2012 年 7 月 4 日第
5042-VI 号法律修改；由 2013 年 10 月 10 日第 642-VII 号法律
修订〕

〔第 110 条第 2 款第 2 段基于 2013 年 10 月 10 日第 642-VII
号法律删除〕

3. 法人财产的价值不足以满足债权人请求的，法人应当实施法
律规定的关于恢复支付能力或者认定破产的所有必要行为。

〔第 110 条第 3 款由 2011 年 9 月 22 日第 3795-VI 号法律
修订〕

4. 银行清算的特殊性，由关于银行和银行活动的法律规定。

第 111 条　法人清算的程序

1. 自法人设立人（参加人）、法院或者其授权机关的决定记录记

入法人、自然人经营者和社会组织统一的国家登记簿[①]之日起,清算委员会(清算人)有义务采取所有必要措施追索清算法人的应收账款,在本法典规定的期限内书面通知每个债务人关于法人终止的情况。

清算委员会(清算人)应当对法人的债务人提出追索债务的请求和诉讼。

〔第 111 条第 1 款根据 2015 年 11 月 26 日第 835-VIII 号法律修改〕

2. 清算委员会(清算人)有义务将关于其参加其他法人和(或)提供关于其成立商业公司、子企业的信息,通知法人的参加人、作出终止法人判决的法院或者作出终止法人决定的机关。

3. 在采取法人清算措施时,直至债权人提出请求的期限终结之前,清算委员会(清算人)应当关闭在金融机构开设的账户,但在法人清算时用于与债权人进行结算的账户除外。

4. 清算委员会(清算人)应当采取措施,清查终止法人的财产及其分支机构和代表机构、子企业、商业公司的财产,以及终止法人在其他法人中的公司权利所确认的财产,查明并采取措施从第三人处收回财产。

在法律规定的情形,清算委员会(清算人)应当保障对终止法人的财产进行独立的评估。

5. 清算委员会(清算人)应当采取措施关闭法人的独立部门(分

---

① 根据 2003 年 5 月 15 日第 755-IV 号《关于法人、自然人经营者和社会组织统一的国家登记簿的乌克兰法律》第 1 条第 1 款第 7 项,法人、自然人经营者和社会组织统一的国家登记簿(Єдиний державний реєстр юридичних осіб, фізичних осіб – підприємців та гпомадських формувань),是指保障收集、存储、加工、保护、统计和提供关于法人、没有法人资格的自然人经营者和社会组织的信息的统一的国家信息系统。根据该法第 5 条第 1 款,主管国家登记领域的国家机关为乌克兰司法部和其他国家登记主体。

支机构、代表机构),并根据关于劳动的立法辞退终止法人的工作人员。

6. 许可证、批准性质的文件和其他文件,以及应当返还国家政权机关、地方自治机关的印章,由清算委员会(清算人)返还。

7. 为检验和确定是否对税、费、强制性的国家社会保险、乌克兰养老基金的保险资金、社会保险基金有欠款,清算委员会(清算人)应当保障向税收机关和乌克兰养老基金、社会保险基金提供法人(其分支机构、代表机构)的文件,包括会计和税务账户登记的原始文件。

在批准清算资产负债表的时刻来临之前,清算委员会(清算人)应当编制并向税收机关、乌克兰养老基金、社会保险基金提供最后会计周期的会计报表。

8. 在债权人提出请求的期限终结后,清算委员会(清算人)编制过渡清算资产负债表,记载关于清算法人财产构成、债权人提出的清算清单及其审查结果。

过渡清算资产负债表由法人的参加人、作出清算法人判决的法院、作出清算法人决定的机关批准。

9. 向清算法人的债权人付款,包括税、费、向强制性的国家社会保险统一缴费和其他应当向国家或者地方预算、乌克兰养老基金、社会保险基金支付的款项,按照本法典第112条规定的顺序和程序进行。

清算法人的资金不足以满足债权人请求的,清算委员会(清算人)应当组织出卖法人的财产。

10. 在批准清算资产负债表之前,清算委员会(清算人)应当编制并向税收机关、乌克兰养老基金、社会保险基金提供最后会计周期的会计报表。

11. 与债权人完成结算后,清算委员会(清算人)应当编制清算资产负债表,保障法人的参加人、作出法人终止判决的法院、作出法人终止决定的机关批准该表,并向税收机关提供该表。

12. 满足债权人(包括税、费、向强制性的国家社会保险统一缴费和其他应当向国家或者地方预算、乌克兰养老基金、社会保险基金支付的款项)请求后剩余的财产,移转给法人的参加人,但法人的设立文件或者法律另有规定的除外。

13. 应予强制保存的文件,应当根据立法规定的程序移转相应的上级机构。

14. 清算委员会(清算人)应当保障在法律规定的期限内向国家登记部门提供进行终止法人的国家登记所需的法定文件。

〔第 111 条根据 2011 年 3 月 17 日第 3166-VI 号法律修改,由 2011 年 5 月 19 日第 3384-VI 号法律修订〕

第 112 条 债权人请求的满足

1. 在有支付能力的法人进行清算时,其债权人的请求按照下列顺序满足:

（1）第一顺序满足因残疾、损害健康或者造成死亡的损害赔偿请求,以抵押或者其他方式担保的债权人的请求;

（2）第二顺序满足与劳动关系有关的工作人员的请求,作者关于支付使用其智力、创造活动成果的请求;

（3）第三顺序满足税和费(强制支付)的请求;

（4）第四顺序满足所有剩余的请求。

同一顺序的请求,按照属于该顺序的每个债权人的请求数额,依比例获得满足。

2. 满足保险合同债权人请求的顺序,由法律确定。

﹛第 112 条根据 2008 年 12 月 17 日第 675-VI 号法律增补﹜

3. 清算委员会拒绝满足债权人请求或者拖延审查其请求的,债权人有权自其知道或者应当知道该拒绝之日起一个月内,向法院提起针对清算委员会的诉讼。根据法院的判决,债权人的请求以法人清算后的剩余财产满足。

﹛第 112 条第 3 款根据 2011 年 5 月 19 日第 3384-VI 号法律修改﹜

4. 债权人在清算委员会确定的提出请求的期限届满后提出的请求,由在满足及时提出的债权人的请求之后清算法人剩余的财产予以满足。

5. 对于清算委员会没有确认的债权人的请求,债权人在得到关于全部或者部分拒绝确认其请求的告知后在一个月的期限内未向法院起诉的,根据法院判决拒绝满足债权人的请求的,以及因法人没有财产无法满足请求的,该请求消灭。

第 8 章 经营性公司

第 1 节 商业公司

1. 总则

第 113 条 商业公司的概念和种类

1. 其法定(共同)资本在参加人之间分为份额的法人,是商业公司。

2. 商业公司可以无限公司、两合公司、有限或者补充责任公司、股份公司的形式成立。

第114条　商业公司的参加人

1. 自然人或者法人可以成为商业公司的参加人。

参加商业公司的限制,可以由法律规定。

2. 除无限公司和两合公司外的商业公司,可以由一人成立,该人是其唯一的参加人。

第115条　商业公司的财产

1. 商业公司是如下财物的所有权人:

（1）公司的参加人作为向法定（共同）资本出资而移转给公司的财产;

（2）公司因商业活动所生产的产品;

（3）获得的收入;

（4）基于法律没有禁止的根据所取得的其他财产。

2. 向商业公司法定（共同）资本的出资,可以是货币、有价证券、以货币评估的其他物、财产或者其他可转让的权利,但法律另有规定的除外。

公司参加人出资的货币评估根据公司参加人的协议进行,在法律规定的情形,由独立的鉴定机构检验。

第116条　商业公司的参加人的权利

1. 商业公司的参加人依照公司设立文件和法律规定的程序有如下权属:

（1）依照设立文件确定的程序参加公司的管理,但法律规定的情形除外;

（2）参加分配公司的利润并获取其应得的部分（股息）;

（3）依照规定的程序退出公司;

（4）依照法律规定的程序出让公司法定（共同）资本中的股份,证明参加公司的有价证券;

（5）依照设立文件规定的程序获得关于公司活动的信息。

2. 商业公司的参加人有公司设立文件和法律规定的其他权利。

第117条　商业公司的参加人的义务

1. 商业公司的参加人有义务：

（1）遵守设立文件并执行大会的决议；

（2）履行自己对公司的义务，包括与财产入股有关的义务，以及根据设立文件规定的数额、程序和方式出资（股份支付）；

（3）不泄露商业秘密和关于公司活动的秘密信息。

2. 商业公司的参加人有公司设立文件和法律规定的其他义务。

第118条　附属的商业公司

1. 有限责任或者补充责任公司20%以上的法定资本或者股份公司20%以上的普通股份属于其他（主要）商业公司的，前者商业公司（有限责任或者补充责任公司、股份公司）为附属的公司。

2. 获取或者以其他方式取得有限责任或者补充责任公司20%以上的法定资本或者股份公司20%以上的普通股份的商业公司，有义务依照法律规定的程序公布该信息。

2. 无限公司

第119条　无限公司的概念

1. 参加人根据他们之间订立的合同，以公司的名义进行经营活动，以属于自己的全部财产为公司的债务连带地承担补充（辅助）责任[①]。

2. 一个人只可以成为一个无限公司的参加人。

3. 未经其他参加人同意,无限公司的参加人无权以自己的名义、为了自己或者第三人的利益,实施与构成公司活动对象同源的法律行为。

在违反该规则的情形,公司有权根据自己的选择,要求该参加人或者赔偿公司遭受的损失,或者向公司移转由于该法律行为所获取的全部收益。

4. 无限公司的名称应当包含所有参加人的姓名(名称)、"无限公司"字样,或者包含一个或者若干参加人的姓名(名称)并加上"和公司",以及"无限公司"字样。

第 120 条　无限公司的设立文件

1. 无限公司基于设立合同成立和实施行为。设立合同由其所有参加人签署。

2. 除本法典第 88 条规定的信息外,设立合同应当包含如下信息:公司共同资本的数额和组成;每个参加人共同资本份额的变更数额和程序;其出资的数额、组成和期限。

第 121 条　无限公司的管理

1. 无限公司活动的管理,根据所有参加人的共同同意进行。公司的设立合同可以规定依参加人多数表决作出决议的情形。

2. 无限公司的每个参加人有一个表决权,但设立合同规定确定

---

① додаткова відповідальність 译为补充责任;从词源看, додаткова 源于斯拉夫语,有补充之义。субсидіарна відповідальність 译为辅助责任;从词源看, субсидіарна 源于拉丁语 subsidium,原为古罗马军事用语,有辅助之义。 додаткова відповідальність 与 субсидіарна відповідальність 既是同义词,又在不同语境下使用。《乌克兰民法典》第 109 条第 3 款使用辅助责任的概念;本条(第 119 条)将补充责任与辅助责任作为同义词使用;债权编第 619 条则专门规定了辅助责任。

表决数的其他程序的除外。

3. 无论是否被授权执行公司事务,公司的每个参加人都有权查
询执行公司事务的文件。对该权利的放弃或者限制,包括根
据公司参加人的协议所作的限制或者放弃,都是法定无效的。

第122条　无限公司事务的执行

1. 设立合同没有确定由所有参加人共同执行事务或者委任特定
参加人执行事务的,无限公司的每个参加人都有权以公司名
义实施行为。

　　参加人共同执行公司事务的,实施每一个法律行为都必须
取得公司所有参加人的同意。无限公司接受委任的特定参加
人执行事务的,其他参加人以公司名义实施法律行为须取得
委任执行公司事务的参加人的委托。

　　在与第三人的关系中,无限公司不得援引设立合同关于公
司参加人以公司名义实施行为的权限受到限制的规定,但可
以证明第三人在实施法律行为知道或者可以知道公司参加人
无权以公司名义实施行为的除外。

2. 为共同利益实施行为却没有该权限的无限公司的参加人,在
其行为未经其他参加人批准的情形,可以证明由于其行为公
司保存或者获取的财产的价值超过支出的,有权请求公司赔
偿其发生的支出。

3. 公司参加人之间发生争议的,依一个或者若干公司其他参加
人的申请,具备充分根据的,包括由于被授权执行公司事务的
参加人严重违反自己的义务或者其表现出没有能力合理地执
行事务的,法院可以终止赋予一个或者若干参加人的执行公司
事务的权限。基于法院判决,公司设立合同应当进行必要
的变更。

第 123 条　无限公司利润和亏损的分配

1. 无限公司的利润和亏损在参加人之间,依共同资本中其份额的比例分配,设立合同或者参加人的协议另有约定的除外。

2. 不允许剥夺无限公司参加人参加分配利润或者损失的权利。

第 124 条　无限公司的参加人对公司债务的责任

1. 在无限公司的财产不足以全额满足债权人请求的情形,无限公司的参加人以自己全部可以追索的财产对公司的债务负责。

2. 无限公司的参加人对公司债务负责,与该债务产生于参加人参加公司时或者参加公司后无关。

3. 退出公司的无限公司参加人,其退出公司一年内公司活动的报表被批准之日起三年内,与留在公司的参加人在同等范围内对其退出之前产生的公司债务负责。

4. 完全偿还公司债务的无限公司的参加人,有权就相应的部分,向以自己在公司共同资本中的份额对其按比例地承担责任的其他参加人提出返还请求。

第 125 条　无限公司的参加人组成的变更

1. 无限公司的参加人组成的变更可以与以下相关:
   （1）无限公司的参加人主动退出其组成;
   （2）从参加人组成中除名;
   （3）根据与参加人无关的原因脱离参加人组成。

2. 退出、除名、脱离无限公司组成的程序和特殊性由本法典、其他法律和设立文件确定。

第 126 条　退出无限公司

1. 没有确定存续期限的无限公司的参加人,可以在任何时候退出公司,但须在实际退出公司前三个月作出声明。签署退出公司声明的真实性应经公证证明。

〔第 126 条第 1 款第 1 段根据 2016 年 10 月 6 日第 1666-VIII 号法律修改〕

仅在有正当理由时，才可以提前退出有确定存续期限的无限公司。

2. 对退出公司权利的放弃，是法定无效的。

第 127 条　参加人对无限公司共同资本中份额（部分）的移转

1. 经其他参加人的同意，无限公司的参加人有权将其在共同资本中的份额或者部分移转给其他的公司参加人或者第三人。

2. 在份额（部分）移转给新的参加人的情形，属于移转份额（部分）的参加人的权利，全部或者在相应的部分移转给新的参加人。接受移转份额（部分）的人根据本法典第 124 条第 2 款对公司的债务负责。

3. 在公司参加人移转全部份额给其他人的情形，该参加人对无限公司的参加终止，对其发生本法典第 124 条第 3 款规定的后果。

第 128 条　从无限公司参加人组成中除名

1. 无限公司的参加人，系统性地不履行或者以不适当的方式履行公司扣付的义务，或者以自己的行为（不作为）阻碍公司目的达到的，可以依照设立合同规定的程序从公司中除名。

2. 关于从无限公司参加人组成中除名的决议，可以向法院申诉。

第 129 条　脱离无限公司

1. 在以下情形，无限公司可以作出关于确认无限公司参加人脱离其组成的决议：

（1）参加人死亡或者宣告其死亡，没有继承人的；

（2）公司的法人参加人清算，包括认定其破产的；

（3）认定参加人无行为能力、限制行为能力或者认定失踪的；

（4）根据法院判决指定公司的法人参加人进行包括与其无清偿能力有关的强制性重组的；

（5）追索与参加人在公司共同资本中份额相当的无限公司的部分财产。

2. 关于认定无限公司参加人从其组成中脱离的决议，利害关系人可以向法院申诉。

3. 在基于本条第 1 款规定的参加人从无限公司中脱离的情形，公司可以继续自己的活动，但公司设立合同或者剩余参加人之间的协议另有规定的除外。

第 130 条　从无限公司退出、被除名和脱离情形的结算

1. 基于本法典第 126、128 和 129 条的规定从无限公司退出、被除名或者脱离的参加人，应当依其在公司共同资本的比例份额，向其支付公司财产的部分价值，但设立合同另有规定的除外。

2. 自然人无限公司的参加人的继承人或者法人无限公司的参加人的权利承受人没有参加无限公司的，与他们的结算根据本条第 1 款的规定进行。

3. 在无限公司财产中公司参加人份额的价值的确定程序和其支付期限，由设立合同和法律规定。

第 131 条　追索与参加人在公司共同资本中份额相当的无限公司的部分财产

1. 因参加人的个人债务追索其在无限公司共同资本中的份额，仅在其他财产无法满足债权人请求的情形才允许进行。在无限公司参加人的财产不足以履行其对债权人义务的情形，债权人可以依照规定的程序请求分割无限公司中与债务人参加

人在公司共同资本中份额相当的部分财产。

2. 无限公司中与债务人参加人在共同资本中份额相当的部分财产，根据该参加人脱离公司时编制的资产负债表，以货币或者实物形式予以分割。

第132条　无限公司的清算

1. 无限公司基于本法典第110条的规定，以及在公司中只剩下一个参加人的情形，进行清算。在自其成为公司唯一的参加人时起六个月的期限内，该参加人有权依照本法典规定的程序将该公司转变为其他商业公司。

2. 在参加人退出无限公司、将参加人之一从公司中除名、公司的法人参加人清算或者债权人向参加人之一追索其在共同资本中份额相当的部分财产的情形，公司设立合同或者剩余参加人之间的协议有规定的，公司可以进行自己的活动。

3. 两合公司 ①

第133条　两合公司的基本规定

1. 公司中有以公司的名义进行经营活动并以自己全部财产对公司债务连带地承担补充（辅助）责任的参加人（无限责任参加人），还有一个或者若干参加人（出资人）以其出资的数额为限承担与公司活动有关的损失的风险，并且不参加公司活动的，该公司为两合公司。

---

① 两合公司（командитне товариство），亦可音译为康孟达公司。康孟达一词源于意大利语 commandare，拉丁语为 deponere。从结构上看，《乌克兰民法典》规定的两合公司，可对应于德国法中的 Kommanditgesellschaft（KG），但德国法中的两合公司为无法人资格的团体，由商法规范；从功能上看，《乌克兰民法典》规定的两合公司与《俄罗斯民法典》中的 товарищество на вере 更加接近。

2. 两合公司的名称,应当包含所有无限责任参加人的姓名(名称)、"两合公司"字样,或者包含至少一个无限责任参加人的姓名(名称)并配以"和公司"字样,以及"两合公司"字样。

   两合公司的名称中列入出资人姓名的,该出资人为公司的无限责任参加人。

3. 本法典和其他法律没有规定的,两合公司适用关于无限公司的规定。

第134条　两合公司的设立合同

1. 两合公司基于设立合同成立并实施行为。设立合同由所有无限责任参加人签署。

2. 除本法典第88条规定的信息外,两合公司的设立合同应当包含以下信息:公司法定资本的数额和组成;每一个无限责任参加人在共同资本中份额变更的数额和程序;出资人的出资总额。

3. 因退出、除名或者脱离,两合公司中只剩下一名无限责任参加人的,设立合同变更为无限责任参加人签署的个人声明。两合公司由一名无限责任参加人成立的,包含有本法典为两合公司规定的所有信息的个人声明(备忘录)为设立文件。

第135条　两合公司的参加人

1. 两合公司无限责任参加人的法律地位及其对公司债务的责任,由本法典关于无限公司参加人的规定予以规定。

2. 一个人只可以成为一个两合公司的参加人。

   两合公司的无限责任参加人不得成为无限公司的参加人。

   两合公司的无限责任参加人不得成为该公司的出资人。

3. 出资人的出资总额不得超过无限公司共同资本的 50%。[①]

〔第 135 条第 3 款第 2 段基于 2011 年 4 月 21 日第 3263-VI
号法律删除〕

4. 两合公司的参加人应当在自公司国家登记之日起一年的期限
内支付共同资本。

〔第 135 条第 4 款根据 2011 年 4 月 21 日第 3263-VI 号法律
增补〕

第 136 条　两合公司的管理

1. 两合公司活动的管理,由无限责任参加人依照本法典对无限
公司规定的程序进行。

2. 出资人无权参加两合公司活动的管理,无权对无限责任参加
人管理公司活动的行为表示反对。只有根据委托书,两合公
司出资人才可以公司的名义实施行为。

第 137 条　无限公司的出资人的权利和义务

1. 两合公司的出资人有义务向共同资本出资。出资行为由参加
两合公司的证明书予以证明。

2. 两合公司的出资人有权:

(1)依照设立合同(备忘录)规定的程序,按照其在公司共同
资本中的份额取得公司的利润;

(2)在发给其委托书并根据委托书的情形,以公司名义实施
行为;

(3)根据本法典第 147 条的规定,相对于第三人可以优先获
取公司共同资本中转让的份额(部分);

---

① 根据第 134 条,出资人不是设立合同的当事人,设立合同仅记载其出资总额。第
135 条第 3 款对出资人的出资总额作出限制。

若干出资人希望赎买份额（部分）的，该份额根据他们在公司共同资本中的份额在其之间进行分配；

（4）在公司清算的情形，请求第一顺序返还出资；

（5）查询公司的年度报表和资产负债表；

（6）在财务年度结束时退出公司，并依照设立合同（备忘录）规定的程序取得自己的出资；

（7）在通知公司的情形，将共同资本中自己的份额（部分）移转给其他出资人或者第三人。

出资人将自己全部的份额移转给其他人的，其对两合公司的参加终止。

3. 两合公司的设立合同（备忘录）可以规定出资人的其他权利。

第138条　两合公司出资人的责任

1. 两合公司出资人为取得相关权限，以公司名义并且为了公司利益实施法律行为的，在其行为经两合公司核准的情形，其对债权人免除因实施的法律行为而产生的责任。

没有取得两合公司核准的，出资人因其实施的法律行为，以自己依法可以追索的全部财产对第三人负责。

2. 没有根据设立合同（备忘录）出资的无限公司的出资人，依照设立合同（备忘录）规定的程序对公司承担责任。

第139条　两合公司的清算

1. 所有出资人退出时，两合公司应当进行清算。在所有出资人退出的情形，无限责任参加人有权将两合公司转变为无限公司。两合公司的清算根据本法典第132条的规定进行。

两合公司中仅剩余一名无限责任参加人或者一名出资人的，其没有义务进行清算。

2. 在两合公司清算的情形，与债权人结算后，根据本法典、其他法律和设立合同(备忘录)规定的程序和条件,出资人相对于无限责任参加人对取得出资有优先权。公司资产不足以全额返还出资人出资的,现有资产在出资人之间根据其在公司共同资本中的份额按比例地分配。

4. 有限责任公司

第140条　有限责任公司的概念

1. 由一人或者若干人设立、公司法定资本划分为份额、其数额由章程规定的公司,是有限责任公司。

2. 有限责任公司的参加人对其债务不承担责任,以自己出资的价值为限,承担与公司活动有关的损失的风险。

  出资不完全的公司参加人,以每一个参加人不完全出资部分的价值为限,对公司债务承担连带责任。

3. 有限责任公司的名称,应当包含公司的名称,以及"有限责任公司"字样。

第141条　有限责任公司的参加人

1. 有限责任公司的参加人的最多人数,由法律规定。超过该人数时,有限责任公司应当在一年的期限内改组为股份公司,该期限届满时,如果其参加人的人数没有减少至规定的界限的,应当通过司法程序进行清算。

2. 有限责任公司不得成为参加人为一人的其他商业公司的唯一参加人。

—— 人可以成为只有一个参加人的一个有限责任公司的参加人。

第142条　关于设立有限责任公司的合同

1. 有限责任公司由若干人设立的,在确定他们之间关于公司成立的相互关系的必要情形,这些人应当以书面形式订立合同,规定公司的设立程序,成立公司时从事共同活动的条件,法定资本的数额,每个参加人在法定资本中的份额,出资的期限和程序,以及其他条件。

2. 关于设立有限责任公司的合同不是设立文件。提交此合同进行公司的国家登记,并不是强制性的。

第143条 有限责任公司的章程

1. 章程是有限责任公司的设立文件。

除本法典第88条规定的信息外,有限责任公司的章程应当包含如下信息:法定资本的数额及每个参加人的确定份额;管理机关的组成和主管权限,其作出决议的程序;公积金的数额和提取程序;法定资本中份额的移转(转让)程序。

〔第143条第1款第2段根据2010年12月22日第2850-VI号法律修改〕

2. 有限责任公司的章程及所有后续的修改,应当保存在实施公司国家登记的机关,并且公开以供查询。

第144条 有限责任公司的法定资本

1. 有限责任公司的法定资本由其参加人的出资组成。法定资本的数额与这些出资价值的金额相等。

公司的法定资本构成保障其债权人利益的公司财产的最低数额。

〔第144条第1款由2011年4月21日第3263-VI号法律修订〕

2. 不允许免除有限责任公司参加人向公司法定资本出资的义务,包括通过抵销对公司的请求。

3. 自公司国家登记之日起一年之内,公司参加人应当缴纳有限责任公司的法定资本。

自公司国家登记之日起一年之内,参加人没有进行(没有足额进行)自己的出资的,参加人大会可以作出如下决议:

从公司组成中将没有进行(没有足额进行)自己的出资的参加人除名,并且确定重新分配法定资本中份额的程序;

减少法定资本并且确定重新分配法定资本中份额的程序;

公司清算。

与变更法定资本数额有关的变更和(或)变更参加人的组成,应当依照法律规定的程序进行国家登记。

关于减少公司法定资本的决议,应当自作出之日起不迟于三天的期限内,以邮寄方式发送给公司的所有债权人。

〔第 144 条第 3 款由 2011 年 4 月 21 日第 3263-VI 号法律修订〕

4. 在第二个或者每个后续财务年度结束时,有限责任公司净资产的价值被发现少于法定资本,参加人没有作出增加出资的决议的,公司有义务作出关于其法定资本减少的声明,并依规定的程序对章程的相应变更进行登记。公司净资产的价值少于法律确定的法定资本的最低数额的,公司应当进行清算。

5. 有限责任公司法定资本的减少,应当依照法律规定的程序通知其所有的债权人。在此情形,债权人有权要求提前终止或者履行公司的相关债务,并向其赔偿损失。

6. 在所有参加人足额出资后,允许有限责任公司增加法定资本。补充出资的程序由法律和公司章程规定。

第 145 条　有限责任公司的管理

1. 有限责任公司的参加人大会是其最高机关。

2. 在有限责任公司应当成立执行机关(集体或者独任),对其活动进行日常领导,并从属于其参加人大会。

公司执行机关可以不从公司参加人的组成中选择。

3. 有限责任公司执行机关的主管权限、其作出决议的程序和以公司名义实施行为的程序,由本法典、其他法律和公司章程规定。

4. 有限责任公司参加人大会的专属主管权限包括:

(1)确定公司活动的基本方向,批准其执行的规划和决算。

(2)变更公司章程,变更其法定资本的数额;

(3)组建和撤销公司的执行机关;

(4)确定监督执行机关活动的形式,组建和确定相关监督机关的权限;

(5)批准年度决算和资产负债表,分配公司的利润和亏损;

(6)关于公司购买参加人份额问题的决议;

(7)将参加人从公司中除名;

(8)作出关于公司清算、制定清算委员会、批准清算资产负债表的决议。

公司章程和法律可以将其他问题的决议列入大会的专属主管权限。

列入公司参加人大会专属主管权限的问题,不得移转给公司的执行机关作出决议。

召集大会的顺序和程序,由公司章程和法律规定。

第 146 条 有限责任公司执行机关活动的监督

1. 有限责任公司执行机关活动的监督,依照章程和法律规定的程序进行。

2. 有限责任公司参加人大会可以建立机关,对执行机关的财务经营活动进行日常监督。

监督机关的组建程序和权限,由公司参加人大会规定。

3. 为监督有限责任公司的财务活动,根据其大会的决议,以及在章程和法律规定的情形,可以指定审计。

4. 对有限责任公司活动和会计进行审计的程序,由公司章程和法律规定。

依公司任何一个参加人的请求,可以引入与公司或者其参加人财产利益无关的职业审计人员,对公司的年度财务会计报表进行审计。

与进行前述审计有关的费用,由请求进行审计的参加人承担,但是公司章程另有规定的除外。

5. 不要求有限责任公司将关于其活动结果的财务报表公开,但法律规定的情形除外。

第 147 条　有限责任公司法定资本中份额(部分)向其他人的转让

1. 有限责任公司的参加人有权出售或者以其他方式,将法定资本中的份额(部分)让与该公司的一个或者若干个参加人。

2. 允许有限责任公司的参加人向第三人出让自己的份额(部分),但公司章程另有规定的除外。

公司的参加人有权根据自己份额的数额的比例优先购买该参加人的份额(部分),但公司章程或者参加人之间的协议对该权利的行使规定其他程序的除外。购买依据的价格和其他条件,适用向第三人出售份额(部分)的规定。自通知关于参加人意图出售份额(部分)作出之日起一个月内,或者在公司章程或者参加人之间的协议规定的其他期限内,公司的参加人不行使自己的优先权的,参加人的份额(部分)可以转让给第三人。

3. 有限责任公司参加人的份额,可以在其足额缴付前转让其已经缴付的部分。

4. 在有限责任公司本身获取参加人份额（部分）的情形，其有义务在章程和法律规定的期限内、依照章程和法律规定的程序，将其出售给其他参加人或者第三人，或者根据本法典第 144 条减少自己的法定资本。

5. 有限责任公司法定资本中的份额转让给自然人的继承人或者公司的法人参加人的权利承受人，在公司章程没有规定的，该转让仅在取得公司其他参加人同意时才允许进行。

　　与没有进入公司的参加人的继承人（权利承受人）的结算，根据本法典第 148 条的规定进行。

第 148 条　参加人从有限责任公司的退出

1. 有限责任公司的参加人有权从公司退出，但须在退出前三个月作出声明。签署退出公司声明的真实性应经公证证明。

　　〔第 148 条第 1 款由 2016 年 10 月 6 日第 1666-VIII 号法律修订〕

2. 从有限责任公司退出的参加人，有权取得公司法定资本中与其份额相当的部分财产的价值。

　　根据参加人与公司的协议，部分财产价值的支付可以转化为移转实物形式的财产。

　　通过移转财产使用权向法定资本进行投资的，向参加人返还财产无需支付使用费。

　　〔第 148 条第 2 款第 3 段根据 2010 年 12 月 22 日第 2850-VI 号法律修改〕

　　确定法定资本中与参加人份额相当的部分财产的价值的程序和方式，以及支付的程序和期限，由章程和法律规定。

　　〔第 148 条第 2 款第 4 段由 2010 年 12 月 22 日第 2850-VI 号

法律修改｝

3. 与参加人退出有限责任公司而产生的有关争议,包括关于确定法定资本中份额的程序、数额和支付期限的争议,由法院解决。

第149条　对法定资本中与参加人的份额相当的有限责任公司的部分财产的追索

1. 根据参加人个人债务进行的对法定资本中与参加人的份额相当的有限责任公司的部分财产的追索,仅在他的其他财产无法满足债权人请求的情形才允许进行。该参加人的债权人有权请求公司支付公司法定资本中与债务人的份额相当的公司的部分财产,或者分割相应的部分财产,以满足追索。应当分割的部分财产或者构成其价值的资金数额,根据债权人提出请求之日编制的资产负债表确定。

2. 有限责任公司法定资本中参加人的全部份额被追索的,其终止参加公司。

第150条　有限责任公司的清算

1. 根据其参加人大会的决议,包括公司存续的期限届满,以及在法律规定的情形根据法院的判决,有限责任公司可以清算。

2. 有限责任公司可以改组为股份公司或者生产合作社。

第151条　补充责任公司的概念

1. 由一人或者若干人组建、其法定资本分为份额、份额的数额由章程确定的公司,是补充责任公司。

2. 补充责任公司的参加人在公司法定资本确定的数额内,按照对所有参加人相同倍数的每个参加人的出资价值,以自己的财产对公司的债务连带地承担补充(辅助)责任。参加人之一被认定破产的,其对公司债务的责任,在公司其余参加人之间按照他们在公司法定资本中的份额比例进行分配。

3. 补充责任公司的名称应当包含公司的名称,以及"补充责任公司"的字样。

4. 补充责任公司适用本法典关于有限责任公司的规定,但公司章程和法律另有规定的除外。

5. 股份公司

第 152 条　股份公司的概念

1. 法定资本划分为相同票面价值的确定数量的份额、公司权利由股票证明的商业公司,是股份公司。

　　｛第 152 条第 1 款由 2008 年 9 月 17 日第 514-VI 号法律修订｝

2. 股份公司以其全部财产对自己的债务承担责任。股东对公司债务不承担责任,在属于其的股票价值的范围内对与公司活动有关的损失承担风险(法律规定的情形除外)。

　　｛第 152 条第 2 款第 1 段根据 2015 年 7 月 16 日第 629-VIII 号法律修改｝

　　未充足支付股份的股东,在章程规定的情形,以属于其的股票价值的未付清部分为限,对公司的债务承担责任。

　　对股东财产权的保护保障,由法律规定。

3. 股份公司的名称应当包含其名称,并指明公司是股份制。

4. 国有企业私有化过程中组建的股份公司法律地位的特殊性,由法律规定。

　　公司投资基金的组建程序、活动和终止,由关于共同投资机构的立法调整。

　　｛第 152 条第 4 款第 2 段根据 2012 年 7 月 5 日第 5080-VI 号

法律增补｝

5. 进行公开配置股份的股份公司,有义务每年向社会公布年度报表、资产负债表、关于利润和损失的信息,以及法律规定的其他信息。

｛第 152 条第 5 款根据 2008 年 9 月 17 日第 514-VI 号法律修改｝

6. 股份公司的类型分为公众公司和私人公司。公众和私人股份公司法律地位的特殊性由法律规定。

｛第 152 条第 6 款根据 2008 年 9 月 17 日第 514-VI 号法律增补｝

第 153 条 股份公司的成立

1. 股份公司可以由法人和(或)自然人,以及被授权机关为代表的国家、被授权机关为代表的区域共同体成立。

｛第 153 条第 1 款根据 2008 年 9 月 17 日第 514-VI 号法律修改｝

2. 股份公司由若干人成立的,他们应当订立合同,确定其为成立公司进行共同活动的程序。

该合同不是公司的设立文件。

关于成立股份公司的合同以书面形式订立,公司由自然人成立的,合同应当经公证证明。

3. 成立股份公司的人,对公司国家登记前产生的债务承担连带责任。

仅在股东大会事后核准其行为的情形,股份公司才对与其成立有关的参加人的债务承担责任。

4. 股份公司可以由一人成立,或者在一个股东取得公司所有股份的情形由一个组建。此信息应当进行登记,并向社会公开。

股份公司不得以参加人为一人的经营性公司为其唯一的参加人。

5. 实施成立股份公司行为的程序和期限,包括进行设立大会的程序及其主管权限,由法律规定。

第154条　股份公司的章程

1. 股份公司的设立文件是其章程。

2. 除本法典第88条规定的信息外,股份公司的章程应当包含:法定资本的数额;公司发行股票的种类、其票面价值和数量;股东的权利;公司管理机关的组成和主管权限,其作出决议的程序。股份公司章程还应当包含法律规定的其他信息。

第155条　股份公司的法定资本

1. 股份公司的法定资本,由因其获取股份而缴款的股东的出资价值构成。

   公司的法定资本确定保障其债权人利益的公司财产的最低数额。其不得少于法律确定的数额。

2. 在成立股份公司的过程中,其股份应当通过私人配置的方式在设立人中进行配置。取得关于第一次发行股份登记的证明后,可以进行公开配置股份。

   〔第155条第2款由2008年9月17日第514-Ⅵ号法律修订〕

3. 在第二个或者每个后续财务年度结束时,股份公司净资产的价值被发现少于法定资本的,公司有义务作出关于其法定资本减少的声明,并依规定的程序对章程的相应变更进行登记。公司净资产的价值少于法律确定的法定资本的最低数额的,公司应当进行清算。

第156条　股份公司法定资本的增加

1. 股份公司有权根据股东大会的决议,通过增加股票票面价值或者发行增补股票的方式增加法定资本。

2. 股份公司法定资本在其足额缴付后才允许增加。不允许为弥补损失而增加法定资本,但法律规定的情形除外。

〔第 156 条第 1 款根据 2011 年 12 月 22 日第 4212-VI 号法律修改〕

3. 在公司章程和法律规定的情形,可以规定股东获取公司增补发行股票的优先权。

第 157 条　股份公司法定资本的减少

1. 股份公司有权根据股东大会的决议,通过减少股票票面价值或者公司为减少总量而收购部分已发行股票的方式减少法定资本。

股份公司法定资本的减少,在依法定程序通知其所有债权人后才可以进行。在此情形,公司的债权人有权请求提前终止或者履行相关的债务,并赔偿损失。

2. 公司章程有规定的,股份公司法定资本的减少可以通过收购和注销部分股票的方式进行。

3. 股份公司法定资本的减少低于法律规定的数额的,应当对公司进行清算。

第 158 条　发行有价证券和支付股息的限制

1. 在股份公司法定资本总量中,优先股的份额不得超过 25%。

〔第 158 条第 2 款基于 2006 年 2 月 23 日第 3480-IV 号法律删除〕

3. 在下列情形,股份公司无权宣布并支付股息:

（1）足额缴付全部法定资本前;

（2）减少股份公司净资产的价值,少于法定资本和公积金的数额的;

（3）法律规定的其他情形。

第159条　股东大会

1. 股东大会是股份公司的最高机关。所有股东,无论其所有的股票的数量和种类,均有权参加大会。

   参加大会的股东(其代表)应当登记注明其表决数量,该表决为每一个参加大会的股东所有。

2. 下列事项属于股东大会专属主管权限:

   (1)变更公司章程,包括变更其法定资本的数额;

   (2)组建和清算监事会和公司的其他机关,选举和罢免监事会成员;

   〔第159条第2款第2项由2008年9月17日第514-VI号法律修订〕

   (3)批准公司的年度报告;

   〔第159条第2款第3项由2008年9月17日第514-VI号法律修订〕

   (4)作出关于公司清算的决议。

   公司章程和法律可以赋予大会作出其他问题决议的专属主管权限。

   法律赋予股东大会专属主管权限的问题,不得移转给公司的其他机关作出决议。

3. 股东大会的表决程序,由法律规定。

   股东有权指定自己的代理人参加大会。代理人可以是常任的或者被指定为特定期限的。经告知股份公司执行机关,股东有权在任何时刻更换自己在公司最高机关的代理人。

4. 以下事项,须经股东大会以不少于参加大会股东3/4表决权的多数作出决议:

   (1)变更公司章程;

（2）公司清算，但法律规定的情形除外；

　　｛第159条第4款第2项根据2008年9月17日第514-VI号法律修改｝

（3）调整股份公司成立、活动和终止问题的法律所规定的问题。

　　｛第159条第4款根据2008年9月17日第514-VI号法律增补一段｝

　　其他问题的决议，以参加大会的股东表决权的普通多数作出。

5. 股东大会的召集每年不得少于一次。

　　在公司无清偿能力的情形，以及具备公司章程确定的情况和股份公司整体利益要求的任何其他情形，可以召集非常股东大会。

　　召集和进行大会的程序，以及召集和进行非常大会、通知股东的条件，由公司章程和法律规定。

第160条　股份公司的监事会

1. 在股份公司内可以成立股份公司的监事会，对其执行机关的活动进行监督，保护公司股东的权利。

　　在股份公司内必须成立监事会的情形，由法律规定。

2. 监事会的专属主管权限，由股份公司章程和法律规定。由章程赋予监事会专属主管的问题，不得由其移转给公司的执行机关作出决议。

3. 股份公司监事会的成员，不得是其执行机关的成员。

4. 股份公司监事会确定监督其执行机关活动的形式。

第161条　股份公司的执行机关

1. 董事会或者章程确定的其他机关是股份公司的执行机关，对其日常活动进行领导。

执行机关对股份公司活动的所有问题作出决议,但赋予公司大会和监事会专属主管权限的除外。

执行机关隶属于股东大会和股份公司监事会,组织执行它们的决议。执行机关在股份公司章程和法律规定的界限内,以股东公司的名义实施行为。

2. 股份公司的执行机关可以是集体的(董事会、经理室)或者独任的(经理、总经理)。

第 162 条　审计

1. 根据法律有义务公开本法典第 152 条规定的文件的股份公司,应当每年引入审计人员对年度财务报表的正确性进行检查和证明,该审计人员须与公司或者其参加人的财产利益无关。

2. 对于包括没有义务公开的文件在内的股份公司活动的审计,根据持有不少于 10% 股份的股东的请求,在任何时候均可进行。

对公司活动进行审计的程序,由公司章程和法律规定。

与进行审计相关的费用,由根据其请求进行审计的人承担,但股东大会作出其他决议的除外。

第 2 节　生产合作社

第 163 条　生产合作社的概念

1. 在为共同生产或者其他经济活动的社员制基础上的公民的自愿联合,是生产合作社,其基础是个人的劳动参加和其社员交纳财产股金进行联合。合作社章程和法律可以规定其他人根据社员制原则参加生产合作社的活动。

2. 生产合作者的社员对于合作社的债务,在合作社章程规定的范围内,依照合作社章程规定的程序,承担辅助责任。

3. 合作社的名称应当包含其名称,以及"生产合作社"字样。

4. 生产合作社的法律地位,其社员的权利和义务,由本法典和其他法律规定。

5. 农业合作社成立和活动的特殊性,可以由法律规定。

第164条　生产合作社的设立文件

1. 经其社员大会批准的章程,是生产合作社的设立文件。

2. 合作社的章程应当包含与本法典第88条规定类似的信息:合作社社员交纳股金的数额;合作社社员交纳财产股金的组成和程序,和其违反交纳财产股金义务的责任;其社员劳动参加合作社活动的性质和程序,和违反个人劳动参加义务的责任;合作社利润和损失的分配程序;其社员对合作社债务承担辅助责任的数额和条件;合作社管理机关的组成和主管权限,和其作出决议的程序。

3. 生产合作者社员的人数不得少于法律的规定。

第165条　生产合作社的财产

1. 归生产合作社所有的财产,根据合作社章程划分为其社员的股份。

2. 合作社的社员有义务在合作社国家登记日之前交纳不少于10%的股金,其余部分应在其国家登记之日起一年的期限内交纳,但合作社章程确定其他期限的除外。

　　合作社社员交纳股金的程序,由合作社章程规定。

3. 生产合作社无权发行股票。

4. 合作社的利润在其社员之间根据其劳动参加进行分配,但合作社章程规定其他程序的除外。

5. 合作社清算和满足其债权人请求之后剩余的财产,在其社员之间根据其劳动参加进行分配,但合作社章程规定其他程序的除外。

第 166 条　生产合作社社员资格的终止和股份移转

1. 合作社社员有权退出合作社。在此情形,应当向其支付股份的价值或者交付与其股份数额相当的财产,以及进行合作社章程规定的其他支付。

   交付股份、支付股份价值或者其他对退出合作社社员的支付,根据合作社章程规定的程序进行。

2. 在合作社社员不履行或者不当履行合作社章程赋予其的义务的情形,以及合作社章程规定的其他情形,根据大会的决议,合作社社员可以从合作社中除名。

   被合作社除名的生产合作社社员,根据本条第 1 款有权取得合作社章程规定的股份和其他支付。

3. 合作社社员有权移转自己的股份或者其部分给合作社的其他社员,但合作社章程另有规定的除外。

   移转股份(其部分)给不是合作社社员的人,仅在取得合作社同意时才允许进行。在此情形,合作社的其他社员对于购买该股份(其部分)享有优先权。让与股份或者其部分给合作社其他成员或者第三人的程序,由合作社章程规定。

4. 在生产合作社社员死亡的情形,其继承人可以被接受为合作社社员,但合作社章程另有规定的除外。拒绝接受继承人成为合作社社员时,合作社应当向继承人支付死亡的合作社社员的股份价值。

5. 向生产合作社社员追索其个人债务,仅在依合作社章程确定的程序,他的其他财产不足以满足的情形才允许进行。

6. 在财产担保权人向生产合作社社员追索设定财产担保的股份的情形,适用本条第 3 款的规定。

第3分编　国家、克里米亚自治共和国、区域共同体参加民事关系

第9章 国家、克里米亚自治共和国、区域共同体参加民事关系的法律形式

第167条 国家参加民事关系的法律形式

1. 在民事关系中,国家与该关系的其他参加者在平等权利的基础上实施行为。

2. 在乌克兰宪法和法律规定的情形,依照乌克兰宪法和法律规定的程序,国家可以成立公法法人(国有企业、教学机构等)。

3. 国家可以成立私法法人(经营性公司等),在总则的基础上参加其活动,但法律另有规定的除外。

第168条 克里米亚自治共和国参加民事关系的法律形式

1. 在民事关系中,克里米亚自治共和国与该关系的其他参加者在平等权利的基础上实施行为。

2. 在乌克兰宪法和法律规定的情形,依照乌克兰宪法和法律规定的程序,克里米亚自治共和国可以成立公法法人(教学机构等)。

3. 克里米亚自治共和国可以成立私法法人(经营性公司等),在总则的基础上参加其活动,但法律另有规定的除外。

第169条 区域共同体参加民事关系的法律形式

1. 在民事关系中,区域共同体与该关系的其他参加者在平等权利的基础上实施行为。

2. 在乌克兰宪法和法律规定的情形,依照乌克兰宪法和法律规定的程序,区域共同体可以成立公法法人(共同企业、联合共同企业、教学机构等)。

〔第169条第2款根据2014年6月17日第1508-VII号法律

　修改 }

3. 区域共同体可以成立私法法人(经营性公司等),在总则的基础上参加其活动,但法律另有规定的除外。

第 10 章　国家、克里米亚自治共和国、
区域共同体参加民事关系的机关和代表

第 170 条　国家在民事关系中实施行为的机关

1. 国家在法律规定的其主管权限的范围内,通过国家政权机关取得和行使民事权利和义务。

第 171 条　克里米亚自治共和国在民事关系中实施行为的机关

1. 克里米亚自治共和国在法律规定的其主管权限的范围内,通过克里米亚自治共和国政权机关取得和行使民事权利和义务。

第 172 条　区域共同体在民事关系中实施行为的机关

1. 区域共同体在法律规定的其主管权限的范围内,通过地方自治机关取得和行使民事权利和义务。

第 173 条　国家、克里米亚自治共和国、区域共同体的代表

1. 在法律和其他规范性法律文件规定的情形,依照法律和其他规范性法律文件规定的程序,根据特别委托,自然人和法人、国家政权机关、克里米亚自治共和国机关和地方自治机关可以国家、克里米亚自治共和国、区域共同体的名义实施行为。

第 11 章　国家、克里米亚自治共和国、
区域共同体债务的责任

第 174 条　国家债务的责任

1. 国家以自己的财产对自己的债务负责,但根据法律不得追索的财产除外。

第 175 条　区域共同体债务的责任

1. 区域共同体以自己的财产对自己的债务负责,但根据法律不得追索的财产除外。

第 176 条　国家、克里米亚自治共和国、区域共同体和其成立的法人的债务的责任限制

1. 国家、克里米亚自治共和国、区域共同体对其成立的法人的债务不负责任,但法律规定的情形除外。

2. 国家、克里米亚自治共和国、区域共同体成立的法人,对国家、克里米亚自治共和国、区域共同体的相关债务不负责任。

3. 国家对克里米亚自治共和国和区域共同体的债务不负责任。

4. 克里米亚自治共和国对国家和区域共同体的债务不负责任。

5. 区域共同体对国家、克里米亚自治共和国和其他区域共同体的债务不负责任。

第 III 编　民事权利的客体

第 12 章　民事权利客体的总则

第 177 条　民事权利客体的种类

1. 物,其中包括货币和有价证券,其他财产、财产权、工作成果、劳务、智力活动成果、信息以及其他物质和非物质财富,是民事权利的客体。

〔第 177 条规定的正式解释,参见宪法法院 2009 年 12 月 10 日第 31-pn 号判决〕

第 178 条　民事权利客体的流转能力

1. 民事权利的客体,未被禁止民事流转或者限制流转,或者其不是自然人或者法人不可分割的部分的,可以依照权利继受或者继承程序或者其他方式,自由转让或者从一人移转给其他人。

2. 在民事流转中不被允许的民事权利客体(禁止民事流转的客体)的种类,应当由法律直接规定。

仅属于特定流转参加人或者根据专门许可才允许民事流转的民事权利客体的种类,由法律规定。

第 13 章　物,财产

第 179 条　物的概念

1. 对其可以产生民事权利和义务的物质世界的对象,是物。

第 180 条　动物

1. 动物是民事权利的客体。对它们适用物的法律制度,但法律规定的情形除外。

2. 对待动物的规则由法律规定。

3. 列入乌克兰红皮书的动物,仅在法律规定的情形和程序,才可成为民事流转的客体。

第181条　不可移动的和可移动的物

1. 地块,以及位于地块之上客体,不使其贬值或者改变功用就无法移动的,属于不可移动的物(不可移动财产、不动产①)。

　　不可移动的物的制度,适用于航空器、海洋船舶、内河船舶、航天器以及应当进行国家登记的其他物的法律。

2. 在空间中可以自由移动的物,是可移动财产。

第182条　对不动产权利的国家登记

1. 对不可移动的物的所有权和其他物权,这些权利的负担,其产生、移转和终止,应当进行国家登记。

　　〔第182条第1款根据2010年2月11日第1878-VI号法律修改〕

2. 对不动产权利的国家登记是公开的,由有义务提供登记信息和依照法律规定的程序登记权利的相关机关进行。

　　〔第182条第2款根据2010年2月11日第1878-VI号法律修改〕

3. 凡拒绝对不动产权利进行国家登记、拖延进行登记、拒绝提供关于登记的信息的,可以向法院申诉。

　　〔第182条第3款根据2010年2月11日第1878-VI号法律修改〕

4. 对不动产权利进行国家登记的程序和拒绝登记的根据,由法

---

① 根据第181条第1款,不可移动的物(нерухомі речі),即不可移动财产(нерухоме майно)、不动产(нерухомість)。为尊重乌克兰民法典这一表述习惯,本译本一律将 нерухоме майно 译为"不可移动财产"。

律规定。

第 183 条　可分物和不可分物

1. 可以分割而不失去其整体功用的物,是可分物。

2. 分割而失去其整体功用的物,是不可分物。

第 184 条　特定物和种类物 ①

1. 具有将某物与其他同种类的物相区分的个别特征、使其具有唯一性的物,是特定物。

　　特定物是不可替换的。

2. 具有同种类的物的个别特征,以数量、重量、尺度计量的物,是种类物。

　　种类物是可替换的。

第 185 条　消耗物和不可消耗物

1. 因一次使用即消灭或者终止原始形式存在的物,是消耗物。

2. 经多次使用可在长时间期限内保存其原始形式的物,是不可消耗物。

第 186 条　主物和从物

1. 服务于其他的物(主物)、以共同的功用与其联系的物,是其从物。

2. 从物应当跟随主物,但合同或者法律另有规定的除外。

第 187 条　物的组成部分

1. 不毁损或者实质贬值就不能将其从物中分离的,是物的组成部分。

2. 在移转物时,物的组成部分不得进行分离。

---

① 本条标题为 "Речі, визначені індивідуальними або родовими ознаками",直译为 "被确定为唯一或者种类特征的物",此处意译为 "特定物和种类物"。

第 188 条　复合物

1. 若干物组成一个统一的整体的物,允许依同一功用进行使用的,这些物被视为同一个物(复合物)。

2. 依复合物实施的法律行为,适用于其所有的组成部分,但合同另有约定的除外。

第 189 条　产品、自然孳息和法定孳息 [①]

1. 从物中来或者由物所生,所生产、获取、取得的,是产品、自然孳息和法定孳息。

2. 产品、自然孳息和法定孳息属于物的所有权人,但合同或者法律另有规定的除外。

第 190 条　财产

1. 特定的物、物的集合以及财产权利和义务,是作为特殊客体的财产。

2. 财产权利是不可消耗物。财产权利是物权。

〔第 190 条第 2 款根据 2005 年 12 月 15 日第 3201-IV 号法律增补〕

第 191 条　作为统一的财产综合体的企业

1. 企业是统一的财产综合体,用以从事经营活动。

2. 作为统一的财产综合体,企业由为其活动而指定的所有种类的财产组成,包括地块、建筑物、构造物、设备、用具、原料、产品、请求权、债权以及商标权或者其他标识和其他权利,但合

---

① 本条标题为 "Продукція, плоди та доходи",可直译为 "产品、果实和收益","产品、自然孳息和法定孳息" 为意译。其中,产品是生产、经济活动的成果,表现为新物或者包含其他物的物,如生产的机器、建设的建筑物、将石油加工为汽油等;自然孳息是物本身有机发展的成果,如动物的产仔、收获的庄稼等;法定孳息是在经营和民事流转中产生的,如利息、股息、租金等。

同或者法律另有规定的除外。

3. 作为统一的财产综合体的企业是不动产。

对地块和作为企业的统一的财产综合体组成部分的不可移动财产的其他客体的权利,应当在对不可移动财产的权利进行国家登记的机关进行国家登记。

〔第191条第3款根据2010年2月11日第1878-VI号法律增补第2段〕

4. 企业或者其部分可以成为买卖、财产担保、租赁和其他法律行为的客体。

第192条 货币(资金)

1. 货币单位乌克兰格里夫纳,是在乌克兰全境根据票面价值强制予以接受的法定支付手段。

2. 根据法律规定的条件和程序,可以在乌克兰使用外国货币。

第193条 外汇的价格

1. 以外汇价格计算的财产种类,使用其实施法律行为的程序,由法律规定。

第14章 有价证券

第194条 有价证券的概念

1. 具备规定的形式和相应的必要记载事项,证明金钱或者其他财产权,确定有价证券发行人(签发有价证券的人)与对有价证券有权利的人之间的相互关系,规定根据该有价证券义务的履行,以及有价证券上的权利和根据有价证券的权利移转给其他人的可能性的文件,是有价证券。

〔第194条第1款根据2006年2月23日第3480-IV号法律

修改;由2012年7月6日第5178-VI号法律修订﹜

﹛第194条第2款基于2012年7月6日第5178-VI号法律
删除﹜

第195条 有价证券的种类和形式

1. 在乌克兰民事流转中,可以有以下有价证券的种类:

（1）股权型有价证券,证明持有该有价证券的人（投资人）参
加法定资本和（或）发行人的资产（包括发行人管理的资
产）,为前述有价证券的持有人（投资人）赋予取得部分利
润（收益）的权利,包括股息和立法、有价证券说明书或者
关于发行有价证券的决议所规定的其他权利;

﹛第195条第1款第1项由2017年11月16日第2210-VIII
号法律修订﹜

（2）债权型有价证券,证明债的关系,规定发行人在确定的期
限缴付资金、根据债务移转商品或者提供服务的义务;

﹛第195条第1款第2项根据2011年6月2日第3461-VI号
法律修改﹜

（3）派生型有价证券,配置和转让这些有价证券机制,与在合
同规定的期限内取得或者卖出有价证券、其他金融和（或）
商品物资的权利相关;

﹛第195条第1款第3项根据2006年2月23日第3480-IV
号法律修改﹜

（4）商品支配型有价证券,赋予其持有人支配该文件指示的
财产的权利。

法律可以确定有价证券的其他种类。

2. 有价证券的形式和转让程序,由法律规定。

﹛第195条第3款基于2012年7月6日第5178-VI号法律

删除〕

第196条 对有价证券的要求

1. 有价证券的必要记载事项、对有价证券形式的要求和其他必要的要求,由法律规定。

2. 不包含有价证券必要记载事项、不符合对有价证券确定的形式的文件,不是有价证券。

第197条 有价证券上的权利和根据有价证券的权利

1. 取得对有价证券的权利的人,同时向其移转有价证券所证明的所有权利的集合(根据有价证券的权利)。

2. 根据发行的形式,有价证券可以分为无记名的、记名的或者指示的。

以证书形式存在的对有价证券的权利和根据有价证券的权利属于:

(1)有价证券的持有人(无记名有价证券);

(2)有价证券中指明的人(记名有价证券);

(3)可以自己实现这些权利或者以自己的指示指定其他权利人的有价证券所指明的人(指示有价证券)。

〔第197条根据2006年2月23日第3480-IV号法律修改;由2012年7月6日第5178-VI号法律修订〕

第198条 根据有价证券的履行

1. 开立(签发)指示有价证券的人和背书人,根据有价证券对其合法持有人连带负责,但法律另有规定的除外。对有价证券负有义务的人中的一人或者若干人,满足指示有价证券的合法持有人关于履行该证券所证明的义务的,取得对有价证券负有义务的其他人的返还请求(追索)权。

〔第198条第1款根据2006年2月23日第3480-IV号、2012

年 7 月 4 日第 5042-VI 号法律修改｝

2. 不允许援引不具有债的根据或者债无效,拒绝履行有价证券所证明的义务。

非法制作或者伪造的有价证券的持有人,有权要求向其移转证券的人适当履行该证券所证明的债务,并要求赔偿损失。

第 15 章　非物质利益

第 199 条　智力、创造活动的成果

1. 根据本法典第四卷和其他法律,智力、创造活动的成果和智力所有权的其他客体可以创设民事权利和义务。

第 200 条　信息

1. 以物质载体保存或者以电子形式存在的任何讯息和(或)资料,是信息。

〔第 200 条第 1 款由 2011 年 1 月 13 日第 2938-VI 号法律修订〕

2. 信息领域的主体可以请求消除侵害其权利的行为,并请求赔偿由该违法行为所致的财产和精神损害。

3. 使用信息和保护信息权的程序,由法律规定。

第 201 条　人身非财产利益

1. 民事立法所保护的人身非财产利益包括:健康、生命;名誉[①]、

[①] честь 在乌克兰语和俄语中拼写相同,对苏俄法律著作中 честь 一词,我国有荣誉和名誉两种译法。在中国民法语境中,名誉权与荣誉权具有不同含义,名誉权是指公民和法人对其名誉所享有的不受他人侵害的权利,荣誉权指公民和法人对自己的荣誉称号所享有的不受他人非法侵害的权利。根据该词实际所指,本译本将其译为名誉。由此亦可发现,苏俄、俄罗斯、乌克兰民法均未区分名誉与荣誉,名誉与荣誉的区分是中国民法的创新。

尊严和商誉;姓名(名称);作者身份;文学、艺术、科学和技术创造自由,以及民事立法所保护的其他利益。

2. 根据乌克兰宪法,人的生命和健康、其名誉和尊严、人身不受侵犯性和安全性具有最高的社会价值。

第 IV 编　法律行为，代理

第 16 章　法律行为

第 1 节　法律行为总则

第 202 条　法律行为的概念和种类

1. 旨在取得、变更或者终止民事权利和义务的人的行为,是法律行为。

2. 法律行为可以是单方和双方或多方(合同)的。

3. 可以代表一人或者若干人的当事人一方的行为,是单方法律行为。

   单方法律行为仅可为实施该行为的人创设义务。

   单方法律行为仅在法律规定或者根据与其他人的合同的情形,才可以为该人等创设义务。

4. 双方或者多方当事人的一致行为,是双方或多方法律行为。

5. 由单方法律行为产生的法律关系,适用关于债和合同的总则,但不得违反民事立法文件或者单方法律行为的实质。

第 203 条　法律行为生效必须遵守的一般要求

1. 法律行为的内容不得违反本法典、民事立法的其他文件,以及国家和社会的利益及其道德原则。

   〔第 203 条第 1 款由 2010 年 12 月 2 日第 2756-VI 号法律修订〕

2. 实施法律行为的人应当具有必要范围的民事行为能力。

3. 法律行为参加人的意思表示应当是自由的,并且复合其内在的意思。

4. 法律行为应当以法律规定的形式实施。

5. 法律行为应当旨在现实地发生其所决定的法律后果。

6. 父母（收养人）实施的法律行为不得违反其幼年、未成年或者无劳动能力的子女的权利和利益。

第 204 条　法律行为合法性的推定

1. 法律未直接规定法律行为无效或者法院未确认法律行为无效的，法律行为是合法的。

第 205 条　法律行为的形式。意思表示的方式

1. 法律行为可以口头或者书面（电子）形式实施。当事人有权选择法律行为的形式，但法律另有规定的除外。

　　〔第 205 条第 1 款根据 2015 年 9 月 3 日第 675-VIII 号法律修改〕

2. 法律未规定强制性书面形式的法律行为，当事人的行为可以证明其发生相应法律后果的意思的，该法律行为视为已经实施。

3. 在合同有约定或者法律有规定的情形，当事人实施法律行为的意思可以沉默表示。

第 206 条　可以口头实施的法律行为

1. 在实施时当事人完全履行的法律行为可以口头实施，但应经公证证明和（或）国家登记的法律行为，以及不遵守书面形式其具有无效后果的法律行为除外。

2. 基于口头法律行为、因商品和服务而接受支付的法人，应当提供证明支付根据和取得资金数目的文件。

3. 履行以书面形式订立的合同的法律行为，根据当事人的协议可以口头实施，但不得违反合同或者法律。

第 207 条　法律行为书面形式的要求

1. 法律行为的内容被记录在当事人交换的一个或者若干文件

（包括电子的）、信件、电报中的，视为以书面形式实施。

〔第 207 条第 1 款第 1 段根据 2015 年 9 月 3 日第 675-VIII 号法律修改〕

当事人的意思借助电传、电子或者其他技术传播手段表示的，视为以书面形式实施。

2. 法律行为由其当事人一方（各方）签署的，视为以书面形式实施。

法人实施的法律行为，应当由设立文件、委托书、法律或者民事立法的其他文件授权的人签署。

〔第 207 条第 2 款第 2 段根据 2014 年 4 月 15 日第 1206-VII 号法律修改〕

〔第 207 条第 2 款第 3 段基于 2017 年 3 月 23 日第 1982-VIII 号法律删除〕

3. 在法律、民事立法的其他文件规定的情形，或者根据包含模拟亲笔签名样本的当事人的书面协议，允许使用借助机械、电子或者其他复写手段真迹复制签名，电子签名或者其他模拟亲笔签名①。

〔第 207 条第 3 款根据 2012 年 9 月 18 日第 5284-VI 号、2015 年 9 月 3 日第 675-VIII 号法律修改〕

4. 自然人因疾病或者身体残疾不能亲笔签署的，根据其委托，其他人可以在其在场时签署法律行为的文本。

其他人在经过公证证明的法律行为文本上的签署，应当由

---

① 模拟亲笔签名（аналог власноручного підпису），不是当事人亲笔签名本身，而是亲笔签名的类似物，这种类似亲笔签名的结果是通过一定技术手段实现的。模拟亲笔签名有两种含义：一是根据第 207 条第 3 款，模拟亲笔签名作为一个上位概念，包括真迹复制签名、电子签名等替代亲笔签名的签署法律行为的方式；二是作为一个专门概念，特指以符号方式保证文件记载内容真实性的一种技术手段，其基本原理是为每一个使用者提供一个唯一的、不可重复的符号，以此保证文件记载内容的真实性和内容的不可改变性。

有权实施该公证行为的公证人或者公职人员证明,指明实施法律行为的人无法签署法律行为的文本。

其他人在不要求公证证明的法律行为文本上的签署,可以由实施法律行为的人的工作、学习、居住或者治疗地的相关公职人员证明。

第 208 条　应当以书面形式实施的法律行为

1. 以下法律行为应当以书面形式实施:

(1)法人之间的法律行为;

(2)自然人与法人之间的法律行为,但本法典第 206 条第 1 款规定的除外;

(3)自然人之间超过公民免税最低收入 20% 的法律行为,但本法典第 206 条第 1 款规定的除外;

(4)法律对其规定书面形式的其他法律行为。

第 209 条　经过公证证明的法律行为

1. 仅在法律规定或者当事人有约定的情形,以书面形式实施的法律行为才应当经过公证证明。

〔第 209 条第 1 款根据 2010 年 6 月 1 日第 2289-VI 号、2015 年 12 月 25 日第 922-VIII 号法律修改;关于修改内容的施行,参见 2015 年 12 月 25 日第 922-VIII 号法律第九章第 1 条〕

2. 法律行为的公证证明,由根据法律有权实施该公证行为公证人或者其他公职人员,通过在复述法律行为文本的文件上进行公证签署的方式进行。

3. 公证证明可以在符合本法典第 203 条规定的一般要求的法律行为的文本中进行。

4. 根据自然人或者法人的请求,与其参加人的任何法律行为均可进行公证证明。

〔第 209 条根据 2005 年 6 月 16 日第 2664-IV 号法律修改〕

第 210 条　法律行为的国家登记

1. 仅在法律规定的情形,法律行为才应当进行国家登记。自其国家登记时起,该法律行为完成实施。

2. 进行国家登记机关的清单、登记程序以及管理登记簿的程序由法律规定。

第 211 条　法律行为的实施地

1. 在法律行为中没有指明其实施地的:

　　（1）单方法律行为的实施地,是当事人的意思表示地;

　　（2）双方或者多方法律行为的实施地,根据本法典第 647 条确定。

第 212 条　其法律后果与一定情势的发生有关的法律行为

1. 实施法律的人有权以发生与否尚未知晓的情势,作为权利和义务发生或者变更的条件(延缓情势)。

2. 实施法律行为的人有权以发生与否尚未知晓的情势,作为权利和义务终止的条件(解除情势)。

3. 情势对其不利的当事人非善意地阻止其发生的,情势视为已发生。

4. 情势对其有利的当事人非善意地促成其发生的,情势视为未发生。

第 213 条　法律行为内容的解释

1. 法律行为的内容可以由当事人一方(各方)进行阐释 [①]。

---

① 对法律行为内容的解释,基于不同的主体,第 213 条使用了不同的表述:当事人对法律行为内容进行的是阐释(витлумачення),意为当事人为自己而说清楚、由内而外地说清楚法律行为的内容;根据当事人的申请,法院对法律行为进行的是解释(тлумачення),意为一般意义上的、法院对意思表示中含糊不清之处予以明确。

2. 根据一方或者双方当事人的请求,法院可以作出关于解释法律行为内容的判决。

3. 在解释法律行为内容时,应当考虑词和概念对法律行为的所有内容而言的相同意义,以及在相关的关系领域术语的公认意义。

   词和概念的字面意义及相关的关系领域术语的公认意义无法阐明法律行为特定部分的内容的,其内容通过比较法律行为的相应部分与其他部分、其全部内容、当事人的意愿予以确定。

4. 根据本条第 3 款规定的规则无法确定实施法律行为的人的真实意思的,应当考虑法律行为的目的、以往商谈的内容、当事人之间稳定的关系实践、商事流转惯例、当事人的后续行为、格式合同文本和具有实质意义的其他情势。

第 214 条　法律行为的否认

1. 实施单方法律行为的人有权否认该法律行为,但法律另有规定的除外。对法律行为的否认侵害其他人权利的,该权利应当受到保护。

2. 实施双方或者多方法律行为的人,有权根据当事人的相互协议以及在法律规定的情形否认该法律行为,即使在它的条件已经由其全部履行的情形。

3. 否认法律行为,应当以法律行为实施的形式予以实施。

4. 否认法律行为的法律后果,由法律或者当事人的协议规定。

第 2 节　当事人实施法律行为时不遵守法律要求的法律后果

第 215 条　法律行为的无效 [①]

1. 当事人一方(各方)实施法律行为时不遵守本法典第 203 条第 1—3 款、第 5、6 款规定的要求的,构成法律行为无效的根据。

2. 法律规定法律行为无效的,法律行为是无效的(法定无效的法律行为)。在此情形,无需法院认定该法律行为的无效。

   在本法典规定的情形,法定无效的法律行为可以由法院认定为有效。

3. 法律没有直接规定法律行为无效,当事人的一方或者其他利害关系人基于法律规定否定其有效性的,该法律行为可以由法院认定为无效(可撤销的法律行为)。

第 216 条　法律行为无效的法律后果

1. 无效的法律行为不创设法律后果,但与其无效有关的法律后果除外。

   在法律行为无效的情形,每一方当事人都应当向其他方当事人返还其履行该法律行为所取得的所有原物,在无法返还原物的情形,包括基于使用财产、完成工作、提供劳务而有所得的,应当根据赔偿时存在的价格返还所取得的价值。

2. 因实施无效的法律行为致使其他当事人或者第三人受到损害

---

① 1963 年《乌克兰苏维埃社会主义共和国民法典》第 48 条规定了法律行为的无效,但没有对无效的法律行为进行划分。本法典第 215 条将法律行为的无效(недійсність правочину)分为两种:法定无效的法律行为(нікчемний правочин,亦可直译为毫无益处的法律行为),与可撤销的法律行为(оспорваний правочин,亦可直译为有争议的法律行为)。

和精神损害的,有过错的当事人应当对其进行赔偿。

3. 法律没有规定其适用的特别条件或者特定种类无效的法律行为的特别法律后果的,适用本条第1、2款规定的法律后果。

4. 法定无效的法律行为无效的法律后果由法律规定,不得根据当事人的协议变更。

5. 关于适用法定无效的法律行为无效后果的请求,可以由任何利害关系人提出。

　　法院可以依职权适用法定无效的法律行为的后果。

第217条　法律行为特定部分无效的法律后果

1. 法律行为特定部分无效,可以推定法律行为能够实施并且未将无效部分包含其中的,不发生法律行为的其他部分或者全部法律行为无效的后果。

第218条　不遵守关于法律行为书面形式要求的法律后果

1. 当事人不遵守法律规定的法律行为书面形式的,不导致其无效,但法律规定的情形除外。

　　当事人一方否认法律行为实施的事实或者对其部分有争议的,可以书面证据、视听资料和其他证据证明。法院的判决不得基于证人证言作出。

2. 以口头形式订立的法律行为,属于在不遵守关于书面形式要求的情形,法律规定其无效的,当事人一方已经实施行为,另一方确认其实施,包括作出履行的,在发生争议的情形,该法律行为可以被法院认定为有效。

第219条　不遵守法律关于单方法律行为公证证明要求的法律后果

1. 在不遵守法律关于单方法律行为公证证明要求的情形,该法律行为是法定无效的。

2. 法院查明法律行为符合实施人的真实意思,因其意思以外的情势阻碍法律行为的公证证明的,可以认定该法律行为有效。

第220条 不遵守法律关于合同公证证明要求的法律后果

1. 在当事人不遵守法律关于合同公证证明要求的情形,该合同是法定无效的。

2. 当事人对合同的所有实质条件达成协议,对此有书面证据予以证明,并且已经全部或者部分履行合同的,当事人一方规避公证证明的,法院可以认定该合同有效。在此情形,不要求对合同进行后续的公证证明。

第221条 幼年人超出民事行为能力范围实施法律行为的法律后果

1. 幼年人超出民事行为能力范围实施的法律行为,可以由其父母(收养人)或者他们之中与其共同生活的一人或者监护人追认。

　　该人等知道法律行为已经实施,在一个月内没有向另一方当事人提出异议的,法律行为视为已认可。

2. 在没有认可的情形,法律行为是法定无效的。

　　根据利害关系人的请求,法院查明法律行为的实施将有利于幼年人的,可以认定该法律行为有效。

3. 具有完全民事行为能力的自然人与幼年人发生法律行为的,其有义务向本条第1款指明的人返还其根据该法律行为从幼年人所获的全部所得。

4. 有行为能力的当事人在实施法律行为时知道或者应当知道另一方当事人年龄的,应当赔偿订立无效法律行为所致的损失。幼年人的父母(收养人)或者监护人有义务向有行为能力的当事人返还根据该法律行为所取得的所有原物,无法返还原物的,应当根据赔偿时存在的价格赔偿其价值。

5. 法律行为的双方当事人都是幼年人的,他们中的每一方都有义务向另一方当事人返还根据该法律行为取得的所有原物。在无法返还财产的情形,查明父母(收养人)或者监护人有过错行为促成法律行为的实施或者作为法律行为对象的财产有损失的,其应当赔偿财产的价值。

6. 在未成年人与幼年人实施法律行为的情形,发生本法典第222条第3款规定的后果。

第222条　未成年人超出民事行为能力范围实施法律行为的法律后果

1. 未成年人超出民事行为能力范围,未经父母(收养人)、监护人同意而实施的法律行为,可以由其依照本法典第221条规定的程序追认。

2. 未成年人超出民事行为能力范围,未经父母(收养人)、监护人同意而实施的法律行为,可以根据利害关系人提起的诉①,由法院认定无效。

3. 无效法律行为的双方当事人都是未成年人的,他们中的每一方都有义务向另一方当事人返还根据该法律行为取得的所有原物。在无法返还所取得的原物的情形,应当根据赔偿时的价格赔偿其价值。

　　未成年人没有足以赔偿的资金的,父母(收养人)或者监护人有过错的行为促成法律行为的实施或者作为法律行为对象的财产的损失的,其有义务赔偿所导致的损失。

---

　　① 提起的诉(позов),是乌克兰民法典、民事诉讼法典的常见表述。乌克兰法中的诉(позов),对应拉丁语 actio,俄语 иск,具有实体与程序的双重含义,与中文语境下“诉讼”不同,故译为“诉”。

第 223 条 民事行为能力受到限制的自然人超出其民事行为能力范围实施法律行为的法律后果

1. 民事行为能力受到限制的自然人超出其民事行为能力范围，未经保护人同意而实施的法律行为，可以由其依照本法典第 221 条规定的程序追认。

2. 在没有该认可的情形，查明法律行为违背被监护人本人、其家庭成员或者根据法律其应当供养的人的利益的，根据保护人提起的诉，法院可以认定该法律行为无效。

第 224 条 未经监护和保护机关准许实施法律行为的法律后果

1. 未经监护和保护机关准许（本法典第 71 条）实施的法律行为，是法定无效的。

2. 根据利害关系人的请求，查明法律行为符合被设定监护或者保护的自然人的利益的，法院可以认定该法律行为有效。

第 225 条 有行为能力的自然人在没有意识到自己行为意义和（或）不能控制自己行为时实施法律行为的法律后果

1. 有行为能力的自然人在没有意识到自己行为意义和（或）不能控制自己行为时实施的法律行为，根据该人提起的诉，法院可以认定其无效；在该人死亡的情形，根据其民事权利或者利益受到侵害的其他人提起的诉作出认定。

2. 在实施法律行为的自然人被追认为无民事行为能力人的情形，其监护人可以提起关于认定法律行为无效之诉。

3. 知道自然人在实施法律行为时状况的当事人，有义务向其赔偿因实施该法律行为所致的精神损失。

第 226 条 无行为能力的自然人实施法律行为的法律后果

1. 监护人可以准许无行为能力的自然人依照本法典第 221 条规定的程序，实施小额的、日常生活性的法律行为。

　　在没有该准许的情形,无行为能力的自然人实施的该法律行为和其他法律行为是法定无效的。

2. 根据监护人的请求,查明法律行为的实施有利于无民事行为能力的自然人的,法院可以认定无行为能力的自然人实施的法律行为有效。

3. 有行为能力的当事人有义务向无民事行为能力的自然人的监护人返还其根据该法律行为所获的全部所得,在无法返还的情形,应当根据赔偿时存在的价格赔偿财产的价值。

　　监护人有义务向有行为能力的当事人返还无民事行为能力的自然人根据法定无效的法律行为所获的全部所得。如果财产没有保存,监护人有过错的行为促成法律行为的实施或者作为法律行为对象的财产的损失的,监护人应当赔偿财产的价值。

4. 查明有行为能力的当事人知道另一方当事人有精神病或痴呆,或者能够推定其有该种状态的,有行为能力的当事人有义务向无行为能力的自然人或者其家庭成员赔偿。

第227条　法人订立其无权实施的法律行为的法律后果

1. 法人实施的未经相应批准(许可)的法律行为,法院可以认定其无效。

2. 法人使另一方当事人对其实施该法律行为的权利陷入错误的,该法人有义务向其赔偿该法律行为所致的精神损失。

第228条　实施违反公共秩序、违背国家和社会利益的法律行为的法律后果

〔第228条名称由2010年12月2日第2756-Ⅵ号法律修订〕

1. 旨在侵害人和公民的宪法权利和自由,毁灭、损坏、非法占有自然人或者法人、国家、克里米亚自治共和国、区域共同体的财产的法律行为,是违反公共秩序的法律行为。

2. 违反公共秩序的法律行为,是法定无效的。

3. 在不遵守关于法律行为应符合国家和社会利益及其道德原则要求的情形,该法律行为可以被认定无效。法院认定无效法律行为以公然违背国家和社会利益为目的实施的,具备双方当事人故意,在当事人双方履行法律行为的情形,根据法院判决追缴其根据法律行为所获的全部所得并入国家收入,在当事人一方履行法律行为的情形,根据法院判决向另一方当事人追缴其根据法律行为所获的全部所得和其向一方当事人就全部所得而应支付的赔偿,并入国家收入。在仅具备当事人一方故意的情形,其根据法律行为所获的全部所得应当返还另一方当事人,根据法院判决追缴后者的所得或者其就履行而应支付的赔偿,并入国家收入。

〔第 228 条根据 2010 年 12 月 2 日第 2756-Ⅵ 号法律增补第 3 款〕

第 229 条　在错误影响下实施的法律行为的法律后果

1. 实施法律行为的人对具有实质意义的情势发生错误^①的,该法律行为可以由法院认定为无效。

　　实质意义是指对法律行为性质、当事人权利和义务、在相当大程度降低物的价值或者使用其指定用途可能性的属性和品质发生错误的。对法律行为动机的误解不具有实质意义,但法律规定的情形除外。

2. 在法律行为被认定无效的情形,因其本人疏忽大意而发生错

---

　　① 在民法中,意思表示的错误与重大误解是两种不同的立法例。本法典第 229 条使用了错误(помилка),更接近《德国民法典》,而非 1964 年《苏俄民法典》第 57 条规定的误解(заблуждение)。

误的当事人,有义务向另一方当事人赔偿其所致的损失。

以自己的过失行为促成错误的当事人,有义务向另一方当事人赔偿其所致的损失。

第 230 条　在欺诈影响下实施的法律行为的法律后果

1. 法律行为的一方当事人故意使另一方陷入对具有实质意义的(本法典第 229 条第 1 款)情势的误解的,该法律行为应当由法院认定无效。

当事人否认存在妨碍法律行为实施的情势,或者对其存在表示沉默的,可以认定成立欺诈。

2. 运用欺诈的当事人,有义务向另一方当事人双倍赔偿因实施该法律行为所致的损失,并赔偿因实施该法律行为所致的精神损失。

第 231 条　在暴力影响下实施的法律行为的法律后果

1. 因另一方当事人或者其他人对其运用身体或者精神强迫,人所实施的违背其真实意思的法律行为,应当由法院认定无效。

2. 运用身体或者精神强迫的过错方当事人(其他人),有义务向其双倍赔偿因实施该法律行为所致的损失,并赔偿因实施该法律行为所致的精神损失。

第 232 条　因当事人一方的代理人与另一方当事人恶意协议所实施的法律行为的法律后果

1. 因当事人一方的代理人与另一方当事人恶意协议①所实施的法律行为,应当由法院认定无效。

---

①　恶意协议(зловмисна домовленість),在形式上对应 1964 年《苏俄民法典》第 58 条关于 злонамеренное соглашение 的概念。我国学界通常将后者译为"恶意串通",但俄语中的 соглашение 和乌克兰语中的 домовленість 均为中性词,并无"串通"之义,故本译本将其译为"协议"。事实上,本法典合同编多处使用 домовленість 的概念,也印证了其并无贬义。

2. 委托人有权请求自己的代表和另一方当事人，连带赔偿因其相互之间的恶意协议实施法律行为所致的损失和精神损失。

第 233 条 在困难情势影响下实施的法律行为的法律后果

1. 人在对其困难的情势影响下并且在极端不利条件下实施的法律行为，可以由法院认定无效，无论其是否为该法律行为的发起人。

2. 在认定该法律行为无效时，适用本法典第 216 条规定的后果。利用困难情势的当事人有义务向另一方当事人赔偿因实施该法律行为所致的损失和精神损失。

第 234 条 虚假的法律行为的法律后果

1. 没有创设法律后果的意图而实施的法律行为，该法律后果取决于该法律行为的，是虚假的法律行为。

2. 虚假的法律行为应当由法院认定无效。

3. 认定虚假的法律行为无效的法律后果，由法律规定。

〔第 234 条根据 2010 年 12 月 2 日第 2756-VI 号法律增补第 3 款〕

第 235 条 伪装的法律行为的法律后果

1. 当事人为隐匿在事实上已经实施的其他法律行为而实施的法律行为，是伪装的法律行为。

2. 查明当事人为隐匿其在事实上已经实施的其他法律行为而实施法律行为的，当事人的关系由当事人实际实施的法律行为的规则调整。

第 236 条 法律行为无效的时刻

1. 法定无效的法律行为或者被法院认定无效的法律行为，自其实施时起无效。

2. 根据无效法律行为规定将来的权利和义务的，其在将来发生的可能性终止。

第 17 章　代理

第 237 条　代理的概念和根据

1. 在法律关系中,一方当事人(代理人)有义务或者有权利以其所代理的另一方当事人的名义实施法律行为,这种法律关系是代理。

2. 尽管为他人利益实施行为,但以自己的名义实施的人,以及授权对未来可能的法律行为进行商谈的人,不是代理人。

3. 代理基于合同、法律、法人机关的文件和民事立法文件规定的其他根据产生。

第 238 条　可以由代理人实施的法律行为

1. 代理人只可被授权其所代理的人有权实施的法律行为。

2. 代理人不得实施根据其内容只可由其所代理的人实施的法律行为。

3. 代理人不得以其所代理的人的名义,为自己的利益或者其同时所代理的其他人的利益实施法律行为,但商事代理以及对法律规定的其他人除外。

第 239 条　代理人实施的法律行为的法律后果

1. 代理人实施的法律行为,创设、变更、终止其所代理的人的民事权利和义务。

第 240 条　转委托

1. 代理人有义务根据授予其的权限亲自实施法律行为。其所代理的人与代理人之间的合同或者法律有规定,或者代理人为保护其所代理的人的利益所必需的,代理人可以将自己权限的一部分或者全部移转给其他人。

2. 将自己的权限移转给其他人的代理人,应当将此情况告知其所代理的人,并向其提供关于接受移转相应权限的人(接替人)的必要讯息。

3. 接替人实施的法律行为,创设、变更、终止其所代理的人的民事权利和义务。

第 241 条　超越权限实施的法律行为

1. 代理人超越权限实施的法律行为,仅在其所代理的人事后准许的情形,才可以创设、变更、终止后者的民事权利和义务。在其所代理的人实施见证法律行为履行行为的情形,该法律行为视为被准许。

2. 被代理的人的事后准许,自实施该法律行为时起创设、变更和终止民事权利和义务。

第 242 条　法定代理

1. 父母(收养人)是其幼年和未成年子女的法定代理人。

2. 监护人是幼年人和被认定为无行为能力的人的法定代理人。

3. 在法律规定的情形,法定代理人可以是其他人。

第 243 条　商事代理

1. 订立经营活动领域的合同,经常并且独立地作为经营者的代理人实施行为的人,是商事代理人。

2. 经法律行为的若干当事人同意并且在法律规定的其他情形,允许同时为这些当事人的商事代理。

3. 商事代理人的权限可以由其与其所代理的人之间的合同或者委托书证明。

4. 在特定经营活动领域商事代理的特殊性,由法律规定。

第 244 条　委托代理

1. 基于合同的代理，可以根据委托书进行。

2. 委托代理，可以基于法人机关的文件进行。

3. 一人发给另一人，为在第三人面前进行代理的书面文件，是委托书。代理人实施法律行为的委托书，可以由其所代理的人（委托人）直接提供给第三人。

第 245 条　委托书的形式

1. 委托书的形式应当符合法律行为根据法律应当实施的形式。

2. 依照转委托程序发出的委托书应经公证证明，但本条第四款规定的情形除外。

3. 在军队医院、疗养院和其他军事医疗机构接受治疗的军人或者其他人的委托书，可以由该机构的负责人、主管医务的副职负责人、主治或者值班医生证明。

　　军人的委托书，处于没有公证人或者实施公证行为的机关的部队、兵团、军事机构、军事教学机构驻地的工作人员、其家庭成员和军人的家庭成员的委托书，可以由该部队、兵团、军事机构或者教学机构的指挥员（负责人）证明。

　　〔第 245 条第 3 款第 2 段根据 2010 年 7 月 6 日第 2435-VI 号法律修改〕

　　处于刑罚执行机构或者侦查隔离所的人的委托书，可以由刑罚执行机构或者侦查隔离所的负责人证明。

　　〔第 245 条第 3 款第 3 段由 2009 年 4 月 14 日第 1254-VI 号法律修订〕

　　生活在没有公证人的居住点的人的委托书，可以由地方自治机关的公职人员证明授权，但对不动产支配权的委托书、管理和支配公司权利的委托书、使用和支配交通工具的委托书除外。

对无偿二级法律援助①的权利主体作出关于提供援助决定的，其委托书可以由法律授权提供无偿法律援助的机关（机构）的公职人员证明。

〔第245条第3款根据2012年11月6日第5477-Ⅵ号法律增补新的一段，修改在提供无偿二级法律援助中心的活动开始后分阶段地生效。参见2012年5477-Ⅵ号法律第Ⅱ部分〕

上述公职人员证明的委托书，与公证证明的具有同等效力。

〔第245条第3款由2009年3月3日第1055-Ⅵ号法律修订〕

4. 取得工资、助学金、养老金、抚养费、其他支付和邮政信件（邮政汇款、包裹等）的委托书，可以由委托书人工作、学习、住院所在机构或者其居住地的公职人员证明。

5. 自然人作出的参加大会和行使表决权利的委托书，依照立法确定的程序证明。

〔第245条根据2008年9月17日第514-Ⅵ号法律增补第5

① 根据《关于无偿法律援助的乌克兰法律》（Про безоплатну правову допомогу，2011年6月2日第3460-Ⅵ号法律）第1条，无偿法律援助是指由国家保障的，由乌克兰国家预算、地方预算和其他来源资金付费的法律援助。获得无偿法律援助的权利，是受乌克兰宪法保障的乌克兰公民、外国人、无国籍人、包括难民或者需要补充保护的人，获得全额的无偿一级法律援助（Безоплатна первинна правова допомога）的可能性，以及在法律规定的情形，特定范畴的人获得无偿二级法律援助（Безоплатна вторинна правова допомога）的可能性（第3条）。无偿一级法律援助是一种国家保障，向人提供关于如下消息：其权利和自由，权利和自由实现的程序，权利和自由受到侵害时的恢复原状，对国家政权机关、地方自治机关、公职人员和公务人员决定、作为或者不作为的申诉。无偿一级法律援助包括以下法律服务种类：提供法律信息，提供关于法律问题的咨询和释明，制作申请书、申诉书和其他法律性质的文件，但程序性质的文件除外；保障人接近二级法律帮助和调解（第7条）。无偿二级法律援助是一种国家保障，为人接近司法创造平等的可能性。无偿二级法律援助包括以下法律服务种类：辩护；代理有权获得二级法律援助的人的利益，在法院、其他国家政权机关、地方自治机关相对其他人实施行为；制作程序性质的文件（第13条）。从比较法考察，乌克兰法中的无偿一级法律援助和无偿二级法律援助，可以分别对应欧盟法中的primary legal assistance和secondary legal assistance。

款;由 2015 年 2 月 12 日第 191-VIII 号法律、2015 年 4 月 7 日第 289-VIII 号法律修订}

第 246 条　法人的委托书

1. 法人的机关或者由其设立文件授权的其他人,可以法人的名义作出委托书。

{第 246 条根据 2014 年 4 月 15 日第 1206-VII 号法律修改}

第 247 条　委托书的期限

1. 委托书的期限在委托书中规定。委托书的期限没有规定的,在终止其行为前保存其效力。

2. 依照转委托程序作出的委托书的期限,不得超过作为其作出基础的主委托的期限。

3. 委托书中未指明实施委托日期的,是法定无效的。

第 248 条　根据委托书的代理的终止

1. 在以下情形,根据委托书的代理终止:

（1）委托书的期限届满;

（2）作出委托书的人撤销委托书;

（3）代理人拒绝实施委托书确定的行为;

（4）作出委托书的法人终止;

（5）接受委托书的法人终止,

（6）作出委托书的人死亡、被宣告死亡、认定其无行为能力或者失踪、限制其民事行为能力。

　　在作出委托书的人死亡的情形,为进行紧急事务或者不履行行为可能致使损失发生的,代理人可以保留自己根据委托书的权限。

（7）接受委托书的人死亡、被宣告死亡、认定其无行为能力或者失踪、限制其民事行为能力。

2. 根据委托书的代理终止的,丧失转委托的效力。

3. 在根据委托书的代理终止的情形,代理人有义务立即返还委托书。

第249条　委托书的撤销

1. 作出委托书的人可以在任何时间撤销委托书或者转委托,但对不可撤销的代理除外。拒绝该权利是法定无效的。

2. 作出委托书并随后撤销委托书的人,应当立即将此情况告知代理人,以及其所知道的当面作出的委托书所及的第三人。

3. 因代理人实施法律行为产生的对第三人的权利和义务,在其知道或者应当知道委托书的撤销前,为作出委托书的人和其权利承受人保存效力。第三人知道或者应当知道该委托书的行为终止的,不适用该规则。

4. 法律可以规定人在特定时间作出不可撤销的委托书的权利。根据公司法的不可撤销的委托书,根据调整相应的商业公司活动的法律作出。

　　〔第249条第4款根据2017年3月23日第1984-VIII号法律修改〕

　　〔第249条根据2003年6月19日第980-IV号法律修改〕

第250条　代理人拒绝实施委托书确定的行为

1. 代理人有权拒绝实施委托书确定的行为。

2. 代理人有义务将拒绝实施委托书确定的行为的情况,立即通知其所代理的人。

3. 委托书确定的行为是不可撤销的或者旨在防止代理人所代理的人或者其他人遭受损失的,代理人不得拒绝实施该行为。

4. 在代理人不遵守本条第二、三款规定的要求的情形,代理人对作出委托书的人为其所导致的损失负责。

第 V 编　期间和期日，诉讼时效

第 18 章　期间的确定和届满

第 251 条　期间和期日的概念

1. 期间是确定的时限,其届满与具有法律意义的行为或者事件有关。

2. 期日是确定的时刻,其发生与具有法律意义的行为或者事件有关。

第 252 条　期间和期日的确定

1. 期间以年、月、星期、日或者小时确定。

2. 期日以日历日①或者关于应当确定发生的事件的指示确定。

第 253 条　期间的开始

1. 期间自相应的日历日的下一日,或者与其开始有关的事件发生的下一日开始。

第 254 条　期间的终止

1. 以年确定的期间,在期间最后一年相应的月和日届满。

2. 以半年或者季度确定的期间,适用关于以月确定的期间的规则。在此情况下,季度从一年的开始起算。

3. 以月确定的期间,在期间最后一月相应的日届满。

　　以半月确定的期间等于十五天。

　　以月确定的期间在没有相应日期的月届满的,期间在该月的最后一日届满。

4. 以星期确定的期间,在期间最后一星期相应的日届满。

---

　　① 日历日,是指在日历月中以序号排列的连续的日,它包括工作日、休息日以及官方节日。

5. 期间的最后一日是休息日、节日或者根据特定行为实施地的
法律确定的其他非工作日的,其后的第一个工作日是期间终
止日。

第255条　在期间的最后一日实施行为的程序

1. 为实施行为规定期间的,其可以在期间的最后一日终结前实
施。在该行为应当在机构中实施的情形,期间根据该机构中
终止相应业务的规则所规定的时间届满。

2. 在期间最后一日终结前交付邮政机构的书面申请和通知,视
为按时交付。

第 19 章　诉讼时效

第256条　诉讼时效的概念

1. 诉讼时效,是人向法院请求保护自己民事权利或者利益的
期间。

第257条　一般诉讼时效

1. 一般诉讼时效的期限是三年。

第258条　特别诉讼时效

1. 法律可以为特定种类的请求规定特别的诉讼时效:与一般诉讼
时效相比缩短的或者更长的。

2. 对以下请求适用一年诉讼时效:

（1）追索违约金(违约罚金、滞纳金)的请求;

（2）对在大众传媒刊发的不实信息进行反驳的请求。

在此情形,诉讼时效自该信息在大众传媒刊发之日,或者自
人知道或者可以知道这些讯息之日起计算;

（3）在侵害按份共有权中份额的优先购买权的情形,向共有

人移转购买人的权利和义务的请求（本法典第 362 条）；

（4）与出卖商品瑕疵有关的请求（本法典第 681 条）；

（5）关于解除赠与合同的请求（本法典第 728 条）；

（6）与货物、邮件运输有关的请求（本法典第 925 条）；

（7）对遗嘱执行人行为提出申诉的请求（本法典第 1293 条）。

〔第 258 条第 3 款基于 2011 年 12 月 20 日第 4176-VI 号法律删除〕

〔第 258 条第 4 款基于 2011 年 12 月 20 日第 4176-VI 号法律删除〕

第 259 条 诉讼时效期限的变更

1. 法律规定的诉讼时效，可以根据当事人的协议延长。

关于延长诉讼时效的合同，应当以书面形式订立。

2. 法律规定的诉讼时效，不得根据当事人的协议缩短。

第 260 条 诉讼时效的起算

1. 诉讼时效根据本法典第 253—255 条规定的期间确定的一般规则起算。

2. 诉讼时效起算的程序不得根据当事人的协议变更。

第 261 条 诉讼时效期间的开始

1. 诉讼时效期间，自人知道或者可以知道其权利被侵害或侵害其权利的人之日起算。

2. 请求认定在暴力影响下实施的法律行为无效的诉讼时效期间，自暴力行为终止之日起算。

3. 请求适用法律行为法定无效后果的诉讼时效期间，自其履行开始之日起算。

4. 在侵害未成年人的民事权利或者利益的情形，诉讼时效自其成年之日起开始。

5. 有确定履行期限的债务的诉讼时效，在履行期限届满时开始。

履行期限不确定或者以请求的时刻确定的债务，诉讼时效期间自债权人产生关于履行债务的请求权之日开始。债务人被给予履行该请求的宽限期的，诉讼时效期间在该期限届满时开始。

6. 返还代偿债务的诉讼时效期间，自主债务履行之日起开始。

7. 本条第一、二款规定的规则的例外，可以由法律规定。

第 262 条　在债务当事人变更情形的诉讼时效

1. 债务当事人的变更，不变更诉讼时效的起算程序和期间。

第 263 条　诉讼时效期间的中止

1. 诉讼时效期间在以下情形中止：

（1）在当时条件下非常的或者不可避免的情势（不可抗力）阻碍诉讼提起的；

（2）基于法律规定在债务延期履行（延期支付）的情形；

（3）在法律或者调整相关关系的规范性法律文件效力中止的情形；

（4）原告或者被告在转化为战争状态的乌克兰武装力量或者其他依法成立的军事组织中服役的。

2. 在本条第一款规定的情势发生的情形，诉讼时效期间在这些情势存在的全部时间中止。

3. 自作为诉讼时效期间中止根据的情势终止之日起，诉讼时效期间继续计算，并应考虑其中止前经过的时间。

第 264 条　诉讼时效期间的中断

1. 人实施证明其承认自己债务或者其他义务的行为的，诉讼时效期间中断。

2. 在人对若干债务人中的一人提起诉讼，以及原告请求权的一部分成为诉讼标的的情形,诉讼时效中断。

3. 诉讼时效期间中断后,重新开始。

    诉讼时效期间中断前经过的时间,不计入新的期间。

第 265 条 在诉讼中止情形下的诉讼时效期间

1. 诉讼中止并不中止诉讼时效期间。

2. 法院对刑事诉讼中提起的诉中止审理的,自诉提起之日至法院对中止审理的诉作出的判决生效前的时间,不计入诉讼时效。

    剩余的期间少于六个月的,应当延长至六个月。

    ﹛第 265 条第 2 款由 2012 年 4 月 13 日第 4652-VI 号法律修订﹜

第 266 条 对附带请求的诉讼时效适用

1. 主请求诉讼时效届满的,视为诉讼时效适用于附带请求(追索违约金、对财产担保的财产进行追偿等)。

第 267 条 诉讼时效届满的后果

1. 在诉讼时效届满后履行债务的人,无权请求返还,即使其在履行时不知道诉讼时效届满。

2. 无论诉讼时效是否届满,关于保护民事权利或者利益的申请,法院都应当受理并进行审理。

3. 法院仅可依争议当事人在其作出判决前提出的申请,才可适用诉讼时效。

4. 争议当事人申请适用诉讼时效届满的,构成驳回诉[1]的根据。

5. 法院认定有不适用诉讼时效的正当理由的,被侵害的权利应

---

[1] 驳回诉(відмова у позові),相当于我国民事诉讼中的驳回诉讼请求,依二元诉权说,二者所驳回的都是实体意义上的诉权。

当保护。

第 268 条　不适用诉讼时效的请求

1. 诉讼时效不适用于以下请求：

（1）侵害人身非财产权所衍生的请求，但法律规定的情形除外；

（2）存款人对银行（金融机构）的支付存款的请求；

（3）因残疾、对损害健康的其他损害或者死亡的损害赔偿请求，但该损害由于作为动产的商品的瑕疵所致，包括作为其他动产或者不动产的组成部分以及电能的瑕疵所致的除外；

　〔第 268 条第 3 款根据 2011 年 5 月 19 日第 3390-VI 号法律修改〕

　〔第 268 条第 4 款基于 2011 年 12 月 20 日第 4176-VI 号法律删除〕

（5）投保人（被保险人）对保险人的关于进行保险支付（保险赔偿）的请求；

（6）在国家物质储备①领域实现国家政策的中央执行机关，根据履行《关于国家物质储备的乌克兰法律》所衍生的债务而提出的请求；

　〔第 268 条第 1 款根据 2004 年 5 月 12 日第 1713-IV 号法律增补第 6 款；根据 2012 年 10 月 16 日第 5463-VI 号法律修改〕

（7）确认行为对象是作为不可移动财产和（或）其部分、对其适用《关于保障实现宿舍住户居住权的乌克兰法律》的宿

---

①　根据《关于国家物质储备的乌克兰法律》（Закон України "Про державний матеріальний резерв"）第 1 条，乌克兰国家储备是指用于法律规定的目的、依照法律规定的程序使用的、不可减少的国家物质财富的储备，包括动员储备、原料储备和物质技术储备。

舍进行出让的法律行为无效,确认关于作为不可移动财产和(或)其部分的该宿舍所有权的证明无效的请求;确认关于将作为不可移动财产和(或)其部分的该宿舍,移转给前国有(公共)企业私有化(公司化)过程中组建的公司的法定资本(基金)的移转文件无效的请求。

〔第 268 条根据 2017 年 4 月 5 日第 1999-VIII 号法律增补第 7 款〕

2. 法律可以规定不适用诉讼时效的其他请求。

第二卷

自然人的人身非财产权①

第20章　自然人的人身非财产权总论

第269条　人身非财产权的概念

1. 自出生时起或者依据法律,人身非财产权归属于每一个自然人。

2. 自然人的人身非财产权不具有经济内容。

3. 人身非财产权与自然人紧密联系。自然人不得放弃人身非财产权,也不得被剥夺该权利。

4. 自然人终生享有人身非财产权。

第270条　人身非财产权的种类

1. 根据乌克兰宪法,自然人享有生命权,健康保护权,保障生命和健康的安全环境权,自由和人身不受侵犯权,个人和家庭生活不受侵犯权,名誉和尊严受到尊重权,通信、电话、电报和其他通讯秘密权,住所不受侵犯权,自由选择居所地和自由迁徙权,自由进行文学、艺术、科学和技术创造权。

2. 本法典和其他法律可以规定自然人的其他人身非财产权。

3. 乌克兰宪法、本法典和其他法律确定的人身非财产权清单不是封闭性的。

第271条　人身非财产权的内容

1. 人身非财产权的内容,构成自然人自由地、按照自己意志确定其私人生活领域自己行为的可能性。

第272条　人身非财产权的行使

1. 自然人独立行使人身非财产权。为了幼年人、未成年人以及因年龄或者健康状况不能独立行使自己人身非财产权的成年人的利益,其权利由父母(收养人)、监护人、保护人行使。

2. 自然人有权要求公职人员、公务人员实施相应的行为,保障其人身非财产权的行使。

第273条　人身非财产权行使的保障

1. 国家政权机关、克里米亚自治共和国权力机关、地方自治机关在其权限范围内,保障自然人行使人身非财产权。

2. 因职业义务涉及自然人人身非财产权的法人、法人的工作人员、特定的自然人,有义务制止可能侵害该人身非财产权的行为。

3. 自然人和法人的活动不得侵害人身非财产权。

第274条　人身非财产权的限制

1. 乌克兰宪法确定的自然人人身非财产权,仅在宪法有规定的情形下受到限制。

2. 本法典和其他法律确定的自然人人身非财产权,仅在本法典和其他法律有规定的情形下受到限制。

第275条　人身非财产权的保护

1. 自然人有权保护其人身非财产权免受他人的非法侵犯。人身非财产权的保护,采取本法典第3章规定的方式。

2. 根据人身非财产权的内容、侵害权利的方式和侵害导致的后果,可以采取其他方式对其进行保护。

第276条　人身非财产权的恢复

1. 国家政权机关、克里米亚自治共和国权力机关、地方自治机关、自然人或者法人的决定、行为或者不作为侵害自然人人身非财产权的,有义务实施必要的行为立即恢复该权利。

2. 未实施立即恢复被侵害的自然人人身非财产权的行为的,法院可以作出关于恢复被侵害权利的判决,并赔偿侵害所致的精神损失。

第 277 条　不实信息的反驳

1. 因传播关于自然人和(或)其家庭成员的不实信息,侵害自然人人身非财产权的,该自然人有权回应并反驳该信息。

2. 回应和反驳关于死者不实信息的权利,属于死者的家庭成员、近亲属和其他利害关系人。

〔第 277 条第 3 款基于 2014 年 3 月 27 日第 1170-VII 号法律删除〕

4. 不实信息的反驳,由传播该信息的人实施。

公职人员或者公务人员在履行其公职(公务)义务时发布信息的,其所在的法人视为信息传播者。

传播不实信息的人不明的,权利受到侵害的自然人可向法院申请认定该信息为不实信息并反驳该信息的事实。

〔第 277 条第 4 款第 3 段根据 2005 年 12 月 22 日第 3261-IV 号法律修改〕

5. 不实信息记载在法人作出(出版)的文件内的,该文件应当被撤销。

6. 人身非财产权在纸媒或者其他大众传媒上受到侵害的自然人,有权依照法律规定的程序,在同一大众传媒上回应或者反驳不实信息。

因同一大众传媒终止,无法在其上回应或者反驳的,回应和反驳应当在其他大众传媒公布,由传播不实信息的人付费。

不实信息的反驳,与传播不实信息的人的过错无关。

7. 不实信息的反驳,应当采取与传播不实信息相同的方式进行。

第 278 条　禁止传播侵害人身非财产权的信息

1. 自然人的人身非财产权在报纸、书籍、电影、电视广播节目等载体中受到侵害,该载体准备发行的,法院可以禁止传播相关信息。

2. 自然人的人身非财产权在报纸、书籍、电影、电视广播节目等载体的一期(版)中受到侵害,该载体已经发行的,法院可以禁止(终止)传播信息以消除该侵害;无法消除侵害的,可以为了销毁的目的没收报纸、书籍等的全部印张。

〔第 278 条由 2005 年 12 月 22 日第 3261-IV 号法律修订〕

第 279 条　不履行法院关于保护人身非财产权的判决的法律后果

1. 法院判决其应当实施相应的行为消除对人身非财产权的侵害的人,逃避履行法院判决的,可根据乌克兰民事诉讼法典对其处以罚金。

2. 支付罚金不免除行为人履行法院判决的义务。

第 280 条　人身非财产权受到侵害的自然人的损害赔偿权

1. 自然人因其人身非财产权受到侵害导致财产和(或)精神损害的,该损害应当得到赔偿。

第 21 章　保障自然人自然存在的
人身非财产权

第 281 条　生命权

1. 自然人享有不可剥夺的生命权。

2. 自然人不得被剥夺生命。

　　自然人有权采用法律不予禁止的任何手段,保护自己的生命和健康以及其他自然人的生命和健康免受非法侵犯。

3. 医学、科学和其他实验仅对成年的、有行为能力的自然人,并经其自由同意才可进行。

　　药物的临床试验根据法律进行。

〔第 281 条第 3 款根据 2011 年 5 月 12 日第 3323-VI 号法律增补第 2 段〕

4. 禁止满足自然人关于终止其生命的请求。

5. 绝育仅根据成年自然人的意愿实施。

无行为能力的自然人的绝育须具备医学证明,并取得其监护人的同意,遵守法律规定的要求。

6. 妊娠未超过十二周的,根据妇女的意愿,可以人工终止妊娠。

在法律规定的情形,妊娠超过十二周未满二十周的,可以人工终止妊娠。

超过二十周妊娠允许终止妊娠的情势清单,由立法规定。

7. 成年妇女或者男子有权依据医学证明,根据立法规定的程序和条件,进行针对他们的辅助生殖技术治疗项目。

〔第 281 条根据 2004 年 11 月 2 日第 2135-IV 号法律修改〕

第 282 条 消除威胁生命和健康的危险的权利

1. 因经营活动或者其他活动的后果威胁到生命和健康的,自然人有权要求消除危险。

第 283 条 健康保护权

1. 自然人享有保护其健康的权利。

2. 健康保护受国家和乌克兰宪法和法律规定的其他组织的系统活动的保障。

第 284 条 医疗帮助权

1. 自然人享有提供给其本人的医疗帮助权。

2. 年满 14 岁的自然人申请提供给其本人的医疗帮助时,有权选择医师,并根据其提议选择治疗方法。

3. 向年满 14 岁的自然人提供医疗帮助,应征得其同意。

4. 能够认识自己行为的意义并控制自己行为的成年的、有行为能力的自然人,有权拒绝治疗。

5. 在紧急的情形,自然人的生命存在现实威胁的,可以不经自然人或者其父母(收养人)、监护人、保护人同意提供医疗帮助。

6. 向自然人提供精神病学医疗帮助,根据相关的法律进行。

第285条　关于本人健康状况的信息权

1. 成年的自然人有权获取关于本人健康状况的真实和完整的信息,包括查询涉及其健康的相关医疗文件。

2. 父母(收养人)、监护人、保护人有权获取关于子女或者被监护人健康状况的信息。

3. 关于自然人疾病的信息可能恶化其健康状况或者恶化本条第2款确定的自然人的健康状况,或者有损治疗过程的,医疗工作人员有权提供关于自然人健康状况的不完整的信息,限制其查询特定医疗文件的可能性。

4. 在自然人死亡的情形,其家庭成员或者家庭成员授权的其他自然人有权在调查其死亡原因时在场,并有权就该结论向法院申诉。

第286条　关于健康状况秘密的权利

1. 自然人对关于其健康状况的秘密、请求医疗帮助的事实、诊断以及医疗检查时获取的信息享有权利。

2. 禁止工作或者学习的地方要求和提供关于自然人诊断和治疗的信息。

3. 基于履行公务义务或者从其他来源知道本条第1款所列举的信息,自然人有义务防止其传播。

4. 在立法规定的情形,自然人可以有义务接受医疗检查。

第287条　在健康保护机构住院治疗的自然人的权利

1. 在健康保护机构住院治疗的自然人,有权准许其他医疗工作人员、家庭成员、监护人、保护人、公证人和律师探视。

2. 在健康保护机构住院治疗的自然人,有权准许神职人员探视,以进行礼拜和宗教仪式。

第288条 自由权

1. 自然人享有自由权。

2. 禁止任何形式的对自然人身体或者心理强制,使其滥用酒精、麻醉品和毒品,以及实施侵害自由权的其他行为。

第289条 人身不受侵犯权

1. 自然人享有人身不受侵犯权。

2. 自然人不得遭受拷打,以及残酷的、非人道的或者贬损其尊严的对待或者刑罚。

3. 不允许父母(收养人)、监护人、保护人、抚育人对幼年、未成年的子女和被监护人进行身体惩罚。

   自然人对处于无助状态下的其他人实施残酷的、不道德的行为的,适用本法典和其他法律规定的措施。

4. 自然人有权指示在其死后将其器官或者其他解剖物转交科学、医学或者教学机构。

第290条 捐献权

1. 成年的有行为能力的自然人,有权成为血液、血液的组成部分以及器官和其他解剖物、生殖细胞的捐献人。不满18岁的人,可以根据法律成为造血干细胞的活体捐献人。

   〔第290条第1款第1段根据2019年2月28日第2694-VIII号法律修改〕

   捐献血液、血液的组成部分、器官和其他解剖物、生殖细胞,根据法律规定进行。

2. 不得从死亡自然人身体上摘取器官和其他解剖物,但根据法律规定的情形并依照法律规定的程序的除外。

3. 自然人可以书面同意在其死后捐献其器官和其他解剖物,或者禁止此种捐献。

    接受捐献的人不得知道捐献人,捐献人的家庭也不得知道接受捐献人的身份,接受捐献的人与捐献人处于婚姻关系或者近亲属关系的除外。

    〔第 290 条第 3 款第 2 段由 2011 年 5 月 31 日第 3436-VI 号法律修订〕

第 291 条　家庭权

1. 自然人无论年龄和健康状况如何,均享有家庭权。

2. 不得违背自然人的意志使其脱离家庭,但法律确定的情形除外。

3. 自然人无论身处何处,均有权维持与其家庭和亲属的联系。

4. 任何人无权干涉自然人的家庭生活,但乌克兰宪法规定的情形除外。

第 292 条　获得监护或者保护的权利

1. 幼年人、未成年人以及被认定无行为能力的自然人或者民事行为能力受到限制的自然人,有权获得监护或者保护。

第 293 条　为生命和健康目的的安全环境利

1. 自然人享有为生命和健康目的的安全环境权,获得关于环境状况、食品和日用品质量的真实信息的权利,以及收集和传播这些信息的权利。

2. 自然人和法人毁坏、损坏、污染环境的活动是非法的。每个人都有权要求终止该行为。

    对自然人和法人致环境损害的行为,可以根据法院判决予以终止。

3. 自然人有权享有对自己安全的消费品(食品和日用品)。

4. 自然人有权享有必要、安全和健康的劳动、居住和学习等条件。

第22章 保障自然人社会存在的人身非财产权

第294条 姓名权

1. 自然人享有姓名权。

2. 自然人有权根据自己的民族传统拼写记录其姓和名。

3. 自然人的姓名被错误记载的,应当予以更正。错误记载的姓名存在于文件中的,该文件应当被替换。错误记载的姓名存在于大众传媒中的,应当在同一大众传媒予以更正。

第295条 姓名变更权

1. 年满16岁的自然人,有权根据自己的意志变更自己的姓和(或)本人的名。

2. 年满14岁的自然人,经父母同意,有权变更自己的姓和(或)本人的名;在父母一方死亡、被认定失踪、被宣告死亡、被认定为限制行为能力人、被认定为无行为能力人、被剥夺对该子女的亲权,以及出生记录中子女父亲(母亲)的信息被清除的,或者出生记录中关于作为子女父亲的男子的信息是根据母亲的申请而加入的情形,须取得父母另一方的同意。

在年满14岁的自然人已经确定保护人的情形,变更姓和(或)本人的名须取得保护人的同意。

3. 年满14岁的自然人,在其父亲变更其本人的名或者其作为子女父亲的信息从其出生记录中清除的情形,有权变更父称[①]。

4. 在被收养、收养被确认无效或者收养依法被撤销的情形,自然人的姓、名和父称可以变更。

5. 在婚姻登记、离婚或者婚姻被确认无效的情形,自然人的姓可以变更。

6. 驳回姓名变更的根据包括:

对申请人正在进行刑事诉讼或者其正在被行政调查;

〔第 295 条第 6 款第 2 段由 2013 年 5 月 16 日第 245-VII 号法律修订〕

申请人有前科,依照法律规定的程序该前科不得消灭或者撤销;

外国司法机关正式请求对申请人进行侦缉;

申请人提交关于其本人的虚假讯息。

7. 关于自然人姓名(姓、本人的名、父称)变更申请的审理程序,由乌克兰内阁确定。

〔第 295 条由 2006 年 12 月 22 日第 524-V 号法律修订〕

第 296 条 姓名使用权

1. 自然人有权在其活动的所有领域使用自己的姓名。

2. 在文学作品和其他作品中使用自然人的姓名作为人物(角色),须经该自然人同意,但纪实性作品除外,自然人死亡后,须经其子女、遗孀(鳏夫)的同意,没有前述人等的,须经其父母、兄弟姐妹同意。

〔第 296 条第 2 款根据 2005 年 12 月 22 日第 3261-IV 号法律

---

① 乌克兰人的姓名由三部分组成,分别为:名、父称、姓。因此,姓名变更权涉及对姓、名和父称的变更。

修改〕

3. 为了说明自然人的活动或者其所在的工作或学习机构的活动,可以不经自然人同意,将自然人的姓名使用在相关文件(报告、速记、笔录、视听资料、档案材料等)中。

4. 被羁押人、犯罪嫌疑人、被告人或者实施行政违法行为的人的姓名,仅在法院对其作出的刑事判决生效、作出认定行政违法行为的决定和法律规定的其他情形,才可以(公开)使用。

〔第 296 条第 4 款由 2005 年 12 月 22 日第 3261-IV 号法律修订;根据 2013 年 5 月 16 日第 245-VII 号法律修改〕

5. 违法行为受害人的姓名,仅经其同意才可公开。

6. 涉及当事人私人生活的民事案件的参加人的姓名,仅经其同意,其他人才可使用。

7. 在大众传媒、文学作品中使用自然人姓的首字母,不构成对其权利的侵害。

第 297 条 名誉和尊严受到尊重权

1. 每个人都享有其尊严和名誉受到尊重的权利。

2. 自然人的尊严和名誉是不可侵犯的。

3. 自然人有权向法院起诉保护其名誉和尊严。

第 298 条 对死者的尊重

1. 每个人都有义务尊敬地对待死者的身体。

2. 每个人都有义务尊敬地对待人类的墓地。

3. 亵渎死者身体或者墓地的,死者的家庭成员、近亲属有权请求赔偿财产和精神损失。

第 299 条 商誉不受侵犯权

1. 自然人对自己的商誉享有不受侵犯权。

2. 自然人有权向法院起诉保护自己的商誉。

第 300 条　个性权

1. 自然人享有个性权。

2. 自然人有权保持其民族、文化、宗教、语言的独特性,有权自由选择表达自己个性的形式和方式,但法律禁止和违反社会道德基础的除外。

第 301 条　私人生活及其秘密权

1. 自然人享有私人生活权。

2. 自然人独立确定自己私人生活和其他人知道其私人生活的可能性。

3. 自然人有权保守自己私人生活情势的秘密。

4. 自然人私人生活情势,仅在其构成法院判决确定的违法行为要件以及经其同意的情况下,才可向他人披露。

〔第 301 条第 4 款根据 2005 年 12 月 22 日第 3261-IV 号法律修改〕

第 302 条　信息权

1. 自然人享有自由收集、存储、使用和传播信息的权利。

未经自然人同意,不得收集、存储、使用和传播关于自然人私人生活的信息,但在法律规定的情形,为了国家安全、经济福利和人权目的的除外。

2. 传播信息的自然人,有义务确信其真实性。

传播从官方来源(国家政权机关的信息、地方自治机关的信息、报告、速记记录等)获取信息的自然人,没有义务检验其真实性,对反驳该信息的情形不承担责任。

传播从官方来源获取信息的自然人,有义务引用该来源。

〔第 302 条根据 2005 年 12 月 22 日第 3216-IV 号法律修改〕

第 303 条　个人文件权

1. 自然人的个人文件(文档、照片、相片、其他记录、个人档案材料等)是其私有财产。

2. 个人文件的查询、使用包括发表,仅经其所属自然人同意才可进行。

3. 自然人的个人文件涉及其他人私人生活的,其使用包括发表,须经该人同意。

4. 本条第二、三款规定的自然人死亡的,个人文件的使用包括发表,仅经其子女、遗孀(鳏夫)同意才可进行,没有前述人等的,须经父母、兄弟姐妹同意。

第304条　个人文件的处分

1. 个人文件所属的自然人,可以口头或者书面形式处分个人文件,包括在其意外死亡情形的处分。

第305条　查询移转图书馆或者档案馆的个人文件的权利

1. 自然人有权自由查询和使用包括发表任何已经移转图书馆或者档案馆的个人文件,前述行为应遵守本法典第303条第三、四款规定的自然人的权利,但移转个人文件的合同另有约定的除外。

第306条　通讯秘密权

1. 自然人享有通信、电报、电话、电信和其他通讯形式秘密的权利。信件、电报等是接收人的私有财产。

2. 信件、电报和其他通讯形式的使用包括发表,仅经发送人和接收人同意才可进行。

　通讯涉及其他自然人的私人生活的,其使用包括发表必须经该人同意。

3. 在发送通讯的自然人和接收人死亡的情形,仅经本法典第303条第4款规定的自然人同意,才可以使用包括发表通讯。

在发送通讯的自然人和接收人死亡,本法典第 303 条第 4 款规定的自然人也死亡的情形,对于具有科学、艺术、历史价值的通讯,可依照法律规定的程序发表。

4. 涉及自然人的通讯,仅在其中包含对解决案件具有意义的证据时,才可被归入诉讼案件。该通讯包含的信息不得披露。

5. 在法律规定的情形,为预防犯罪的目的,或者在进行刑事诉讼时以其他方式无法取得信息的,法院可以准许违反通讯秘密。

〔第 306 条第 5 款根据 2012 年 4 月 13 日第 4652-VI 号法律修改〕

第 307 条 进行拍摄照片、电影、电视、视频时自然人利益的保护

1. 仅经自然人同意,才可对其拍摄照片、电影、电视或者视频的,须经其同意。拍摄公开在街道、集会、会议、游行和采取其他公开性措施的活动中进行的,视为人同意对其拍摄照片、电影、电视或者视频。

2. 同意拍摄照片、电影、电视或者视频的自然人,可以要求终止公开展示涉及其私人生活的部分。与删剪样片或者记录有关的费用,由该自然人赔偿。

3. 只有在法律规定的情形,才可未经自然人同意,包括秘密地对其进行拍摄照片、电影、电视或者视频。

第 308 条 摄影和其他艺术作品所表现的自然人利益的保护

1. 仅经自然人同意,表现自然人的摄影和其他艺术作品才可以进行公开展示、复制、传播,在其死亡的情况,须经本法典第 303 条第 4 款规定的人的同意。

被表现在摄影和其他艺术作品中的自然人的同意,可以在其死后被本法典第 303 条第 4 款规定的人撤销。进行公开展示、复制或者传播摄影和其他艺术作品的人的费用,由前述人

等支付。

2. 自然人有偿为作者摆拍的,可以不经其同意而公开展示、复制或者传播摄影和其他艺术作品。

有偿为作者摆拍摄影和其他艺术作品的自然人,在其死后则是其子女、遗孀(鳏夫)、父母、兄弟姐妹,可以要求终止公开展示、复制或者传播摄影和其他艺术作品,但须向作者或者与损失有关的其他人作出赔偿。

3. 为保护照片所表现的自然人的利益或者其他人的利益,照片可以不经自然人准许而传播。

第309条 自由进行文学、艺术、科学和技术创造权

1. 自然人享有自由进行文学、艺术、科学和技术创造的权利。

2. 自然人有权自由选择创造的领域、内容和形式(方式、方法)。

不允许对创作过程和创作活动的结果进行审查。

第310条 居住地权

1. 自然人享有居住地权。

2. 自然人有权自由选择和变更居住地,但法律规定的情形除外。

第311条 住所不受侵犯权

1. 自然人的住所不受侵犯。

2. 进入自然人的住所或者其他不动产,在其中进行检查或者搜查,仅根据法院即时判决才可进行。

3. 在紧急情形,为救助他人生命和财产或者直接追捕犯罪嫌疑人,法律可以规定进入自然人住所或者其他不动产,在其中进行检查和搜查的特别程序。

4. 自然人不得被迁出或者以其他强制方式被剥夺住所,但法律规定的情形除外。

第312条 自由选择职业种类的权利

1. 自然人有权自由选择和变更职业种类。

2. 在法律规定的情形、依照法律规定的程序,自然人可以被禁止履行特定的工作或者从事特定的职务。

3. 禁止使用强制性劳动。

　　兵役或者替代役(非军事的),根据法院的刑事判决或者其他判决履行的工作或者劳役,以及根据关于战争和关于紧急状态的法律进行的工作或者劳役,不视为强制性劳动。

第313条　自由迁徙权

1. 自然人享有自由迁徙权。

2. 年满14岁的自然人,有权在乌克兰国土上自由、独立地迁徙,并选择居留地[①]。

　　未满14岁的自然人,经其父母(收养人)、监护人同意,并在其陪伴或者在其授权的人的陪伴下,有权在乌克兰国土内迁徙。

3. 作为乌克兰公民的自然人,有权不受阻碍地返回乌克兰。

　　年满16岁的自然人,有权自由、独立地离开乌克兰国界。

　　未满16岁的自然人,经父母(收养人)、监护人同意,并在其陪伴或者在其授权的人的陪伴下,有权离开乌克兰国界,但法律规定的情形除外。

　　{第313条第3款第3段根据2017年12月7日第2234-VIII号法律修改}

4. 仅在法律规定的情形,自然人才可被限制行使迁徙权。

5. 自然人不得从其选择的、法律未予禁止进入的居留地被

---

　　① 第313条第2款规定的居留地(місце перебування),不同于第310条的居住地(місце проживання)。前者强调自由迁徙过程中的停留,后者强调经常或者临时居住(参见第29条自然人的居住地)。

搬出 [①]。

6. 基于国家安全利益,保护社会秩序、人们的生命和健康的需要,法律可以规定进入特定领域的特别规则。

第314条 结社自由权

1. 自然人有权自由结合为政党和社会组织。

2. 自然人属于或者不属于政党或者社会组织,不得成为限制其权利、赋予其特权或者优待的根据。

第315条 和平集会权

1. 自然人有权自由参加和平的集会、大会、会议、节庆等。

2. 法院可以根据法律对和平集会权的实现作出限制。

[①] 第313条第5款使用"搬出"(відворена),对应从居留地被赶出;第311条第4款使用"迁出"(виселен),对应从住所被赶出。

第三卷

所有权和其他物权

第 I 编　所有权

第 23 章　所有权总则

第 316 条　所有权的概念

1. 人对物(财产)的权利是所有权,其根据自己的意志依法实现,不取决于其他人的意志。

2. 依法或者管理财产的合同产生的委托所有权,是所有权的特别种类。

　　〔第 316 条根据 2003 年 6 月 19 日第 980-IV 号法律修改〕

第 317 条　所有权的内容

1. 占有、使用和处分自己财产的权利属于所有权人。

2. 所有权人的居住地和财产所在地不影响所有权的内容。

第 318 条　所有权的主体

1. 乌克兰人民和本法典第 2 条规定的民事关系的其他参加者,是所有权的主体。

2. 所有权的所有主体,在法律面前一律平等。

第 319 条　所有权的行使

1. 所有权人根据自己的意志占有、使用、处分自己的财产。

2. 所有权人有权对自己的财产实施任何不违反法律的行为。

　　在行使自己权利和履行义务时,所有权人有义务遵守社会的道德基础。

3. 所有的所有权人被保障有平等的条件行使自己的权利。

4. 所有权负有义务。

5. 所有权人不得利用所有权损害公民的权利、自由和尊严,损害社会利益,恶化生态状况和土地的自然品质。

6. 国家不得干涉所有权人行使所有权。

7. 仅在法律规定的情形、依照法律规定的程序,所有权人的活动才可被限制或者终止,或者所有权人有义务准许其他人使用其财产。

8. 对文物行使所有权的特殊性,由法律规定。

〔第 319 条第 8 款根据 2010 年 9 月 9 日第 2518-VI 号法律修改〕

第 320 条　所有权人为进行经营活动使用自己的财产

1. 所有权人有权为进行经营活动使用自己的财产,但法律规定的情形除外。

2. 法律可以规定所有权人为进行经营活动使用自己的财产的条件。

第 321 条　所有权的不可违背性

1. 所有权是不可违背的。任何人都不得非法剥夺该权利或者限制其行使。

2. 仅在法律规定的情形、依照法律规定的程序,人才可以被剥夺所有权或者限制其行使。

3. 对所有权客体的强制出让,仅作为根据社会必要性理由的例外,基于法律规定、依照法律规定的程序适用,并且应当事先、全额赔偿其价值,但本法典第 353 条第 2 款规定的情形除外。

第 322 条　维系财产的负担

1. 所有权人有义务维系属于其的财产,但合同或者法律另有规定的除外。

第 323 条　财产意外毁坏、意外损坏的风险

1. 财产意外毁坏、意外损坏(破损)的风险由所有权人承担,但合同或者法律另有规定的除外。

第 324 条　乌克兰人民的所有权

1. 土地、地核、大气、水和处于乌克兰领土范围内的其他自然资源，乌克兰大陆架、专属（海洋）经济区的自然资源，是乌克兰人民的所有权客体。

2. 国家政权机关和地方自治机关在乌克兰宪法规定的范围内，以乌克兰人民的名义行使所有权。

3. 每一个公民都有权依法使用乌克兰人民的所有权的自然客体。

第 325 条　私人所有权

1. 自然人和法人是私人所有权的主体。

2. 自然人和法人可以成为任何财产的所有权人，但根据法律不得归属他们的特定种类的财产除外。

3. 自然人和法人所有的财产的构成、数量和价值，不受限制。

　　法律可以对自然人和法人所有的地块规模规定限制。

第 326 条　国家所有权

1. 归属乌克兰国家的财产包括资金，处于国家所有权之中。

2. 相应的国家政权机关以乌克兰国家的名义、为乌克兰国家的利益，行使所有权。

3. 对处于国家所有权之中的财产的管理由国家机关进行，在法律规定的情形，可以由其他主体进行。

　　〔第 326 条根据 2006 年 9 月 21 日第 185-V 号法律增补第 3 款〕

第 327 条　公共所有权

1. 归属区域共同体的财产包括资金，处于公共所有权之中。

2. 对处于公共所有权之中的财产的管理，由区域共同体和组建其的地方自治机关直接进行。

第24章 所有权的取得

第328条 所有权取得的根据

1. 所有权基于法律未予禁止的根据,包括基于法律行为取得。

2. 由法律没有直接得出其他结果,或者法院没有认定所有权取得具有违法性的,所有权被视为合法取得。

第329条 公法法人所有权的取得

1. 公法法人对移转其所有的财产和其基于法律没有禁止的根据取得所有的财产取得所有权。

第330条 善意取得人对无权处分人转让财产的所有权的取得

1. 财产被无权处分人转让的,善意取得人取得对该财产的所有权,但根据本法典第388条可以向其索取的财产除外。

〔第330条根据2003年11月18日第1255-IV号法律修改〕

第331条 对新造财产和未完成建设项目的所有权的取得

〔第331条名称根据2005年12月15日第3201-IV号法律修改〕

1. 制造(创造)新物的人取得其所有权,但合同或者法律另有规定的除外。

基于合同以自己的材料制造(创造)物的人,是该物的所有权人。

2. 对新造不动产(住房、建筑物、构筑物等)的所有权,自完成建设(财产的创造)时起产生。

合同或者法律规定将不动产用于经营的,所有权自其用于经营时产生。

对不动产的所有权根据法律应当进行国家登记的,所有权自国家登记时产生。

3. 在建设（财产创造）完成前,人被视为用于该建设（财产创造）过程的材料、设备等的所有权人。

在必要的情形,本款第 1 段所指的人,可以在依法对未完成建设项目进行所有权国家登记后,对其订立合同。

〔第 331 条第 3 款根据 2005 年 12 月 15 日法律增补第 2 段;根据 2010 年 2 月 11 日第 1878-VI 号法律修改;由 2018 年 1 月 18 日第 2269-VIII 号法律修订〕

〔第 331 条第 4 款基于 2005 年 12 月 15 日第 3201-IV 号法律删除〕

第 332 条 对加工物的所有权的取得

1. 使用一个物（材料）的结果创造出新物,是加工。

2. 擅自转让他人的物的人,不取得对新物的所有权,并且有义务向所有权人赔偿其材料的价值。

3. 人通过对不属于其的材料进行加工所创造的可移动物的所有权,由材料的所有权人根据其意愿取得,但合同或者法律另有规定的除外。

4. 加工和创造新物的价值实质超过材料的价值的,对新物的所有权由进行该加工的人根据其意愿取得。在此情形,进行加工的人有义务向材料的所有权人偿付精神损失。

5. 取得由其材料制成新物所有权的材料的所有权人,有义务向进行加工的人赔偿价值,但合同另有约定的除外。

第 333 条 公共的自然产物的采集

1. 采摘浆果、药性植物,捕鱼或者在森林、水体等中收取其他物的人,是其所有权人,该人应当根据法律、地方习惯或者相应地段所有权人的一般准许实施行为。

第 334 条　根据合同取得所有权的时间

1. 根据合同财产取得人的所有权自财产移转时产生,但合同或者法律另有规定的除外。

2. 对不必运达的转让财产,为将其发运、转运财产取得人的,将财产交付取得人或者承运人、邮政机构等即视为财产移转。

　　提单或者其他对财产的商品支配文件的交付,等同于财产移转。

3. 根据应经公证证明的合同项下财产的所有权,自该证明作出时或者自法院确认未经公证证明的合同有效的判决生效时产生。

4. 对应经国家登记的不动产的权利,自根据法律该登记作出时产生。

　　〔第 334 条第 4 款由 2010 年 2 月 11 日第 1878-VI 号法律修订〕

第 335 条　对无主物所有权的取得

1. 没有所有权人或者所有权人下落不明的物,是无主物。

2. 依无主不可移动的物所在地的地方自治机关申请,进行不动产国家登记的机关对其进行登记。进行无主不可移动的物的登记,应当在纸质大众传媒作出声明。

　　自无主不可移动的物作出登记之日起满一年的,依被授权管理相应区域共同体财产的机关的申请,根据法院的判决,其可以移转为公共所有权。

3. 无主可移动物可以根据取得时效取得所有权,但本法典第 336、338、341 和 343 条规定的情形除外。

第 336 条　被所有权人放弃的可移动物所有权的取得

1. 所有权人放弃可移动物的(本法典第 347 条),占有该物的人自占有时起取得对该物的所有权。

第337条　拾得物

1. 捡拾遗失物的人,有义务立即将此情况通知遗失物品的人或者物的所有权人,并将拾得物返还该人。

   在房屋或者交通工具中捡拾遗失物的人,有义务将其移转给代表该房屋或者交通工具占有人的人。接受移转拾得物的人,取得捡拾遗失物的人的权利和义务。

2. 有权请求返还遗失物的人或者其所在地不明的,拾捡遗失物的人有义务向国民警察或者地方自治机关报告关于拾得物的情况。

3. 捡拾遗失物的人,有权自己保管或者提交国民警察、地方自治机关保管,或者将拾得物移转他们指示的人。

   易腐败的物或者保管物的费用与物的价值相比高出正常比例的,可以由捡拾物的人出售,取得证明收入款项的书面证据。出售捡拾物取得的金钱款项,应当返还有权请求返还的人。

4. 捡拾遗失物的人,仅在其故意或者重大过失的情形,才在遗失物价值的范围内对其遗失、毁坏或者损坏负责。

   〔第337条根据2015年12月23日第901-VIII号法律修改〕

第338条　对遗失物所有权的取得

1. 在以下情形,捡拾遗失物的人自向国民警察或者地方自治机关报告关于拾得物的情况时起满六个月的,取得对遗失物的所有权:

   (1)无法确定所有权人或者有权请求返还遗失物的其他人的;

   (2)所有权人或者有权请求返还遗失物的人,不向捡拾物的人、国民警察或者地方自治机关申请自己对物的权利的。

2. 捡拾遗失物的人向地方自治机关作出放弃对其取得所有权的书面申请的,该物移转区域共同体所有。

3. 拾得的交通工具应当移转国民警察保管,并在纸质大众传媒上作出声明。

自公布该声明之日起满六个月的,有权请求返还交通工具的人没有发现或者其没有申请自己对交通工具的权利的,国民警察有权将其出售,收入款项记入银行的专门账户。在三年内交通工具的前所有权人没有请求向其移转收款数额的,该款项移转在区域内发现交通工具的区域共同体所有。

〔第 338 条根据 2015 年 12 月 23 日第 901-VIII 号法律修改〕

第 339 条　捡拾遗失物的人获取报酬和请求赔偿与拾得物有关的费用的权利

1. 捡拾遗失物的人,有权请求接受返还的人或者取得对遗失物所有权的人,赔偿与拾得物有关的必要费用(保存、寻找所有权人、出售物等)。

2. 捡拾遗失物的人,有权请求其所有权人(物主)为拾得物支付最高为物的价值 20% 的报酬。

3. 所有权人(物主)公开允诺为拾得物支付报酬的,在公开允诺的条件成就时,应当支付报酬。

4. 捡拾遗失物的人没有报告关于拾得物的情况或者实施试图隐匿拾得物的,不产生取得报酬的权利。

第 340 条　无人照管的家养动物

1. 扣留无人照管的家养动物的人,有义务立即将此情况通知所有权人,并将其返还。无人照管的家养动物的所有权人或者其所在地不明的,扣留无人照管的家养动物的人有义务在三天的期限内将其情况报告地方自治机关,采取措施寻找所有权人。

{第 340 条第 1 款根据 2015 年 12 月 23 日第 901-VIII 号法律修改}

2. 扣留无人照管的家养动物的人,可以在寻找所有权人时将动物留在自己身边喂养并且使用,或者移转给可以保障喂养并且遵守兽医学规则照料动物的其他人,或者将其移转给地方自治机关。

{第 340 条第 2 款根据 2015 年 12 月 23 日第 901-VIII 号法律修改}

3. 扣留无人照管的家养动物的人,仅在其故意或者重大过失的情形,才在动物价值的范围内对其死亡或者伤害负责。

第 341 条　对无人照管的家养动物的所有权的取得

1. 自报告关于扣留无人照管的家养动物或者大型有角牲畜的情况时起六个月的期限内,报告其他家养动物的情况时起两个月的期限内,没有发现其所有权人或者其不主张自己对动物的权利的,该动物的所有权移转给喂养并且使用这些动物的人。

2. 喂养并且使用无人照管的家养动物的人放弃取得对其所有权的,该动物移转给在区域内发现动物的区域共同体所有。

第 342 条　喂养无人照管的家养动物的费用赔偿和报酬支付

1. 在向所有权人返还无人照管的家养动物的情形,扣留动物的人、喂养和使用动物的人有权请求赔偿与喂养动物有关的费用,但应考虑使用动物取得的收益。

2. 扣留无人照管的家养动物的人,有权根据本法典第 339 条请求赔偿。

第 343 条　对埋藏物所有权的取得

1. 埋入地下或者以其他方式隐藏的金钱、外汇、其他贵重物品，其所有权人下落不明或者根据法律失去对其所有权的，是埋藏物。

2. 发现埋藏物的人，取得对其的所有权。

   埋藏物隐藏在所有权属于其他人的财产中的，发现埋藏物的人与隐藏埋藏物的财产的所有权人取得对其同等份额的按份共有所有权。

3. 在未经财产所有权人同意而进行发掘或者寻找贵重物品的人发现埋藏物的情形，对埋藏物的所有权由该财产的所有权人取得。

4. 在发现根据法律构成文物价值的埋藏物的情形，对其的所有权由国家取得。

   〔第 343 条第 4 款第 1 段根据 2010 年 9 月 9 日第 2518-VI 号法律修改〕

   发现该埋藏物的人，立即向国民警察或者地方自治机关报告关于埋藏物的情况，并且将其移转给相应的国家机关或者地方自治机关的，有权获取来自国家的最高额为埋藏物发现时其价值 20% 的报酬。

   构成文物价值的埋藏物在属于其他人的财产中被发现的，该人以及发现埋藏物的人各有权获得最高额为其价值 10% 的报酬。

   〔第 343 条第 4 款第 3 段根据 2010 年 9 月 9 日第 2518-VI 号法律修改〕

5. 本条的规定不适用于根据劳动或者合同义务进行发掘、寻找时发现埋藏物的人。

   〔第 343 条根据 2015 年 12 月 23 日第 901-VIII 号法律修改〕

第 344 条 取得时效

1. 善意占有他人财产的人,持续公开、不间断地占有不可移动财产十年,或者占有可移动财产五年的,取得对该财产的所有权(取得时效),但本法典另有规定的除外。

   根据取得时效取得对地块所有权的取得,由法律调整。

   应当进行国家登记的不可移动财产的所有权,自国家登记时起根据取得时效产生。

2. 主张取得时效的人,可以将其作为继承人(权利承受人)占有该财产的所有时间,合并记入自己占有的时间。

3. 人基于与财产所有权人的合同占有财产,合同期限届满后,该所有权人没有提出关于其应当返还的请求的,自诉讼时效届满时起经过 15 年,该人取得对不可移动财产的所有权,经过五年,该人取得对可移动财产的所有权。

   占有人不是根据自己意志失去财产,在一年期限内返还财产或者在该期限内提起追索之诉的情形,不中断取得时效。

4. 根据取得时效对不可移动财产、交通工具、有价证券的所有权,根据法院判决取得。

第 345 条 在国家财产和处于公共所有权的财产私有化的情形下所有权的取得

1. 在国家财产和处于公共所有权的财产私有化的情形,自然人或者法人可以取得所有权。

   在私有化的过程中,因取得国有(公共)企业统一的财产综合体,应当向购买人移转其所有的权利和义务。

   〔第 345 条第 1 款根据 2018 年 1 月 18 日第 2269-VIII 号法律增补第 2 段〕

2. 私有化依照法律规定的程序进行。

第 25 章 所有权的终止

第 346 条 所有权终止的根据

1. 在以下情形,所有权终止:

(1)所有权人出让自己的财产;

(2)所有权人放弃所有权;

(3)根据法律不得归属于该人的财产的所有权的终止;

(4)财产灭失;

(5)文化遗产纪念物的赎买;

〔第 346 条第 1 款第 5 项根据 2010 年 9 月 9 日第 2518-VI 号法律修改〕

(6)依法根据社会必要性的理由,对私人所有的地块、安置其上的不可移动财产的其他项目的强制出让;

〔第 346 条第 1 款第 6 项由 2009 年 11 月 17 日第 1559-VI 号法律修订〕

〔第 346 条第 1 款第 7 项基于 2009 年 11 月 17 日第 1559-VI 号法律删除〕

(8)因所有权人的债务对财产进行追索;

(9)征收;

(10)没收;

(11)法人终止或者所有权人死亡。

2. 所有权可以在法律规定的其他情形终止。

第 347 条 所有权的放弃

1. 人通过声明或者实施其他证明其放弃所有权的行为,可以放弃对财产的所有权。

2. 在放弃对财产的所有权的情形,该财产不属于应当进行国家登记的,对财产的所有权自实施证明放弃行为时起终止。

3. 在放弃财产的所有权的情形,该财产属于应当进行国家登记的,对财产的所有权自所有权人向国家登记簿申请相应记载时终止。

第 348 条　对不得归属于该人的财产的所有权的终止

1. 基于法律没有禁止的根据,人取得对财产的所有权,该财产根据后来通过的法律不得归属于该人的,所有权人应当在法律规定的期限内出让该财产。

　　所有权人没有在法律规定的期限内出让财产的,基于相关国家政权机关的申请,根据法院判决并考虑其性质和用途,该财产应当被强制出卖。在财产强制出卖的情形,应当向原所有权人移转所得款项,但应扣除与财产出让有关的费用。

　　财产未能出卖的,根据法院判决其应当移转国家所有。在此情形,应当向原所有权人支付法院判决所确定的款项。

2. 基于法律没有禁止的根据,人取得对财产的所有权,该财产的取得根据后来通过的法律要求特别批准,该人被拒绝授予批准的,该财产应当依照本条第 1 款规定的程序出让。

第 349 条　因财产灭失的所有权终止

1. 在财产灭失的情形,对财产的所有权终止。

2. 在财产灭失的情形,对财产的权利应当进行国家登记的,对该财产的所有权自根据所有权人申请对国家登记簿作出变更时起终止。

第 350 条　因社会需要对私人所有的地块、安置其上的不可移动财产的其他项目的赎买或者根据社会必要性的理由对其强制出让

　　因社会需要对私人所有的地块、安置其上的不可移动财产的其他项目的赎买或者根据社会必要性的理由对其强制出让,依照法律规定的程序进行。

〔第 350 条由 2009 年 11 月 17 日第 1559-VI 号法律修订〕

第 351 条　因社会需要赎买或者根据社会必要性的理由强制出让地块,对安置其上的不可移动财产的所有权的终止

1. 在因社会需要赎买或者根据社会必要性的理由依法院判决在强制出让地块的情形,经所有权人同意,对安置其上的住房、其他建筑物、构筑物、多年生的种植物的所有权可以终止,但必须对其价值进行事先和全额的赔偿。

2. 其所有权应当终止的人,有权请求向其提供相关地方自治机关或者执行机关权限所及领域内的其他地块,该地块的价值在确定赎买价格时应当予以考虑。

3. 在根据社会必要性的理由应当强制出让的地块的所有权人,是安置其上的住房、其他建筑物、构筑物、多年生的种植物的所有权人的情形,关于根据社会必要性的理由强制出让地块的请求应当与关于终止对该项目的所有权的请求一并审理。

4. 在根据社会必要性的理由应当强制出让的地块的所有权人,不是安置其上的住房、其他建筑物、构筑物、多年生的种植物的所有权人的情形,关于出让的问题应当与每个所有权人分别审理。

5. 在法院关于根据社会必要性的理由强制出让地块的判决生效前,所有权人有权依自己的意志支配安置在地块上的住房、其他建筑物、构筑物和多年生的种植物。

6. 地块的所有权人在为其他人的利益出让地块的情形,有义务预先通知该人关于执行机关或者地方自治机关因社会需要赎买该地块、安置其上的不可移动财产的其他项目的决定,并在十天的期限内告知作出该决定的机关关于为其他的利益出让该地块的情况。因社会需要赎买地块的决定,对地块的新所有权人保持效力。

〔第 351 条由 2009 年 11 月 17 日第 1559-VI 号法律修订〕

第 352 条 文化遗产纪念物的赎买

〔第 352 条名称根据 2010 年 9 月 9 日第 2518-VI 号法律修改〕

1. 因文化遗产纪念物的所有权人的行为或者不作为使其有损坏或者毁坏危险的,相关的文化遗产保护机关应当对纪念物的所有权人作出警示。

〔第 352 条第 1 款根据 2010 年 9 月 9 日第 2518-VI 号法律修改〕

2. 文化遗产纪念物的所有权人不采取保护措施,包括不可能为其创造必要条件的,根据相关的文化遗产保护机关的诉,法院可以作出关于赎买纪念物的判决。

〔第 352 条第 2 款根据 2010 年 9 月 9 日第 2518-VI 号法律修改〕

3. 在保障文化遗产纪念物完整性的紧急必要情形,可以不经警示提起关于赎买纪念物的诉。

4. 被赎买的文化遗产纪念物应当移转国家所有。

5. 文化遗产纪念物的赎买价格根据当事人的协议确定,在有争议的情形由法院确定。

〔第 352 条文本根据 2010 年 9 月 9 日第 2518-VI 号法律修改〕

第 353 条 征收

1. 在自然灾害、事故、流行病、动物流行病和其他紧急情势的情形,为社会必要性的目的,基于法律规定的根据、依照法律规定的程序,财产可以从所有权人处强制出让,但应对其价值进行事先和全额的赔偿(征收)。

2. 在战争或者紧急状态的条件下,财产可以从所有权人处强制出让,对其价值进行事后的全额赔偿。

3. 被征收的财产应当移转国家所有,或者被销毁。

4. 对赔偿给前所有权人的被征收财产价值的评估,可以向法院申诉。

5. 在财产征收的情形,其前所有权人可以请求向其提供其他可能的财产作为交换。

6. 紧急情势终止后,被征收的财产得以保留的,该财产曾经所属的人有权依诉讼程序请求返还。

〔第 353 条第 6 款第 1 段根据 2012 年 5 月 17 日第 4765-VI 号法律修改〕

在财产返还给该人的情形,其恢复对该财产的所有权,同时其有义务返还其因征收所取得的金钱或者物,但应扣除使用该财产的合理支出。

第 354 条　没收

1. 作为在法律规定的情形对实施违法行为的制裁,根据法院判决,可以对人适用剥夺其对财产的所有权(没收)。

被没收的财产应当无偿地移转国家所有。

2. 财产没收的范围和程序,由法律规定。

第 26 章　共同所有权

第 355 条　共同所有权的概念和种类

1. 两人或者多人(共有人)所有的财产,基于共同所有权(共同财产)归属于他们。

2. 财产可以基于按份共有或者共同共有归属于人。

3. 共同所有权基于法律没有禁止的根据产生。

4. 合同或者法律没有规定对财产的共同共有的,共有被视为按份共有。

第356条　按份共有权

1. 两人或者多人以他们在所有权中的特定份额所享有的所有权,是按份共有。

2. 按份共有的主体可以是自然人、法人、国家和区域共同体。

第357条　按份共有权中份额的确定

1. 按份共有权中的份额是同等的,但共有人的协议或者法律另有规定的除外。

2. 共有人的协议或者法律没有规定按份共有权中份额的数额的,考虑每个共有人对财产取得(制造、构筑)所做贡献予以确定。

3. 对于改善不可分割的财产的,共有人有权在共同所有权中对自己的份额进行相应的增加,但需根据全体共有人的协议以其自己的资金进行,并遵守使用共有财产的规定程序。

4. 住房、其他建筑物、构筑物的共有人,可以不取得其他共有人同意,依照法律规定的程序,自己付费进行增建(附建),但不得侵害其他共有人的权利。该增建(附建)属于作出建设的共有人所有,但不变更共有人在按份共有权中份额的数额。

5. 可以分割的财产的改善,属于作出改善的共有人所有,但共有人的协议另有规定的除外。

第358条　按份共有权的行使

1. 按份共有权由共有人根据其协议行使。

2. 共有人可以就其按份共有财产的占有和使用程序达成协议。

3. 每个共有人都有权占有和使用共同财产原物的一部分,该部分应与按份共有权中其份额相对应。在无法实现的情形,其有权请求占有和使用共有财产的其他共有人作出相应的物质赔偿。

4. 共有人关于依按份共有权中其份额而占有和使用共同财产的合同经过公证证明的,该合同对于后来取得对该财产按份共有权的人具有强制性。

第359条　使用按份共有财产的自然孳息、产品和法定孳息

1. 使用按份共有财产的自然孳息、产品和法定孳息,是共同财产的组成部分,并依其在按份共有权中的份额在共有人之间分配,但共有人之间的协议另有规定的除外。

第360条　按份共有财产的维系

1. 依其在按份共有权中的份额,共有人有义务支付管理、维系和保存共同财产的费用,缴纳税、费(强制支付),以及对与共同财产有关的债务向第三人承担责任。

第361条　共有人支配按份共有权中自己份额的权利

1. 共有人有权独立支配按份共有权中自己的份额。

第362条　按份共有权中份额的优先购买权

1. 在出卖按份共有权中份额的情形,共有人相对于其他人有根据公布的出卖价格并且在其他同等条件下的优先购买权,但公开拍卖的情形除外。

2. 按份共有权中份额的出卖人,有义务书面通知其他共有人关于出卖自己份额的意图,指明价格和出卖的其他条件。

　　其他共有人放弃行使优先购买权,或者自其收到通知之

日起一个月内对不可移动财产不行使该权利、十日内对可移动财产不行使该权利的,出卖人有权将自己的份额出卖给其他人。

3. 若干共有人均有取得按份共有权中份额的意愿的,出卖人有权选择买受人。

4. 在出卖按份共有权中份额侵害优先购买权的情形,共有人可以向法院提起关于将买受人的权利和义务移转给其本人的诉。同时原告有义务向法院的提存账户存入根据合同买受人应当缴付的资金。

   对该请求适用一年的诉讼时效。

5. 不允许共有人将按份共有权中份额的优先购买权移转给其他人。

第 363 条 根据合同按份共有权中份额移转给取得者的时刻

1. 根据合同按份共有权中份额,自订立合同时起移转给取得者,但当事人的协议另有规定的除外。

2. 根据应当进行公证证明和(或)国家登记的合同,按份共有权中份额根据本法典第 334 条移转给取得者。

第 364 条 按份共有财产份额的分出

1. 共有人有权从按份共有财产中分出原物份额。

2. 根据法律不允许或者不可能(本法典第 183 条第 2 款)从共有财产中分出原物份额的,希望分出的共有人有权从其他共有人处取得对其份额价值的金钱或者其他物质赔偿。

   仅经共有人同意才可向其提供赔偿。

   取得该赔偿的共有人对按份共有权中份额的权利,自其取得之日起终止。

   〔第 362 条第 2 款根据 2010 年 2 月 11 日第 1878-VI 号法律

增补第 3 段〕

3. 在共有人为实施分出的共有人从共有财产中分出原物份额的
情形,对该财产的按份共有权终止。该人取得对分出财产的
所有权,在法律规定的情形,该权利应当进行国家登记。

〔第 364 条根据 2010 年 2 月 11 日第 1878-VI 号法律增补新
的款〕

4. 关于从不可移动的共同财产中分出原物份额的合同,应当以
书面形式订立,并经过公证证明。

第 365 条　根据其他共有人的请求对共有财产中份额的权利的终止

1. 在以下情形,人对共有财产中份额的权利,可以基于其他共有
人的诉、根据法院判决终止:

（1）份额微小并且无法分出原物的;

（2）物是不可分的;

（3）财产不可能共同占有和使用的;

（4）该终止不会致使共有人和其家庭成员利益的实质损害。

2. 原告将该份额的价值预先存入法院提存账户的,法院应当作
出关于终止人对共同财产中份额的权利的判决。

第 366 条　按份共有财产中份额的追索

1. 按份共有财产共有人的债权人,在他的其他可以追索的财产
不足的情形,可以为追索共有财产中的份额而提起关于从共
有财产原物中分出份额的诉。

从共有财产中分出原物份额具有变更其用途的后果,或者
其他共有人表示反对的,争议由法院解决。

2. 在从共有财产中无法分出原物份额,或者其他共有人对该分
出表示反对的情形,债权人有权请求债务人出卖按份共有权

中自己的份额，并以所得款项清偿债务。

在债务人拒绝出卖按份共有权中自己的份额，或者其他共有人拒绝取得债务人的份额的情形，债权人有权请求拍卖该份额，或者在进行相应折抵后向其移转共有人—债务人的权利和义务。

第 367 条　按份共有财产的分割

1. 按份共有财产可以根据共有人之间的协议，在共有人之间原物分割。

2. 在共有人之间分割财产的情形，对该财产的按份共有权终止。

3. 关于分割按份共有的不可移动财产的合同，应当以书面形式订立，并经公证证明。

第 368 条　共同共有权

1. 两人或者多人共同所有，每个人在所有权中没有确定的份额的，是共同共有。

2. 共同共有权的主体可以是自然人、法人以及国家、区域共同体，但法律另有规定的除外。

3. 夫妻在婚姻期间取得的财产为其共同共有，但合同或者法律另有规定的除外。

4. 因共同劳动并且以家庭成员共同资金取得的财产为其共同共有，但以书面形式订立的合同另有规定的除外。

第 369 条　共同共有权的行使

1. 共同共有财产的共有人共同占有和使用该财产，但其之间的协议另有规定的除外。

2. 对共同共有财产的支配，根据所有共有人的协议进行，但法律另有规定的除外。

〔第 369 条第 2 款第 1 段根据 2015 年 5 月 14 日第 417-VIII

号法律修改}

　　在共有人中的一人对共有财产的支配实施法律行为的情形,视为其根据所有共有人的协议实施该行为,但法律另有规定的除外。

　　〔第369条第2款第1段根据2015年5月14日第417-VIII号法律修改}

　　共有人协议对共有财产的支配实施应经公证证明和(或)国家登记的法律行为的,该协议应以书面形式表示并经公证证明。

3. 共有人有权授权他们中的一人对共有财产的支配实施法律行为。

4. 由共有人中的一人实施的支配共有财产的法律行为,在实施法律行为的共有人欠缺必要权限的情形,根据其他共有人的诉可以被法院认定为无效。

第370条　共同共有财产中份额的分出

1. 共有人有权从共同共有财产中分出原物份额,但法律规定的情形除外。

　　〔第370条第1款根据2015年5月14日第417-VIII号法律修改}

2. 在从共同共有财产中分出份额的情形,视为每个共有人的份额在共同共有权中是均等的,但他们之间的协议、法律或者法院判决另有规定的除外。

3. 从共同共有财产中分出份额,依照本法典第364条规定的程序进行。

第371条　共同共有财产中份额的追索

1. 共同共有财产共有人的债权人,在他的其他可以追索的财产不足时,可以为追索共有财产中的份额而提起关于从共有财产原物中分出份额的诉,但法律规定的情形除外。

  〔第 371 条第 1 款根据 2015 年 5 月 14 日第 417-VIII 号法律修改〕

2. 为追索共有财产中的份额而从共同共有财产中分出份额,依照本法典第 366 条规定的程序进行。

第 372 条　共同共有财产的分割

1. 共同共有财产可以根据共有人之间的协议,在共有人之间分割,但法律规定的情形除外。

  〔第 372 条第 1 款根据 2015 年 5 月 14 日第 417-VIII 号法律修改〕

2. 在分割共同共有财产的情形,视为共有人的份额在共同共有权中是均等的,但其之间的协议或者法律另有规定的除外。

  根据法院判决,考虑具有实质意义的情势,共有人的份额可以增加或者减少。

3. 在共有人之间分割财产的情形,对该财产的共同共有权终止。

4. 关于分割共同共有的不可移动财产的合同,应当以书面形式订立,并经公证证明。

第 27 章　对土地(地块)的所有权

第 373 条　作为所有权客体的土地(地块)

1. 土地是基本的国民财富,受到国家的特别保护。

2. 对土地的所有权受乌克兰宪法的保障。

  对土地(地块)的所有权,根据法律取得和行使。

3. 对地块的所有权遍及该地块界限内的表层(土壤),位于其上的水体、森林、多年生的种植物,以及位于地块表面之上和之下、其高度和深度足以修建居住性、生产性和其他建筑物和构筑物的空间。

4. 地块的所有权人有权根据其整体用途,依自己意志使用地块。

5. 地块的所有权人有权依自己意志使用处于该地块之上和之下的一切,但法律另有规定并且其侵害其他人权利的除外。

第374条　对土地(地块)的所有权主体

1. 自然人、法人、国家、区域共同体是对土地(地块)的所有权主体。

2. 外国人、无国籍人可以根据法律取得对土地(地块)的所有权。

3. 在法律规定的情形,外国法人、外国国家和国际组织可以成为对土地(地块)的所有权主体。

4. 对土地(地块)的所有权主体的权利和义务,由法律规定。

第375条　所有权人对地块的建造权

1. 地块的所有权人有权在其上建构建筑物和构筑物,建造封闭的水池,进行重建,以及由其他人在自己地块上进行建设。

2. 地块的所有权人取得对其建构的建筑物、构筑物和其他不可移动财产的所有权。

3. 所有权人的建造权,应当由其在遵守建筑、建设、卫生、生态和其他规范和规则,以及在根据地块整体用途使用地块的条件下行使。

4. 所有权人在其地块上擅自建造的法律后果,由本法典第376条规定。

第376条　擅自建设

1. 在没有为此目的划拨的地块上已经建成或者正在建设的住房、建筑物、构筑物、其他不可移动财产,或者没有赋予完成建

设工作权利的相应文件或经过正当批准的方案,或者违反建
设规范和规则进行的,被视为擅自建设。

〔第 376 条第 1 款根据 2011 年 12 月 22 日第 4220-VI 号法律
修改〕

2. 已经进行或者正在进行不可移动财产擅自建设的人,不取得
对其的所有权。

3. 对擅自建设的不可移动财产的所有权,在依照规定的程序将
地块提供给已经建成不可移动财产的人的条件下,可以根据
法院判决认定给在没有为此目的划拨的地块上进行擅自建设
的人。

4. 地块的所有权人(使用人)对将不可移动财产的所有权认定给
自其地块上已经(正在)进行擅自建设的人表示反对,并且该
认定侵害其他人权利的,财产应当有已经(正在)进行擅自建
设的人拆毁,或者由其付费拆毁。

5. 根据地块所有权人(使用人)的请求,法院可以认定其对在其
地块上擅自建设的不可移动财产的所有权,但不得侵害其他
人的权利。

6. 不可移动财产的所有权被认定给安置其上的地块的所有权人
(使用人)的,进行擅自建设的人有权获得建设费用的赔偿。

7. 在实质偏离建设方案的情形,违反社会利益或者侵害其他人
权利,实质违反建设规范和规则的,法院根据相关国家政权机
关或者地方自治机关的诉,可以判决强制已经(正在)进行建
设的人进行相应的重建。

不可能进行该重建或者已经(正在)建设的人拒绝重建的,
该不可移动财产根据法院判决应当拆毁,由已经(正在)建设
的人付费。已经(正在)进行擅自建设的人,有义务赔偿与将

地块恢复原状有关的费用。

第 377 条 在取得安置在地块上的住房、建筑物或者构筑物所有权的情形对地块的权利

1. 取得对住房(多个住宅的房屋除外)、建筑物或者构筑物所有权的人,所在地块的所有权和使用权向其移转,在为原土地所有权人(土地使用人)规定的范围和条件之内,不得改变其整体用途。

2. 与住房、建筑物或者构筑物所有权移转有关的,其权利发生移转的地块的规模和登记号,是规定取得这些客体(多个住宅的房屋和国家所有、应通过私有化出卖的客体除外)所有权的合同的实质条件。

〔第 377 条第 2 款根据 2018 年 1 月 18 日第 2269-VIII 号法律修改

第 377 条由 2009 年 11 月 5 日第 1702-VI 号法律修订〕

第 378 条 对地块所有权的终止

1. 在法律规定的情形,对地块的所有权可以根据法院判决终止。

第 28 章 对住所的所有权

第 379 条 住所的概念

1. 用于并且适于经常或者临时居住的住房、住宅、其他居室,是自然人的住所。

〔第 379 条根据 2014 年 9 月 2 日第 1673-VII 号法律修改〕

第 380 条 作为所有权客体的住房

1. 遵守法律、其他规范性法律文件规定的要求,用于在其中经常居住的基本类型的建筑物,是住房。

第381条 作为所有权客体的宅园

1. 地块连同安置其上住房、生活用的建筑物、地上和地下管线、多年生的种植物,是宅园。

2. 在出让住房的情形,视为出让所有宅园,但合同或者法律另有规定的除外。

第382条 作为所有权客体的住宅

1. 在一幢住房中用于并且适于在其中经常居住的独立的居室,是住宅。

2. 在多个住宅的房屋中的住宅和非居住处所的全体所有权人,是对多个住宅的房屋的共同财产享有共同共有权的共有人。共同使用(包括辅助性)的处所,房屋的承重性、防护性和承重防护性构件,房屋内部或者外部服务于一个以上居住或者非居住处所的机械、电力、卫生和其他设备,以及用于满足多个住宅的房屋的全体所有权人的需要、位于房屋附近区域的建筑物和构筑物,以及在对权利进行国家登记的情形,对安置多个住宅的房屋和其房屋附近区域的地块的权利,是多个住宅的房屋的共同财产。

〔第382条第2款由2015年5月14日第417-VIII号法律修订〕

第383条 住房、住宅的所有权人的权利

1. 住房、住宅的所有权人有权为本人居住、自己家庭的成员和其他人居住的目的使用居所,但无权为工业生产的目的使用居所。

2. 住宅的所有权人可以依自己的意志,可以在提供给他的、为统一而完整的目的而使用的住宅中进行维修和改变,但该改变不得侵害在多住宅的住房中其他住宅和非居住处所的所有权人的权利,不得违反房屋利用的卫生要求和规则。

〔第 383 条第 2 款根据 2015 年 5 月 14 日第 417-VIII 号法律修改〕

第 384 条　住房建设(住房)合作社和其成员对合作社房屋中住宅的权利

1. 住房建设(住房)合作社建造或者取得的房屋,为其所有。

2. 住房建设(住房)合作社的成员有权占有和使用其在合作社房屋中占用的住宅,根据合作社的合同则有权支配该住宅,但其赎买该住宅的除外。

3. 在住宅赎买的情形,住房建设(住房)合作社的成员成为住宅的所有权人。

第 385 条　多个住宅的房屋的所有权人联合会

1. 在多个住宅的房屋(多个房屋)中住宅和非居住处所的所有权人,为保障利用该房屋(多个房屋),使用住宅和非居住处所,管理、维系和使用多个住宅的房屋(多个房屋)的共同财产,可以组建多个住宅的房屋(多个房屋)的所有权人联合会。

该联合会是法人,根据法律和章程组建并实施行为。

2. 住宅、住房的所有权人联合会是法人,根据章程和法律组建并实施行为。

〔第 385 条由 2015 年 5 月 14 日第 417-VIII 号法律修订〕

第 29 章　所有权的保护

第 386 条　所有权保护的原则

1. 国家保障对所有权的所有主体的权利的平等保护。

2. 有根据认为其他人可能侵害自己所有权的所有权人,可以向法院请求禁止其实施可能侵害自己权利的行为,或者请求实施特定的行为防止该侵害。

3. 权利受到侵害的所有权人,有权要求赔偿其受到的财产和精
神损害。

第 387 条 所有权人要求返还他人非法占有的财产的权利

1. 所有权人有权要求非法、没有相应法律根据占有财产的人返
还自己的财产。

第 388 条 所有权人要求善意取得人返还财产的权利

1. 根据有偿合同从无权出让财产的人处取得财产,取得人对此
不知道或者不可能知道的(善意取得人),所有权人仅在以下
情形有权要求返还该财产:

(1)所有权人或者所有权人将财产移转给其占有的人遗失财产的;

(2)从所有权人或者所有权人将财产移转给其占有的人处偷
窃财产的;

(3)以意志以外的其他方式从所有权人或者所有权人将财产
移转给其占有的人处脱离占有的。

2. 财产依照法院判决执行程序出卖的,不得要求善意取得人
返还。

3. 从无权出让财产的人处无偿取得财产的,所有权人有权在所
有情形要求善意取得人返还财产。

第 389 条 要求返还金钱和有价证券

1. 金钱以及以证书形式存在的无记名有价证券,不得要求善意
取得人返还。

〔第 389 条根据 2012 年 7 月 6 日第 5178-VI 号法律修改〕

第 390 条 要求返还他人非法占有财产时的结算

1. 财产的所有权人有权要求知道或者应当知道其非法占有财产
的人(非善意取得人),移转所有其在占有财产的全部期间取

得或者应当取得的来自财产的收益。

2. 财产的所有权人有权要求善意取得人移转其自其知道或者应当知道非法占有财产时起,或者自其收到根据所有权人关于返还财产之诉的法院传票时起,其所取得或者应当取得的来自财产的所有收益。

3. 善意或者非善意取得人(占有人)有权要求财产的所有权人赔偿自返还财产或者移转收益的权利归属所有权人时起,维系、保管财产的必要费用。

4. 善意取得人(占有人)对财产所作的改善可以独立于财产并且不导致财产受损的,其有权为自己保留该改善。改善不可独立于财产的,善意取得人(占有人)有权要求赔偿相当于财产价值增加数额的费用。

第 391 条　保护所有权免受与剥夺占有无关的侵害

1. 财产的所有权人在其行使对自己财产的使用和支配权中的障碍,有权要求消除。

第 392 条　所有权的确认

1. 所有权发生争议或者不被其他人认可,以及在其遗失证明其所有权的文件的情形,财产的所有权人可以提起关于确认其所有权的诉。

第 393 条　确认侵害所有权的法律文件违法

1. 国家政权机关、克里米亚自治共和国机关或者地方自治机关的法律文件,不符合法律并且侵害所有权人的权利的,根据财产所有权人的诉,应当由法院确认违法并且予以撤销。

2. 由于国家政权机关、克里米亚自治共和国机关或者地方自治机关法律文件的颁布,其权利受到侵害的财产所有权人,有权要求恢复该文件颁布前存在的状态。在不可能恢复之前状态的情形,所有权人有权要求赔偿财产和精神损失。

第394条　地块、住房、其他建筑物的所有权人所受的与降低其价值有关的损害的赔偿

1. 因致使区域的生态和噪音防护水平降低、土地自然性能恶化的活动,地块、住房、其他建筑物的所有权人,有权要求与降低这些客体价值有关的赔偿。

第 II 编　对他人财产的物权

第 30 章　关于对他人财产的物权的总则

第 395 条　对他人财产的物权的种类

1. 对他人财产的物权有：

（1）占有权；

（2）使用权（役权）；

（3）为农业需要对地块的使用权（永佃权）；

（4）地块建造权（地上权）。

2. 法律可以规定其他对他人财产的物权。

第 396 条　对他人财产的物权的保护

1. 享有对他人财产的物权的人，有权根据本法典第 29 章的规定，保护该权利包括免受财产所有权人的侵害。

第 31 章　占有他人财产的权利

第 397 条　占有他人财产的权利的主体

1. 实际持有他人财产的人，是他人财产的占有人。

2. 占有他人财产的权利，可以同时属于两人或者更多人。

3. 财产的实际占有视为合法，但法律另有规定或者法院另有判决的除外。

第 398 条　占有权的产生

1. 占有权基于与所有权人或者接受所有权人移转财产的人的合同，以及基于法律规定的其他根据产生。

第 399 条　占有权的终止

1. 在以下情形，占有权终止：

（1）占有人放弃财产的占有；

（2）财产的所有权人或者其他人要求返还财产；

（3）财产灭失。

2. 在法律规定的其他情形，占有权也可以终止。

第400条　非善意占有人立即返还财产给对其有所有权或者其他权利的人或者善意占有人的义务

1. 非善意占有人有义务将财产立即返还给对其有所有权，或者根据法律或合同有其他权利的人，或者该财产的善意占有人。在非善意占有人不履行该义务的情形，利害关系人有权提起关于返还该财产的诉。

第32章　使用他人财产的权利

第401条　使用他人财产的概念

1. 使用他人财产的权利（役权），可以对地块、其他自然资源（地役权）设立，或者为满足以其他方式无法满足的其他人的需要，对其他不可移动财产设立。

2. 役权可以归属于联合地块的所有权人（占有人），以及具体的特定的人（人役权）。

第402条　役权的设立

1. 役权可以合同、法律、遗嘱或者法院判决设立。

2. 地役权可以合同方式，在需要设立地役权的人与地块的所有权人（占有人）之间设立。

地役权应当依照对不可移动财产权进行国家登记的程序，进行国家登记。

{第402条第2款第2段根据2013年7月4日第402-Ⅶ号

法律修改 }

3. 在关于役权设立和其条件没有达成协议的情形,争议由法院根据需要设立役权的人的诉予以解决。

第 403 条　役权的内容

1. 役权确定人使用他人财产的权利的范围。

2. 役权可以设立为有确定期限的或者无确定期限的。

3. 享用役权的人,有义务为使用财产支付费用,但合同、法律、遗嘱或者法院判决另有规定的除外。

4. 役权不应出让。

5. 役权不剥夺被设立役权的财产的所有权人占有、使用和支配该财产的权利。

6. 在被设立役权的财产的所有权移转给其他人的情形,役权保有效力。

7. 享用役权的人致使地块或者其他不可移动财产的所有权人(占有人)损失的,应当基于一般的根据赔偿。

第 404 条　使用他人地块或者其他不可移动财产的权利

1. 使用他人地块或者其他不可移动财产的权利,由通过、通行他人地块,铺设、利用输电、通讯和管道管线,保障供水、土壤改良等可能性组成。

2. 人有权要求相邻地块的所有权人(占有人),在必要的情形要求其他地块的所有权人(占有人)提供地役权。

3. 使用他人财产的权利,可以对其他不可移动财产(建筑物、构筑物等)设立。

第 405 条　住所所有权人的家庭成员使用该住所的权利

1. 与住所所有权人共同居住的家庭成员,有权根据法律使用该住宅。

他们有权占用的居室,由其所有权人确定。

2. 在无正当理由离开超过一年的情形,住所所有权人的家庭成员丧失使用该住所的权利,但其与住所所有权人之间的合同或者法律另有规定的除外。

第406条　役权的终止

1. 在以下情形,役权终止:

　　(1)为其利益设立役权的人与被设立役权的财产所有权人结合为一人的;

　　(2)为其利益设立役权的人放弃役权的;

　　(3)役权的设立期限届满的;

　　(4)设立役权所根据的情势终止的;

　　(5)连续三年没有使用役权的;

　　(6)为其利益设立役权的人死亡的。

2. 在具备有实质意义的情势时,役权可依财产所有权人的申请,根据法院判决终止。

3. 役权妨碍地块根据其整体用途使用的,地块的所有权人有权请求终止役权。

4. 在法律规定的其他情形,役权可以终止。

第33章　为农业需要对他人地块的使用权

第407条　为农业需要对他人地块的使用权的产生根据

1. 对他人地块的使用权,由地块所有权人与表示为农业需要使用该地块意愿的人(以下称土地使用人)之间的合同规定。

2. 为农业需要对他人土地的使用权(永佃权)可以依照继承程序出让和移转,但本条第3款规定的情形除外。

〔第 407 条第 2 款根据 2008 年 9 月 16 日第 509-VI 号法律修改〕

3. 为农业需要对国家或者公共所有地块的使用权,土地使用人不得将其出让给其他人、列入法定基金、设定财产担保。

〔第 407 条根据 2008 年 9 月 16 日第 509-VI 号法律增补第 3 款〕

第 408 条 关于赋予为农业需要对他人地块的使用权的合同期限

1. 关于赋予为农业需要对他人地块的使用权的合同期限由合同规定,而使用国家或者公共所有地块的期限不超过 50 年。

〔第 408 条第 1 款根据 2008 年 9 月 16 日第 509-VI 号法律修改〕

2. 关于赋予为农业需要对他人地块的使用权的合同订立为无确定期限的,当事人一方在不少于一年的期间事先告知另一方当事人的,可以解除该合同。

第 409 条 赋予为农业需要使用的地块所有权人的权利和义务

1. 地块所有权人有权要求土地使用人根据合同规定的用途使用土地。

2. 地块所有权人有权获取使用地块的费用。费用的数额,支付费用的形式、条件、程序和期限,由合同规定。

3. 地块所有权人有义务不妨碍土地使用人行使其权利。

第 410 条 土地使用人的权利和义务

1. 土地使用人有权在根据合同充分地使用地块。

2. 土地使用人有义务为使用地块而支付费用和法律规定的其他款项。

3. 土地使用人有义务根据其专门用途有效地使用地块,提高其肥沃性,使用自然保护性的生产技术,不实施导致生态状况恶化的行为。

第 411 条　土地使用人对地块使用权的出让

1. 土地使用人有权出让为农业需要对地块的使用权,但法律另有规定的除外。

2. 在出卖对地块的使用权的情形,该地块的所有权人,在其他同等条件下,相对其他人有权优先根据出卖报价取得使用权。

3. 土地使用人有义务书面通知地块的所有权人关于出卖地块使用权的情况。在一个月的期限内所有权人没有寄出对购买的书面同意的,对地块的使用权可以出卖给其他人。

4. 在侵害优先购买权的情形,发生本法典第 362 条规定的后果。

5. 在土地使用人将因农业需要对地块的使用权出卖给其他人的情形,地块的所有权人有权获取合同规定的出卖价格(权利价值)的比例。

第 412 条　为农业需要对地块的使用权的终止

1. 为农业需要对地块的使用权在以下情形终止:

（1）地块的所有权人与土地使用人结合为一人的;

（2）赋予使用权的期限届满的;

（3）基于社会必要性对地块的赎买。

2. 为农业需要对地块的使用权可以在法律规定的其他情形,根据法院判决终止。

第 34 章　为建造目的对他人地块的使用权

第 413 条　为建造目的对他人地块的使用权的产生根据

1. 地块的所有权人有权将其提供给其他人,为建造工业、日常生活、社会文化、居住和其他构筑物和建筑物的目的使用(地上权）。

2. 为建造目的对地块的使用权，可以由土地使用人依照继承程序出让或者移转，但本条第 3 款规定的情形除外。

3. 为建造目的对国家或者公共所有地块的使用权不得由土地使用人出让给其他人（对该地块上安置的建筑物和构筑物所有权移转的情形除外）、列入法定基金、设定财产担保。

4. 为建造目的对他人地块的使用权可以规定为有确定期限或者无确定期限的，但本条第 5 款规定的情形除外。

5. 为建造目的对国家或者公共所有地块的使用期限不得超过50 年。

〔第 413 条由 2008 年 9 月 16 日第 509-VI 号法律修订〕

第 414 条　为建造目的提供地块的所有权人的权利和义务

1. 为建造目的提供地块的所有权人，有权获取使用地块的费用。

在地块上建造工业项目的，合同可以规定地块所有权人获取土地使用人收益的份额。

2. 地块的所有权人有权根据与土地使用人的合同规定的范围占有、使用地块。

对地块的所有权移转给其他人的，不影响建筑物（构筑物）的所有权人对地块的使用。

第 415 条　土地使用人的权利和义务

1. 土地使用人有权在合同规定的范围使用地块。

2. 土地使用人对在移转给其为建造目的的地块上的建筑物（构筑物）享有所有权。

3. 接受移转对建筑物（构筑物）的所有权的人，在与建筑物（构筑物）原所有权人相同的条件和范围内，取得对地块的使用权。

4. 土地使用人有义务为使用提供给其为建造目的的地块支付费

用,以及法律规定的其他款项。

5. 土地使用人有义务根据其专门用途使用地块。

第416条　为建造目的对地块使用权的终止

1. 为建造目的对地块的使用权在以下情形中止:

(1)地块的所有权人与土地使用人结合为一人的;

(2)使用权的期限届满的;

(3)土地使用人放弃使用权的;

(4)连续三年内没有为建造目的使用地块的。

2. 为建造目的对地块的使用权可以在法律规定的其他情形,根据法院判决终止。

第417条　对地块使用权终止的法律后果

1. 在对其上建造建筑物(构筑物)的地块使用权终止的情形,地块的所有权人和该建筑物(构筑物)的所有权人确定该终止的法律后果。

在他们之间没有达成协议的情形,地块的所有权人有权要求建筑物(构筑物)的所有权人将其拆除,并将地块恢复至提供给其使用前的状态。

2. 安置于地块上的建筑物(构筑物)的拆除为法律所禁止(住房、文化遗产纪念物等),或者因建筑物(构筑物)的价值明显超出地块价值导致拆除是不合理的,法院可以考虑对地块使用权的终止根据,作出关于建筑物(构筑物)的所有权人赎买安置其建筑物(构筑物)的地块的判决,或者关于地块的所有权人赎买建筑物(构筑物)的判决,或者确定建筑物(构筑物)的所有权人在新的期限使用地块的条件。

〔第417条第2款根据2010年9月9日第2518-Ⅵ号法律修改〕

第四卷

智力所有权 ①

---

① 智力所有权(право інтелектуальної власності)亦可译为知识产权。本译本考虑到在汉语中智力与知识、所有权与产权存在区别,同时尊重本法典的逻辑和历史源流,将其直译为智力所有权。

第35章　关于智力所有权的总则

第418条　智力所有权的概念

1. 智力所有权,是指人对智力、创造活动的成果,或者对本法典和其他法律确定的智力财产权的其他客体的权利。

2. 智力所有权由人身非财产智力所有权和(或)财产智力所有权组成,其对智力所有权特定客体的内容,由本法典和其他法律确定。

3. 智力所有权是不可动摇的。任何人不得剥夺智力所有权或者限制其行使,但法律规定的情形除外。

第419条　智力所有权与所有权的相互关系

1. 智力所有权与对物的所有权互不依赖。

2. 对智力所有权客体的权利的移转,不意味着对物的所有权的移转。

3. 对物的所有权的移转,不意味着对智力所有权客体的权利的移转。

第420条　智力所有权的客体

1. 智力所有权的客体包括:

文学和艺术作品;

计算机程序;

数据汇编(数据库);

演出;

录音制品、录像制品、广播组织的广播(节目);

科学发现;

发明、实用新型、工业外观设计;

集成电路布图设计(拓扑图);

合理化建议;

植物品种、动物物种;

商号(厂商名称)、商标(商品和服务标记)、地理标志;

商业秘密。

第421条　智力所有权的主体

1.智力所有权的主体包括:智力所有权客体的创造者(们)(作者、表演者、发明者等),和根据本法典、其他法律或者合同人身非财产和(或)财产智力所有权所归属的其他人。

第422条　智力所有权产生(取得)的根据

1.智力所有权基于本法典、其他法律或者合同规定的根据产生(取得)。

第423条　人身非财产智力所有权

1.人身非财产智力所有权包括:

(1)确认某人为智力所有权客体的创造者(作者、表演者、发明者等)的权利;

(2)阻止任何侵犯智力所有权的权利,阻止损害智力所有权客体创造者名誉或者尊严的权利;

(3)法律规定的其他人身非财产智力所有权。

2.人身非财产智力所有权属于智力所有权客体的创造者。在法律规定的情形,人身非财产智力财产权可以归属其他人。

3.人身非财产智力所有权独立于财产智力所有权。

4.除非法律有例外规定,人身非财产智力所有权不得出让(移转)。

第424条　财产智力所有权

1.财产智力所有权包括:

（1）使用智力所有权客体的权利；

（2）准许使用智力所有权客体的专属权利；

（3）阻止非法使用智力所有权客体的专属权利，包括禁止该
使用；

（4）法律规定的其他财产智力所有权。

2. 法律可以规定对财产智力所有权的例外和限制，但该限制和
例外不得对于财产智力所有权的正常实现和该权利主体法律
利益的实现产生实质障碍。

3. 财产智力所有权可以根据法律成为法人法定资本的出资、财
产担保合同和其他债务的对象，以及在其他民事关系中使用。

第 425 条　智力所有权的有效期限

1. 人身非财产智力所有权是现行有效、没有期限的，但法律另有
规定的除外。

2. 财产智力所有权在本法典、其他法律或者合同规定期限内
有效。

3. 在本法典、其他法律或者合同规定的情形，财产智力所有权可
以提前终止。

第 426 条　智力所有权客体的使用

1. 智力所有权客体的使用方式，由本法典和其他法律确定。

2. 对智力所有权客体的准许使用享有专属权利的人，可以依本
人意志使用该客体，但同时需维持其他人的权利。

3. 其他人对智力所有权客体的使用，须取得对智力所有权客体
的准许使用享有专属权利的人的准许，但本法典和其他法律
规定的无须该准许即可合法使用的情形除外。

4. 作出准许（发出许可）使用智力所有权客体的条件，可以由
许可合同确定，该合同的订立应当遵守本法典和其他法律的

要求。

第 427 条 财产智力所有权的移转

1. 财产智力所有权可以根据法律,全部或者部分移转给其他人。

2. 财产智力所有权的移转条件可以由合同确定,该合同应当根据本法典和其他法律订立。

第 428 条 归属于若干人的智力所有权的行使

1. 归属于若干人共同所有的智力所有权,可以根据他们之间的合同行使。在没有该合同的情形,归属于若干人的智力所有权应当共同行使。

第 429 条 对因履行劳动合同创造的客体的智力所有权

1. 对因履行劳动合同创造的客体的人身非财产智力所有权,归属于创造该客体的工作人员。在法律规定的情形,对该客体的部分人身非财产智力所有权,可以归属于工作人员工作所在的法人或者自然人。

2. 对因履行劳动合同创造的客体的财产智力所有权,共同归属于创造该客体的工作人员和其工作所在的法人或者自然人,但是合同另有规定的除外。

3. 对因履行劳动合同创造的客体的财产智力所有权行使的特殊性,可以由法律规定。

第 430 条 对根据定作创造的客体的智力所有权

1. 对根据定作创造的客体的人身非财产智力所有权,归属于该客体的创造者。在法律规定的情形,对该客体的部分人身非财产智力所有权可以归属于定作人。

2. 对根据定作创造的客体的财产智力所有权,共同归属于该客体的创造者和定作人,但合同另有规定的除外。

第 431 条 侵害智力所有权的后果

1. 侵害智力所有权,包括不承认该权利或者侵犯该权利的,应当承担本法典、其他法律或者合同规定的责任。

第432条　法院对智力所有权的保护

1. 每个人都有权根据本法典第16条诉请法院保护自己的智力所有权。

2. 在法律规定的情形、依照法律规定的程序,法院可以作出以下判决:

（1）关于适用紧急措施防止侵害智力所有权,并且保全相应的证据;

（2）关于乌克兰海关暂停放行进口或者出口皆侵害智力所有权的商品;

（3）关于从民事流转中没收制作或者投入民事流转皆侵害智力所有权的商品,并且销毁该商品;

（4）关于从民事流转中没收主要用于制作侵害智力所有权的商品的材料和工具,并且销毁这些材料和工具;

（5）关于适用一次性的金钱追索,替代因非法适用智力财产权客体而赔偿损失。追索的金额根据法律确定,同时应考虑人的过错和具有实质意义的其他情势。

（6）关于在大众传媒刊登关于侵害智力所有权的讯息和对该侵害的法院判决的内容。

〔第432条根据2007年5月31日第1111-V号法律修改〕

第36章 对文学、艺术和其他作品的
智力所有权(作者权)

第433条 作者权的客体

1. 作者权[①]的客体是作品,即:

(1)文学和艺术作品,包括:

小说、诗歌、文章和其他书面作品;

讲课、演讲、讲道和其他口头作品;

戏剧、音乐—戏剧作品,哑剧、舞蹈、其他舞台作品;

音乐作品(有文本或者无文本的);

视听作品;

写生、建筑、雕塑和素描作品;

摄影作品;

工艺美术作品;

涉及地理学、地形学、建筑学或者科学的插图、地图、平面图、草图和塑形作品;

文学或者艺术作品的翻译、改写、改编和其他加工;

因选取或者编排其组成部分,成为智力活动成果的作品的汇编;

(2)计算机程序;

---

① 作者权(авторське право),也可译为著作权。关于著作权、作者权和版权概念的使用,世界范围的立法并不统一。本译本将其译为作者权,主要出于以下考虑:一是尊重原文,进行直译;二是概念的选择反映法律传统和方法理念,大陆法学国家通常使用作者权概念,如droit d'auteur, derecho de autor, авторское право;三是依照智力所有权编的逻辑,权利是权利主体对权利客体的支配,作者权是作者对文学、艺术和其他作品的支配,因此译为作者权更符合本法典的立法逻辑。

（3）因选取或者编排其组成部分,成为智力活动成果的数据汇编（数据库）；

（4）其他作品。

2. 作品成为作者权的客体,无需履行任何对作品的手续,并且与其完整性、用途、价值等,以及其表达方式或者形式无关。

3. 作者权不适用于思想、程序、活动方法或者数学概念本身。

4. 计算机程序作为文学作品受到保护。

5. 数据汇编（数据库）或者其他材料本身受到保护。该保护不适用于数据或者材料本身,并且不得侵害对构成汇编的数据或者材料的作者权。

第434条　不是作者权客体的作品

1. 以下各项不是作者权的客体：

（1）国家政权机关和地方自治机关的文件（法律、命令、决议、决定等）,及其官方翻译文本；

（2）乌克兰的国家标志、纸币、国家政权机关批准的徽章等；

（3）关于对当日新闻或者具有日常信息传播性质的其他事实的报道；

（4）法律规定的其他作品。

第435条　作者权的主体

1. 作品的作者是作者权的首要主体。在没有证据时,以通常方式指示的、作为作品原件或者副本上的作者的自然人,视为作品的其他作者（作者的推定）。

2. 根据合同或者法律取得对作品权利的其他自然人和法人,也是作者权的主体。

第436条　共同创作

1. 对共同创作作品的作者权,共同归属于共同创作者,不论该作品是否构成一个不可分的整体或者是否由具有独立意义的部分所组成。共同创作的作品的部分可以独立于该作品其他部分而使用的,其被视为具有独立意义。

2. 共同创作者中的任何一人,都有权对其创作的具有独立意义的作品的部分保有自己的作者权。

3. 共同创作者之间的相互关系,可以由合同确定。在没有该合同的情形,对作品的作者权由所有共同创作者共同行使。

第437条　作者权的产生

1. 作者权自作品创作时起产生。

2. 为告示自己的权利,享有作者权的人可以使用法律规定的专门标记。

第438条　人身非财产作者权

1. 本法典第423条规定的人身非财产权以及下列权利,归属于作品的作者:

（1）因使用作品要求指明自己姓名的权利,而该指明是实际可行的;

（2）因使用作品禁止指明自己姓名的权利;

（3）因使用作品选择笔名的权利;

（4）作品不受侵犯权。

第439条　作品不受侵犯权的保障

1. 作者有权制止对作品的任何歪曲、篡改或者其他修改,或者任何贬损作者名誉和尊严的对作品的其他侵犯,以及未经作者同意的以插图、前言、后记、注释等方式对作品内容的添附。

2. 在作者死亡的情形,作品的不受侵犯权由作者曾经授权的人保有。没有该授权时,作品的不受侵犯权由作者的继承人以及其他利害关系人保有。

第 440 条　对作品的财产智力所有权

1. 以下权利是对作品的财产智力所有权：

（1）对作品的使用权；

（2）准许使用作品的专属权利；

（3）阻止非法使用作品的权利，包括禁止使用；

（4）法律规定的其他财产智力所有权。

2. 财产智力所有权归属于其作者，但合同或者法律另有规定的除外。

第 441 条　作品的使用

1. 以下行为是作品的使用：

（1）发表（问世）；

（2）以任何方式和任何形式的复制；

（3）翻译；

（4）整理、改写、改编和其他类似的修改；

（5）将组成部分列入汇编、数据库、选集、百科全书等；

（6）公开表演；

（7）出卖、出租（租赁）等；

（8）进口作品的副本，其翻译、修改本的副本等。

2. 法律规定的其他行为也是作品的使用。

第 442 条　作品的发表（问世）

1. 作品以任何方式告知不确定范围的人，包括出版、公开表演、公开展示、通过广播或者电视传播、在公共电子信息系统中展现的，视为发表（问世）。

2. 作品侵害对个人和家庭生活秘密的人权，损害社会秩序、健康和居民道德的，不得发表。

3. 未经作者同意，任何人无权发表作品，但本法典和其他法律规定的情形除外。

4. 在作者死亡的情形,其权利承受人有权发表作品,但不得违背作者意志。

第 443 条　经作者同意对作品的使用

1. 仅经作者同意才可使用作品,但本法典和其他法律规定的、未经该同意合法使用作品的情形除外。

第 444 条　未经作者同意合法使用作品的情形

1. 在以下情形,作品可以自由地、不经作者和其他人同意并且免费被任何人使用:

（1）在遵守惯例、指出借用来源和在该来源中的作者姓名、符合所提目的范围的条件下,为教学的目的,作为从合法的、已经发表的作品中的引用,或者作为出版物、广播和电视节目、录音制品、录像制品中的例证;

（2）为再现的目的,在符合该目的的范围内,在诉讼和仲裁程序中使用;

（3）在法律规定的其他情形;

2. 利用作品的人,有义务指明作品作者的姓名和借用来源。

第 445 条　作者因使用其作品获取报酬的权利

1. 作者享有因使用其作品获取报酬的权利,但本法典和其他法律另有规定的除外。

第 446 条　对作品的财产智力所有权的有效期限

1. 对作品的财产智力所有权的有效期限经过 70 年届满,自作者或者共同创作者中在世比其他共同创作者长久的最后一人死亡年份的下一年 1 月 1 日起计算。

第 447 条　对作品的财产智力所有权的有效期限终结的法律后果

1. 对作品的财产智力所有权的有效期限终结后,其可由任何人自由并且免费地使用,但法律另有规定的除外。

第448条　作者获取出卖作品原件所得部分款项的权利

1. 作者对自己出让原件后的艺术作品原件或者文学作品原稿的每件出卖款项的5%,享有不可剥夺的获取权。

2. 本条第1款规定权利可以移转给作品作者的继承人和该继承人的继承人,并且在本法典第446条规定的对作品的财产智力所有权有限期届满前有效。

第37章　对表演、录音制品、录像制品和广播组织的广播(节目)的智力所有权(邻接权)

第449条　邻接权的客体

1. 以下各项是邻接权的客体,对其无需履行任何手续,并且与其用途、内容、价值等及其表现方式或者形式无关:[①]

　　a)[①]表演;

　　б)录音制品;

　　в)录像制品;

　　г)广播组织的广播(节目)。

第450条　邻接权的主体

1. 表演者、录音制品制作者、录像制品制作者、广播组织是邻接权的首要主体。在没有证据时,在录音制品、录像制品及其副本或者包装上,以及在广播组织广播时所指示的姓名(名称)的人,视为其他表演者、录音制品和录像制品制作者、广播组织的广播(节目)。

[①]　第449条第1款之下的4项,立法使用了a、б、в、г的字母序号。

2.根据合同或者法律取得邻接权的其他人,也是邻接权的主体。

第451条　邻接权的产生

1.对表演的智力所有权自其首次实施表演时产生。

2.对录音或者录像制品的智力所有权自其制作时产生。

3.对广播组织的广播(节目)的智力所有权自其实施广播时产生。

4.为告示自己的权利,享有邻接权的人可以使用法律规定的专门标记。

第452条　对邻接权客体的财产智力所有权

1.以下权利是对邻接权客体的财产智力所有权:

（1）对邻接权客体的使用权;

（2）准许使用邻接权客体的专属权利;

（3）阻止非法使用邻接权客体的权利,包括禁止使用;

（4）法律规定的其他财产智力所有权。

2.对邻接权客体的财产智力所有权属于表演者、录音制品制作者、录像制品制作者或者广播组织,但合同或者法律另有规定的除外。

第453条　表演的使用

1.以下行为是表演的使用:

（1）在表演时使表演为公众所知道;

（2）在表演时录制(记录),该录制借助技术手段为表演的感知、复制和广播提供可能的;

（3）直接或者间接,以任何方式、任何形式对表演的录制品进行复制;

（4）表演的录制品原件或者副本的出卖和其他出让;

（5）表演的录制品原件或者副本的租赁;

（6）以通讯手段保障向任何人在其选定的地点和时间向其提
　　供已录制的表演。

2. 法律规定的其他行为也是表演的使用。

第454条　录音制品、录像制品的使用

1. 以下行为是录音制品、录像制品的使用：

（1）直接或者间接，以任何方式、任何形式对录音制品、录像
　　制品进行复制；

（2）录音制品、录像制品原件或者副本的出卖和其他出让；

（3）录音制品、录像制品原件或者副本的租赁；

（4）以通讯手段保障向任何人在其选定的地点和时间向其提
　　供录音制品、录像制品。

2. 法律规定的其他行为也是录音制品、录像制品的使用。

第455条　广播组织广播（节目）的使用

1. 以下行为是广播组织广播（节目）的使用：

（1）广播组织广播（节目）的广播（转播、重播）；

（2）广播组织广播（节目）的录制，该录制借助技术手段为广
　　播（节目）的感知、复制和广播提供可能；

（3）广播组织广播（节目）录制品的复制；

（4）在付费进入的地点向公众提供广播组织广播（节目）。

2. 法律规定的其他行为也是广播组织广播（节目）的使用。

第456条　邻接财产权的有效期限

1. 对表演的财产智力所有权的有效期限经过50年届满，自表演
　 的第一次录制年份的下一年1月1日起计算，没有该录制的，
　 自进行表演年份的下一年1月1日起计算。

2. 对录音制品、录像制品的财产智力所有权的有效期限经过50
　 年届满，自其出版年份的下一年1月1日起计算，没有该出版

的,自其制作年份的下一年1月1日起经过50年届满。

3. 对广播组织广播(节目)的财产智力所有权的有效期限经过50年届满,自其第一次广播年份的下一年1月1日期计算。

4. 在特定的情形,法律可以规定邻接权有效的其他期限。

第38章　对科学发现的智力所有权

第457条　科学发现的概念

1. 对先前所未知但却客观存在的,可以根本改变科学认识水平的关于物质世界规律性、性质和现象的确立,是科学发现。

第458条　对科学发现的权利

1. 科学发现的作者有权将自己的姓名或者专门名称赋予科学发现。

2. 对科学发现的权利由证书证明,并且依照法律规定的程序保存。

第39章　对发明、实用新型、工业外观设计的智力所有权

第459条　为取得智力所有权的发明的适格性

1. 根据法律,发明是新的、具有发明水平并且适于工业使用的,视为适于取得对发明的智力所有权 [①]。

2. 产品(设备、材料等)或者在任何领域的工艺流程,可以是发明的客体。

---

① 对发明、实用新型、工业外观设计的智力所有权,学理通常以专利权概括。

3. 法律可以规定不适于根据本条取得对发明的智力所有权的产品和流程。

第460条　为取得智力所有权的实用新型的适格性

1. 根据法律,实用新型是新的并且适于工业使用的,视为适于取得对实用新型的智力所有权。

2. 产品(设备、材料等)或者在任何领域的工艺流程,可以是实用新型的客体。

3. 法律可以规定不适于根据本条取得对实用新型的智力所有权的产品和流程。

第461条　为取得智力所有权的工业外观设计的适格性

1. 根据法律,工业外观设计是新的,视为适于取得对工业品外观设计的智力所有权。

2. 确定工业品外观的外形、图画、颜色或者它们的组合,是工业外观设计的客体。

第462条　取得对发明、实用新型、工业外观设计的智力所有权的证明

1. 取得对发明、实用新型、工业外观设计的智力所有权,由专利证书证明。

2. 法律保护的范围,由发明、实用新型的公式,工业外观设计的实质性符号的总和确定。

3. 专利证书授予的条件和程序,由法律规定。

第463条　对发明、实用新型、工业外观设计的智力所有权的主体

1. 对发明、实用新型、工业外观设计的智力所有权的主体包括:

（1）发明人,工业外观设计的作者;

（2）根据合同或者法律取得对发明、实用新型、工业外观设计的智力所有权的其他人。

第 464 条　对发明、实用新型、工业外观设计的财产智力所有权

1. 对发明、实用新型、工业外观设计的财产智力所有权包括：

   （1）使用发明、实用新型、工业外观设计的权利；

   （2）准许使用发明、实用新型、工业外观设计的专属权利（授予许可）；

   （3）阻止非法使用发明、实用新型、工业外观设计的专属权利，包括禁止使用；

   （4）法律规定的其他财产智力所有权。

2. 对发明、实用新型、工业外观设计的财产智力所有权，归属于相应专利的持有人，但合同或者法律另有规定的除外。

第 465 条　对发明、实用新型、工业外观设计的财产智力所有权的有效期限

1. 在依法维持权利效力的情形，对发明、实用新型、工业外观设计的财产智力所有权，自其国家登记之日的下一日起生效。

2. 法律可以规定在根据本条第 1 款生效之前，对发明、实用新型、工业外观设计的财产智力所有权的临时生效条件。

3. 对发明的专属财产智力所有权的有效期限经过 20 年届满，自依照法律规定的程序提交专利申请之日起计算。发明的使用要求专门试验和正式准许的，可以依照法律规定的程序延长该期限。

4. 对实用新型的专属财产智力所有权的有效期限经过 10 年届满，自依照法律规定的程序提交实用新型申请之日起计算。

5. 对工业外观设计的专属财产智力所有权的有效期限经过 15 年届满，自依照法律规定的程序提交工业外观设计申请之日起计算。

第 466 条　对发明、实用新型、工业外观设计的财产智力所有权效

力的提前终止

1. 根据其所归属的人的申请,对发明、实用新型、工业外观设计的财产智力所有权的效力可以提前终止,但不得违反合同的条件以及法律规定的其他情形。

第 467 条 对发明、实用新型、工业外观设计的专属财产智力所有权效力终止的法律后果

1. 在对发明、实用新型、工业外观设计的专属财产智力所有权效力终止的情形,该客体可以由任何人自由并且无偿使用,但法律另有规定的例外。

2. 因对发明、实用新型、工业外观设计的专属财产智力所有权效力提前终止,给接受准许使用该客体的人造成损失的,该损失应当由作出前述准许的人赔偿,但合同或者法律另有规定的除外。

第 468 条 对发明、实用新型、工业外观设计的专属财产智力所有权提前终止的效力的恢复

1. 对发明、实用新型、工业外观设计的专属财产智力所有权提前终止的效力,可以依照法律规定的程序,根据在其终止时该权利所归属的人的申请予以恢复。

第 469 条 确认对发明、实用新型、工业外观设计的智力所有权无效

1. 对发明、实用新型、工业外观设计的智力所有权,可以根据法律规定的根据、依照法律规定的程序确认无效。

第 470 条 先用人对发明、实用新型、工业外观设计的权利

1. 在提交发明、实用新型、工业外观设计申请日之前,或者对已经申请了优先权,在申请优先权日之前,为自己业务的利益在乌克兰善意使用发明、实用新型、工业外观设计,或者为该使用进行了相当并且认真准备的人,有权无偿继续该使用或者以上述准备为前提的使用(先用人的权利)。

2. 先用人的权利只可与使用发明、实用新型、工业外观设计或者为该使用进行相当并且认真准备的企业或商业实践,或者该企业或商业实践的一部分,一并移交或者移转给其他人。

第40章　对集成电路布图设计的智力所有权

第471条　为取得智力所有权的集成电路布图设计的适格性

1. 集成电路布图设计是独创的,视为适于取得对集成电路布图设计的智力所有权。

第472条　取得对集成电路布图设计的智力所有权的证明

1. 取得对集成电路布图设计的智力所有权,由证书证明。

2. 集成电路布图设计法律保护的范围,由物质载体上该布图设计的描述确定。

3. 授予证书的条件和程序,由法律规定。

第473条　对集成电路布图设计的智力所有权的主体

1. 对集成电路布图设计的智力所有权的主体包括:

   (1)集成电路局布图设计的作者;

   (2)根据合同或者法律取得对集成电路布图设计的权利的其他人。

第474条　对集成电路布图设计的财产智力所有权

1. 对集成电路布图设计的财产智力所有权包括:

   (1)使用集成电路布图设计的权利;

   (2)准许使用集成电路布图设计的专属权;

   (3)阻止非法使用集成电路布图设计的专属权,包括禁止使用；

（4）法律规定的其他财产智力所有权。

2. 对集成电路布图设计的财产智力所有权，归属于相应证书的持有人，但法律或者合同另有规定的除外。

第475条　对集成电路布图设计的财产智力所有权的有效期限

1. 在依法维持权利效力的情形，对集成电路布图设计的财产智力所有权，自其国家登记之日的下一日起生效。

2. 对集成电路布图设计的专属财产智力所有权的有效期限经过十年届满，自依照法律规定的程序提交集成电路布图设计申请之日起计算。

第476条　对集成电路局布图设计的财产智力所有权效力的提前终止

1. 根据其所归属的人的申请，对集成电路布图设计的财产智力所有权的效力可以提前终止，但不得违反合同的条件以及法律规定的其他情形。

第477条　对集成电路布图设计的专属财产智力所有权效力终止的法律后果

1. 在对集成电路布图设计的专属财产智力所有权效力终止的情形，其可以由任何人自由并且无偿使用，但法律另有规定的例外。

2. 因对集成电路布图设计的专属财产智力所有权效力提前终止，给接受准许使用的人造成损失的，该损失应当由作出前述准许的人赔偿，但合同或者法律另有规定的除外。

第478条　对集成电路布图设计的专属财产智力所有权提前终止的效力的恢复

1. 对集成电路布图设计的专属财产智力所有权提前终止的效力，可以依照法律规定的程序，根据在其终止时该权利所归属的人的申请予以恢复。

第 479 条　确认对集成电路布图设计的智力所有权无效

1. 对集成电路布图设计的智力所有权,可以根据法律规定的根据、依照法律规定的程序确认无效。

第 480 条　先用人对集成电路布图设计的权利

1. 在提交集成电路布图设计申请日之前,或者对已经申请了优先权,在申请优先权日之前,为自己业务的利益在乌克兰善意使用集成电路布图设计,或者为该使用进行了相当并且认真准备的人,有权无偿继续该使用或者以上述准备为前提的使用(先用人的权利)。

2. 先用人的权利只可与使用集成电路布图设计或者为该使用进行相当并且认真准备的企业或商业实践,或者该企业或商业实践的一部分,一并移交或者移转给其他人。

第 41 章　对合理化建议的智力所有权

第 481 条　合理化建议的概念和客体

1. 由法人确认,包含在其义务的任何领域的工艺(技术)或者组织解决方案的建议,是合理化建议。

2. 合理化建议的客体可以使物质化的客体或者流程。

第 482 条　合理化建议的法律保护范围

1. 合理化建议的法律保护范围,由所提交的说明书以及图纸确定。

第 483 条　对合理化建议的智力所有权的主体

1. 合理化建议的作者和接受该建议的法人,是对合理化建议的智力所有权的主体。

第484条 对合理化建议的智力所有权主体的权利

1. 合理化建议的作者,有权获得接受该建议的法人的勤勉奖励。

2. 确认合理化建议的法人,有权在任何范围使用该建议。

第42章 对植物品种、动物物种的 智力所有权

第485条 对植物品种、动物物种的智力所有权的种类

1. 对植物品种、动物物种的智力所有权由以下权利组成:

（1）经国家登记证明的对植物品种、动物物种的人身非财产 智力所有权;

（2）经专利证明的对植物品种、动物物种的财产智力所有权;

（3）经国家登记证明的对植物品种、动物物种的财产智力所 有权。

第486条 对植物品种、动物物种的智力所有权的主体

1. 对植物品种、动物物种的智力所有权的主体包括:

（1）植物品种、动物物种的作者;

（2）根据合同或者法律取得对植物品种、动物物种的财产智 力所有权的其他人。

第487条 经专利证明的对植物品种、动物物种的财产智力所 有权

1. 经专利证明的对植物品种、动物物种的财产智力所有权包括:

（1）使用适于在乌克兰传播的植物品种、动物物种的权利;

（2）准许使用植物品种、动物物种的专属权利;

（3）阻止非法使用植物品种、动物物种的专属权利,包括禁止 该使用;

（4）法律规定的其他财产智力所有权。

2. 对植物品种、动物物种的财产智力所有权归属于专利持有人，但合同或者法律另有规定的除外。

第488条　对植物品种、动物物种的财产智力所有权的有效期限

1. 在依法维持权利效力的情形，经专利证明的对植物品种、动物物种的财产智力所有权，自其国家登记之日的下一日起生效。

2. 法律可以规定在根据本条第1款生效之前，对植物品种、动物物种的财产智力所有权的临时生效条件。

3. 对植物品种、动物物种的专属财产智力所有权的有效期限经过30年届满，对树木和葡萄的专属财产智力所有权的有效期限则经过15年届满，自该权利国家登记年份的下一年1月1日期计算。

4. 在法律规定的情形、依照法律规定的程序，对植物品种、动物物种的专属财产智力所有权的效力可以提前终止或者恢复。

5. 传播植物品种、动物物种的权利，自其国家登记之日的下一日起生效，在依法维持该权利效力的情形，无限期生效。

6. 在法律规定的情形、依照法律规定的程序，对植物品种、动物物种的专属财产智力所有权的效力可以提前终止或者恢复。

第43章　对商号的智力所有权

第489条　商号的法律保护

1. 法律保护如下商号，即为将一人区别于其他人提供可能，并且不会导致消费者对其真正活动产生混淆的商号。

2. 对商号的智力所有权自该名称第一次使用时起生效，无需提交商号申请或者对其进行登记即可受到保护，并且与商号是

否为商标的一部分无关。

3. 关于商号的讯息可以记入登记簿,进行登记的程序由法律
规定。

4. 若干人可以拥有相同的商号,但不得导致消费者对其生产和
(或)销售的商品和其提供的服务产生混淆。

第490条　对商号的财产智力所有权

1. 对商号的财产智力所有权包括:

（1）使用商号的权利;

（2）阻止其他人非法使用商号的权利,包括禁止该使用;

（3）法律规定的其他财产智力所有权。

2. 对商号的财产智力所有权只可与该权利所归属的人的全部财
产综合体或者其相应的部分,一并移交给其他人。

第491条　对商号的智力所有权效力的终止

1. 在法人清算的情形,以及根据法律规定的其他根据,对商号的
智力所有权的效力终止。

第44章　对商标的智力所有权

第492条　商标

1. 适于将一个人生产(提供)的商品(服务)区别于其他人生产
(提供)的商品(服务)的任何标识或者任何标识的组合,是商
标。该标识可以包括单词、字母、数字、图形要素、颜色的组合。

第493条　对商标的智力所有权的主体

1. 自然人和法人是对商标的智力所有权的主体。

2. 对特定商标的智力所有权,可以同时归属于若干自然人和
(或)法人。

第 494 条　取得对商标的智力所有权的证明

1. 取得对商标的智力所有权,由证书证明。授予证书的条件和程序,由法律规定。

2. 商标法律保护的范围,由证书中所作的描述和商品、服务的清单确定,但法律另有规定的除外。

3. 对拥有国际注册的商标或者依照法律规定的程序被认定为驰名商标的商标,取得对其的智力所有权不要求证书证明。

第 495 条　对商标的财产智力所有权

1. 对商标的财产智力所有权包括:

（1）使用商标的权利;

（2）准许使用商标的专属权利;

（3）阻止非法使用商标的专属权利,包括禁止该使用;

（4）法律规定的其他财产智力所有权。

2. 对商标的财产智力所有权归属于相应证书的持有人、国际注册的持有人、依照法律规定的程序其商标被认定为驰名商标的人,但合同另有规定的除外。

第 496 条　对商标的财产智力所有权的有效期限

1. 对商标的财产所有权在十年内有效,自依照法律规定的程序提交商标申请之日的下一日其计算。前述期限可以依照法律规定的程序,每十年延长一次。

第 497 条　对商标的财产智力所有权效力的提前终止

1. 对商标的财产智力所有权的效力,因商标转变为特定种类商品或者服务的通用标志,应当依照法律规定的程序提前终止。

2. 对商标的财产智力所有权的效力,根据其所归属的人的发起,但不违反合同条件的,以及在法律规定的其他情形,可以提前终止。

3. 因对商标的专属财产智力所有权提前终止,给接受准许使用商标的人造成损失的,该损失由作出签署准许的人赔偿,但合同或者法律另有规定的除外。

第498条 对商标的专属财产智力所有权效力提前终止的恢复

1. 对商标的专属财产智力所有权效力的提前终止,可以根据在其终止时这些权利所归属的人的申请,依照法律规定的程序恢复。

第499条 确认对商标的智力所有权无效

1. 对商标的智力所有权,可以依据法律规定的根据、依照法律规定的程序确认无效。

第500条 先用人对商标的权利

1. 在提交商标申请日之前,或者对已经申请了优先权,在申请优先权日之前,为自己业务的利益在乌克兰善意使用商标,或者为该使用进行了相当并且认真准备的人,有权无偿继续该使用或者以上述准备为前提的使用(先用人的权利)。

2. 先用人的权利只可与使用商标或者为该使用进行相当并且认真准备的企业或商业实践,或者该企业或商业实践的一部分,一并移交或者移转给其他人。

第45章 对地理标志的智力所有权

第501条 对地理标志① 的智力所有权的取得

1. 对地理标志的智力所有权自该权利国家登记之日起产生,但

---

① 本法典对标志、标识、标记使用了不同表述:第501条地理标志(зазначення),第492条商品和服务的标识(позначення),第420条商标(марки),以及商品和服务标记(знаки)。

法律另有规定的除外。

2. 地理标志的法律保护范围,由商品(服务)的评定书,和对地理标志的智力所有权国家登记所记录的其来源的地理位置的界限确定。

第 502 条 对地理标志的智力所有权的主体

1. 商品生产者、消费者协会、法律确定的其他人,是对地理标志的智力所有权的主体。

第 503 条 对地理标志的智力所有权

1. 对地理标志的智力所有权包括:

(1)以地理标志确认商品(服务)标志的权利;

(2)使用地理标志的权利;

(3)阻止非法使用地理标志的权利,包括禁止该使用。

2. 归属于对地理标志的智力所有权特定主体的对地理标志的智力所有权,由法律规定。

第 504 条 对地理标志的智力所有权的有效期限

1. 对地理标志的智力所有权自国家登记之日的下一日起生效,在由该标志所标示的商品(服务)评定书得以保存的条件下,受到无限期的保护。

第 46 章 对商业秘密的智力所有权

第 505 条 商业秘密的概念

1. 商业秘密是一种保密的信息,在整体或者特定形式上,其各部分的总和不为人知,并且对于通常处理其所属信息类型的人而言是不易得到的,因而其具有商业价值,成为合法控制该信息的人所采取的保守其保密性的适当措施的对象。

2. 技术、组织、商业、生产讯息可以成为商业秘密,但根据法律不得列入商业秘密的除外。

第506条　对商业秘密的财产智力所有权

1. 对商业秘密的财产智力所有权包括:

（1）使用商业秘密的权利;

（2）准许使用商业秘密的专属权利;

（3）阻止非法泄露、收集或者使用商业秘密的权利;

（4）法律规定的其他财产智力所有权。

2. 对商业秘密的财产智力所有权归属于合法确定商业秘密信息的人,但合同另有规定的除外。

第507条　国家政权机关对商业秘密的保护

1. 对于成为商业秘密,其创造要求相当付出,以依法取得从事与包含新化合物的制药、农业、化学产品有关的活动的准许为目的而提供给其的信息,国家政权机关有义务予以保护,使其免受非善意的商业使用。该信息由国家政权机关保护,使其免受泄露,但为居民保护的保障有必要泄露,或者不得采取免受非善意商业使用的措施的情形除外。

2. 在法律规定的其他情形,国家政权机关有义务保护商业秘密。

第508条　对商业秘密的智力所有权的有效期限

1. 对商业秘密的智力所有权的有效期限,由本法典第505条第1款规定的商业秘密标记的总和的存在期限所限定。

第五卷

债　权

第Ⅰ编　关于债的总则

第 47 章　债的概念，债的当事人

第 509 条　债的概念和其产生的根据

1. 债[1]是一种法律关系,在其中,一方当事人(债务人)有义务实施有利于另一方当事人(债权人)的特定行为(移转财产、完成工作、提供劳务、偿付金钱等),或者不实施特定行为(否定的债),债权人有权要求债务人履行其债务。

　　{第 509 条第 1 款根据 2017 年 3 月 23 日第 1984-Ⅷ号法律修改}

2. 债因本法典第 11 条规定的根据产生。

3. 债应当以善意、公平和合理原则为基础。

第 510 条　债的关系中的当事人

1. 债务人和债权人是债的当事人。

2. 在债的关系中,作为债务人或者债权人的一方当事人,可以是一人或者同时为多人。

3. 在债的关系中,当事人的每一方同时有权利和义务的,因其有义务实施有利于另一方当事人的行为被视为债务人,因其有权要求另一方当事人实施行为被视为债权人。

第 511 条　债的关系中的第三人

1. 债不为第三人创设义务。在合同规定的情形,债可以为第三

---

[1]　在《乌克兰民法典》中有三个相近但意义不同的法律概念:债(забов'язання)是一种法律关系(第 509 条第 1 款),根据不同语境,本译本有时将其译为"债的关系"(如第 510条);义务(обов'язок)是与权利对应的概念,在债的关系中,债务人对债权人负有作为或者不作为的义务;债务(борг)是债的关系中债务人所应为或者不应为的具体义务,使用的语境多为债务移转(第 520 条)、债务提存(第 537 条)等。

人对债务人和(或)债权人产生权利。

第512条　债的关系中债权人变更的根据

1. 在债的关系中,债权人可以由以下原因变更为其他人:
   (1)根据法律行为其将自己的权利移转给其他人(请求权的出让);
   (2)权利承受;
   (3)保证人或者财产担保人(财产保证人)履行债务人的义务;
   (4)第三人履行债务人的义务。
2. 在债的关系中,债权人可以在法律规定的其他情形予以变更。
3. 在债的关系中,合同或者法律规定不得变更的,债权人不得变更。

第513条　债的关系中变更债权人法律行为的形式

1. 债的关系中变更债权人的法律行为以在其基础上产生债的法律行为的形式实施,根据债权人变更的法律行为,请求权移转给新的债权人。
2. 债的关系中变更债权人的法律行为基于应当进行国家登记的法律行为而产生的,应当依照该法律行为登记的程序进行登记,但法律另有规定的除外。

第514条　向债的关系中新的债权人移转权利的范围

1. 向债的关系中新的债权人移转权利,其范围和条件由该权利移转时所存在的为限,但合同或者法律另有规定的除外。

第515条　不允许变更债权人的债务

1. 与债权人人身密不可分的债,包括因残疾、对健康的其他损害或者死亡的损害赔偿的债,不允许变更债权人。

第516条　债的关系中债权人变更的程序

1. 债的关系中债权人的变更无须债务人的同意,但合同或者法律另有规定的除外。

2. 债务人没有得到关于债的关系中债权人变更的书面通知的，新的债权人承担发生对其不利后果的风险。在此情形，债务人向最初的债权人履行自己的义务，是适当的履行。

第517条 债的关系中新的债权人的权利的证据

1. 债的关系中最初的债权人，应当向新的债权人移转证明所移转权利的文件和对行使权利而言重要的信息。

2. 在向债务人提交关于将债的关系中的权利移转给新的债权人的证据之前，债务人有权不向新的债权人履行自己的义务。

第518条 债务人对抗债的关系中新的债权人的异议

1. 在接到关于债权人变更的书面通知时债务人可以对抗最初的债权人的异议，债务人有权向债的关系中新的债权人提出，以对抗其请求。

2. 债务人没有得到关于债权人变更的书面通知的，其有权向新的债权人提出如下异议，即在新的债权人向其提出请求时其可以对抗最初的债权人的异议，或者在新的债权人向其提出请求前债务人履行自己债务的，在其履行时可以对抗最初的债权人的异议。

第519条 债的关系中最初的债权人的责任

1. 债的关系中最初的债权人对移转给新的债权人的请求的无效负责，对债务人不履行自己的债务不负责，但最初的债权人为债务人向新的债权人提供保证的除外。

第520条 债的关系中债务人的变更

1. 只有经债权人同意，债的关系中债务人才可以变更为其他人（债务移转），但法律另有规定的除外。

〔第520条第1款根据2009年7月24日第1617-VI号法律

修改 }

第 521 条　债的关系中债务人变更的法律行为的形式

1. 债的关系中债务人变更的法律行为的形式,根据本法典第 513 条的规定确定。

第 522 条　债的关系中新的债务人对抗债权人的异议

1. 基于债权人与最初的债务人之间关系的所有异议,债的关系中新的债务人有权提出,以对抗债权人的请求。

第 523 条　由保证或者财产担保担保的债的关系中债务人变更的法律后果

1. 其他人作为保证人或者财产担保人不同意为新的债务人担保债务履行的,其设立的保证或者财产担保在债务人变更后终止。

2. 为最初的债务人设立的财产担保,在债务人变更后保持效力,但合同或者法律另有规定的除外。

第 524 条　债的货币单位

1. 债应当以乌克兰货币单位格里夫纳表示。

2. 当事人可以确定以外币表示的债的货币等价物。

第 525 条　不允许单方拒绝债的关系

1. 不允许单方拒绝债的履行、单方变更债的条件,但合同或者法律另有规定的除外。

第 48 章　债的履行

第 526 条　债的履行的一般条件

1. 债应当以适当的方式,依据债的条件和法律、其他法律文件的要求履行,在不具备前述条件和要求时,依据商事流转惯例或者其他通常适用的要求履行。

2. 债的履行,合同之债中特定权利的行使、变更和终止可以附如下条件,即债的关系中当事人一方实施或者不实施特定的行为,或者发生合同规定的其他情势,包括完全取决于当事人一方意志的情势。

〔第 526 条根据 2017 年 3 月 23 日第 1984-VIII 号法律增补第 2 款〕

第 527 条　正当当事人对债的履行

1. 债务人有义务履行自己的义务,债权人有义务本人接受履行,但合同或者法律另有规定、债的本质或者商事流转惯例另有结论的除外。

2. 债的关系中当事人的每一方都有权请求提供如下证据,即由正当的债务人履行义务,或者由正当的债权人或者其所授权人接受履行,并承担不提出该请求的后果的风险。

第 528 条　其他人履行债务人的义务

1. 义务的履行可以由债务人附加给其他人,但合同的条件、本法典和民事立法的其他文件要求或者债的实质规定债务人本人进行债的履行的义务的除外。在此情形,债权人有义务接受债务人附加给其他人所作的履行。

2. 在其他人不履行或者不当履行债务人义务的情形,债务人应当亲自履行该义务。

3. 在因债权人追索财产,对债务人财产的权利(租赁权、财产担保权等)有丧失危险的情形,其他人可以不经债务人同意而满足债权人的请求。在此情形,债的关系中债权人的权利移转给其他人,适用本法典第 512—519 条的规定。

第 529 条　债的部分履行

1. 债权人有权不接受债务人对其义务的部分履行,但合同、民事立法文件另有规定或者债的实质、商事流转惯例另有结论的除外。

第 530 条　债履行的期限(期间)

1. 在债的关系中确定其履行期限(期间)的,其应当在该期限(期间)内履行。履行期限由必然发生的事件所指示确定的债,应当在该事件发生后履行。

2. 债务人履行义务的期限(期间)不由请求提出的时刻所规定或者确定的,债权人有权请求其在任何时间履行。债务人应当自请求提出之日起七日的期限内履行该义务,但合同或者民事立法文件要求立即履行的除外。

第 531 条　债的提前履行

1. 债务人有权提前履行自己的义务,但合同或者民事立法文件另有规定、债的实质或者商事流转惯例另有结论的除外。

第 532 条　债的履行的地点

1. 债的履行的地点由合同规定。

　　合同没有规定债履行的地点的,按照下列方式履行:

(1)移转不可移动财产之债,按照该财产的所在地履行;

(2)基于运输合同产生的移转商品(财产)之债,按照商品(财产)交付承运人的地点履行;

(3)基于其他法律行为产生的移转商品(财产)之债,按照商品(财产)生产或者存储的地点履行,但该地点应当在债产生时为债权人所知道;

(4)金钱之债,按照债权人居住地履行,债权人是法人的,按照债产生时起所在地履行。在债产生时债权人变更居住地(所在地),并且将其通知债务人的,债应当按照债权人的新居住地(所在地)履行,但债权人应当承担与履行地变更有关的所有费用。

(5)其他的债,按照债务人的居住地(所在地)履行。

2. 民事立法文件有规定,或者债的实质、商事流转惯例有结论的,债可以在其他地点履行。

第533条 金钱之债履行的货币

1. 金钱之债应当以格里夫纳履行。

2. 在债的关系中确定以外币表示的金钱等价物的,应当以格里夫纳支付的数额,根据支付日相应货币的官方汇率确定,但合同或者法律、其他规范性法律文件规定了其他程序的除外。

3. 在法律规定的情形、依照法律规定的程序、具备法律规定的条件,允许使用外国货币以及以外国货币表示的支付凭证,在乌克兰领土上进行债的结算。

第534条 金钱之债的请求的清偿顺序

1. 在进行支付的数额不足以全部履行金钱之债的情形,按照下列顺序清偿债权人的请求,但合同或者法律另有规定的除外:

〔第534条第1款第1段根据2016年11月15日第1734-VIII号法律修改〕

(1)在第一顺序赔偿与接受履行有关的债权人的费用;

(2)在第二顺序支付利息和违约金;

(3)在第三顺序支付债务的基本金额。

第535条 根据金钱之债偿还给自然人的金额的增加

1. 在法律规定增加公民免税最低收入的情形,根据金钱之债偿还给自然人的金额(因残疾、对健康的其他损害或者死亡的损害赔偿,根据终生供养(照料)合同,在合同或者法律规定的其他情形),应当按比例增加。

2. 因支付增加的金额,有义务进行该支付的当事人失去订立合同时可以预见的所取得的利益的,根据该当事人的请求,合同可以由法院判决解除。

第536条　利息

1. 因使用他人的资金,债务人有义务支付利息,但自然人之间的合同另有规定的除外。

2. 因使用他人资金而支付利息的金额,由合同、法律或者民事立法的其他文件规定。

第537条　向公证人、公证处提存债务的债的履行

〔第537条名称根据2010年7月6日第2435-VI号法律修改〕

1. 在以下情形,债务人有权通过将其应付给债权人的金钱或者有价证券向公证人、公证处提存的方式,履行自己的债务:

〔第537条第1款第1段根据2010年7月6日第2435-VI号法律修改〕

(1) 在债的履行地债权人或者其授权的人不在场的;

(2) 债权人或者其授权的人逃避接受履行,或者在其他迟延接受履行的情形;

(3) 无行为能力的债权人的代理人不在场的。

2. 公证人应当依照法律规定的程序,告知债权人关于债务提存的事实。

3. 向公证人(公证处)提存以无纸化形式存在的有价证券的程序,由关于乌克兰提存体系的立法规定。

向公证人提存以证书形式存在的有价证券,通过向公证人交付该有价证券的证书进行。

〔第537条根据2012年7月6日第5178-VI号法律增补新

的款﹞

第538条 债的同时履行

1. 当事人一方履行自己的义务,根据合同该履行以另一方当事人履行自己的义务为条件的,是债的同时履行。

2. 在债的同时履行时,当事人应当同时履行自己的义务,但合同、民事立法文件另有规定,债的实质或者商事流转惯例另有结论的除外。

   提前知道其无法履行自己义务的当事人,应当将其情况及时通知另一方当事人。

3. 在债的关系中当事人一方不履行自己义务的情形,或者在具备明显的根据认为其在规定的期限(期间)不履行或者不完全履行自己义务时,另一方当事人有权中止履行自己的义务、部分或者全部地拒绝履行自己的义务。

4. 当事人一方对义务进行同时履行的,尽管另一方当事人没有履行自己的义务,但其应当履行自己的义务。

第539条 选择之债的履行

1. 在债的关系中,债务人有义务实施两个或者多个行为中的一个行为,这种债是选择之债。债务人有权选择债的标的,但合同、民事立法文件另有规定,债的实质或者商事流转惯例另有结论的除外。

第540条 多个债权人或者多个债务人参加的债的履行

1. 多个债权人或者多个债务人参加债的,每个债权人都有权请求履行,每个债务人都应当在同等份额内履行义务,但合同或者民事立法文件另有规定的除外。

第541条 连带之债

1. 在合同或者法律规定的情形,包括债的标的是不可分时,产生连带的义务或者连带的请求。

第 542 条　债权人的连带请求

1. 在债权人连带请求(连带的债权人)的情形,每个债权人都有权向债务人提出全额的请求。

　　在连带债权人中的一人提出请求前,债务人有权依自己的意志向他们中的任何一人履行自己的义务。

2. 债务人无权对连带债权人中的一人提出异议,该异议基于债务人与其他连带债权人的关系产生,但该债权人实际上没有参加这一关系。

3. 债务人对连带债权人中的一人全额履行自己义务的,免除债务人向其他连带债权人的履行。

4. 接受债务人履行的连带债权人,有义务向其他连带债权人移转其应得的同等份额,但他们之间的合同另有规定的除外。

第 543 条　债务人的连带义务

1. 在债务人连带义务(连带债务人)的情形,债权人有权请求所有债务人连带地,以及他们中的任何一人分别地,部分或者全部履行义务。

2. 接受连带债务人中的一人不完全的义务履行的债权人,有权请求其他连带债务人履行未收取的部分。

　　在其义务没有全部履行前,连带债务人保有其义务。

3. 连带债务人无权对债权人的请求提出异议,该异议基于其他连带债务人与债权人的关系产生,但该债务人实际上没有参加这一关系。

4. 债务人中的一人全部履行连带义务的,其他连带债务人对债权人的义务终止。

5. 法人连带债务人清算、自然人连带债务人死亡,不终止其他连带债务人对债权人的义务,不变更其履行的范围和条件。

〔第 543 条根据 2018 年 7 月 3 日第 2478-VIII 号法律增补第 5 款〕

第 544 条　履行连带义务的债务人的返还请求权

1. 履行连带义务的债务人,对其他连带债务人在同等份额内有返还请求(追索)权,但合同或者法律另有规定的除外,返还请求应扣除其应承担的份额。

2. 连带债务人中的一人不向全部履行连带义务的连带债务人偿付其应当承担的份额的,由其他连带债务人在同等份额内分担未偿付的部分。

第 545 条　债的履行的证明

1. 接受债的履行后,债权人应当根据债务人的请求向其提供关于部分或者全部接受履行的收据。

2. 债务人交给债权人债务文件的,接受债的履行的债权人应当将其返还债务人。在无法返还债务文件的情形,债权人应当在其提供的收据中指明该情形。

3. 债务人拥有债务文件的,可以证明其履行了自己的义务。

4. 在债权人拒绝返还债务文件或者提供收据的情形,债务人有权暂停债的履行。在此情形发生债权人的迟延。

第 49 章　债的履行的担保

第 1 节　关于债的履行的担保的总则

第 546 条　债的履行的担保的种类

1. 债的履行可以由违约金、保证、金融保证、财产担保、留置、定金担保。

2. 法律或者合同可以规定其他种类的债的履行的担保。

第547条　为债的履行担保的法律行为的形式

1. 为债的履行担保的法律行为,以书面形式实施。

2. 为债的履行担保的法律行为未遵守书面形式要求的,是法定无效的。

第548条　债的履行担保的一般条件

1. 合同或者法律有规定的,债(主债)的履行受到担保。

2. 无效的债不应受到担保。主债(请求)的无效导致为其担保的法律行为无效,但本法典另有规定的除外。

3. 为债的履行担保的法律行为无效,并不导致主债的无效。

第 2 节　违约金

第549条　违约金的概念

1. 在债务人违反债的关系的情形,债务人应当向债权人移转的金额或者其他财产,是违约金(罚金、滞纳金)。[①]

2. 以债的不履行或者不当履行的金额比例计算的违约金,是罚金。

3. 因金钱之债的不及时履行,以迟延履行的每一日计算金额比例的违约金,是滞纳金。

第550条　对违约金的权利产生的根据

1. 对违约金的权利的产生,与债权人因债的不履行或者不当履行而受到损失无关。

---

① 根据第549条,违约金(неустойка)包括罚金(штраф)和滞纳金(пеня)。对比第279条,不履行法院关于保护人身非财产权的判决的法律后果,法院根据乌克兰民事诉讼法典判决侵权人支付的也是罚金(штраф)。

2. 对违约金不加算利息。

3. 债务人对债的侵害不负责的情形,债权人没有对违约金的权利(本法典第617条)。

第551条 违约金的对象

1. 资金、可移动和不可移动财产,是违约金的对象。

2. 违约金的对象是资金的,其金额由合同或者民事立法文件规定。

法律规定的违约金数额,法律不禁止在合同中增加的,可以在合同中增加。

〔第551条第2款第2段根据2016年11月15日第1734-VIII号法律修改〕

当事人可以协议减少民事立法文件规定的违约金数额,但法律规定的情形除外。

3. 违约金的数额明显超过损失数额,并且具备具有实质意义的其他情形的,根据法院判决可以减少违约金的数额。

第552条 偿付(移转)违约金的法律后果

1. 偿付(移转)违约金不解除债务人实际履行自己的义务。

2. 偿付(移转)违约金不剥夺债权人请求赔偿债的不履行或者不当履行所致损失的权利。

第3节 保证

第553条 保证合同

1. 根据保证合同,保证人向债权人保证债务人对其履行自己的义务。

保证人因债务人侵害债的关系向债权人负责。

2. 保证人可以担保部分或者全部的债的履行。

3. 保证人可以为一人或者数人。

第 554 条　侵害保证担保的债的关系的法律后果

1. 在债务人侵害保证担保的债的关系的情形,债务人和保证人作为连带债务人向债权人负责,但保证合同规定保证人的补充(辅助)责任的除外。

2. 保证人在债务人支付主债务、利息、违约金、损害赔偿金的范围内,向债权人负责,但保证合同另有规定的除外。

3. 共同设立保证的人连带地向债权人负责,但保证合同另有规定的除外。

　　根据一个或者若干保证合同,向债权人保证债务人履行同一债的关系的人,为连带债务人,并向债权人连带负责,但保证合同另有规定的除外。

　　〔第 554 条第 3 款由 2018 年 7 月 3 日第 2478-VIII 号法律修订〕

第 555 条　在向保证人提出请求的情形保证人的权利和义务

1. 在收到债权人请求的情形,保证人有义务将其告知债务人,在对其提起诉的情形,其应提出关于追加债务人参加案件的申请。

　　保证人没有告知债务人关于债权人请求的事实并且自己进行债的履行的,债务人有权提出对抗债权人请求的所有异议,以此对抗保证人的请求。

2. 对于债务人本人可以提出的异议,在该异议与债务人人身无关时,保证人有权提出,以对抗债权人的请求。在债务人放弃该异议或者承认自己债务的情形,保证人有权提出该异议。

第 556 条　完成债的履行的保证人的权利

1. 保证人完成保证担保的债的履行后,债权人应当向其交付证明债务人义务的文件。

2. 完成保证担保的债的履行的保证人,接受移转该债的关系中债权人的全部权利,包括担保其履行的权利。

3. 完成保证担保的债的履行的多个保证人中的一人,在其履行义务的部分范围内,接受移转债权人的权利。

第 557 条　债务人对债的履行向保证人的告知

1. 完成保证担保的债的履行的债务人,应当立即将其告知保证人。

2. 完成保证担保的债的履行的保证人,因债务人未向其告知关于债务人履行自己义务的事实,有权向债权人追索不当所得或者向债务人提出返还请求。

第 558 条　保证人服务的报酬

1. 保证人有权因其向债务人提供服务而获取报酬。

第 559 条　保证的终止

1. 保证所担保的债终止的,保证终止。在未经保证人同意进行债的变更的情形,由此加重债务人责任范围的,该保证人对债的变更前存在的范围内债务人违反债的关系承担责任。

〔第 559 条第 1 款由 2018 年 7 月 3 日第 2478-VIII 号法律修订〕

2. 在债的履行期限开始后,债权人拒绝接受债务人或者保证人所为的适当履行的,保证终止。

3. 在债务移转给其他人的情形,保证人在保证合同中或者在债务移转时不同意为其他债务人债的履行担保的,保证终止。

〔第 559 条第 3 款根据 2018 年 7 月 3 日第 2478-VIII 号法律修改〕

4. 保证合同规定的保证期限届满的,保证终止。该期限没有规定的,在主债全部履行的情形,或者债权人在自主债履行期限(期间)开始前三年的期间内未向保证人提起诉的,保证终止。主债履行期限(期间)没有规定,或者对提出请求的时刻没有规定,债权人自保证合同订立之日起三年期间内未向保证人提起诉的,保证终止。分部分履行的债,保证期限依债的每个部分独立计算,自该债相应部分的期限终结之日起或者履行期限开始之日起算。

〔第 559 条第 4 款由 2016 年 6 月 14 日第 1414-VIII 号、2018 年 7 月 3 日第 2478-VIII 号法律修订〕

5. 法人债务人的清算,在将法人债务人终止记入法人、自然人经营者和社会组织统一的国家登记簿之日前,债权人因该债务人违反债的关系对保证人提起诉的,不终止保证。

〔第 559 条根据 2018 年 7 月 3 日第 2478-VIII 号法律增补第 5 款〕

第 4 节　金融保证

第 560 条　金融保证的概念

1. 银行、其他金融机构、保险机构(保证人)向债权人(受益人)保证债务人(委托人)履行自己义务的,是金融保证。

保证人因债务人侵害债的关系向债权人负责。

第 561 条　金融保证的期限

1. 金融保证在保证开立的期间内有效。

2. 金融保证自其开立之日起生效,但在保函中另有规定除外。

3. 金融保证不得由保证人撤回,但在保函中另有规定的除外。

第 562 条　金融保证相对主债的独立性

1. 保证人对债权人的债的关系独立于主债(其终止或者无效),

包括在保函中保函援引主债的情形。

第563条　债务人侵害金融保证担保的债的关系的法律后果

1. 在债务人侵害金融保证担保的债的关系的情形,保证人有义务向债权人偿付根据保函条件的金额。

2. 债权人对保证人的关于根据向其开立的保函支付金额的请求,应当以书面形式提出。请求应当附加保函所指示的文件。

3. 在对保证人的请求或者附加在请求的文件中,债权人应当指明债务人侵害金融保证担保的主债的情形。

4. 在向债权人开立的保函所规定的期限内,债权人可以向保证人提出请求。

5. 债权人不得向其他人移转对保证人的请求,但保函另有规定的除外。

第564条　审查债权人请求时保证人的义务

1. 收到债权人请求后,保证人应当立即将此情形告知债务人,并且向其移转请求书的副本和所附文件。

2. 保证人应当在保函所规定的期限内审查债权人的请求和所附文件,在没有规定该期限的情形,应当在合理的期限内审查,并确定请求和所附文件是否符合金融保证的条件。

第565条　保证人拒绝满足债权人请求的权利

1. 请求或者所附文件不符合金融保证条件,或者在金融保证期限终结后提交保证人的,保证人有权拒绝满足债权人的请求。

2. 保证人应将拒绝满足债权人请求的情形立即通知债权人。

3. 保证人在债权人的请求向其提出后得知主债无效或者终止的,应当立即将此情形告知债权人和债务人。

　　该通知后保证人收到的债权人重新提出的请求,应当予以满足。

第 566 条 保证人的义务

1. 保证人对债权人的义务,以开立的保函所支付的金额为限。

在保证人违反自己义务的情形,其对债权人承担的责任不以开立的包含所支付的金额为限,但包含另有规定的除外。

第 567 条 保证人服务的报酬

1. 保证人有权因其向债务人提供服务而获取报酬。

第 568 条 金融保证的终止

1. 在以下情形,对债权人的金融保证之债终止:

(1)向债权人偿付开立的保函所记载的金额;

(2)金融保证的有效期限届满;

(3)债权人通过将保函返还保证人,或者通过向保证人交付关于免除其金融保证义务的书面申请的方式,放弃自己根据金融保证的权利。

2. 知道金融保证终止的保证人,应当立即将此情形告知债务人。

第 569 条 保证人对债务人的返还请求权

1. 在保证人根据金融保证向债权人支付的金额范围内,保证人对债务人有返还请求(追索)权,但保证人与债务人之间的合同另有规定的除外。

2. 在保证人向债权人支付的金额不符合金融保证条件的情形,保证人对债务人没有返还请求(追索)权,但保证人与债务人之间的合同另有规定的除外。

第 5 节 定金

第 570 条 定金的概念

1. 债权人根据合同预付给债权人的资金或者不动产,以证明债的关系并且担保其履行的,是定金。

2. 不能确定债务人预付的款项是定金的,其是预付金。

第571条　定金担保的债的关系受到侵害或者终止的法律后果

1. 因债务人的过错侵害债的关系的,定金由债权人保留。

　　因债权人的过错侵害债的关系的,债权人有义务将定金返还债务人,并且补充偿付在定金数额或者定金价值的款项。

2. 过错侵害债的关系的一方当事人,应当向另一方当事人赔偿其超过定金数额(价值)的款项,但合同另有规定的除外。

3. 在债的关系终止的情形,在债履行开始前或者因债履行不能的,定金应当返还。

第6节　财产担保

第572条　财产担保的概念

1. 由于财产担保,在债务人(财产担保人)不履行由抵押担保的债的情形,债权人(财产担保权人)相对于该债务人的其他债权人有权由抵押财产优先获得满足,但法律另有规定的除外(财产担保权)。

第573条　对将来请求的担保

1. 在将来产生的请求,可以由财产担保担保。

第574条　财产担保产生的根据

1. 抵押基于合同、法律或者法院判决产生。

2. 对基于法律产生的抵押,适用本法典对基于合同产生的抵押的规定,但法律另有规定的除外。

第575条 财产担保的特定种类 ①

1. 不可移动财产的财产担保,该财产由财产担保人或者第三人保留占有的,是抵押。

2. 可移动财产的财产担保,该财产移转财产担保权人占有或者根据其指示由第三人占有的,是质押。

3. 关于土地抵押和财产担保的其他特定种类的规则,由法律规定。

第576条 财产担保的标的

1. 任何可以由财产担保人出让并且可以对其进行追索的财产(包括物、有价证券、财产权利),都可以成为财产担保的标的。

2. 财产担保人在财产担保产生之后取得的财产(将来的收获、牲畜的仔畜等),可以成为财产担保的标的。

3. 财产担保权人对成为财产担保标的的物的权利(财产担保权)及于其从属物,但合同另有规定的除外。在合同规定的情形,财产担保权及于使用财产担保的财产所取得的自然孳息、产品和法定孳息。

4. 以下财产不得成为财产担保的标的:

   成为国家或者公共所有权客体,列入或者应当列入民族文化财富国家登记簿的文物;

   列入不应私有化的文化遗产纪念物清单的文化遗产纪念物。

---

① 财产担保(застава)是债的履行的担保种类的一种(第546条),相对于保证(порука)由保证人为债的履行担保,财产担保以财产为债的履行担保,参考罗马法中实物担保(garanzia reale)的译法,本译本将其以为财产担保。作为上位概念,财产担保的特定种类包括抵押(іпотека)和质押(заклад)。从词源看,《乌克兰民法典》中的抵押(іпотека)应源于罗马法中的抵押(hypotheca),而罗马法中抵押(hypotheca)这个词似受古希腊抵押(ὑποθήκη)制度的影响。

〔第 576 条 第 4 款 由 2010 年 9 月 9 日 第 2518-VI 号 法 律修订〕

5. 具有人身性质的请求,以及法律禁止为其设定财产担保的其他请求,不得成为财产担保的标的。

6. 财产担保的标的由财产担保人保留,但合同或者法律另有规定的除外。

7. 法律可以禁止或者限制特定种类财产的财产担保。

第 577 条　财产担保合同的公证证明和财产担保的登记

1. 财产担保的标的是不可移动财产的,以及在法律规定的其他情形,财产担保合同应当进行公证证明,但法律规定的情形除外。

〔第 577 条第 1 款根据 2015 年 7 月 16 日第 629-VIII 号法律修改〕

2. 不可移动财产的财产担保,应当在法律规定的情形、依照法律规定的程序进行国家登记。

3. 可移动财产的财产担保,可以基于财产担保权人或者财产担保人的申请,以记入可移动财产国家登记簿的方式进行登记。

4. 记入可移动财产国家登记簿的日期和时间,是财产担保登记的时刻。

〔第 577 条根据 2003 年 11 月 18 日第 1255-IV 号法律修改〕

第 578 条　处于共同所有的财产的财产担保

1. 处于共同所有的财产,仅经所有共同所有人同意才可移转设定财产担保。

第 579 条　财产担保标的的变更

1. 仅经财产担保权人的同意,财产担保的标的才可变更,但合同或者法律另有规定的除外。

第580条　财产担保标的意外毁坏或者意外损坏的风险

1. 财产担保标的意外毁坏或者意外损坏的风险,由被设定财产担保的财产的所有权人承担,但合同或者法律另有规定的除外。

2. 在财产担保标的意外毁坏或者意外损坏的情形,根据财产担保权人的请求,财产担保人有义务提供同等价值的标的,如果可能的,有义务恢复被毁坏或者损坏的财产担保标的。

第581条　财产担保标的的保险

1. 财产担保标的不应进行强制保险的,其可以根据当事人的协议以协议的金额被保险。

   在保险事故发生的情形,对保险人的请求权可成为财产担保标的。

第582条　财产担保标的的评估

1. 在合同或者法律规定的情形,应当对财产担保标的进行评估。

2. 财产担保标的的评估,由财产担保人与财产担保权人根据在财产担保权产生时形成的通常价格共同进行,但合同或者法律另行规定财产担保标的评估的其他程序的除外。

第583条　财产担保合同中的当事人

1. 财产担保人可以是债务人或者第三人(财产保证人)。

2. 财产担保人可以是物的所有权人或者财产权的归属人,以及物的占有人或者移转物或财产权及其财产担保权的财产权的归属人。

3. 对他人的物的财产担保权,根据合同或者法律出让该权利要求取得所有权人同意的,应当取得该物所有权人的同意才可进行担保。

第584条　财产担保合同的内容

1. 在财产担保合同中应当确定由财产担保担保的债的履行的实质、数额和期限,对财产担保标的作出描述,以及确定合同当事人协商一致的其他条件。

2. 在财产担保合同中对财产担保标的的描述,可以一般形式进行(指明被设定财产担保的财产的种类等)。

第585条 财产担保权产生的时刻

1. 财产担保权自订立财产担保合同时起产生,合同应经公证证明的,自其公证证明时起产生,但法律规定的情形除外。

   〔第585条第1款根据2015年7月16日第629-VIII号法律修改〕

2. 根据合同或者法律财产担保标的应由财产担保权人占有的,财产担保权在财产担保标的移转给财产担保权人的时刻产生。该移转在订立财产担保合同前进行的,财产担保权自订立合同时起产生。

第586条 财产担保标的的使用和支配

1. 财产担保人有权根据其用途使用财产担保标的,包括从中提取自然孳息和法定孳息,但合同另有规定或者财产担保的本质另有结论的除外。

2. 仅经财产担保权人同意,财产担保人才有权出让财产担保标的、将其移转其他人使用或者以其他方式对其进行支配,但合同或者法律另有规定的除外。

   〔第586条第2款根据2017年3月23日第1983-VIII号法律修改〕

3. 财产担保人有权以遗嘱处分被设定财产担保的财产。限制财产担保人以遗嘱处分被设定财产担保的财产的法律行为,是法定无效的。

4. 仅在法律规定的情形,财产担保权人才有权使用移转给其的财产担保标的。根据合同对财产担保权人可以设定从财产担保标的提取自然孳息和法定孳息的义务。

第587条 财产担保标的的占有人的义务

1. 财产担保标的的占有人有义务实施以下行为,但合同另有规定的除外:

（1）采取保持财产担保标的的必要措施;

（2）以适当方式维系财产担保标的;

（3）立即通知财产担保另一方当事人关于发生财产担保标的毁坏或者损坏风险的情况。

2. 占有财产担保标的的财产担保人,在因其过错使被设定财产担保的财产遗失、腐坏、损坏、毁坏的情形,有义务替换或者恢复该财产,但合同另有约定的除外。

3. 占有财产担保标的的财产担保权人,在因其过错使被设定财产担保的财产灭失、腐坏、损坏、毁坏的情形,有义务向财产担保人赔偿所致的损失。

第588条 再次财产担保

1. 允许对已经设立财产担保的财产进行再次财产担保,但先前的合同或者法律另有规定除外。

2. 财产的再次财产担保,不终止先前财产担保权人的财产担保权。

3. 对于由被设定财产担保的财产满足自己的请求,第一财产担保权人相对于再次财产担保权人享有优先权。再次财产担保权人的请求,依照财产担保权产生顺序的程序予以满足,但本条第4款规定的情形除外。

4. 可移动财产是财产担保标的的,对于由被设定财产担保的财产满足请求,已登记财产担保的财产担保人相对于未登记财产担保和晚登记财产担保的财产担保权人享有优先权。

5. 未登记财产担保的财产担保人,有义务向每一位财产担保权人提供关于所有先前被设定财产担保的财产的信息,其范围由本法典第 584 条规定。财产担保人有义务赔偿因其未履行该义务所致任何财产担保权人所产生的损失。

〔第 588 条根据 2003 年 11 月 18 日第 1255-IV 号法律修改〕

第 589 条　不履行财产担保所担保的债的法律后果

1. 在不履行财产担保所担保的债的情形,财产担保权人取得追索财产担保标的的权利。

2. 由财产担保标的,财产担保权人有权全额满足在实际满足时所确定的自己的请求,包括支付利息、违约金、赔偿侵害债的关系所致的损失、维系被设定财产担保的财产的必要费用,以及与提出请求有关的费用,但合同另有约定的除外。

第 590 条　对财产担保标的的追索

1. 对财产担保标的的追索根据法院判决进行,但合同或者法律另有规定的除外。

2. 当债未在规定的期限(期间)履行的情形,财产担保权人取得对财产担保标的的追索权,但合同或者法律另有规定的除外。

3. 在法人财产担保人清算的情形,无论财产担保所担保的债的履行期限是否开始,财产担保权人取得对设定财产担保的财产的追索权。

4. 在债务人部分履行财产担保所担保的债的情形,对财产担保标的的追索权在最初的范围内保留。

5. 两个或者多个物(两项或者多项权利)是财产担保标的的,追索可以对这些物(财产)的全部或者对财产担保权人选择的任何物(权利)进行。

财产担保权人对一个物(权利)进行追索,但其请求将无法全额得到满足的,其保留对成为财产担保标的的其他物(权利)的财产担保权。

第591条　财产担保标的的变现

1. 被追索的财产担保标的的变现,通过拍卖进行,但合同或者法律另有规定的除外。以拍卖变现财产担保标的的程序,由法律规定。

2. 拍卖财产担保标的的开价,依照合同或者法律规定的程序确定。根据法院判决进行追索的,法院在其判决中可以确定财产担保标的的开价。

3. 拍卖未成立的,财产担保标的可以根据财产担保权人与财产担保人的协议,按照开价移转财产担保权人所有,但合同或者法律另有规定的除外。

4. 变现财产担保标的所得款项未能抵偿财产担保权人请求的,其有权依照本法典第112条规定的顺序,由债务人的其他财产获取未受抵偿的款项,但合同或者法律另有规定的除外。

第592条　财产担保所担保的债的提前履行

1. 在以下情形,财产担保权人有权要求提前履行财产担保所担保的债:

(1)对必须取得财产担保权人同意的,未经财产担保权人同意,财产担保人向其他人移转财产担保标的的;

(2)财产担保人违反关于财产担保标的的替换规则的;

(3)在财产担保权人不负责的情势财产担保标的的灭失,财产担保人不替换或者恢复财产担保标的的。

2. 在以下情形,财产担保权人有权要求提前履行财产担保所担

保的债,在其请求未得到满足的,其有权追索财产担保标的:

(1)财产担保人违反关于再次财产担保的规则的;

(2)财产担保人违反关于财产担保标的支配规则的;

(3)法律规定的其他情形。

第593条 财产担保权的终止

1. 在以下情形,财产担保权终止:

(1)财产担保所担保的债终止的;

(2)财产担保标的灭失,财产担保人未替换财产担保标的的;

(3)财产担保标的变现的;

(4)财产担保权人取得对财产担保标的的所有权的。

　　财产担保权也可在法律规定的其他情形终止。

2. 在对不可移动财产的财产担保权终止的情形,应将相关数据记入国家登记簿。

3. 在因履行财产担保所担保的债而终止财产担保权的情形,占有被设定财产担保的财产的财产担保权人,有义务立即将其返还财产担保人。

4. 作为债的关系中债务人,因法人债务人清算所致主债的终止,财产担保权人对清算的法人债务人通过提起诉或者提出请求的方式追索财产担保(抵押)标的以实现自己权利的,不终止对债务人和(或)该债务人的财产担保人移转财产担保的财产的财产担保(抵押)权。

　　〔第593条根据2018年7月3日第2478-VIII号法律增补第4款〕

第7节 留置

第594条 留置的概念

1. 合法占有物的债权人,该物本应移转债务人或者债务人指定的人,在其不履行到期的债的情形,即未支付该物的费用或者未向债权人赔偿与其有关的费用和其他损失的,债权人有权将该物留置,直至债务人履行债。

2. 物的留置可以担保债权人的其他请求,但合同或者法律另有规定的除外。

3. 在物移转债权人占有之后所产生的对物的权利由第三人取得的情形,债权人仍有权留置该物。

4. 留置物偶然毁坏或者偶然损坏的风险由债权人承担,但法律另有规定的除外。

第595条　留置物的债权人的义务

1. 留置物的债权人有义务将此情形立即告知债务人。

2. 债权人对灭失、腐坏或者损坏的发生有过错的,其对留置物的灭失、腐坏或者损坏负责。

3. 债权人无权使用其留置的物。

第596条　对债权人留置的物的支配

1. 对留置债务人的物的债权人,不移转对物的所有权。

2. 其物被债权人留置的债务人,经告知取得者关于物的留置和债权人权利的事项后,有权处置该物。

第597条　由债权人留置的物满足其请求

1. 留置物的债权人的请求,根据本法典第591条由其价值获得满足。

第50章　债的终止

第598条　债的终止的根据

1. 基于合同或者法律的规定,债可以部分或者全部终止。

2. 仅在合同或者法律规定的情形,允许根据当事人一方的请求终止债。

3. 根据在证券交易所订立的有价证券买卖合同的债的终止的特殊性,由立法规定。

　〔第 598 条根据 2012 年 7 月 6 日第 5178-VI 号法律增补第 3 款〕

4. 法律可以规定不允许基于特定的根据终止债的情形。

　〔第 598 条根据 2015 年 7 月 16 日第 629-VIII 号法律增补第 4 款〕

第 599 条　因履行的债的终止

1. 债因以应有方式进行的履行而终止。

第 600 条　因支付赔偿金的债的终止

1. 根据当事人的协议,债因债务人向债权人支付赔偿金(金钱、其他财产)而终止。

第 601 条　因抵销的债的终止

1. 债因相对的、同类请求的抵销而终止,该请求可以是履行期限已到、履行期限没有规定或者以请求提出的时刻确定履行期限的请求。

2. 相对请求的抵销,可以依当事人一方的申请进行。

第 602 条　不允许抵销的相对请求

1. 以下相对请求不允许抵销:

　(1) 关于因残疾、对健康的其他损害或者死亡所致的损害赔偿请求;

　(2) 关于追索扶养费的请求;

　(3) 对终生供养(照料)的请求;

（4）在诉讼时效届满的情形。

①根据当事人为无清偿能力的银行的债所产生的请求,但法律规定的情形除外。

〔第 602 条第 1 款根据 2015 年 7 月 16 日第 629-VIII 号法律增补第 4-1 项〕

（5）在合同或者法律规定的其他情形。

第 603 条　在债权人变更情形的抵销

1. 在债权人变更的情形,债务人对原债权人的相对请求,有权向新债权人提出。

2. 在债权人变更的情形,请求基于债务人得到关于债权人变更的书面告知时已经存在的根据产生的,可以进行抵销,该请求可以是在其得到书面告知前到期的,或者该期限没有规定,或者以提出请求的时刻确定该期限的。

债务人没有得到关于债权人变更的书面告知,请求基于新债权人向债务人提出请求时已经存在的根据产生的,可以进行抵销,债务人对新债权人向其提出的请求履行自己义务的,请求基于在其履行时已经存在的根据产生的,可以进行抵销。

第 604 条　因当事人协议的债的终止

1. 债因当事人的协议而终止。

2. 债因当事人关于他们之间以新债替换原债的协议而终止（更新）。

3. 关于因赔偿残疾、对健康的其他损害或者死亡所致损害的债,关于支付扶养费的债和法律规定的其他情形,不允许进行更新。

4. 更新终止与原债有关的补充的债,但合同另有约定的除外。

第 605 条　因债务豁免的债的终止

1. 债因债权人免除债务人对其的义务(债务豁免)而终止,但不得损害第三人对债权人财产的权利。

第606条 因债务人和债权人同归于一人的债的终止

1. 债因债务人和债权人同归于一人而终止。

第607条 因履行不能的债的终止

1. 债因履行不能而终止,该履行不能须与当事人任何一方都不负责的情势有关。

第608条 因自然人死亡的债的终止

1. 与债务人人身密不可分,并且因此无法由其他人履行的债,因债务人死亡而终止。

2. 与债权人人身密不可分的债,因债权人死亡而终止。

第609条 因法人清算的债的终止

1. 债因法人(债务人或债权人)清算而终止,但法律或者其他规范性法律文件将被清算法人的债的履行施加给其他法人的除外,包括因赔偿残疾、对健康的其他损害或者死亡所致损害的债。

第51章 侵害债的关系的法律后果,
侵害债的关系的责任

第610条 债的关系的侵害

1. 债的不履行,或者违反债的内容所确定的条件的履行(不当履行),是对债的关系的侵害。

第611条 侵害债的关系的法律后果

1. 在侵害债的关系的情形,发生合同或者法律规定的后果,包括:

（1）对于合同或者法律有规定的,因单方拒绝债的关系的债
的终止,或者合同解除;

（2）合同条件的变更;

（3）支付违约金;

（4）赔偿损失和精神损害。

2. 在债务人侵害消极之债的情形,无论是否偿付违约金和（或）
赔偿损失和精神损害,债权人都有权请求停止债务人有义务
不应实施的行为,但不得违反债的内容。在对该债的关系产
生侵害的现实危险的情形,债权人也可提出该请求。

〔第 611 条根据 2017 年 3 月 23 日第 1984-VIII 号法律增补第
2 款〕

第612条　债务人的逾期

1. 债务人不准备履行债,或者在合同或者法律规定的期限不履
行债的,视为逾期。

2. 逾期履行债的债务人,就逾期所致的损失和逾期后意外发生
的履行不能,向债权人负责。

3. 因债务人逾期,债的履行使得债权人利益丧失的,债权人有权
拒绝接受履行,并且请求赔偿损失。

4. 因债权人逾期导致债无法履行的,不发生债务人的逾期。

第613条　债权人的逾期

1. 债权人拒绝接受债务人所为的适当履行,或者不实施合同、民
事立法文件、债的实质或者商事流转惯例规定的行为,而在实
施这些行为前债务人无法履行自己义务的,视为逾期。

在本法典第 545 条第 4 款规定的情形,视为债权人逾期。

2. 债权人不实施行为,在该行为实施前债务人无法履行自己义
务的,对债权人逾期的时间,可以在债的履行时延期。

3. 债权人证明延期不是其过错的结果,或者法律规定或债权人委托的人已经接受履行的,债务人无权请求赔偿债权人逾期所致的损失。

4. 金钱之债的债务人不支付债权人逾期期间的利息。

第 614 条　作为侵害债的关系的责任根据的过错

1. 侵害债的关系的人,存在其过错的(故意或过失),应当承担责任,但合同或者法律另有规定的除外。

　　证明其已采用债的适当履行的所有措施的,该人是无过错的。

2. 侵害债的关系的人,应当证明不存在自己的过错。

3. 免除或者限制故意侵害债的关系的责任的法律行为,是法定无效的。

第 615 条　对债的关系的单方拒绝

1. 在一方当事人侵害债的关系的情形,另一方当事人有权部分或者全部地拒绝债的关系,但合同或者法律另有规定的除外。

2. 对债的关系的单方拒绝,不免除过错方侵害债的关系的责任。

3. 因部分或者全部地单方拒绝债的关系,相应地应当进行债的条件变更或者债的终止。

第 616 条　债权人过错侵害债的关系的法律后果

1. 债权人过错侵害债的关系的,法院应当相应减少自债务人处收取的损失和违约金的数额。

2. 债权人故意或者过失致使侵害债的关系所致的损失数额扩大,或者未采取使其减少的措施的,法院有权减少自债务人处收取的损失和违约金的数额。

第 617 条　免除侵害债的关系的责任的根据

1. 侵害债的关系的人,证明该侵害是因意外或者不可抗力发生的,免除承担侵害债的关系的责任。

债务人的立约人不遵守自己的义务,市场上没有债的履行所必须的商品,债务人没有必要的资金,不视为意外。

第 618 条　债务人对其他人行为的责任

1. 被附加履行义务的其他人(本法典第 528 条)侵害债的关系的,债务人为其负责,但合同或者法律规定直接履行者责任的除外。

第 619 条　辅助责任

1. 合同或者法律可以在规定债务人责任时,一并规定其他人的补充(辅助)责任。

2. 在向承担辅助责任的人提出请求前,债权人应当向主债务人提出请求。

主债务人拒绝满足债权人请求,或者债权人在合理期限内未收到其对所提请求的回应的,债权人可以在全部范围内向承担辅助责任的人提出请求。

3. 对于可以通过对主债务人相对请求的抵销获得满足的请求,债权人不得向承担辅助责任的人请求满足。

4. 承担辅助责任的人,应当在满足债权人向其提出的请求前,将此情形告知主债务人,在提起诉的情形,应当提交关于追加主债务人参加案件的申请。

在承担辅助责任的人不遵守这些要求的情形,主债务人对有权对抗债权人的异议,其可以向承担辅助责任的人提出,以对抗其追索请求。

第 620 条　不履行移转特定物的义务的法律后果

1. 在债务人不履行向债权人移转所有或者使用特定物的情形,债权人有权向债务人索取该物,并请求根据债的条件移转该物。

2. 在特定物已经移转第三人所有或者使用的情形,债权人丧失向债务人索取该物的请求。

特定物尚未移转的,在多数债权人中,对其有利的债的关系产生较早的债权人享有取得该物的优先权,无法确定债的关系产生先后的,第一个提起诉的债权人享有取得该物的优先权。

第 621 条 由债务人付费的债的履行

1. 在债务人不完成对债权人的特定工作或者不向债权人提供劳务的情形,债权人有权以本人的力量完成该工作,或者将其委托第三人完成或提供劳务,并要求债务人赔偿损失,但合同、民事立法文件另有规定或者债的本质另有结论的除外。

第 622 条 责任与债的实际履行

1. 偿付违约金和赔偿因侵害债的关系所致损失的债务人,不被免除债的实际履行的义务,但合同或者法律另有规定的除外。

2. 在债权人拒绝接受因逾期而丧失利益(本法典第 612 条)或者移转赔偿金(第 600 条)的履行的情形,债务人被免除债的实际履行义务。

3. 在债权人拒绝合同(本法典第 615 条)的情形,债务人被免除债的实际履行义务。

第 623 条 侵害债的关系所致损失的赔偿

1. 侵害债的关系的债务人,应当向债权人赔偿其所致的损失。

2. 侵害债的关系所致损失的数额,应当由债权人证明。

3. 损失的确定,应当考虑在应当进行债的履行的地方,债务人自愿满足债权人请求的那一天存在的市场价格,请求不是被自愿满足的,应当考虑提起诉的那一天所存在的市场价格,但合同或者法律另有规定的除外。法院可以考虑在判决作出的那一天存在的市场价格,满足关于赔偿损失的请求。

4. 在确定未取得的收益(预期利益)时,应当考虑债权人对取得它们所采取的措施。

第624条 损失和违约金

1. 因侵害债的关系而规定违约金的,其应当全额追索,与是否赔偿损失无关。

2. 合同可以规定仅在违约金没有覆盖的范围内赔偿损失的义务。

3. 合同可以规定没有损失赔偿权的对违约金的追索,或者债权人选择追索违约金或者赔偿损失的可能性。

第625条 侵害金钱之债的责任

1. 因其对金钱之债履行不能的,不免除债务人的责任。

2. 逾期履行金钱之债的债务人,依债权人的请求,有义务偿付债务的金额,该金额应当考虑逾期期间通货膨胀指数的债务金额,合同或者法律没有规定其他利率数额的,还应当考虑逾期金额的年利率。

第 II 编　关于合同的总则

第 52 章 合同的概念和条件

第 626 条 合同的概念和种类

1. 两方或者多方当事人旨在规定、变更或者终止民事权利和义务的协议,是合同。

2. 一方当事人向另一方当事人承担实施特定行为或者不实施特定行为的义务,另一方当事人仅有请求权,对第一方当事人不产生相对义务的,是单方合同。

3. 合同双方当事人分享权利和义务的,是双方合同。

4. 对超过两方当事人订立的合同(多方合同),适用关于合同的总则,但不得违反这些合同的多方性质。

5. 合同是有偿的,但合同、法律另有规定或者合同的实质另有结论的除外。

第 627 条 合同自由

1. 根据本法典第 6 条,在订立合同、选择立约人和确定合同条件方面当事人是自由的,但应考虑本法典、民事立法的其他文件、商事流转惯例的要求,合理和公平的要求。

2. 在自然人—消费者参加的合同中,应当考虑关于消费者权利保护的立法的要求。

〔第 627 条根据 2011 年 9 月 22 日第 3795-VI 号法律增补第 2 款〕

第 628 条 合同的内容

1. 由当事人意志确定并经其达成协议的条件(条款),和根据民事立法文件具有强制性的条件,构成合同的内容。

2. 当事人有权订立在其中包含各种合同要素的合同（混合合同）。对混合合同中当事人的关系,适用关于混合合同中所包含要素的合同的民事立法文件的相关部分的规定,但合同另有规定或者混合的实质另有结论的除外。

第629条 合同的强制性

1. 合同就履行而言对当事人是强制性的。

第630条 合同的典型条件

1. 合同可以规定,其特定条件根据依照规定程序颁布的特定种类合同的典型条件确定。

2. 在合同中不包含对典型条件的援引的,该典型条件可以作为商事流转惯例适用,但应当符合本法典第7条的要求。

第631条 合同的期限

1. 当事人根据合同行使自己权利和履行自己义务的期间,是合同的期限。

2. 合同自其订立时起生效。

3. 当事人可以规定,合同的条件适用于订立合同前产生的他们之间的关系。

4. 合同期限的终结,不免除当事人在合同有效期违反合同的责任。

第632条 价格

1. 合同中的价格根据当事人的协议规定。

在法律规定的情形,适用被授权的国家政权机关或者地方自治机关所规定或者调整的价格(税率、工资率等)。

2. 合同订立后价格的变更,仅在合同或者法律规定的情形和条件下才允许进行。

3. 不允许在合同履行后变更合同中的价格。

4. 在合同中没有规定价格,并且由合同条件无法确定的,由合同订立时形成的类似商品、工作或者劳务的通常价格确定。

第633条 公共合同

1. 在合同中,一方当事人是经营者,承担着向每一个对其提出请求的人销售商品、完成工作或者提供劳务(零售,公共交通运输,通讯服务,医疗、酒店、银行服务等)的义务的,该合同是公共合同。

2. 公共合同的条件对所有消费者都是相同的,但根据法律提供相应优惠的情形除外。

3. 经营者无权向一位消费者提供相对其他消费者而言关于订立公共合同的优先权,但法律另有规定的除外。

4. 在具备向消费者提供相应商品(工作、劳务)的可能性时,经营者无权拒绝订立公共合同。

   在经营者无根据地拒绝订立公共合同的情形,其应当向消费者赔偿该拒绝所致的损失。

5. 民事立法文件可以规定对于当事人具有强制性的订立和履行公共合同的规则。

6. 公共合同的条件违反本条第2款,和对于当事人具有强制性的订立和履行公共合同的规则的,是法定无效的。

第634条 加入的合同

1. 当事人一方以表格或者其他标准形式规定合同的条件,仅可通过另一方当事人整体加入所提供合同的方式订立的合同,是加入的合同。另一方当事人不得提供自己的合同条件。

2. 加入的合同剥夺当事人通常拥有的权利,以及排除或者限制另一方当事人侵害债的关系的责任,或者包含明显加重加入合同的当事人负担的其他条件的,可以根据加入合同的当事人的请求予以变更或者解除。

3. 因进行经营活动而加入合同的当事人提出关于变更或者解除合同请求的,提供加入合同的当事人证明加入合同的当事人知道或者可以知道其在什么条件下加入合同的,可以拒绝满足这些请求。

第 635 条 预备合同

1. 合同当事人有义务在确定的期限(确定的期间),在预备合同规定的条件下订立将来的合同(主合同),这种合同是预备的。

　　法律可以规定对期限(日期)的限制,在该期限(日期)内应当基于预备合同订立主合同。

　　预备合同没有规定主合同的实质条件的,依照当事人在预备合同中规定的程序予以商定,但民事立法文件规定该程序的除外。

　　预备合同以为主合同规定的形式订立,主合同的形式没有规定的,以书面形式订立。

2. 没有根据地逃避预备合同规定的合同的当事人,应当向另一方当事人赔偿逾期所致的损失,但预备合同或者民事立法文件另有规定的除外。

3. 在预备合同规定的期限(期间)内没有订立主合同,或者没有一方当事人向对方当事人提出订立主合同建议的,预备合同规定的债终止。

4. 在关于意向的合同(意向书等)中,当事人对提供给其的预备合同的作用没有意思表示的,不视为预备合同。

第 636 条 为第三人利益的合同

1. 在合同中,债务人有义务为合同中规定或者没有的第三人利益履行自己义务的,这种合同是为第三人利益的合同。

2. 订立合同的人以及为其利益规定履行的第三人,可以请求履行为第三人利益的合同履行,但合同或者法律另有规定或者合同本质另有结论的除外。

3. 自第三人表达享用自己权利的意图时起,未经第三人同意,当事人不得解除或者变更合同,但合同或者法律另有规定的除外。

4. 第三人放弃提供给其的基于合同的权利的,为第三人利益订立合同的当事人可以本人享用这些权利,但合同本质另有结论的除外。

第637条　合同条件的解释

1. 对合同条件的解释,根据本法典第213条进行。

2. 在合同条件解释的情形,可以考虑典型条件(典型合同),及时在合同中没有援引这些条件。

第53章　合同的订立、变更和解除

第638条　合同的订立

1. 当事人以适当的形式,根据合同的所有实质条件取得一致的,合同是订立的。

　　关于合同标的的条件,法律确定的对该种类合同而言实质或者必要的条件,以及根据当事人一方申请即可达成协议的条件,是合同的实质条件。

2. 合同通过一方当事人订立合同的提议(要约)和另一方当事人接受提议(承诺)订立。

第639条　合同的形式

1. 合同可以任何形式订立,但法律对合同形式的要求另有规定的除外。

2. 当事人对以特定形式订立合同达成协议的,自赋予其该形式
   时起,其被视为订立,即使法律没有要求该种类合同的这种
   形式。

   当事人协议通过信息—远程通信系统订立合同的,合同视
   为以书面形式订立。

   〔第 639 条第 2 款根据 2015 年 9 月 3 日第 675-VIII 号法律增
   补第 2 段〕

3. 当事人协议以书面形式订立合同,而法律对该合同没有规定
   书面形式的,该合同自当事人签署时起订立。

4. 当事人就公证证明的合同达成协议,而法律对该合同并不要
   求公证证明的,该合同自公证证明时起订立。

   〔第 639 条第 4 款根据 2010 年 6 月 1 日第 2289-VI 号法律、
   2015 年 12 月 25 日第 922-VIII 号法律修改——修改的生效参见
   2015 年 12 月 25 日第 922-VIII 号法律第 IX 章第 1 款〕

   〔第 639 条根据 2005 年 6 月 16 日第 2664-IV 号法律修改〕

第 640 条　合同订立的时刻

1. 自发出订立合同提议的人收到关于接受该提议的回应时起,
   合同订立。

2. 根据民事立法文件移转财产或者实施其他行为对于合同订
   立是必要的,自移转相应财产或者实施特定行为时起,合同
   订立。

3. 应经公证证明的合同,自该证明之日起订立。

   〔第 640 条第 3 款由 2010 年 2 月 11 日第 1878-VI 号法律
   修订〕

第 641 条　订立合同的提议

1. 未来合同当事人的任何一方都可以作出订立合同的提议
（要约）。

　　订立合同的提议应当包含合同的实质条件,表达作出提议
的人在提议被接受的情形自己即负有义务的意图。

2. 广告和向不特定范围的人寄送的其他提议,是邀请订立合同
的提议,但在广告和其他提议中另有指示的除外。

3. 订立合同的提议可以在接收人收到前或者收到时撤回。接收
人已经收到的订立合同的提议,在回应期限内不得撤回,但在
提议中另有指示或者提议的本质、作出提议的情势另有结论
的除外。

第642条　提议的接受

1. 接收订立合同的提议的人的回应,关于提议的接受(承诺)应
当是完全和无条件的。

2. 已经收到订立合同的提议的人,在回应期限内,根据提议所指
示的合同条件实施满足其订立合同意愿的行为(装运商品、提
供劳务、完成工作、支付相应价款等)的,该行为是提议的接
受,但订立合同的提议中另有指示或者法律另有规定的除外。

3. 接受提议的人,在告知作出订立合同提议的人后,在其收到
关于接受提议的回应前或者在接受回应时,可以撤回自己的
回应。

第643条　根据其中指示回应期限的提议订立合同

1. 在订立合同的提议中指示了回应期限,作出提议的人在该期
限内收到关于接受提议的回应的,合同视为订立。

第644条　根据其中未指示回应期限的提议订立合同

1. 订立合同的提议是口头作出的,并且在其中未指示回应期限,
收到提议的人立即宣布接受的,合同视为订立。

2. 订立合同的提议以书面形式作出,其中未指明回应期限,作出
　提议的人在民事立法文件规定的期限内收到回应的,而该期
　限没有规定的,在为此合理的必要期限内收到回应的,合同视
　为订立。

第645条　关于接受迟延收到的提议的回应

1. 关于接受订立合同的提议的回应迟延收到的,作出提议的人
　豁免于相应的债。

2. 关于接受订立合同的提议的回应及时发出但迟延收到的,作
　出订立合同提议的人立即通知收到提议的人关于回应延迟收
　到情况的,其豁免于相应的债。

　　迟延收到的回应,成为新的提议。

3. 经作出提议的人的同意,合同视为订立,可以与关于接受订立
　合同的提议的回应是否发出和(或)是否迟延收到无关。

第646条　关于在其他条件下同意订立合同的回应

1. 关于在不同于所提出的其他条件下同意订立合同的回应,是
　对所收到提议的拒绝,同时对于作出先前提议的人而言是新
　的提议。

第647条　合同订立的地点

1. 合同在作出订立合同提议的自然人的住所地或者法人的所在
　地订立,但合同另有规定的除外。

第648条　合同与国家政权机关、克里米亚自治共和国政权机关、地方自治机关的法律文件

1. 基于国家政权机关、克里米亚自治共和国政权机关、地方自治
　机关的法律文件订立的合同的内容,对合同当事人各方(当事
　人一方)具有强制性,应当符合该文件。

2. 基于国家政权机关、克里米亚自治共和国政权机关、地方自治

机关的法律文件订立的合同订立的特殊性,由民事立法文件规定。

第649条　前合同争议的解决

1. 当事人之间在基于国家政权机关、克里米亚自治共和国政权机关、地方自治机关的法律文件订立合同时和在法律规定的其他情形所产生的纷争,应当由法院解决。

2. 当事人之间基于国家政权机关、克里米亚自治共和国政权机关、地方自治机关的法律文件订立合同时产生的纷争,在根据当事人协议或者法律规定的情形,可以由法院解决。

第650条　在证券交易所、拍卖场所、招投标场所合同的订立

1. 在证券交易所、拍卖场所、招投标场所订立合同等的特殊性,由相应的民事立法文件规定。

第651条　变更或者解除合同的根据

1. 仅经当事人同意,才允许合同的变更或者解除,但合同或者法律另有规定的除外。

2. 在一方当事人实质违反合同的情形和合同或者法律规定的其他情形,依当另一方当事人的请求,根据法院判决,合同可以变更或者解除。

   因一方当事人违反合同所致的损害,另一方当事人在相当程度上丧失其在合同订立时可以预见的利益的,这种违反是实质性的。

3. 在单方全部或者部分拒绝合同的情形,该拒绝权由合同或者法律规定的,合同相应地为解除或者变更。

第652条　因情势实质变更的合同变更或者解除

1. 在情势实质变更的情形,该情势在订立合同时由当事人所控制的,合同可以经当事人同意而变更或者解除,但合同另有规

定或者情势的实质另有结论的除外。

情势变更到一定程度,假如当事人可以预见到,就不会订立合同或者在其他条件下订立合同,这种情势变更是实质性的。

2. 当事人没有就根据实质变更的情势继续合同或者解除合同达成协议的,合同可以基于本条第 4 款规定的根据解除,在同时具备以下条件的,依利害当事人的请求,根据法院判决,可以变更合同:

（1）在合同订立时,当事人的根据是该情势变更不会发生;

（2）在情势变更出现后,利害当事人尽到其所要求的全部关心和注意也未能消除该原因;

（3）合同的履行将侵害当事人财产利益的相互关系,剥夺利害当事人在订立合同时可以预见的利益;

（4）根据合同或者商事流转惯例的本质,情势变更的风险由利害当事人承担。

3. 在因情势实质变更的合同解除的情形,依任何一方当事人的请求,法院确定合同解除的后果,根据必要性原则在当事人之间公平分配其与履行该合同有关的费用。

4. 在以下例外情形,允许根据法院判决变更发生情势实质变更的合同,即合同解除违反社会利益,或者给当事人造成的损失远远超过基于法院所变更的条件履行合同的必要费用。

第 653 条　合同变更或者解除的法律后果

1. 在合同变更时,当事人的债依据变更的条件,对标的、地点、履行期限等进行变更。

2. 在合同解除的情形,当事人的债终止。

3. 在合同变更或者解除的情形,自达成关于合同变更或者解除的协议时起,债发生变更或者终止,但合同另有规定或者合同变更的性质另有决定的除外。依司法程序变更或者解除合同的,自法院关于变更或者解除合同的判决生效时起,债发生变更或者终止。

4. 当事人无权请求赔偿在合同变更或者解除前其根据债的关系履行的部分,但合同或者法律另有规定的除外。

5. 因当事人一方实质违反合同的合同变更或者解除,另一方当事人可以请求赔偿合同变更或者解除所致的损失。

第 654 条　合同变更或者解除的形式

1. 合同变更或者解除,以所变更或者解除的合同本身的形式实施,但合同或者法律另有规定、商事流转惯例另有结论的除外。

第 III 编　债的特定种类

第 1 分编　合同之债

第 54 章　买卖

第 1 节　关于买卖的总则

第 655 条　买卖合同

1. 根据买卖合同,一方当事人(出卖人)将财产(商品)向另一方当事人(买受人)移转或者有义务移转,买受人接受或者有义务接受财产(商品)并为其支付确定的金额。

第 656 条　买卖合同的标的

1. 在订立合同时出卖人所有或者在将来要形成(获取、取得)的商品,可以是买卖合同的标的。

2. 财产权可以是买卖合同的标的。对财产权的买卖合同适用关于买卖的总则,但这些权利的内容或者性质另有结论的除外。

3. 不具有人身性质的请求权可以是买卖合同的标的。对请求权的买卖合同使用关于请求权出让的规定,但合同或者法律另有规定的除外。

4. 在证券交易所、招投标场所、拍卖场所(公开招投标)的买卖合同,外汇和有价证券买卖合同,适用关于买卖的总则,但法律关于该种类的买卖合同另有规定并且其本质另有结论的除外。

5. 特定种类财产的买卖合同,可以由法律规定。

第 657 条　特定种类买卖合同的形式

1. 地块、统一财产综合体、住房(住宅)或者其他不可移动财产的买卖合同,应当以书面形式订立,并经公证证明,但处于税收担保中的财产的买卖合同除外。

〔第 657 条第 1 款根据 2010 年 2 月 11 日第 1878-VI 号法律、2010 年 12 月 2 日第 2756-VI 号法律修改〕

第 658 条 商品出卖权

1. 商品出卖权归属于商品的所有权人,但强制出卖和法律规定的其他情形除外。商品出卖人不是商品的所有权人的,仅在所有权人无权请求返还的情形,买受人才可取得所有权。

第 658-1 条 单方解除合同权利的取得

1. 买卖合同当事人可以约定,一方当事人从对方取得依照单方程序解除本合同的权利。

2. 根据本条第 1 款取得解除合同权利的当事人,在一定期限内没有提出关于履行合同请求的,买卖合同可以解除。当事人可以协商,以该当事人实施特定行为或者在一定期限内或者特定时间发生特定情势为条件,解除买卖合同。

〔法典根据 2017 年 3 月 23 日第 1984-Ⅷ号法律增补第 658-1 条〕

第 659 条 出卖人向买受人提示关于第三人对商品权利的义务

1. 出卖人有义务向买受人提示关于第三人对商品的全部权利(承租权、财产担保权、终身使用权等)的义务。在未履行该要求的情形,买受人不知道或者不可能知道关于第三人对商品权利的,有权要求降低价格或者解除买卖合同。

第 660 条 在第三人提起索取商品之诉的情形买受人和出卖人的义务

1. 第三人依商品出卖前产生的根据向买受人提起索取商品之诉的,买受人应当将此情形告知出卖人,并提出追加其参加案件的申请。

2. 买受人没有向出卖人告知第三人提起索取商品之诉,并且没有提出追加出卖人参加案件申请的,出卖人证明假如其参加案件,其可以预先防止向买受人出卖的商品被夺取的,不对买受人负责。

3. 买受人被追加参加案件,但逃避参加案件审理的,其无权证明被买受人引入案件的不正确性。

第 661 条　在因判决取得买受人商品的情形出卖人的责任

1. 在依商品出卖前产生的根据,根据法院判决为第三人利益收回买受人商品的情形,买受人不知道或者不可能知道存在这些根据的,出卖人应当向买受人赔偿给其造成的损失。

2. 免除或者限制在第三人向买受人索取商品的情形出卖人责任的法律行为,是法定无效的。

第 662 条　出卖人向买受人移转商品的义务

1. 出卖人有义务向买受人移转买卖合同确定的商品。

2. 出卖人向买受人移转商品,应当与商品同时移转其附属品,和与商品有关并且根据买卖合同或者民事立法文件应当与商品一同移转的文件(技术说明书、质量合格证等)。

第 663 条　履行移转商品义务的期限

1. 出卖人有义务在买卖合同规定的期限内向买受人移转商品,合同内容不允许确定该期限的,根据本法典第 530 条的规定予以确定。

第 664 条　出卖人履行移转商品义务的时刻

1. 在以下时刻,出卖人向买受人移转商品的义务视为履行:

(1)合同规定出卖人运送商品义务的,将商品交付买受人的时刻;

(2)商品应当根据商品所在地移转买受人的,将商品提供买受人支配的时刻。

买卖合同可以规定买受人履行移转商品义务的其他时刻。

在合同规定的期限,商品准备在适当的地点移转买受人,并且买受人得到关于此情形的通报的,视为提供买受人支配。商品移转的准备应当以符合本合同目的的方式进行,包括做标记。

2. 买卖合同没有规定出卖人运送商品或者在商品所在地移交义务的,在将商品交付向买受人运送的承运人或者邮政组织时,出卖人向买受人移转商品的义务视为履行。

第 665 条　出卖人拒绝移转商品的法律后果

1. 在出卖人拒绝移转已出卖商品的情形,买受人有权拒绝买卖合同。

2. 出卖人拒绝移转特定物的,买受人有权根据本法典第 620 条向出卖人提出请求。

第 666 条　出卖人不履行移转商品的附属品和与商品有关的文件的义务的法律后果

1. 出卖人不向买受人移转商品的附属品和与商品有关并且根据买卖合同或者民事立法文件应当与商品一同移转的文件的,买受人有权确定其移转的合理期限。

2. 在合理的期限内,出卖人没有移转商品的附属品和与商品有关的文件的,买受人有权拒绝买卖合同,并将商品返还出卖人。

第 667 条　出卖人保管已出卖商品的义务

1. 所有权移转买受人早于商品移转的,买受人有义务在移转前保管商品,防止其变坏。为此支出的必要费用,买受人有义务向出卖人赔偿,但合同另有规定的除外。

第 668 条　商品意外灭失或者意外损坏风险的移转

1. 自向买受人移转商品时起,商品意外灭失或者意外损坏的风险移转买受人,但合同或者法律另有规定的除外。

2. 在商品运输时出卖的商品,其意外灭失或者意外损坏的风险,自订立买卖合同时起移转买受人,但合同或者商事流转惯例另有规定的除外。

3. 在订立合同时出卖人知道或者可以知道商品遗失或者损坏,但未将此情形告知买受人的,依买受人的申请,关于自将商品交付第一承运人时起商品意外灭失或者意外损坏的风险移转买受人的合同条件,可以由法院认定无效。

第 669 条　商品的数量

1. 出卖商品的数量,由买卖合同中相应的度量或者货币单位表示。

2. 关于商品数量的条件,可以依照买卖合同规定的确定该数量的程序予以确定。

第 670 条　违反关于商品数量的合同条件的法律后果

1. 出卖人向买受人移转的商品数量少于买卖合同规定的,买受人有权请求移转不足部分的商品数量或者拒绝移转的商品和支付价款,已经支付价款的,有权请求返还已经支付的价款。

2. 出卖人向买受人移转的商品数量多于买卖合同规定的,买受人有义务将此情形告知出卖人。在收到告知后的合理期限内出卖人未处置商品,买受人有权接受所有商品,但合同另有规定的除外。

3. 买受人接受的商品数量多于买卖合同规定的,其有义务根据合同为商品所规定的价格,为额外接收的商品进行支付,但根据当事人的协议规定了其他价格的除外。

第 671 条　商品的品种

1. 根据买卖合同,商品应当根据种类、式样、规格、颜色或者其他
   特征(品种)移转的,出卖人有义务以当事人商定的品种向买
   受人移转商品。

2. 买卖合同没有规定商品品种或者依照合同规定的程序没有确
   定样品,但从债的关系的实质可以得出,商品应当根据品种向
   买受人移转的,出卖人有权依照在合同订立时其所知的买受
   人需求的品种向买受人移转商品,或者拒绝合同。

第672条　违反对商品品种的合同条件的法律后果

1. 出卖人移转不符合买卖合同条件规定品种的商品的,买受人
   有权拒绝接受和支付价款,其已经支付的,有权请求返还已经
   支付的金额。

2. 出卖人向买受人移转商品,其一部分的品种符合买卖合同的
   条件,另一部分的品种违反合同条件的,买受人有权选择:

   (1)接受符合合同条件的商品的部分,拒绝商品的其余部分;

   (2)拒绝所有商品;

   (3)请求以合同规定的品种的商品,替换不符合品种的商品
   　　的部分。

   (4)接受全部商品。

3. 在拒绝其品种不符合买卖合同条件的商品,或者提出关于替
   换该商品的请求的情形,买受人有权拒绝支付该商品的价款,
   其已经支付的,有权请求返还已经支付的金额。

4. 买受人在收到其品种不符合买卖合同条件的商品后,在合理
   期限内没有告知出卖人关于自己拒绝该商品的情形的,该商
   品视为被接受。

5. 买受人没有拒绝其品种不符合买卖合同条件的商品的,其有
   义务根据与出卖人协议的价格进行支付。

出卖人在合理期限内没有采取针对协议价格的必要措施的,买受人可以根据买卖合同订立时对类似商品适用的价格对商品进行支付。

第 673 条　商品的质量

1. 出卖人应当向买受人移转质量符合买卖合同条件的商品。

2. 在买卖合同中没有对商品质量的条件的,出卖人有义务向买受人移转适于该类商品通常使用目的的商品。

在订立买卖合同时,买受人向出卖人告知商品取得的具体目的的,出卖人应当向买受人移转根据该目的适于使用的商品。

3. 在根据样式和(或)说明书出卖商品的情形,出卖人应当向买受人移转符合样式和(或)说明书的商品。

4. 法律规定对商品质量的要求的,出卖人有义务向买受人移转符合该要求的商品。

出卖人和买受人可以商定移转质量高于法律规定要求的商品。

第 674 条　商品符合立法要求的证明

1. 商品符合立法要求,根据法律和其他规范性法律文件规定的方式、依照法律和其他规范性法律文件规定的程序予以证明。

第 675 条　商品质量的保障

1. 出卖人向买受人移转或者应当移转的商品,应当符合在向买受人移转商品时对其质量的要求,但买卖合同对商品符合该要求规定其他时刻的除外。

2. 合同或者法律可以规定出卖人保障商品质量的期限(保障期)。

3. 商品质量的保障适用于配套的产品,但合同另有规定的除外。

第 676 条　保障期的计算

1. 保障期自商品移转买受人时起开始,但买卖合同另有规定的除外。

2. 对因取决于出卖人的情势买受人无法使用商品直至出卖人消除该原因的期间,买卖合同规定的保障期应延长相应的时间。

   对因发现商品存在瑕疵无法使用的期间,依照本法典第 688 条规定的程序将此情形告知出卖人的,买卖合同规定的保障期应延长相应的时间。

3. 对配套产品的保障期等于对主产品的保障期,并与其同时开始计算。

4. 在以符合买卖合同条件的商品(配套产品)替换不符合质量的商品(配套产品)的情形,对其的保障期自替换时起开始计算。

第 677 条　商品的有效期

1. 法律或者其他规范性法律文件可以规定期限,该期限届满的,商品视为不适于根据用途的使用(有效期)。

2. 商品的有效期由时段确定,该时段自其制造之日起算,在时段持续期间商品是适于使用的,或者在时段开始的期限(日期)商品是适于使用的。

3. 出卖人有义务向买受人移转规定有效期的商品,并考虑其可以在该期限届满前根据用途进行使用。

第 678 条　移转不符质量要求商品的法律后果

1. 接受移转不符质量要求商品的买受人,无论是否有可能根据用途使用商品,有权依自己的选择向出卖人提出如下请求:

   (1)相应地减少价格;

   (2)在合理期限内无偿消除商品的瑕疵;

   (3)赔偿消除商品瑕疵的费用。

2. 在实质违反对商品质量要求的情形(发现无法消除的瑕疵,瑕疵的消除与不成比例的费用或者时间消耗有关,多次出现或者消除后重新出现的瑕疵),买受人有权依自己的选择实施以下行为:

(1)拒绝合同并请求返还已为商品支付的价款;

(2)请求替换商品。

3. 不符质量要求商品的出卖人不是其制造人的,关于替换、无偿消除商品瑕疵和赔偿损失的请求可以向商品出卖人或者制造人提出。

4. 本法典或者其他法律没有其他规定的,使用本条的规定。

第 679 条　出卖人负责的商品瑕疵

1. 买受人证明商品瑕疵在商品移转买受人之前产生或者根据此前产生的原因产生的,出卖人对商品瑕疵负责。

2. 出卖人提供商品质量保障,其不能证明商品瑕疵是在其移转买受人后,因买受人违反商品使用或者保存规则、第三人的行为或者不可抗力产生的,出卖人应当为商品瑕疵负责。

第 680 条　瑕疵发现和因已出卖商品瑕疵提出请求的期限

1. 瑕疵在本条规定的期限内发现的条件下,买受人有权因商品瑕疵提出请求,但合同或者法律另有规定的除外。

2. 对商品没有规定保障期或者有效期,瑕疵在自商品移转买受人之日起两年内的合理期限被发现的,对不可移动财产自商品移转买受人之日起三年内的合理期限被发现的,可以提出与商品瑕疵有关的请求。

无法确定不可移动财产移转之日或者买受人在订立合同之前即占有不可移动财产的,前述期限自合同订立之日起算。

发现运送或者由邮局寄送的商品瑕疵的期限,自在目的地收到商品之日起算。

3. 对商品规定保障期的,买受人有权提出与在该期限内发现的商品瑕疵有关的请求。

　　对配套产品规定短于主产品的保障期,配套产品的瑕疵在对主产品的保障期内被发现的,买受人有权提出与该瑕疵有关的请求。

　　对配套产品规定长于主产品的保障期,配套产品的瑕疵在对配套产品的保障期内被发现的,买受人有权提出与商品瑕疵有关的请求,无论主产品的保障期是否过期。

4. 规定有效期的商品的瑕疵在商品有效期内被发现的,买受人有权提出与商品瑕疵有关的请求。

5. 买受人在在保障期或者有效期届满后发现商品瑕疵,其可以证明商品瑕疵在向其移转商品前产生或者根据此前产生的原因产生的,出卖人应当承担责任。

第 681 条　适用于与已出卖商品瑕疵有关的请求的诉讼时效

1. 对与已出卖商品瑕疵有关的请求,适用一年诉讼时效,自本法典第 680 条规定的期限内发现瑕疵之日起算,对商品规定保障期(有效期)的,自保障期内发现瑕疵之日起算。

第 681-1 条　从买受人处召回商品的法律后果

1. 在商品制造人根据法律从买受人处召回商品的情形,买受人有权依自己的选择请求出卖人或者制造人:

　　(1)在合理期限内无偿消除商品瑕疵;

　　(2)返还已为商品支付的价款;

　　(3)以出卖人(制造人)所有的相同或者同类商品替换商品。

2. 在商品召回的情形应向买受人返还的为商品已支付的价款,由召回时该商品的价格确定,在价格降低的情形,由买受人取得商品时的价格确定。

3. 在商品买受人向制造人或者制造人授权的其他人实际返还时，或者根据与买受人协议的其他期限，制造人应当向买受人返还其为商品支付的款项。

4. 对于不由本条调整的与从买受人处召回商品法律后果有关的关系，使用本节和关于消费者权利保护立法的规定。

〔法典根据 2010 年 12 月 2 日第 2735-VI 号法律增补第 681-1 条〕

第 682 条　商品的配套性

1. 出卖人有义务向商品买受人移转符合买卖合同关于配套性的条件。

2. 买卖合同没有规定关于商品配套性的条件的，出卖人有义务向买受人移转的商品，应当符合由商事流转惯例或者其他通常提出的要求所确定的配套性。

第 683 条　商品的配套品

1. 买卖合同规定出卖人向买受人移转一套配套商品（商品的配套品）的，自出卖人移转包括配套品在内的所有商品时起，债为履行。

2. 出卖人有义务同时移转成为配套品的所有商品，但合同另有规定或者债的本质另有结论的除外。

第 684 条　移转未配套商品的法律后果

1. 在移转未配套商品的情形，买受人有权依自己的选择提出如下请求：

（1）成比例地降低价格；

（2）在合理期限内补足商品。

2. 出卖人在合理期限内未补足商品的，买受人有权依自己的选择实施如下行为：

(1)请求以配套的商品替换未配套的商品；

(2)拒绝合同并请求返还已支付的款项。

3. 本条第1、2款规定的后果，适用于出卖人违反向买受人移转商品配套品义务的情形(本法典第683条)，但合同另有规定或者债的本质另有结论的除外。

第685条　根据买卖合同的包装物和包装 [①]

1. 出卖人有义务向买受人移转有包装物和(或)包装的商品，但买卖合同另有规定或者债的本质另有结论的除外。

　　移转有包装物和(或)包装的商品的义务，不适用于根据性质不需要有包装物和(或)包装的商品。

2. 商品应当在包装物和(或)以通常方式包装的包装中移转，在没有包装物、包装时，应当以在保存和运输的通常条件下保障该种类商品完整性的方式移转，但买卖合同对包装物和(或)包装规定要求的除外。

3. 从事经营活动的出卖人，有义务向买受人移转有符合民事立法文件规定的要求的包装物和(或)包装的商品。

第686条　移转违反关于包装物和(或)包装要求的商品的法律后果

1. 出卖人向买受人移转没有包装物和(或)包装或者不当包装物和(或)包装的商品的，买受人有权请求出卖人移转适当包装物和(或)包装的商品，或者替换不适当的包装物和(或)包装的商品，但债的本质或商品的性质另有结论或者因移转不符

---

　　① 关于包装物(тара)和包装(упаковка)的概念，根据相关的标准，包装是指保护产品免受损坏和遗失、保护环境免受污染，以及保障流转过程的手段或者手段的综合体；包装物是包装的基本元素，是安置产品的一种制品。

合质量要求标准的商品向其提出其他请求(本法典第 678 条)
的除外。

第 687 条 出卖人遵守买卖合同条件的检验

1. 出卖人对买卖合同条件的遵守的检验,包括商品的数量、品
   种、质量、配套性、包装物和(或)包装和其他合同条件,在合同
   或者民事立法文件规定的情形、依照合同或者民事立法文件
   规定的程序进行。

   规范性法律文件就标准化问题,规定对商品数量、品种、质
   量、配套性、包装物和(或)包装检验程序的要求的,合同确定
   的检验程序应当符合这些要求。

2. 根据本条第 1 款没有规定出卖人遵守买卖合同条件检验程
   序的,根据商事流转惯例或者在该情形通常提出的要求进行
   检验。

3. 检验商品的数量、品种、质量、配套性、包装物和(或)包装(试
   验、分析、检查等)的义务,根据买卖合同、民事立法文件和
   关于标准化问题的规范性法律文件,可以施加给出卖人。在
   此情形,出卖人应当依买受人的请求向其提供进行该检验的
   证据。

4. 出卖人和买受人对合同标的遵守买卖合同标的的检验,应当
   在相同条件下进行。

第 688 条 告知出卖人买卖合同条件的违反

1. 买受人有义务在合同或者民事立法文件规定的期限内,告知
   出卖人买卖合同条件的违反,包括商品的数量、品种、质量、配
   套性、包装物和(或)包装,该期限没有规定的,应当在依据商
   品性质和功能可以发现违反合同条件之后的合理期限内向出
   卖人告知。

在买受人未履行该义务的情形,出卖人可以证明买受人不履行告知出卖人买卖合同条件的违反义务导致无法满足其请求,或者导致出卖人支出的费用超过在及时告知违反合同条件情形的费用的,出卖人有权部分或者全部拒绝满足买受人相应的请求。

2. 出卖人知道或者可以知道向买受人移转的商品不符合买卖合同条件的,其无权援引未收到买受人关于违反合同条件的告知,以及买受人未履行本条第1款规定义务的后果。

第 689 条　买受人接受商品的义务

1. 买受人有义务接受商品,但其有权请求替换商品或者有权拒绝买卖合同的情形除外。

2. 买受人有义务实施符合通常要求买方为保障商品移转和接收的必要行为,但合同或者民事立法文件另有规定的除外。

第 690 条　买受人不接受的商品的保存

1. 买受人(收货人)拒绝接受出卖人移转的商品的,其有义务保障该商品的完整性,立即将此情形告知出卖人。

2. 出卖人有义务取回(运回)买受人(收货人)不接受的商品,或者在合理的期限内对其进行处置。

　　出卖人在该期限内未处置商品的,买受人有权变现商品或者将其返还出卖人。

3. 买受人与保存商品、变现或者返还出卖人有关的费用,应当由出卖人赔偿。在此情形,变现商品取得的款项在扣除应付买受人的款项后移转给出卖人。

4. 买受人没有充分的根据拖延接受商品或者拒绝接受商品的,出卖人有权请求其接受商品并进行支付,或者有权拒绝买卖合同。

第 691 条　商品的价格

1. 买受人有义务根据买卖合同规定的价格为商品支付,合同没有规定价格或者由合同条件无法确定价格的,根据本法典第 632 条确定的价格为商品支付,并自己付费实施合同、民事立法文件规定的行为,或者通常要求为进行支付的必要行为。

2. 价格的规定取决于商品重量的,其根据净重予以确定,但买卖合同另有规定的除外。

3. 买卖合同规定商品价格应当根据决定商品价格的指标(成本、支出等)进行变更,但在此情形没有确定其重新定价方式的,价格由合同订立时和商品移转时这些指标的比值予以确定。

   出卖人逾期履行移转商品义务的,由订立合同时和合同规定的商品移转日的这些指标的比值确定,合同没有规定商品移转日的,根据本法典第 530 条予以确定。

   民事立法文件没有其他规定或者债的本质没有其他结论的,适用本条关于商品价格确定的规定。

第 692 条　商品的支付

1. 买受人在接受商品或者接受对商品的商品支配文件后,有义务为商品支付,但合同或者民事立法文件规定为商品支付的其他期限的除外。

2. 买受人有义务向出卖人偿付已移转商品的全部价格。买卖合同可以规定分期付款。

3. 在为商品逾期支付的情形,出卖人有权请求为商品支付并为使用他人资金偿付利息。

4. 买受人拒绝接受商品、拒绝为商品支付的,出卖人有权依自己的选择请求为商品支付或者拒绝买卖合同。

5. 出卖人有义务向买受人移转未进行支付商品以外的其他商品

的,在为先前移转的商品进行全部支付前,出卖人有权中止该商品的移转。

第 693 条　商品的预先支付

1. 合同规定在出卖人移转商品前买受人部分或者全部为商品支付的义务(预先支付)的,买受人应当在买卖合同规定的期限内进行支付,合同没有规定该期限的,应当在根据本法典第 530 条确定的期限内进行支付。

   在买受人未履行为商品预先支付义务的情形,适用本法典第 538 条的规定。

2. 收到为商品预先支付款项的出卖人,在规定的期限内没有移转商品的,买受人有权请求移转已支付的商品或者返还预先支付的款项。

3. 预先支付款项的利息,根据本法典第 536 条,自商品应当移转之日起算,至商品实际移转买受人或者向其返还预先支付款项之日为止。合同可以规定出卖人偿付自其从买受人收到该款项之日起预先支付款项利息的义务。

第 694 条　商品的赊卖

1. 买卖合同可以规定商品以延期或者分期付款方式赊卖。

2. 商品根据出卖日有效的价格赊卖。赊卖商品价格的变更,不是进行重新结算的根据,但合同或者法律另有规定的除外。

3. 在出卖人不履行移交已赊卖商品义务的情形,适用本法典第 665 条的规定。

4. 买受人逾期未支付已赊卖商品价款的,出卖人有权请求返还未支付价款的商品。

5. 买受人逾期未付商品价款的,根据本法典第 536 条计算逾期未付款项的利息,该利息自应当支付商品价款之日起算,至其实际支付之日为止。

买卖合同可以规定买受人偿付与赊卖商品价格相当的价款的利息,该利息自出卖人移转商品之日起算。

6. 自赊卖商品移转时起,至支付商品价款为止,对该商品的财产担保权归属于出卖人。

第 695 条　以分期付款为商品支付的特殊性

1. 关于赊卖商品的合同可以规定以分期付款为商品支付。

商品的价格,付款的程序、期限和金额,是以分期付款为条件的关于赊卖商品的合同的实质条件。

2. 在合同规定的期限,买受人没有为以分期付款出卖并且已移转给其的商品进行定期付款的,出卖人有权拒绝合同并请求返还已出卖的商品。

3. 关于以分期付款为条件的赊卖合同,适用本法典第 694 条第 3、5 和 6 款的规定。

第 696 条　商品的保险

1. 合同可以规定出卖人或者买受人为商品保险的义务。

2. 有义务为商品保险的当事人没有为其保险的,另一方方当事人有权为商品保险,并请求赔偿保险费用或者拒绝合同。

第 697 条　为出卖人的所有权保留

1. 合同可以规定,向买受人移转的商品的所有权由出卖人保留,直至为商品支付或者其他情势发生。在此情形,买受人在向其移转所有权前无权支配商品,但合同、法律另有规定或者商品用途和性质另有结论的除外。

2. 买受人逾期为商品支付的,出卖人有权请求其返还商品。

在商品所有权应当移转买受人的情势发生的情形下,出卖人仍有权请求买受人返还商品。

第 2 节　零售买卖

第 698 条　零售买卖合同

1. 根据零售买卖合同,进行出卖商品的经营活动的出卖人有义务向买受人移转商品,该商品通常用于私人、家庭或者与经营活动无关的其他使用,买受人有义务接受商品并为其支付。

2. 零售买卖合同是公开的。

3. 对不受本法典调整的、根据自然人买受人参加的零售买卖合同产生的关系,使用关于消费者权利保护的立法。

4. 与本法典和关于消费者权利保护的立法规定的权利相比,限制自然人买受人权利的合同条件,是法定无效的。

5. 因出卖人使用其在生产或者销售活动中的优势地位,致使买受人遭受损失的,买受人有权请求赔偿。

第 699 条　订立买卖合同的公开提议

1. 在广告、商品目录以及其他向不确定范围的人发出的商品说明书中的出卖商品提议,包含合同所有实质条件的,是订立合同的公开提议。

2. 在商品出卖处商品的展览、商品样品的展示或者关于商品讯息的提供(说明书、目录、照片等),是订立合同的公开提议,与价格标示和合同的其他实质条件无关,但出卖人公开确定相关商品不用于出卖的情形除外。

第 700 条　向买受人提供关于商品的信息

1. 出卖人有义务向买受人提供关于准备出卖商品的必要和真实的信息。信息应当符合法律和零售规则对其内容和提供方式的要求。

2. 买受人有权在订立买卖合同前查验商品,要求在其在场的情况下对商品性能进行检验或者对商品使用进行展示,但不符商品性质、违反零售规则的除外。

3. 在商品出卖地,未向买受人提供立即获取关于商品的完整和真实信息可能性的,买受人有权请求赔偿无根据不订立合同所致的损失,合同已经订立的,可在合理期限内拒绝合同,请求返还已为商品支付的价款并赔偿损失以及精神损害。

4. 未向买受人提供获取关于商品的完整和真实信息可能性的出卖人,买受人证明在向其移转商品后产生的商品瑕疵与其没有该信息有关的,出卖人对该商品瑕疵承担责任。

第701条 以买受人在规定期限内接受商品为条件的合同

1. 当事人可以订立以买受人在规定期限内接受商品为条件的买卖合同,在该期间内出卖人不得将商品出卖给其他买受人。

2. 买受人在规定期限内不出现或者不实施接受商品的必要行为的,视为买受人拒绝合同,但合同另有规定的除外。

3. 出卖人支出的保障在规定期限内向买受人移转商品的额外费用,记入商品的价格,但合同或者民事立法文件另有规定的除外。

第702条 依样品的商品出卖

1. 当事人可以基于买受人了解商品样品(依说明书、商品目录等)而订立买卖合同。

2. 依样品的商品买卖合同,自在合同规定的地点送达商品时起视为履行,合同没有规定商品移转地点的,自在自然人买受人居住地或者法人买受人所在地送达商品时起视为履行,但合同或者法律另有规定的除外。

3. 在商品移转前,向出卖人赔偿与实施合同履行行为有关的费用后,买受人有权拒绝合同。

第703条 使用自动装置的商品出卖

1. 使用自动装置进行商品出卖的,自动装置的占有人有义务使买受人知道关于商品出卖的信息,为此应当在自动装置上安置或者以其他方式向买受人提供关于出卖人名称、其所在地、工作制度,以及买受人为取得商品所实施的必要行为的信息。

2. 使用自动装置的零售买卖合同,自买受人实施接收商品的必要行为时起,视为订立。

3. 没有向买受人提供已经付款的商品的,出卖人应当依买受人的请求立即向买受人提供商品,或者向其返还已经支付的价款。

4. 自动装置被用于货币兑换、取现或者外汇兑换的,使用关于零售买卖的规定,但债的本质另有结论的除外。

第704条 以向买受人送达商品为条件的合同

1. 零售买卖合同以向买受人送达商品为条件的,出卖人有义务在合同规定的期限按照买受人指示的地点送达商品,买受人未指示商品移转地点的,按照自然人买受人的居住地或者法人买受人的所在地送达商品。

2. 以向买受人送达商品为条件的零售买卖合同,自向买受人交付商品时起视为履行,买受人不在场的,自向出示单据或者证明订立合同或办理商品送达的其他文件的人交付商品时起视为履行,但合同、民事立法文件另有规定或者债的本质另有结论的除外。

3. 合同没有规定以向买受人交付商品为目的的商品送达期限的,商品应当在买受人提出接收请求后的合理期限内送达。

第705条 租卖合同

1. 根据租卖合同,在向买受人移转对出卖人移转给其的商品的所有权之前,买受人是该商品的财产承租人(承租人)。

2. 自为商品支付时起,买受人成为根据租卖合同向其移转的商品的所有权人,但合同另有规定的除外。

第706条 商品的价格和支付

1. 买受人有义务根据订立合同时出卖人公布的价格为商品支付,但法律另有规定或者债的本质另有结论的除外。

2. 合同规定商品的预先支付的(本法典第693条),买受人逾期为商品支付即为买受人拒绝合同,但合同另有规定的除外。

3. 赊卖包括分期付款的商品零售买卖合同,不适用本法典第694条第5款第1段的规定。

4. 买受人有权在合同规定的分期付款期间内的任何时间为商品支付。

第707条 商品的更换

1. 出卖人没有声明更长期限的,买受人有权在购买日的次日起的14日期限内,在购买地或者出卖人声明的其他地点,以其他规格、形式、尺寸、式样、配套等类似商品更换质量合格但却不满意的商品。在价格存在差异的情形,应当与出卖人进行必要的重新结算。

〔第707条第1款第1段根据2010年5月14日第2257-VI号、2010年12月2日第2741-VI号法律修改〕

出卖人没有用于更换的必要商品的,买受人有权向出卖人返还已取得的商品,并获得为其支付的款项。

商品没有使用、保存其商品外观、消费性质并且拥有从该出卖人处取得的证据的,买受人关于更换或者返还商品的请求应当得到满足。

2. 根据本条不得更换或者返还的商品清单,由规范性法律文件规定。

第 708 条　在向买受人出卖质量不合格商品的情形买受人的权利

1. 买受人在保障期间或者对当事人具有强制性的规则或合同规定的其他期限,发现出卖人没有预先说明的瑕疵或者虚假商品的,买受人有权依自己的选择实施以下行为:

    (1)请求出卖人或者制造人无偿消除商品瑕疵,或者赔偿买受人或者第三人进行修理的费用;

    (2)请求出卖人或者制造人以质量合格的类似商品更换商品,或者在价格有差异的情形以其他型号商品进行更换并进行重新结算;

    (3)请求出卖人或者制造人相应地降低价格;

    (4)拒绝合同并请求返还已支付的价款。

2. 买受人取得的不满意商品是已经使用过并且通过零售代售企业变现的,出卖人对其有告知的,买受人有权提出本条第 1 款规定的、已取得的商品包含出卖人没有告知的实质性瑕疵的请求。

第 709 条　满足买受人关于商品更换或者瑕疵消除请求的程序和期限

1. 出卖人或者制造人(或其授权的代表)有义务从买受人处接受质量不合格的商品,并满足其关于商品更换或者瑕疵消除的请求。商品送达出卖人和将其返还买受人由出卖人或者制造人进行,在其不履行该义务或者出卖人、制造人未出现在买受人所在地的情形,由买受人进行商品的返还,并由出卖人、制造人付费。

2. 买受人关于更换商品的请求应当立即满足,在有必要检验商品质量的情形,应当在 14 日的期限内或者在当事人协议的其他期限进行。

在没有必要商品的情形,买受人关于商品更换的请求应当在自提交相应申请时起两个月的期限内满足。

在规定的期限内无法满足买受人关于商品更换请求的,买受人有权依自己的选择向出卖人或者制造人提出根据本法典第708条规定的其他请求。

3. 买受人关于无偿消除商品瑕疵的请求,出卖人或者制造人应当在14日期限内或者在当事人约定的其他期限内满足。根据买受人的请求,在修理期间应当向其提供供其使用的类似商品,该商品不限于样品,并且应当送达买受人。

4. 在通过更换规定保障期的配套产品或者商品组成部分的方式消除商品瑕疵的情形,对新的配套产品或者组成部分的保障期,自瑕疵消除后向买受人交付商品之日起算。

5. 出卖人或者制造人每延期消除商品瑕疵一日,并且不履行关于在瑕疵消除期间提供类似商品以供使用的请求的,出卖人应当向买受人缴付商品价值1%金额的违约金。

第710条　商品更换时差价的赔偿、降低价格和质量不合格商品的返还

1. 在将瑕疵商品更换为质量合格商品的情形,出卖人无权请求赔偿买卖合同规定商品价格,与商品更换时或者法院作出关于商品更换判决时存在的商品价格之间的差价。

2. 在将质量不合格商品更换为类似的质量合格规模、样式、种类等不同的商品时,应当赔偿被更换商品的价格,与商品更换或者法院作出关于商品更换判决时存在的质量合格商品价格之间的差价。

3. 在为结算目的提出关于相应降低商品价格请求的情形,应当考虑在提出关于降低价格请求时商品的价格,买受人的请求未被自愿满足的,应当考虑法院作出关于相应降低商品价格的判决时商品的价格。

4. 在买受人拒绝合同并且向出卖人返还质量不合格商品的情形,买受人有权请求赔偿合同规定的商品价格与自愿满足其请求时商品的相应价格之间的差价,请求未被自愿满足的,有权请求赔偿合同规定的商品价格与法院作出判决时商品的相应价格之间的差价。

5. 在履行法院关于赔偿商品更换时、价格降低时或者返还质量不合格商品时差价的判决时,基于这些根据买受人可以提出对出卖人的补充请求。

第711条　因商品瑕疵导致损害的责任

1. 买受人财产所致的损害,和与取得瑕疵商品有关的残疾、其他健康损害或者死亡的损失,根据本法典第82条的规定赔偿。

〔第711条由2011年5月19日第3390-VI号法律修订〕

第 3 节　供应

第712条　供应合同

1. 根据供应合同,从事经营活动的出卖人(供应人)有义务在规定期限(多个期限)将商品移转买受人所有,以供其在经营活动中使用或者用于与私人、家庭、家务或者其他类似使用无关的其他目的,买受人有义务接受商品并为其支付确定的款项。

2. 对供应合同使用关于买卖的总则,但合同、法律另有规定或者当事人关系的性质另有结论的除外。

3. 法律可以规定供应合同订立和履行所受调整的特殊性,包括为国家需要商品的供应合同。

第 4 节 农产品的订购

第 713 条 农产品的订购合同

1. 根据农产品订购合同,农产品的生产者有义务生产出合同确定的农产品,并将其移转采购人(订购人)或者其确定的领取人所有,采购人有义务接受该产品并依据合同条件规定的价格为其支付。

2. 对订购合同适用关于买卖的总则和关于供应合同的规定,但合同或者法律另有规定的除外。

3. 法律可以规定农产品订购合同订购和履行的特殊性。

第 5 节 通过联网供给能源和其他资源

第 714 条 通过联网供给能源和其他资源的供给合同

1. 根据通过联网供给能源和其他资源的供给合同,一方当事人(供给人)有义务向另一方当事人(消费者、用户)提供合同规定的能源和其他资源,消费者(用户)有义务为接受的资源支付价款,并且遵守合同规定的使用制度,以及保障安全使用能源和其他装置。

2. 对通过联网供给能源和其他资源的合同,适用关于买卖的总则和关于供应合同的规定,但法律另有规定或者当事人关系的实质另有规定的除外。

3. 法律可以规定能源和其他资源供应合同订立和履行的特殊性。

第 6 节 互易

第 715 条 互易合同

1. 根据互易(物物交换)合同,当事人中的任何一方有义务向另一方当事人移转一种商品所有,用以交换另一种商品。

2. 互易合同的当事人是商品的出卖人,其将该商品移转用于交换;和接受交换商品的买受人。

3. 以较高价值商品交换较少价值商品的,买卖合同可以规定补充支付。

4. 对双方当事人移转财产的债的履行后,对交换商品的所有权同时移转给当事人,但合同或者法律另有规定的除外。

5. 合同可以规定以财产交换工作(劳务)。

6. 法律可以规定互易合同订立和履行的特殊性。

第716条　互易的法律调整

1. 对互易合同适用关于买卖的总则,以及关于运输合同的、订购合同或者其要素包含在互易合同中的其他合同的规定的,但不得违背债的本质。

第 55 章　赠 与

第717条　赠与合同

1. 根据赠与合同,一方当事人(赠与人)在将来向另一方当事人(受赠人)无偿移转或者有义务移转财产(赠品)归其所有。

2. 规定受赠人为赠与人利益实施任何财产或者非财产性质行为的合同,不是赠与合同。

第718条　赠与合同的标的

1. 赠品可以是可移动物,包括金钱和有价证券,也可以是不可移动物。

2. 赠品可以是赠与人享有或者其在将来可以产生的财产权利。

第719条　赠与合同的形式

1. 标的为私人使用和日常用途的赠与合同,可以口头订立。

2. 不可移动物的赠与合同应当以书面形式订立,并且应经公证证明。

3. 财产权利赠与合同和规定在将来移转赠品义务的赠与合同,应当以书面形式订立。在不遵守书面形式的情形,该合同是法定无效的。

4. 具有特别价值的可移动物的赠与合同,应当以书面形式订立。法院没有认定受赠人占有该物是非法的,根据口头合同移转该物即为合法。

5. 超过公民免税最低收入数额 50 倍的自然人之间的外汇赠与合同,应当以书面形式订立,并且应经公证证明。

〔第 719 条第 5 款根据 2018 年 11 月 23 日第 2628-VIII 号法律修改〕

第 720 条 赠与合同的当事人

1. 赠与合同的当事人可以是自然人、法人、乌克兰国家、克里米亚自治共和国、区域共同体。

2. 父母(收养人)、监护人无权赠与子女、被监护人的财产。

3. 赠与人的设立文件直接规定行使赠与权利的,经营性公司之间可以订立赠与合同。该规定不适用于法人订立终生供养的权利。

4. 以赠与人名义的赠与合同可以由其代理人订立。订立赠与合同的委托书中没有规定受赠人姓名的,是法定无效的。

第 721 条 赠与人的义务

1. 赠与人知道成为赠品的物的瑕疵,或者其可能对受赠人或其他人的生命、健康、财产具有危险的特性的,其有义务将此情况告知受赠人。

2. 知道赠与物瑕疵或者特性,但未将此情况告知受赠人的赠与人,有义务赔偿因占有和使用赠品所致的财产损害,和因残疾、对健康的其他损害或者死亡所致的损害。

第722条　赠品的接受

1. 受赠人对赠品的所有权,自接受时起产生。

2. 以交付受赠人为目的,将物交给运输、通信企业和组织或者其他人的赠与人,在物交付受赠人前有权拒绝合同。

3. 未经受赠人事先同意,赠品即发送受赠人的,如果受赠人没有立即表示拒绝接受赠品,赠品即被接受。

4. 受赠人接受证明对物的所有权的文件,证明合同标的归属于赠与人的其他文件,或者物的象征(钥匙、模型等),即为接受赠与。

第723条　在将来移转赠品义务的赠与合同

1. 赠与合同可以规定赠与人在将来,即经过确定的期限(期间)或者在迟延情势发生的情形,向受赠人移转赠品的义务。

2. 在将来移转赠品义务的赠与合同规定的期限(期间)或者迟延情势发生的情形,受赠人有权请求赠与人移转赠品或者赔偿其价值。

3. 在将来移转赠品义务的赠与合同规定的期限(期间)或者延迟情势发生前,赠与人或者受赠人死亡的,赠与合同终止。

第724条　在将来移转赠品义务的赠与合同的单方拒绝

1. 合同订立后,赠与人财产状况实质恶化的,其有权拒绝在将来移转赠品。

2. 在基于在将来移转赠品义务的赠与合同接受赠与前的任何时间,受赠人有权拒绝该合同。

第725条　受赠人为第三人利益的义务

1. 赠与合同可以规定受赠人为第三人利益实施财产性质特定行为或者不实施特定行为的义务,如移转资金或者其他财产所有权、偿付租金、赋予终生使用赠品或者其部分的权利、不向第三人提出迁出请求等。

2. 赠与人有权请求受赠人履行施加给其的为第三人利益的义务。

在赠与人死亡、宣告其死亡、认定失踪或者无行为能力的情形，为第三人利益的义务履行时，第三人有权请求为其利益规定该义务的受赠人履行义务。

第 726 条 受赠人违反为第三人利益的义务的法律后果

1. 在受赠人违反为第三人利益的义务的情形，赠与人有权请求解除合同和返还赠品，该返还不可能的，应当赔偿其价值。

第 727 条 依赠与人的请求解除赠与合同

1. 受赠人故意实施侵害赠与人及其父母、妻子（丈夫）或者子女的生命、健康、所有权的犯罪的，赠与人有权请求解除不可移动物或者解除其他特别贵重财产的赠与合同。

受赠人对赠与人实施故意杀人的，赠与人的继承人有权请求解除赠与合同。

2. 对赠与人具有巨大非财产价值的赠品，受赠人对其造成不可回转的损失威胁的，赠与人有权请求解除合同。

3. 因受赠人疏忽大意的态度，使得具有文化价值的物可能毁坏或者实质损坏的，赠与人有权请求解除赠与合同。

〔第 727 条第 3 款根据 2010 年 9 月 9 日第 2518-VI 号法律修改〕

4. 在请求提出时赠品保存完整的，赠与人有权请求解除赠与合同。

5. 在赠与合同解除的情形，受赠人有义务返还赠品原物。

第 728 条 关于解除赠与合同的请求所适用的诉讼时效

1. 对关于解除赠与合同的请求，使用一年诉讼时效。

第 729 条 捐赠

1. 本法典第 720 条第 1 款规定的人,为达到特定的、事先确定的目的,赠与不可移动物,和包括金钱和有价证券等可移动物的,是捐赠。

2. 自接受捐赠时起,捐赠合同订立。

3. 对关于捐赠的合同使用关于赠与合同的规定,但法律另有规定的除外。

第 730 条　捐赠人的权利

1. 捐赠人有权对捐赠品的使用是否符合捐赠合同规定的目的进行监督。

2. 不可能依用途使用捐赠品的,仅经捐赠人同意才可依其他用途使用捐赠品,在捐赠人死亡或者捐赠法人清算的情形,应根据法院判决才可以依其他用途使用捐赠品。

3. 未依用途使用捐赠品的,捐赠人或者其权利承受人有权请求解除捐赠合同。

第 56 章　定期金 ①

第 731 条　定期金合同

1. 根据定期金合同,一方当事人(定期金领取人)向另一方当事人(定期金支付人)移转财产所有,作为交换,定期金支付人有义务定期向定期金领取人以特定金额的形式或者其他形式支

---

① 从功能比较的角度,《乌克兰民法典》中的定期金(рента),大致相当于《德国民法典》第 759 条的终身定期金(Leibrente),但不一定具有终身性。定期金与租赁(оренда)不同,依定期金合同,财产转移所有;依租赁合同,财产不转移所有。在实践中,定期金合同的标的大多为不可移动财产、土地、债务等。定期金出现于乌克兰向市场经济转型时期,是《乌克兰民法典》规定的全新的民事合同。

付定期金。

2. 定期金合同可以规定无固定期限或者在确定期限内支付定期
金的义务。

第 732 条 定期金合同的形式

1. 定期金合同应当以书面形式订立。

2. 定期金合同和为支付定期金而移转不可移动财产的合同,应
经公证证明。

〔第 732 条第 2 款由 2010 年 2 月 11 日第 1878-VI 号法律
修订〕

第 733 条 定期金合同中的当事人

1. 定期金合同中的当事人可以是自然人或者法人。

第 734 条 为支付定期金的财产移转

1. 定期金合同可以规定,定期金领取人向定期金支付人有偿或
者无偿移转财产所有。

2. 定期金合同规定,定期金领取人向定期金支付人有偿移转财
产所有的,对当事人财产移转的关系适用关于买卖的总则,财
产无偿移转的,使用关于赠与合同的规定,但不得违反合同的
本质。

第 735 条 定期金支付的担保

1. 在为定期金支付移转地块或者其他不可移动财产的情形,定
期金领取人取得对该财产的财产担保权。

2. 仅经定期金领取人同意,定期金支付人才有权出让为定期金
支付而移转给其的财产。

在向其他人出让不可移动财产的情形,向其移转定期金支
付人的义务。

3. 定期金支付可以通过规定定期金支付人义务的方式进行担

保,即为其不履行根据定期金合同义务的风险进行保险。

第 736 条　逾期支付定期金的责任

1. 逾期支付定期金的,定期金支付人应当向定金领取人支付利息。

第 737 条　定期金的形式和数额

1. 定期金可以金钱形式或者通过物的移转、完成工作或提供劳务的方式支付。定期金的形式由定期金合同规定。

2. 定期金的数额由合同规定。

　　定期金领取人向定期金支付人移转款项所有的,定期金的数额依乌克兰国民银行贴现率的数额确定,但定期金合同规定更大数额的除外。

　　定期金的数额根据乌克兰国民银行贴现率的变更而变更,但合同另有规定的除外。

第 738 条　定期金支付的期限

1. 定期金在每个日历季度终结时支付,但合同另有规定的除外。

第 739 条　无固定期限定期金的支付人拒绝定期金合同的权利

1. 无固定期限定期金的支付人有权拒绝合同。

　　规定无固定期限定期金的支付人不得拒绝定期金合同的合同条件,是法定无效的。

2. 定期金合同可以规定无固定期限定期金的支付人拒绝合同的条件。

3. 自定期金领取人收到无固定期限定期金的支付人书面拒绝合同之日起三个月届满时,并且其相互之间经过完全结算的,定期金合同终止。

第 740 条　无固定期限定期金的领取人解除定期金合同的权利

1. 在以下情形,无固定期限定期金的领取人有权请求解除合同:

（1）无固定期限定期金的支付人逾期支付超过一年的；

（2）无固定期限定期金的支付人违反自己保障支付定期金义务的；

（3）无固定期限定期金的支付人被确认无支付能力，或者发生证明其不可能在合同规定的数额和期限内支付的其他情势的。

2. 在定期金合同规定的其他情形，无固定期限定期金的领取人有权请求解除定期金合同。

第741条　在定期金合同解除的情形当事人之间的结算

1. 定期金合同未规定定期金合同解除的法律后果的，是否结算取决于有偿或者无偿向定期金支付人移转财产。

2. 无偿向定期金支付人移转财产所有的，在定期金合同解除的情形，定期金领取人有权请求定期金支付人支付定期金年金。

3. 有偿向定期金支付人移转财产所有的，定期金领取人有权请求定期金支付人支付定期金年金和已移转财产的价值。

第742条　因支付无固定期限定期金而移转的财产偶然毁坏或者偶然损坏的风险

1. 因支付无固定期限定期金而无偿移转的财产偶然毁坏或者偶然损坏的风险，由定期金支付人承担。

2. 在因支付无固定期限定期金而有偿移转的财产偶然毁坏或者偶然损坏的情形，支付人有权请求相应地终止支付定期金之债或者变更其支付条件。

第743条　因支付有确定期限定期金而移转的财产偶然毁坏或者偶然损坏的风险

1. 在因支付由确定期限定期金而移转的财产偶然毁坏或者偶然损坏的情形，定期金支付人不免除在支付定期金期限终结前依定期金合同规定的条件支付定期金的义务。

第57章　终生供养(照料)

第744条　终生供养(照料)合同的概念

1. 根据终生供养(照料)合同,一方当事人(转让人)向另一方当事人(取得人)移转住房、住宅或者其部分、其他不可移动财产或者具有巨大价值的可移动财产的所有,作为交换,取得人有义务保障扶养和(或)照料转让人至终生。

第745条　终生供养(照料)合同的形式

1. 终生供养(照料)合同以书面形式订立,并且应经公证证明。

　　〔第745条第2款基于2010年2月11日第1878-VI号法律删除〕

第746条　终生供养(照料)合同中的当事人

1. 终生供养(照料)合同中的转让人可以是自然人,与其年龄和健康状况无关。

2. 终生供养(照料)合同中的取得人可以是成年有行为能力的自然人或者法人。

3. 取得人是若十自然人的,他们成为根据终生供养(照料)合同向其移转财产的共同所有人,对其享有共同共有权。

　　取得人是若干自然人的,其对转让人的义务是连带的。

4. 终生供养(照料)合同可以由转让人为第三人的利益订立。

第747条　对共同共有财产订立终生供养(照料)合同的特殊性

1. 属于共同所有人共同所有的财产,包括属于夫妻的财产,可以基于终生供养(照料)合同出让。

　　在基于终生供养(照料)合同出让财产的共同所有人之一死

亡的情形,取得人的债的规模应当相应缩减。

2. 属于共同所有人共有财产的共同所有人之一是转让人的,在确定该共同所有人在共同财产中的份额或者共有所有人之间使用该财产的程序后,可以订立终生供养(照料)合同。

第748条　取得人对根据终身供养(照料)合同移转财产的所有权的产生时刻

1. 根据本法典第334条,取得人成为根据终身供养(照料)合同移转给其的财产的所有权人。

第749条　取得人根据终生供养(照料)合同的义务

1. 在终生供养(照料)合同中可以确定所有种类的物质保障,以及所有种类的取得人应当保障转让人的照料(照护)。

2. 取得人的义务没有具体确定的,或者在产生保障转让人其他种类物质保障和照料需要的情形,争议可以根据公平和合理原则解决。

3. 在转让人死亡的情形,取得人有义务安葬转让人,即使终生供养(照料)合同对此没有规定。

转让人的部分财产移转其继承人的,安葬转让人的费用应当在继承人与取得人之间公平分配。

第750条　取得人保障转让人住所的义务

1. 对根据终生供养(照料)合同移转给取得人的住房(住宅),取得人有义务保障转让人或者第三人在其中居住。

在此情形,在合同中应当具体确定转让人有权在其中居住的房间部分。

第751条　转让人物质保障的货币评估

1. 对每月应当提供给转让人的物质保障,应当进行货币评估。该评估应当依照法律规定的程序予以指数化。

第752条　根据终生供养(照料)合同的取得人的更换

1. 在自然人基于具有实质意义的理由不可能继续履行根据终生供养(照料)合同的取得人义务的情形,经转让人同意,取得人可以移转给取得人的家庭成员,或者经其他人同意而移转给其他人。

2. 转让人拒绝同意将根据终生供养(照料)合同的取得人义务移转给其他人的,对其可向法院起诉。在此情形,法院应当考虑合同履行的持续性和具有实质意义的其他情势。

第753条　根据终生供养(照料)合同移转给取得人的财产的更换

1. 取得人和转让人可以协议将根据终生供养(照料)合同移转的物更换为其他物。

   在此情形,取得人的义务的规模可以根据协议变更或者保持不变。

第754条　终生供养(照料)合同履行的担保

1. 取得人无权在转让人死亡前出卖、赠与、交换根据终生供养(照料)合同移转的财产,对其订立财产担保合同,基于其他法律行为将其移转其他人所有。

2. 对根据终生供养(照料)合同移转的财产,不得在转让人生存期间进行追索。

3. 已移转给取得人的财产遗失(毁坏)、损坏,不是取得人对转让人义务规模终止或者缩减的根据。

第755条　终生供养(照料)合同的终止

1. 依以下请求,终生供养(照料)合同可以根据法院判决解除:

   (1)在取得人不履行或者不当履行自己义务的情形,不论其是否有过错,依转让人或者为其利益订立合同的第三人的请求;

（2）依取得人的请求。

2. 自取得人死亡时起,终生供养(照料)合同终止。

第 756 条　终生供养(照料)合同解除的法律后果

1. 在因取得人不履行或者不当履行根据合同的义务而解除终生
   供养(照料)合同的情形,转让人取得对其已移转财产的所有
   权,并有权请求返还该财产。

   在此情形,取得人已支出的扶养和(或)照料转让人的费用,
   不应返还。

2. 在因取得人基于具有实质意义的根据不可能继续履行而解除
   合同的情形,法院可以考虑取得人以适当方式履行自己根据
   合同义务的时间的持续性,保留取得人对部分财产的所有权。

第 757 条　取得人死亡的法律后果

1. 取得人根据终生供养(照料)合同的义务,移转给接受对转让
   人移转财产享有所有权的继承人。

   根据遗嘱的继承人拒绝接受转让人移转的财产的,对该财
   产的所有权可以移转给根据法律的继承人。

2. 取得人没有继承人,或者继承人拒绝接受转让人移转的财产
   的,转让人取得对该财产的所有权。在此情形,终生供养(照
   料)合同终止。

第 758 条　法人取得人终止的法律后果

1. 在法人取得人终止并且有确定的权利承受人的情形,根据终
   生供养(照料)合同的权利和义务移转给该承受人。

2. 在法人取得人清算的情形,对根据终生供养(照料)合同移转
   财产的所有权移转给转让人。

   因法人取得人清算,根据终生供养(照料)合同向其移转的
   财产转给其设立人(参加人),并向其移转取得人根据终生供

养(照料)合同的权利和义务。

第58章　租赁(租用)

第1节　关于租赁(租用)的总则

第759条　租赁合同

1. 根据租赁(租用[①])合同,出租人收取费用,向承租人移转或者有义务移转财产,提供给其在确定的期限使用。

2. 法律可以规定租赁(租用)合同订立和履行的特殊性。

第760条　租赁合同的标的

1. 租赁合同的标的可以是物,该物被确定有唯一特征,并且在多次使用时保存自己的最初形态(不可消耗物)。

　　法律可以规定不得成为租赁合同标的的财产种类。

2. 租赁合同的标的可以是财产权利。

3. 特定种类财产租赁的特殊性,由本法典和其他法律规定。

　　〔第760条规定的正式解释,参见宪法法院2009年12月10

---

　　①　本章标题为租赁(租用),对应的乌克兰文为 найм(оренда)。乌克兰民事立法中的租赁制度源于罗马法传统,即物的租赁(locatio conductio rerum)制度。罗马法传统影响到俄罗斯帝国的民事立法制度,后者的民法施行于乌克兰的土地。在俄罗斯帝国时期,确立了财产租赁(俄文 имущественный найм)制度。十月革命后,苏联的民事立法延续了财产租赁的概念,同时也使用租用(俄文 аренда)的概念,主要用于以获取收益为目的,对土地、其他自然资源、企业等财产的有期限、有偿的使用(参见1989年《苏联及各加盟共和国关于租用的立法纲要》第1条)。在乌克兰,1964年《乌克兰苏维埃社会主义共和国民法典》第25章规定了财产租赁合同。本法典去掉"财产租赁"中"财产"这一限定,不仅扩大了租赁合同标的的范围,同时,将租赁与租用并用,赋其相同含义,也消除了立法中使用不同表述造成的混淆。需要指出的是,民法典将租赁(найм)与租用(оренда)等同,但在单行立法中仍有只使用"租用"的立法例,如《关于国家和公共财产租用的乌克兰法律》《关于土地租用的乌克兰法律》等。

日第 31-pⅡ 号判决 〉

第 761 条 移转财产以供租赁的权利

1. 物的所有权人或者财产权利所归属的人,有权移转财产以供租赁。

2. 出租人可以是被授权订立租赁合同的人。

第 762 条 使用财产的费用

1. 承租人应当支付使用财产的费用,其金额由租赁合同规定。

   合同没有规定费用金额数的,应当考虑物的消耗特性和具有实质意义的其他情势。

2. 使用财产的费用可以由当事人选择以金钱或者实物形式支付。

3. 法律或者合同可以规定对使用财产的费用进行定期重订、变更(指数化)。

4. 因承租人不负责的情势,使用财产的可能性实质缩减的,承租人有权请求减少费用。

5. 使用财产的费用每月进行支付,但合同另有规定的除外。

6. 因承租人不负责的情势,在财产不能由其使用的全部期间,承租人免除支付费用。

第 763 条 租赁合同的期限

1. 租赁合同订立的期限由合同规定。

2. 租赁期限没有规定的,租赁合同视为订立为无确定期限的。

   订立为无确定期限的租赁合同的每一方当事人,经提前一个月书面事先告知另一方当事人的,可以在任何时间拒绝合同,在不可移动财产租赁的情形,应提前三个月书面事先告知。法律或者合同可以为订立为无确定期限的租赁合同的拒绝规定其他期限。

3. 对特定种类财产的租赁合同,法律可以为其规定最长(极限)期限。

　　法律规定的最长租赁期限届满前,没有任何一方当事人拒绝订立为无确定期限的合同的,其在最长合同期限届满时终止。

　　租赁合同的期限超过法律规定的最长期限的,视为订立为相应的最长期限。

第764条　租赁合同期限届满后继续使用财产的法律后果

1. 租赁合同期限届满后承租人继续使用财产,出租人在一个月期间内没有异议的,合同视为恢复为合同先前所规定的期限。

第765条　向承租人的财产移转

1. 出租人有义务向承租人移转财产供其立即使用,或者在租赁合同规定的期限内使用。

第766条　向承租人移转财产的法律后果

1. 出租人未向承租人移转财产的,承租人有权依自己的选择实施以下行为:

　　(1)请求出租人移转财产并赔偿迟延所致的损失;

　　(2)拒绝租赁合同并请求赔偿其所致的损失。

第767条　移转租赁的物的质量

1. 出租人有义务向承租人移转的物应当为成套的,并且处于符合租赁合同和其用途的状态。

2. 出租人有义务事先告知承租人其所知道的,对承租人或其他人的生命、健康、财产可能造成危险或者导致在使用物时损坏物本身的关于物的特性和瑕疵。

3. 承租人有义务在出租人在场时检验物的完整性。承租人在物移转其占有时不确认其完整性的,物视为以合适的状态向其移转。

第 768 条　移转租赁的物的质量保障

1. 出租人可以保障在全部租赁期限内物的质量。

2. 向承租人移转的有质量保障的物发现有瑕疵,妨碍根据合同对其使用的,承租人有权依自己的选择提出如下请求:

（1）如果可能的,请求物的更换;

（2）请求相应减少使用物的支付金额;

（3）请求无偿消除物的瑕疵或者赔偿消除瑕疵的费用;

（4）解除合同并且赔偿因其所致的损失。

第 769 条　第三人对移转租赁的物的权利

1. 物移转租赁,不终止并且不改变第三人对其的权利,包括财产担保权。

2. 订立租赁合同时,出租人有义务告知承租人关于第三人对移转租赁的物的全部权利。出租人未向承租人告知关于第三人对移转租赁的物的全部权利的,承租人有权请求减少使用物的费用金额,或者解除合同并赔偿损失。

第 770 条　在移转租赁的物的所有权人变更情形的权利承受

1. 在移转租赁的物的物的所有权人变更的情形,向新的所有权人移转出租人的权利和义务。

2. 当事人可以在租赁合同中规定,在出租人出让物的情形租赁合同终止。

第 771 条　移转租赁的物的保险

1. 已由出租人保险的物移转租赁,不终止保险合同的效力。

2. 合同或者法律可以规定出租人为移转租赁的物订立保险合同的义务。

第 772 条　物偶然毁坏或者偶然损坏的风险

1. 拖延将物返还出租人的承租人,对其偶然毁坏或者偶然损坏
承担风险。

第773条　移转租赁的物的使用

1. 承租人有义务依物的用途和合同条件使用物。

2. 承租人不依物的用途或者违反租赁合同条件使用移转给其租
赁的物的,出租人有权请求解除合同并赔偿损失。

3. 仅经出租人同意,承租人才有权变更移转给其租赁的物的
状态。

第774条　转租赁

1. 仅经出租人同意,承租人才可将物移转其他人(转租人)使用,
但合同或者法律另有规定的除外。

2. 转租赁合同的期限,不得超过租赁合同的期限。

3. 对转租赁合同使用关于租赁合同的规定。

**第775条　对使用移转租赁的物取得的自然孳息、产品、法定孳息
的所有权**

1. 对因使用移转租赁的物取得的自然孳息、产品、法定孳息,其
所有权属于承租人。

第776条　移转租赁的物的维修

1. 移转租赁的物的日常维修,由承租人进行并由其付费,但合同
或者法律另有规定的除外。

2. 移转租赁的物的大修,由出租人进行并由其付费,但合同或者
法律另有规定的除外。

　　大修在合同规定的期限进行。合同没有规定期限或者有维
修的紧急需求的,大修应当在合理的期限内进行。

3. 出租人不进行物的大修,妨碍依用途和合同条件对物的使用
的,承租人有权实施以下行为:

（1）维修物,将维修费用列入物的使用费用,或者请求赔偿维
　　修费用;

（2）请求解除合同并赔偿损失。

第 777 条　承租人的优先权

1. 根据租赁合同履行自己义务的承租人,在合同期限届满后,相
　　对其他人享有在新的期限订立租赁合同的优先权。

　　　意图享有在新的期限订立租赁合同的优先权的承租人,有
　　义务在租赁合同期限届满前、合同规定的期限内将此情形告
　　知出租人,合同没有规定该期限的,应当在合理期限内告知。

　　　对新的期限的租赁合同条件,由当事人的协议规定。在对
　　支付和其他合同条件未达成协议的情形,承租人订立合同的
　　优先权终止。

2. 根据租赁合同履行自己义务的承租人,在将移转租赁的物出
　　卖的情形,相对其他人享有取得该物的优先权。

　　　〔第 777 条第 2 款规定的正式解释,参见宪法法院 2009 年
　　12 月 10 日第 31-пп 号判决〕

第 778 条　承租人对移转租赁的物的改善

1. 仅经出租人同意,承租人才可改善成为租赁合同标的的物。

2. 改善可以不经损坏而与物分离的,承租人有权将其取回。

3. 经出租人同意做出物的改善的,承租人有权请求赔偿必要费
　　用的价值,或者将其价值列入使用物的费用。

4. 经出租人同意所做出物的改善创造出新物的,承租人成为其
　　所有权人。所有权中承租人的份额,应当符合其改善物的费
　　用的价值,但合同或者法律另有规定的除外。

5. 承租人未经出租人同意做出改善,该改善不可未经损坏物而
　　分离的,承租人无权请求赔偿其价值。

第779条　移转租赁的物恶化的后果

1. 承租人有义务消除因其过错发生的物的恶化。

2. 在不可能恢复物的情形,出租人有权请求赔偿其所受的损失。

3. 对因物的正常损耗或者出租人疏忽发生的物的恶化,承租人不负责任。

第780条　因使用移转租赁的物所致损害的责任

1. 因使用移转租赁的物给第三人造成损害的,由承租人基于一般的根据进行赔偿。

2. 因物的使用发生损害,查明该损害因物的特性或者瑕疵而发生,出租人没有事先告知承租人存在物的特性或者瑕疵,并且承租人不知道或者不可能知道该情形的,该损害由出租人赔偿。

　　免除因物的特性或者瑕疵所致损害责任的合同条件,出租人没有事先告知承租人存在物的特性或者瑕疵,并且承租人不知道或者不可能知道该情形的,该合同条件是法定无效的。

第781条　租赁合同的终止

1. 在自然人承租人死亡的情形,租赁合同终止,但合同或者法律另有规定的除外。

2. 在作为承租人或者出租人的法人清算的情形,租赁合同终止。

第782条　出租人拒绝租赁合同的权利

1. 承租人在三个月的期限内持续不支付使用物的费用的,出租人有权拒绝合同并请求返还物。

2. 在出租人拒绝租赁合同的情形,合同自承租人收到出租人关于拒绝合同的告知时起解除。

第783条　依出租人的请求解除租赁合同

1. 在以下情形,出租人有权请求解除合同:

（1）承租人违背合同或者物的用途使用物的；

（2）未经出租人允许，承租人将物移转其他人使用的；

（3）承租人以自己疏忽大意的行为造成物的毁坏威胁的；

（4）承租人承担进行大修的义务，但未对物进行大修的。

第784条　依承租人的请求解除租赁合同

1. 在以下情形，承租人有权解除合同：

（1）出租人移转使用的物不符合合同条件和物的用途的；

（2）出租人不履行进行物的大修的义务。

第785条　在租赁合同终止的情形承租人的义务

1. 在租赁合同终止的情形，承租人有义务向出租人立即返还物，使其处于收到时并考虑正常损耗的状态，或者处于合同约定的状态。

2. 承租人未履行返还物的义务的，出租人有权请求承租人支付违约金，其金额相当于逾期期间使用物的费用的两倍。

第786条　基于租赁合同的请求所适用的诉讼时效

1. 对赔偿因移转承租人使用的物损坏所致损失的请求，以及赔偿物的改善的费用的请求，适用一年诉讼时效。

2. 对出租人请求的诉讼时效期间，自承租人返还物时起算，对承租人请求的诉讼时效期间，自租赁合同终止时起算。

〔第786条规定的正式解释，参见宪法法院2012年7月3日第14-pⅡ号判决〕

第2节　动产租赁

第787条　动产租赁合同

1. 根据动产租赁合同，将物移转租赁而从事经营活动的出租人为收取费用，将可移动物移转或者有义务移转给承租人，提供给其在确定的期限使用。

2. 动产租赁合同是加入的合同。出租人可以规定动产租赁合同的典型条件。动产租赁合同的典型条件不得违反法律规定的承租人的权利。

与合同的典型条件的规定相比,恶化承租人状况的动产租赁合同条件,是法定无效的。

3. 动产租赁合同是公开合同。

第 788 条　动产租赁合同的标的

1. 用于满足日常非生产性需求的可移动物,是动产租赁合同的标的。

2. 合同有规定的,动产租赁合同的标的可以用于满足生产性需求。

第 789 条　物的动产租赁费用

1. 物的动产租赁费用,根据出租人的费率规定。

第 790 条　承租人拒绝动产租赁合同的权利

1. 承租人有权拒绝动产租赁合同,并在任何时间返还物。

2. 承租人在合同的全部期限内为物的动产租赁支付的费用,依物的持续实际使用期间做相应减少。

第 791 条　动产租赁合同的特殊性

1. 承租人无权订立转租赁合同。

2. 在出租人出卖物的情形,承租人无购买物的优先权。

3. 出租人不能证明物的损坏是因承租人过错而发生的,物的大修和日常维修由出租人进行,并由其付费。

第 3 节　地块租赁(租用)

第 792 条　地块租赁合同

1. 根据地块租赁（租用）合同，出租人为收取费用，有义务将地块移转承租人，使其在合同规定的期限内占有和使用。

　　地块可以与位于其上的种植物、建筑物、构筑物、水体一并移转租赁，或者独自移转租赁。

2. 根据地块租赁（租用）的关系，由法律调整。

第 4 节　建筑物或者永久性构筑物的租赁

第 793 条　建筑物或者其他永久性构筑物租赁合同的形式

1. 建筑物或者其他永久性构筑物（其特定部分）租赁合同，以书面形式订立。

2. 建筑物或者其他永久性构筑物（其特定部分）租赁合同的期限为三年及以上的，应经公证证明。

　　〔第 793 条第 2 款由 2006 年 12 月 20 日第 501-V 号法律修订〕

第 794 条　基于建筑物或者其他永久性构筑物租赁合同产生的不可移动财产使用权的国家登记

1. 基于订立为不少于三年期限的建筑物或者其他永久性构筑物租赁合同产生的不可移动财产使用权，应当根据法律进行国家登记。

　　〔第 794 条根据 2006 年 12 月 20 日第 501-V 号法律修改；由 2010 年 2 月 11 日第 1878-VI 号法律修订〕

第 795 条　建筑物或者其他永久性构筑物的移转租赁

1. 建筑物或者其他永久性构筑物（其特定部分）移转给承租人，由合同当事人签署的相应文件（文书）确定。自该时起，租赁合同的期限开始计算，但合同另有规定的除外。

2. 出租人返还租赁合同的标的，由合同当事人签署的相应文件

（文书）确定。自该时起，租赁合同终止。

第796条　赋予承租人使用地块的权利

1. 建筑物或者其他永久性构筑物（其特定部分）的租赁权与其所处地块的使用权，以及为达到租赁目的的必要范围内邻近建筑物或者构筑物的地块的使用权，同时赋予承租人。

2. 在租赁合同中，当事人可以确定移转承租人的地块的范围。在合同中没有确定地块范围的，赋予承租人对出租人占有的全部地块的使用权。

3. 出租人不是地块所有权人的，视为地块所有权人同意赋予承租人使用地块的权利，但是出租人与地块所有权人的合同另有规定的除外。

第797条　使用的费用

1. 向建筑物或者其他永久性构筑物的承租人收取的费用，由使用建筑物或者其他永久性构筑物的费用和使用地块的费用构成。

第5节　交通工具的租赁（租用）

第798条　租赁合同的标的

1. 交通工具租赁合同的标的，可以是航空器、航海船舶、内河船舶，以及地面自动交通工具等。

2. 交通工具租赁合同可以规定，交通工具与为其服务的乘务组一并移转租赁。

3. 当事人可以协议出租人向承租人提供一揽子服务，以保障交通工具的正常使用。

第799条　交通工具租赁合同的形式

1. 交通工具租赁合同以书面形式订立。

2. 自然人参加的交通工具租赁合同,应经公证证明。

第 800 条　交通工具承租人的活动

1. 承租人在自己的活动中独立进行交通工具的使用,有权不经出租人同意而以自己名义订立运输合同以及符合交通工具用途的其他合同。

第 801 条　与使用交通工具有关的费用

1. 承租人有义务保持交通工具处于适当的技术状态。

2. 与使用交通工具有关的费用,包括税款和其他费用的支付,由承租人承担。

第 802 条　交通工具的保险

1. 交通工具的保险由出租人进行。

2. 承租人因使用交通工具致使第三人损害的责任保险程序,由法律规定。

第 803 条　交通工具损坏的法律后果

1. 承租人不能证明交通工具遗失或者损坏不是根据其过错而发生的,有义务赔偿因此所致的损失。

第 804 条　因使用交通工具致使其他人损害的法律后果

1. 承租人有义务根据本法典第 82 章赔偿因使用交通工具致使其他人的损害。

第 805 条　带有为其服务的乘务组的交通工具租赁的特殊性

1. 带有乘务组移转租赁的交通工具,对其的管理和技术操作由其乘务组进行。乘务组不终止与出租人的劳动关系。维系乘务组的费用由出租人承担。

2. 承租人的指令违反租赁合同条件、交通工具的使用条件,以及对乘务组、交通工具、其他人的权利可能造成危险的,交通工具的乘务组有义务拒绝履行。

3. 法律可以规定带有乘务组的交通工具租赁合同的其他特殊性。

第 6 节　融资租赁

第 806 条　融资租赁

1. 根据融资租赁合同,一方当事人(融资租赁出租人)为获取规定的费用(融资租赁费),向另一方当事人(融资租赁承租人)移转或者有义务移转所有权属于融资租赁出租人的财产,提供给其在确定的期限使用,该财产并不根据融资租赁出租人与融资租赁承租人的先前协议(直接融资租赁)而取得,或者该财产由融资租赁出租人根据融资租赁承租人规定的规格和条件向出卖人(供应人)专门取得(间接融资租赁)。

2. 对融资租赁合同适用关于租赁(租用)的总则,并考虑本节和法律规定的特殊性。

　　对融资租赁有关的关系适用关于买卖的总则和关于供应合同的规定,但法律另有规定的除外。

3. 特定种类和形式融资租赁的特殊性,由法律规定。

第 807 条　融资租赁合同的标的

1. 融资租赁合同的标的可以是由个别特征确定的不可消耗物,并根据立法列入固定资产。

2. 地块和其他自然客体以及法律规定的其他物,不得成为融资租赁合同的标的。

第 808 条　融资租赁合同标的的出卖人(供应人)的责任

1. 根据融资租赁合同,融资租赁承租人选择融资租赁合同标的的出卖人(供应人)的,出卖人(供应人)向融资租赁承租人承担因违反债的关系的责任,包括对融资租赁合同标的的质量、完整性、完好性,其运送、更换、无偿消除瑕疵、修理、投入运营等。融资租赁出租人选择融资租赁合同标的的出卖人(供应人)的,融资租赁出租人向融资租赁承租人承担根据融资租赁合同标的的买卖(供应)之债的连带责任。

2. 融资租赁合同标的的修理和技术性服务,由出卖人(供应人)基于融资租赁承租人与出卖人(供应人)的合同进行。

第809条　融资租赁合同标的偶然毁坏或者偶然损坏的风险

1. 融资租赁合同标的偶然毁坏或者偶然损坏的风险由融资租赁承租人承担,但合同或者法律另有规定的除外。

2. 融资租赁出租人或者出卖人(供应人)向融资租赁承租人逾期移转融资租赁合同标的的,或者融资租赁承租人向融资租赁出租人逾期返还融资租赁合同标的的,偶然毁坏或者偶然损坏的风险由逾期方当事人承担。

第 59 章　住所租赁

第810条　住所租赁合同

1. 根据住所租赁(租用)合同,一方当事人——住所的所有权人(出租人)为获取费用,向另一方当事人(承租人)移转或者有义务移转住所,提供给其在确定的期限居住。

2. 对属于国家所有权或者公共所有权客体的住所,其租赁合同的根据、条件、订立和终止的程序由法律规定。

3. 除属于国家所有权或者公共所有权客体的住所外,对住所租赁合同适用本法典的规定,但法律另有规定的除外。

第810-1条　可赎买的住所租用

1. 可赎买的住所租用是特殊种类的住所租赁(租用),其可以规定出租人将债务请求权让与其他人—受益人。

　　〔第 810-1 条根据 2010 年 6 月 29 日第 2367-VI 号法律修改〕

2. 根据可赎买的住所租用合同,一方当事人—企业出租人为获取费用,向另一方当事人—自然人(租用人)移转住所,提供给其在长时期(不满 30 年)使用,期限终结后或者在支付全部租用费用的条件下期限提前终结,住所移转租用人所有。

3. 企业出租人取得对租用人选择住所的所有权,目的是将该住所后续移转可以赎买的长期租用,并在完全赎买前对该住所进行支配。

4. 可赎买的住所租用合同的订立和终止,依法律确定的条件和程序进行。

5. 可赎买的住所租用合同的实质条件包括:

　　(1)当事人的名称;

　　(2)据以规定可赎买的租用关系的住所说明书;

　　(3)订立合同的期限;

　　(4)支付租用费用的金额、程序、方式、形式和期限,及其修改条件;

　　(5)提前解除合同的条件;

　　(6)在提前解除或者合同终止的情形下返还资金的程序;

　　(7)当事人的权利和债的关系;

　　(8)当事人的责任;

　　(9)法律确定的其他条件。

　　〔第 810-1 条第 5 款由 2010 年 6 月 29 日第 2367-VI 号法律修订〕

6. 对可赎买的租用合同适用本法典第 811 条、第 813-820 条、第 823 条、第 825 条第 2 款、第 826 条、第 1232-1 条的规定,并考虑法律规定的特殊性。

7. 可赎买的租用合同,是证明附法律规定延缓情势的不可移动财产的所有权从企业出租人向租用人移转的文件。

〔法典根据 2008 年 12 月 25 日第 800-VI 号法律增补第 810-1 条〕

第 811 条 住所租赁合同的形式

1. 住所租赁合同以书面形式订立。

2. 可赎买的住所租用合同应经强制性公证证明。

〔第 811 条根据 2008 年第 800-VI 号法律增补第 2 款〕

〔第 811 条第 3 款基于 2013 年 7 月 4 日第 402-VII 号法律删除〕

第 812 条 住所租赁合同的标的

1. 住所租赁合同的标的可以是居室,包括住宅或者其部分、住房或者其部分。

2. 居室应当适于在其中经常居住。

3. 住所的承租人在其住宅的住房中有权使用服务于住房的财产。

〔第 812 条第 3 款根据 2015 年 5 月 14 日第 417-VIII 号法律修改〕

第 813 条 住所租赁合同中的当事人

1. 住所租赁合同中的当事人可以是自然人和法人。

2. 承租人是法人的,其仅可为自然人居住其中而使用住所。

第 814 条 在移转租赁的住所所有权人变更情形的权利承受

1. 在移转租赁的住所所有权人变更的情形,向新的所有权人移转出租人的权利和义务。

第 815 条 住所承租人的义务

1. 承租人有义务仅以在其中居住为目的使用住所,保障住所的完好性,保持其处于适当状态。

2. 未经出租人同意,承租人无权对住所进行重建和改建。

3. 承租人有义务及时支付使用住所的费用。承租人有义务独立支付公共服务费,但租赁合同另有规定的除外。

第816条　承租人和与其共同经常居住的人

1. 在租赁合同中应当指明与承租人共同居住的人。这些人取得与承租人同等的使用住所的权利和义务。

2. 与承租人共同居住的人违反合同条件的,承租人向出租人承担责任。

3. 住所承租人是若干人的,其根据住所租赁合同的义务是连带的。

4. 承租人和与其共同经常居住的人使用住所的程序,由他们之间的协议确定,在产生争议的情形,根据法院判决确定。

第817条　承租人和与其共同经常居住的人使其他人搬入住所的权利

1. 承租人和与其共同经常居住的人,有权根据其相互同意并取得出租人的同意,使其他人搬入住所,并经常居住其中。

2. 根据本条第1款搬入住所的人,取得与其他人同等的使用住所的权利,但在其搬入时另有规定的除外。

第818条　临时同住人

1. 承租人和与其共同经常居住的人,根据其相互同意并事先告知出租人,可以允许其他人(多人)无需支付使用住所的费用而在居室临时居住(临时同住人)。

2. 临时同住人没有使用住所的独立权利。

3. 与临时同住人协议的居住期限届满,或者自承租人或者出租人向其提出关于腾出居室请求之日起不晚于七日,临时同住人应当腾出住所。

第 819 条　移转租赁的住所的维修

1. 承租人有义务对移转租赁的住所进行日常维修,但合同另有规定的除外。

2. 出租人有义务对移转租赁的住所进行大修,但合同另有规定的除外。

3. 移转租赁的住所所在的住房进行重新装修,该重新装修实质改变住所使用条件的,未经承租人同意不得进行。

第 820 条　使用住所的费用

1. 使用住所的费用金额,由住所租赁合同规定。

   法律规定住所使用费用的最大金额的,合同中规定的金额不得超过该金额。

2. 不允许单方变更使用住所的费用金额,但合同或者法律另有规定的除外。

3. 承租人在住所租赁合同规定的期限支付使用住所的费用。

   合同没有规定支付住所使用费用的期限的,承租人应当每月支付费用。

4. 根据可赎买的住所租用合同的租用支付是定期支付,租用人根据可赎买的住所租用合同,在合同的全部有效期内向企业出租人进行支付。租用支付包括租用人赎买选定的住所的支付和出租人的报酬(收入)。租用人有义务赔偿企业出租人法律确定的支出。

   〔第 820 条根据 2008 年 12 月 25 日第 800-Ⅵ 号法律增补第 4 款〕

第 821 条　住所租赁合同的期限

1. 住所租赁合同订立的期限,由合同规定。在合同中没有规定期限的,合同视订立期限为五年。

2. 对订立为不满一年期限的住所租赁合同(短期租赁),不适用本法典第 816 条第 1 款、第 818 条、第 822—824 条的规定。

第 822 条　住所承租人的优先权

1. 在住所租赁合同期限届满的情形,承租人对在新的期限订立住所租赁合同有优先权。

在住所租赁合同期限届满前不晚于三个月,出租人可以建议承租人在相同或者其他条件下订立合同,或者事先告知承租人在新的期限拒绝订立合同。出租人未事先告知承租人,承租人未腾出居室的,合同视为以相同条件和相同期限订立。

出租人拒绝在新的期限订立合同,但在一年期间内与其他人订立住所租赁合同的,承租人有权请求向其转移承租人的权利和(或)赔偿拒绝与其在新的期限订立合同所致的损失。

2. 在作为租赁合同标的的住所出卖的情形,承租人相对于其他人享有优先取得的权利。

第 823 条　住所转租赁合同

1. 根据住所转租赁合同,承租人经出租人同意,将其租赁居室的部分或者全部移转转租赁人,提供其在确定的期限使用。转租赁人不取得使用住所的独立权利。

2. 住所转租赁合同是有偿的。使用住所的费用金额,由转租赁合同规定。

3. 转租赁合同的期限,不得超出住所租赁合同的期限。

4. 在住所租赁合同提前终止的情形,转租赁合同与其同时终止。

5. 对转租赁合同不适用关于在新的期限订立合同的优先权的规定。

第 824 条　住所租赁合同中承租人的变更

1. 依承租人和与其共同经常居住的其他人的请求,并且经出租人同意,住所租赁合同中的承租人可以变更为与承租人共同经常居住的成年人中的一人。

2. 在承租人死亡或者使其退出住所的情形,与前承租人共同经常居住的其他成年人,或者经出租人同意的前述人中的一人或者若干人,可以成为承租人。在此情形,住所租赁合同保持先前条件下的效力。

第 825 条　住所租赁合同的解除

1. 经与承租人共同经常居住的其他人同意,并提前三个月书面事先告知出租人,承租人有权在任何时间拒绝租赁合同。

   承租人未经事先告知而腾出居室,出租人证明其无法与其他人在相同条件下订立住所租赁合同的,出租人有权请求承租人交付使用住所三个月的费用。

   住所不再适于在其中经常居住的,承租人有权拒绝住所租赁合同。

   在出租人取得对住所的权利前提前解除可赎买的住所租用合同,依照法律确定的程序进行。在法律确定的情形,可赎买的住所租用合同可以解除。

   〔第 825 条第 1 款根据 2008 年 12 月 25 日第 800-VI 号法律增补第 4 段〕

2. 在以下情形,住所租赁合同可以根据法院判决、依出租人的请求解除:

   (1)对合同没有规定更长期限的,承租人超过六个月不支付使用住所的费用,对短期租赁,超过两次不支付使用住所的费用的;

（2）承租人或者其行为由承租人负责的其他人破坏或者损坏
　　　住所的。

　　根据法院判决,可以为承租人提供不多于一年的期限用于
恢复住所。

　　在法院确定的期限内承租人不消除违法行为的,对出租人
提起的第二次诉,法院作出解除住所租赁合同的判决。依承
租人的请求,法院可以在不超过一年的时间内延期履行判决。

3. 在为出租人本人和其家庭成员居住而有必要使用住所的情
　 形,住房的部分、住宅、房间(房间的部分)租赁合同可以依出
　 租人的请求解除。

　　出租人应当不迟于两个月事先告知承租人关于合同解除的
情况。

4. 住所的承租人或者其行为由承租人负责的其他人不依用途使
　 用住所,或者系统性地侵害邻居的权利和利益的,出租人可以
　 实现告知承租人关于消除该侵害的必要性。

　　经过事先告知,承租人或者其行为由承租人负责的其他人
继续不依用途使用住所或者侵害邻居权利和利益的,出租人
有权请求解除住所租赁合同。

第 826 条　住所租赁合同解除的法律后果

1. 在住所租赁合同解除的情形,承租人和居住在居室的其他人
　 应当基于法院判决从住所迁出,并且不向其提供其他住所。

第 60 章　借用

第 827 条　借用合同

1. 根据借用合同,一方当事人(出借人)无偿向另一方当事人(使

用人)移转或者有义务移转物,提供其在规定的期限使用。

2. 当事人对无偿使用物有直接约定或者从当事人之间关系的实质可以得出结论的,物的使用视为无偿。

3. 对借用合同适用本法典第58章的规定。

第828条　借用合同的形式

1. 自然人之间日常用途物的借用合同,可以口头订立。

2. 法人之间以及法人与自然人之间的借用合同,以书面形式订立。

3. 建筑物、其他永久性构筑物(其特定部分)的借用合同,根据本法典第793条确定的形式订立。

4. 交通工具(地上自动交通工具除外)的借用合同,即使其中一方当事人是自然人的,也应以书面形式订立,并经公证证明。

〔第828条根据2011年7月5日第3565-VI号法律修改〕

第829条　出借人

1. 自然人或者法人可以成为出借人。

经所有权人同意,管理财产的人可以成为出借人。

2. 从事经营活动的法人,不得将物移转给其设立人、参加人、领导人、管理或者监督其机关的成员无偿使用。

第830条　不履行将物移转使用义务的法律后果

1. 出借人不履行将物移转使用义务的,另一方当事人有权请求解除合同并赔偿所致损失。

第831条　借用合同的期限

1. 当事人没有规定物的使用期限的,其根据物的使用目的确定。

第832条　出借人转让物的权利

1. 出借人有权将其移转使用的物转让。向物的取得者转移出借人的权利和义务。

2. 使用人相对其他人没有购买移转其使用的物的优先权。

第833条　使用人的义务

1. 对移转其使用的物,使用人承担维系其处于适当状态的通常费用。

2. 使用人的义务包括:

(1)依物的用途或者根据合同确定的目的使用物;

(2)本人使用物,但合同另有规定的除外;

(3)合同期限届满时返还物,使其处于移转物时所处的状态。

第834条　借用合同的解除

1. 使用人有权在合同期限届满前的任何时间返还移转其使用的物。物要求特别维护或者保存的,使用人有义务在物的返还前不少于七天内告知出借人关于拒绝(借用)合同的情况。

2. 在以下情形,出借人有权请求解除合同并返还物:

(1)因意外情势,物为其本人所需;

(2)物的使用不符合其用途和合同条件;

(3)物被擅自移转其他人使用;

(4)由于对待物疏忽大意,物被毁坏或者损坏。

3. 成为移转使用的物的所有权人之人,有权请求解除订立为无确定期限的合同。关于解除合同的情况,应当在符合借用目的的期限内提前告知使用人。

第835条　借用合同的终止

1. 在接受物的移转并使用物的自然人死亡或者法人清算的情形,借用合同终止,但合同另有规定的除外。

第836条　使用物的期限届满不返还物的法律后果

1. 借用合同终止后,使用人不返还物的,出借人有权请求强制返还及赔偿所致损失。

第61章 承揽

第1节 关于承揽的总则

第837条 承揽合同

1. 根据承揽合同,一方当事人(承揽人)有义务依另一方当事人(定作人)的任务自负风险地完成一定的工作,定作人有义务领受已完成的工作并为其支付费用。

2. 承揽合同可以订立为物的制作、加工、复制、修理,或者完成其他工作并将其成果移转定作人。

3. 为完成法律规定的特定种类的工作,承揽人(分承揽人)有义务取得特别的许可。

4. 对本章第2—4节规定的特定种类的承揽合同适用该节的规定,但本法典关于该种类合同另有规定的除外。

第838条 总承揽人和分承揽人

1. 合同没有其他规定的,承揽人有权引入其他人(分承揽人)完成工作,并对其工作成果向定作人负责。在此情形,承揽人对定作人是总承揽人,对分承揽人是定作人。

2. 总承揽人对定作人不履行或者不当履行其根据承揽合同的义务,向分承揽人负责,对分承揽人违反其义务向定作人负责。

   定作人和分承揽人无权互相提出与违反他们中的每一方与总承揽人订立的合同有关的请求,但合同或者法律另有规定的除外。

第839条 以承揽人的材料和工具完成工作

1. 承揽人有义务以自己的材料和自己的工具完成承揽合同确定

的工作,但合同另有规定的除外。

2. 承揽人为其提供不符合质量要求的材料和设备以及提供设定第三人权利的材料或者设备负责。

第840条 以定作人的材料完成工作

1. 工作部分或者全部以定作人的材料完成的,承揽人对该材料不正确使用负责。承揽人有义务向定作人提供关于材料使用的报告,并将其剩余部分返还。

2. 工作以定作人的材料完成的,在承揽合同中应当规定材料消耗的规范、返还其剩余部分和废料的期限,以及承揽人不履行或者不当履行义务的责任。

3. 承揽人无法证明在适当领受材料时其无法发现瑕疵的,其对定作人提供材料的瑕疵引起的工作未完成或者未适当完成负责。

第841条 承揽人保存提供给其的财产的义务

1. 承揽人有义务采取所有措施保存定作人移转给其的财产,并且为该财产遗失或者损坏负责。

第842条 材料偶然灭失或者偶然损坏的风险

1. 在承揽合同确定的承揽人交付期限开始前,材料偶然灭失或者偶然损坏(腐坏)的风险由提供材料的一方当事人承担,在该期限开始后,由耽误期限的一方当事人承担,但合同或者法律另有规定的除外。

第843条 工作的价格

1. 在承揽合同中确定工作的价格或者确定价格的方式。

2. 在承揽合同中没有规定工作的价格或者确定价格的方式的,由法院基于从事类似工作通常适用的价格,并考虑当事人确定的必要费用,以判决方式确定价格。

3. 在承揽合同中工作的价格包括赔偿承揽人的费用和完成工作的费用。

第844条　预算

1. 在承揽合同中的价格可以在预算中确定。

　　工作根据承揽人编制的预算完成的,自定作人确认预算时起,预算取得效力并且成为承揽合同的一部分。

2. 完成工作的预算可以是约数或者定数。合同没有其他规定的,预算为定数。

3. 定数预算的变更,仅依当事人协议才可进行。

　　在超出定数预算的情形,与此有关的所有费用由承揽人承担,但法律另有规定的除外。

4. 产生进行补充工作的必要性,并且因此实质超出一定的约数预算的,承揽人有义务及时将此情况事先告知定作人。不同意超出预算的定作人,有权拒绝承揽合同。在此情形,承揽人可以请求定作人为已经完成的工作部分支付。

　　未及时事先告知定作人关于超过约数预算的必要性的承揽人,有义务根据合同规定的价格履行承揽合同。

5. 承揽人无权请求增加定数预算,在订立承揽合同时无法预见工作的全部范围或者为此支出的必要费用的情形,定作人有权请求减少定数预算。

　　在订立合同后,承揽人应当提供的材料、设备的价值以及其他人提供给承揽人的服务的价值实质上涨的情形,承揽人有权请求增加预算。在定作人拒绝增加预算的情形,承揽人有权请求解除合同。

第845条　承揽人的节约性

1. 在保障工作符合质量的条件下,承揽人有权经济地进行工作。

2. 承揽人实际支出的费用少于确定的价格（预算），定作人不能证明承揽人获取的节余以降低工作质量为条件的，承揽人有权依承揽合同规定的价格获取工作报酬。

3. 当事人可以约定其相互之间分配承揽人所获取的节余。

第846条　完成工作的期限

1. 完成工作的期限或者其特定阶段，在承揽合同中规定。

2. 在承揽合同中没有规定完成工作的期限的，承揽人有义务完成工作，定作人有权请求其在与债的实质、工作的性质和范围、商事流转惯例相符的合理期限内完成工作。

第847条　承揽人有义务事先告知定作人的情势

1. 承揽人有义务向定作人及时现实告知以下情势：

（1）由定作人处取得的材料不合格或者质量差；

（2）遵守定作人的指示将威胁工作成果的质量或者合格性；

（3）具备与承揽人无关的威胁工作成果的质量或者合格性。

第848条　定作人未完成承揽人要求的法律后果

1. 定作人不顾来自承揽人一方及时的事先告知，在相应期限内不更换不符合质量要求或者不合格的材料，不变更关于完成工作方式的指示或者不消除威胁工作成果质量或者合格性的其他情势的，承揽人有权拒绝承揽合同，并请求赔偿损失。

2. 使用不符合质量要求或者不合格的材料或者遵守定作人的指示，将威胁到众人生命和健康，或者导致违反生态、卫生规则与保障众人安全的规则和其他要求的，承揽人有义务拒绝合同，有权利请求赔偿损失。

第849条　完成工作时定作人的权利

1. 定作人有权在任何时间检验工作的进度和质量，但不得干涉承揽人的活动。

2. 承揽人未及时开始工作,或者缓慢进行工作以致明显无法按期终结的,定作人有权拒绝承揽合同并请求赔偿损失。

3. 在进行工作时发现工作明显不能以合适方式完成的,定作人有权为承揽人指定消除瑕疵的期限,在承揽人未履行该要求的情形,定作人有权拒绝承揽合同并请求赔偿损失,或者将修复工作交与其他人并由承揽人付费。

4. 定作人有权在工作终结前的任何时间拒绝承揽合同,但需支付承揽人已完成工作部分的费用并赔偿其解除所致的损失。

第850条 定作人的协作

1. 定作人有义务在承揽合同规定的情形、范围,依照承揽合同规定的程序,协作承揽人完成工作。

   在定作人违反该义务的情形,承揽人有权请求赔偿所致的损失,包括由停工、超期完工所致的额外开销或者工作价款的增加。

2. 因定作人的行为或者疏忽导致根据承揽合同完成工作成为不可能的,承揽人有权向其支付规定的价格并考虑已完成工作部分的付款,扣除承揽人因定作人未履行合同所取得或者可能取得的价款。

第851条 定作人不履行承揽合同的义务

1. 定作人不提供材料、设备或者应予加工的物,致使承揽合同履行不能的,承揽人有权不着手工作,或者中止已开始的工作。

第852条 在承揽人违反承揽合同的情形定作人的权利

1. 承揽人违背承揽合同条件,致使工作恶化或者在工作中留有其他瑕疵的,定作人有权依自己的选择,请求在合理期限内无偿修正该瑕疵,或者自己付费修正该瑕疵并有权请求赔偿为修正瑕疵而自己付出的费用,或者相应地减少为工作支付的费用,但合同另有规定的除外。

2. 在工作中存在实质违背承揽合同条件或者其他实质性瑕疵的,定作人有权请求解除合同并赔偿损失。

第853条　定作人领受承揽人已完成工作的义务

1. 定作人有义务领受承揽人根据承揽合同已完成的工作,并对其进行检验,在发现工作中有违背合同条件或者其他瑕疵的情形,应立即向承揽人主张。

　　定作人没有作出上述主张的,对已完成的工作中对合同条件的违背或者瑕疵,丧失在将来援引的权利。

2. 领受工作但未进行检验的定作人,对以通常方式领受工作时可以确定的瑕疵(显性瑕疵),失去援引的权利。

3. 领受工作后,定作人发现以通常方式领受工作时无法确定的对合同条件的违背或者其他瑕疵(隐性瑕疵),包括承揽人故意隐藏的情况,其有义务将此情况立即告知承揽人。

4. 在定作人与承揽人之间产生关于已完成工作的瑕疵或者其原因的争议的情形,依其任何一方当事人的请求,应当指定鉴定。进行鉴定的费用由承揽人承担,但确定对承揽合同条件的违反或者承揽人行为与所发现的瑕疵之间的因果关系的情形除外。在此情形,进行鉴定的费用由请求指定鉴定的当事人承担,但合同另有规定的除外。

5. 定作人在一个月期间不予领受已完成的工作的,经两次事先告知后,承揽人有权出卖工作成果,所得价款在扣除应向承揽人支付的款项后,向公证人、公证处以定作人名义进行提存,但合同另有规定的除外。

　　〔第853条第5款根据2010年7月6日第2435-Ⅵ号法律修改〕

6. 定作人不予领受已完成的工作引致工作交付期限变更的,对加工(复制)的物的所有权,视为在其应当移转时转移给定作人。

第 854 条　为工作支付的程序

1. 承揽合同没有规定为已完成的工作预先支付或者为其特定阶段支付的,定作人有义务在工作最终交付后以有条件的价格向承揽人支付,其条件为工作以适当方式并且在协议期限内完成,或者经定作人同意,工作提前完成的。

2. 仅在合同规定的情形和范围内,承揽人才有权请求向其支付定金。

第 855 条　在承揽合同的标的偶然毁坏或者工作终结不能的情形下当事人之间的结算

1. 承揽合同的标的在交付定作人前,不因当事人的过错而偶然毁坏或者使得工作终结不能的,承揽人无权请求工作的费用。

  因定作人移转材料的瑕疵,或者因定作人关于工作完成方式的指示而发生承揽合同的标的的毁坏或者工作终结不能,或者该毁坏或者工作终结不能发生在定作人超过领受已完成工作的期限之后的,承揽人有权获得费用。

第 856 条　承揽人的留置权

1. 定作人不支付规定的工作价格或者其他因承揽合同履行而应向承揽人支付的价款的,承揽人有权留置工作成果,和设备、未使用材料的剩余部分以及承揽人持有的定作人的其他财产。

第 857 条　工作的质量

1. 承揽人完成的工作应当符合承揽合同的条件,在该条件不存在或者不完整时,应当符合对相关性质工作通常所提出的要求。

2. 已完成的工作应当符合承揽合同确定的质量,或者在将其移转定作人时通常所提出的要求。

3. 工作成果在合理期限内,应当适于根据承揽合同的使用或者该性质工作的通常使用。

第858条　承揽人因不符合质量要求的工作所承担的责任

1. 承揽人完成的工作违背承揽合同条件以致恶化工作,或者由其他瑕疵使其不适于根据合同的使用或者该性质工作的通常使用的,定作人有权依自己的选择,请求承揽人实施以下行为,但合同或者法律另有规定的除外:

（1）在合理期限内无偿消除工作中的瑕疵;

（2）成比例地减少工作的价格;

（3）合同规定定作人消除瑕疵的权利的,赔偿其消除瑕疵的费用。

2. 为替代承揽人所负责的对工作瑕疵的消除,承揽人义务向定作人赔偿逾期未履行所致的损失后,有权无偿重新完成工作。在此情形,根据工作的性质返还是可能的,定作人有义务向承揽人提前返还移转给其的工作。

3. 在工作中背离承揽合同条件或者工作中的其他瑕疵成为实质性的,并且无法消除,或者在定作人规定的期限内没有消除的,定作人有权拒绝合同并请求赔偿损失。

4. 关于为特定工作瑕疵免除承揽人责任的合同条件,不免除承揽人由于其故意行为或者不作为所产生瑕疵的责任。

5. 为完成工作而提供材料的承揽人,根据关于出卖人为不符合质量要求的商品承担责任的制度,为其所供材料质量负责。

第859条　工作质量的保障

1. 合同或者法律规定承揽人向定作人保障工作质量的，承揽人有义务向定作人移转的工作成果，应当在全部保障期限内符合本法典第 857 条的要求。

2. 工作质量的保障适用于构成工作成果的一切，但承揽合同另有规定的除外。

第 860 条　保障期限的计算程序

1. 保障期限的期间，从自己完成的工作被领受时或者应当由定作人领受时起开始，但承揽合同另有规定的除外。

2. 对承揽合同保障期限的计算，适用本法典第 676 条的规定，但合同或者法律另有规定的除外。

第 861 条　承揽人向定作人移转信息的义务

1. 合同有规定，或者没有该信息即无法以合同确定的目的使用工作成果的，承揽人有义务在向定作人移转工作成果时，一并移转利用或者其他使用承揽合同标的的信息。

第 862 条　当事人所获取信息的保密性

1. 因履行合同，承揽合同中的一方当事人从另一方当事人获取关于新方案和技术性知识的，包括不受法律保护的新方案和技术性知识，以及可视为商业秘密的讯息的，未经另一方当事人同意，其无权将其告知其他人。

第 863 条　对质量不合格的工作的请求所适用的诉讼时效

1. 对根据承揽合同完成的质量不合格的工作的请求，适用一年诉讼时效，对建筑物和构造物的请求，适用三年诉讼时效，时效自定作人领受工作之日起计算。

第 864 条　特定情形诉讼时效期间的开始

1. 承揽合同或者法律规定有担保期限，并且因工作瑕疵的申请在担保期限内提出的，诉讼时效期间自提出关于瑕疵的申请之日起开始计算。

2. 定作人根据承揽合同领受部分工作的,诉讼时效自全部领受工作之日起开始计算。

第 2 节 日常生活承揽

第 865 条　日常生活承揽合同

1. 根据日常生活承揽合同,进行经营活动的承揽人,有义务为自然人(定作人)的义务完成确定的工作,以满足其日常或者其他个人需要,定作人有义务领受已完成的工作,并为其支付。

2. 日常生活承揽合同是公共合同。

3. 对本法典不予调整的日常生活承揽合同关系,使用关于消费者权利保护的立法。

第 866 条　日常生活承揽合同的形式

1. 承揽人向定作人签发收据或者证明合同订立的其他文件的,日常生活承揽合同视为以适当的形式订立。

定作人没有该文件的,不丧失引入证人证明合同订立的事实或者合同条件的权利。

第 867 条　定作人权利的保障

1. 承揽人无权强迫定作人将额外的有偿的工作或者劳务列入日常生活承揽合同。在违反该要求的情形,定作人有权拒绝为相应的工作或者劳务进行支付。

2. 定作人向承揽人偿付在通知拒绝合同前与实际履行工作成比例的规定的工作价格,并且向承揽人赔偿此前为合同履行目的所支出,但未列入工作价格部分的费用的,有权在向其交付工作前的任何时间拒绝日常生活承揽合同。剥夺定作人该权利的合同条件,是法定无效的。

第 868 条　向定作人提供关于工作的信息

1. 在订立日常生活承揽合同前,承揽人有义务向定作人提供关于所提供工作、其形式和特性、价格和为工作支付的形式的必要且真实的信息,以及以定作人的请求告知其涉及合同的其他讯息。依工作性质具有意义的,承揽人有义务为定作人指定在将来完成工作的具体的人。

第 869 条　工作的公开提议

1. 对根据日常生活承揽完成的工作的广告和其他提议,适用本法典第 641 条的规定。

2. 在向定作人交付工作时,承揽人有义务向其告知关于为有效和安全使用已加工或复制的物或者已完成的其他工作所必须遵守的要求,以及关于定作人或者其他人因不遵守相关要求的可能后果。

3. 因从承揽人处获取不充分或者不真实信息,定作人订立完成工作的合同,但该工作不具有定作人所指的特性的,定作人有权请求解除日常生活承揽合同,并请求赔偿损失。

第 870 条　以承揽人的材料完成日常生活承揽合同

1. 根据日常生活承揽合同,承揽人以自己的材料完成工作,根据定作人意愿的,以其材料完成工作。

2. 以承揽人的材料完成工作的,材料的价值由定作人根据当事人的协议部分或者全部支付,并且在定作人领受承揽人已完成的工作时进行最终结算。在合同规定的情形,材料可以由承揽人信贷提供(分期付款)。信贷提供的材料价格的后续变更不导致重新结算,但合同另有约定的除外。

第 871 条　以定作人的材料根据日常生活承揽合同完成工作

1. 以定作人的材料完成工作的,在订立日常生活承揽合同时承揽人签发的收据或者其他文件中,应当指明材料的准确名称、其数量和根据当事人协议进行的价格评估。

第 872 条　在承揽人实质违反日常生活承揽合同的情形下定作人的权利

1. 承揽人实施实质背离日常生活承揽合同条件的行为,或者在以定作人的材料完成的工作中有其他实质性瑕疵的,定作人有权依自己的选择请求:

　　(1)以相同质量的同种类材料制作另外的物;

　　(2)解除合同并请求赔偿损失。

2. 在发现其他背离合同条件或者工作中的其他瑕疵的情形,定作人有权依自己的选择,请求在合理的期限内无偿消除该瑕疵或者相应地减少支付。

3. 根据日常生活承揽合同完成的工作中的瑕疵,可能给定作人或者其他人的生命或者健康带来危险的,定作人或者其权利承受人,可以在自领受工作时起的十年期间内提出关于无偿消除该瑕疵的请求,但依照法律规定的程序确定长于十年期限(使用期限)的除外。该请求的提出与何时发现该瑕疵无关,包括在保障期终结后发现该瑕疵的情形。

　　在承揽人不满足该请求的情形,定作人有权在该期限内请求返还已为工作所支付的价款,或者请求赔偿其消除瑕疵的费用。

第 873 条　根据日常生活承揽合同支付的范围

1. 根据日常生活承揽合同完成的工作的价值,由当事人的协议确定,但依照价目表(价格表)、费率表等另有规定的除外。

2. 在承揽人最终移转工作后,定作人为工作进行支付。经定作人同意,其可在订立日常生活承揽合同时通过定金或者全额付款的方式进行支付。

第 874 条 定作人缺席领受工作的法律后果

1. 在定作人缺席领受已完成的工作或者定作人逃避领受工作的情形，经书面事先告知定作人，自事先告知之日起两个月期间届满后，承揽人有权以合理的价格出卖日常生活承揽合同的标的，所得款项扣除承揽人全部应得数额后，以定作人名义向公证人、公证处进行提存。

  〔第 874 条第 1 款根据 2010 年 7 月 6 日第 2435-VI 号法律修改〕

2. 在本条第 1 款规定的情形，承揽人有权不出卖日常生活承揽合同的标的，而将其留置并请求赔偿。

第 3 节 建设承揽

第 875 条 建设承揽合同

1. 根据建设承揽合同，承揽人有义务在规定的期限建设并交付客体，或者根据设计预算文件完成其他建设工作，定作人有义务向承揽人提供建设场地（工程阵线），移转设计预算文件（但承揽人承担该义务的除外），领受项目或者完成的建设工程并为其支付。

2. 建设承揽合同可以订立为企业、建筑物（包括住房）、构筑物进行新的建设、大修、改建（技术性重装），完成与客体所在地密不可分的维修、调试和其他工程。

3. 对建设承揽合同适用本法典的规定，但法律另有规定的除外。

第 876 条 对建设客体的所有权

1. 定作人是建设客体或者其他建设工程的所有权人，但合同另有规定的除外。

〔第 876 条第 1 款根据 2005 年 12 月 15 日第 3201-IV 号法律
修改〕

第 877 条　设计预算文件

1. 设计预算文件确定工作的范围、内容与对工作和确定工作价
   格的预算的其他要求,承揽人有义务根据设计预算文件进行
   建设和与其有关的建设工作。

   承揽人有义务完成设计文件和预算(设计预算文件)所确定
   的所有工作,但建设承揽合同另有规定的除外。

2. 建设承揽合同应当确定设计预算文件的组成和内容,应当确
   定哪一方当事人、在什么期限内有义务提供相应的文件。

3. 承揽人在建设过程中发现设计预算文件所未核算的工作,并
   且因此必须进行额外工作和增加预算的,有义务将此情形告
   知定作人。

   在合理期限内未收到定作人对自己告知进行回应的情形,
   承揽人有义务中止相应的工作,该中止所致的损失由定作人
   承担。定作人证明没有必要进行额外工作的,免除赔偿该损
   失的责任。

4. 承揽人不履行本条第 3 款规定的义务的,丧失请求定作人为
   已完成的额外工作进行支付的权利和请求赔偿所致损失的权
   利,但其可以证明其立即实施的行为为定作人的利益所必须,
   包括因中止工作可能导致建设客体毁坏或损坏的除外。

第 878 条　设计预算文件的修改

1. 在工作开始前或者在工作进行中,定作人有权对设计预算文
   件进行修改,但该修改所致的额外工作的价值不得超过预算
   确定价格的 10%,并且不得改变合同确定的工作的性质。

2. 仅经承揽人同意,对设计预算文件的修改所要求的额外工作

的价值才可以超过预算确定价格的 10%。在此情形,承揽人
有权拒绝合同并请求赔偿损失。

第 879 条 建设的保障和为工作的支付

1. 对建设的物质技术保障由承揽人承担,但建设承揽合同另有
规定的除外。

   合同可以对定作人施加诸如保障为建设供水、供电,以及提
供其他服务等协助承揽人的义务。

2. 有义务为建设提供物质技术保障的承揽人,承担不降低工作
的质量,对其所提供的材料(零件、构件)或者设备承担无法使
用的风险。

3. 在不降低已完成工作的质量就无法使用定作人提供的材料
(零件、构件)或者设备的情形,承揽人有权拒绝合同,并请求
定作人支付与已履行部分成比例的工作的价款,以及赔偿该
价款所未覆盖的损失。

4. 定作人领受已建成的客体(已完成的工作)后应当进行支付,
但根据当事人的协议规定有其他结算程序的除外。

5. 在因不可抗力在建设承揽合同规定的期限届满前建设客体毁
坏或者损坏的情形,以及在依不取决于定作人的其他理由不
可能完成建设(建设工作)的,承揽人物权请求定作人为工作
进行支付或者支付费用,但合同另有规定的除外。

6. 在不归因于当事人的情势而必须封存建设的情形,定作人有
义务向承揽人为工作封存前已完成的部分进行支付,并向其
赔偿与封存有关的费用。

第 880 条 客体偶然毁坏或者偶然损坏的风险

1. 在定作人领受建设客体前,其偶然毁坏或者偶然损坏的风险,
根据法律的要求由定作人或者承揽人承担,但因取决于定作

人的情势而发生该风险的情形除外。

〖第 880 条第 1 款由 2005 年 12 月 15 日第 3201-IV 号法律修订〗

第 881 条　建设客体的保险

〖第 881 条名称由 2005 年 12 月 15 日第 3201-IV 号法律修订〗

1. 建设客体或者工作综合体由承揽人或者定作人根据立法进行保险。

〖第 881 条第 1 款由 2005 年 12 月 15 日第 3201-IV 号法律修订〗

被施加保险义务的一方当事人,应当依照合同规定的程序,向另一方当事人提供其订立保险合同的证据,包括关于保险人、保险金额和保险对象的讯息。

2. 工作的瑕疵或者因承揽人过错用于工作的材料的瑕疵,应当由承揽人(或者分承揽人)消除,并且由其付费。

3. 为进行检查和监督建设的目的,定作人有权以自己名义作出相应的决定,与专业组织或者专业人员订立关于提供该种服务的合同。在此情形,在建设承揽合同中应当确立该专业人员的职能和权限。

第 882 条　工作的移转和领受

1. 定作人收到承揽人关于准备移转根据建设承揽合同完成的工作的告知后,或者合同规定工作阶段的,有义务立即开始领受工作。

2. 定作人组织和进行工作的领受,并由其自己付费,但合同另有规定的除外。在法律或者其他规范性法律文件规定的情形,国家政权机关和地方自治机关的代表应当参加工作的领受。

3. 定作人预先接受工作的特定阶段的,对其非因承揽人过错的毁坏或者损坏承担风险,包括建设承揽合同规定工作完成的风险由承揽人承担的情形。

4. 承揽人移转工作和定作人领受工作,应当以双方当事人签署的文件进行固定。在一方当事人拒绝签署文件的情形,应当在文件中指明该情形,并由另一方当事人签署。

   由一方当事人签署的文件,仅在另一方当事人拒绝签署文件的理由被法院认定为有根据的情形,才可以被法院认定为无效。

5. 建设承揽合同有规定或者工作性质有结论的,工作的零售可以在预先试验后进行。在此情形,仅在预先试验取得正向结果的情形才可进行工作的领受。

6. 在发现瑕疵的情形,该瑕疵排除了客体的使用可以达到合同指明目的的可能性,并且不可能由承揽人、定作人或者第三人消除的,定作人有权拒绝领受工作。

第883条　承揽人的责任

1. 承揽人对已建成客体存在瑕疵、其向定作人逾期移交和其他违反合同的情形(设计能力的瑕疵、其他设计指标)负责,但其可以证明前述行为的发生非因其过错的除外。

2. 不履行或者不当履行根据建设承揽合同的义务的,承揽人应当支付合同或者法律规定的违约金,并且赔偿全部损失。

3. 承揽人因违反完成特定工作期限而支付的违约金(滞纳金),在合同规定的最后期限前终结全部工作的情形,应当向承揽人返还。

第884条　建设承揽合同中的质量保障

1. 承揽人应当保障建设客体达到设计预算文件指明的指标,并且在保障期内根据合同使用客体的可能性,但建设承揽合同另有规定的除外。保障期为十年,自定作人领受客体之日起计算,但是合同或者法律规定更长保障期的除外。

2. 承揽人为在保障期内发现的缺陷负责,但其可以证明因以下情形导致缺陷发生的除外:客体或者其部分的自然损耗;客体的不正确使用,或者因定作人本人或其引入的其他人的不正确指令对客体进行使用;定作人本人或其引入的第三人对客体进行不当维修。

3. 在保障期内客体因承揽人负责的瑕疵而不能使用的,保障期期间应当延长相应的时间。

4. 在保障期内发现瑕疵的情形,定作人应当在发现后的合理期限内向承揽人作出声明。

5. 建设承揽合同可以规定,在保障期终结时,定作人支付预算确定、合同规定的部分工作价款的权利。

第885条　由定作人付费的瑕疵消除

1. 建设承揽合同可以规定,承揽人依定作人的请求、由定作人付费消除承揽人不负责的瑕疵的义务。

瑕疵的消除与合同标的没有直接关系,或者基于与承揽人无关的理由承揽人无法消除的,承揽人有权拒绝履行该义务。

第886条　定作人的责任

1. 在定作人不履行或者不当履行根据建设承揽合同的义务的情形,其应当向承揽人支付合同或者法律规定的违约金,并且赔偿全部损失,但其可以证明违反合同非因其过错而发生的除外。

第4节 设计和勘察工作承揽

第887条 进行设计和勘察工作的承揽合同

1. 根据进行设计和勘察工作的承揽合同,承揽人有义务根据定作人的任务制定设计或者其他技术性文件,并且(或者)完成勘察工作,定作人有义务领受并为其支付。

2. 对进行设计和勘察工作的承揽合同使用本法典的规定,但法律另有规定的除外。

第888条 进行设计和勘察工作的初始资料

1. 根据进行设计和勘察工作的承揽合同,定作人有义务向承揽人移转设计任务,以及编制设计预算文件所必须的其他初始资料。设计任务可以由承揽人根据定作人的委托进行准备。在此情形,自定作人确认任务时起,其对双方当事人都具有强制性。

2. 承揽人应当遵守包含在任务和其他初始资料中为设计和完成勘察工作所必须的要求,仅经定作人同意,承揽人才有权不遵守前述要求。

第889条 定作人的义务

1. 定作人有义务实施以下行为,但进行设计和勘察工作的承揽合同另有规定的除外:

    (1)在实施全部工作后向承揽人支付规定的价款,或者在实施工作的特定阶段后或依照合同或法律规定的其他程序向承揽人支付部分价款;

    (2)仅为合同规定的目的使用从承揽人处取得的设计预算文件,不得将设计预算文件移转其他人,并且未经承揽人同意不得泄露设计预算文件中包含的资料;

（3）在合同规定的范围和条件下,在进行设计和勘察工作中向承揽人提供服务;

（4）和承揽人一起参加与国家政权机关和地方自治机关授权人员就已制订的设计预算文件的协商;

（5）向承揽人赔偿因与承揽人无关的情势与进行设计和勘察工作的初始资料变更有关的额外费用;

（6）因已编制的设计文件或者已完成的勘察工作的瑕疵,其他人对定作人提起诉讼的,定作人可以引入承揽人参加案件。

第890条　承揽人的义务

1. 承揽人有义务实施以下行为:

（1）根据进行设计的初始资料及根据合同完成工作;

（2）与定作人就已制订的设计预算文件进行协商,在必要的情形,与国家权力机关和地方自治机关授权人员进行协商;

（3）向定作人移转已制订的设计预算文件和勘察工作的成果;

（4）未经定作人同意,不得向其他人移转设计预算文件;

（5）向定作人保证,第三人无权基于根据合同制订的设计预算文件来阻碍或者限制工作的完成。

第891条　承揽人因文件和工作瑕疵的责任

1. 承揽人对设计预算文件和勘察工作的瑕疵负责,包括在建设过程中,以及在基于已完成的设计预算文件和勘察工作的成果所创造的客体的使用过程中发现的瑕疵。

2. 在发现设计预算文件或者勘察工作中的瑕疵的情形,承揽人依定作人的请求,有义务无偿重新制作设计预算文件或者进行必要的额外的勘察工作,以及赔偿所致的损失,但合同或者法律另有规定的除外。

第62章 完成科学研究或者 试验设计和工艺工作

第892条 完成科学研究或者试验设计和工艺工作的合同

1. 根据完成科学研究或者试验设计和工艺工作的合同,承揽人(执行人)有义务按定作人的任务进行科学研究,制作新产品的样品和设计文件、新工艺等,定作人有义务领受已完成的工作并为其支付。

合同可以涵盖进行科学研究、加工和制作样品的全部周期,或者其特定阶段。

第893条 工作的完成

1. 执行人有义务本人进行科学研究,但完成科学研究或者试验设计和工艺工作的合同另有规定的除外。

仅经定作人同意,执行人才有权引入其他人完成科学研究工作。

执行人有权引入其他人(分执行人)完成试验设计和工艺工作,但合同另有规定的除外。

第894条 工作的移转、领受和为其支付

1. 对已完成的科学研究或者试验设计和工艺工作,执行人有义务移转,定作人有义务领受并为其支付。合同可以规定对工作特定阶段的领受和为其支付,或者规定其他支付方式。

2. 合同规定的为已完成的科学研究或者试验设计和工艺工作的支付,可以由定作人根据实际取得的成果与合同规定的成果相比进行缩减,但该缩减不得由定作人决定,该缩减的可能性和其界限由当事人的协议所规定。

第 895 条　关于合同的讯息的保密性

1. 对完成科学研究或者试验设计和工艺工作的合同的标的的讯息,执行人和定作人有义务保障其保密性,但合同另有规定的除外。属于保密性讯息的范围由合同规定。

第 896 条　当事人对工作成果的权利

1. 根据完成科学研究或者试验设计和工艺工作的合同,定作人有权在合同规定的界限内和条件下使用移转给其的工作成果。

2. 执行人有权为其自己使用其获取的工作成果,但合同另有规定的除外。

　　合同可以规定执行人向其他人移转工作成果的权利。

第 897 条　执行人的义务

1. 根据完成科学研究或者试验设计和工艺工作的合同,执行人有义务实施以下行为:

（1）根据与定作人商定的规划（技术经济指标）或者课题完成工作,并且在合同规定的期限内向定作人移转成果;

（2）遵守与智力所有权保护有关的要求;

（3）未经定作人同意,不得出版在完成工作时所获取的科学研究成果;

（4）完成工作时所获取的成果应予法律保护的,应采取保护措施并将此情形通知定作人;

（5）对在技术文件中由执行人过错出现的、可能使得偏离定作人的技术任务或者合同规定的技术经济指标的瑕疵,以自己的力量、由自己付费消除;

（6）发现不可能获取期待的成果或者不宜继续工作的,立即通知定作人。

第 898 条　定作人的义务

1. 根据完成科学研究或者试验设计和工艺工作的合同,定作人
   有义务实施以下行为:

   (1)向执行人提出任务,并且与其商定工作规划(技术经济指
   　　标)或者课题;

   (2)向执行人移转完成工作所必需的信息;

   (3)领受已完成的工作,并为其支付。

第 899 条　不可能取得成果的后果

1. 在科学研究工作进程中,发现因与执行人无关的情势而不可
   能取得成果的,定作人有义务为发现不可能取得合同规定的
   成果的工作进行支付,但不得超过合同确定的工作的相应部
   分的价格。

2. 在试验设计和工艺工作进程中,发现非因执行人过错的情势
   而不可能取得成果的,定作人有义务赔偿执行人的费用。

第 900 条　执行人违反合同的责任

1. 执行人因违反完成科学研究或者试验设计和工艺工作的合同
   向定作人负责,但证明合同的违反非因其过错而发生的除外。

2. 在工作中发现瑕疵,合同规定应当根据合同在工作的全部价
   格范围内进行赔偿的,执行人有义务在工作价格的范围内向
   定作人赔偿实际损失。

第 63 章　服 务 总 则

第 901 条　提供服务合同

1. 根据提供服务合同,一方当事人(执行人)有义务依另一方当
   事人(定作人)的任务提供服务,该服务要求在过程中实施特

定行为或者从事特定活动,定作人有义务为该服务向执行人支付,但合同另有规定的除外。

2. 本章的规定可以适用于所有提供服务合同,但不得违反债的本质。

第 902 条　提供服务合同的履行

1. 执行人应当亲自提供服务。

2. 在合同规定的情形,执行人有权将提供服务的合同的履行交予其他人,但保留因违反合同对定作人在全部范围内承担的责任。

第 903 条　提供服务合同的支付

1. 合同规定服务提供是付费的,定作人有义务根据合同规定的金额、期限和程序,为提供服务进行支付。

2. 在非因执行人的过错无法履行提供服务合同的情形,定作人有义务向执行人进行合理的支付。因定作人的过错无法履行合同的,其有义务向执行人全额支付,但合同或者法律另有规定的除外。

第 904 条　向执行人赔偿根据无偿提供服务合同的实际费用

1. 根据无偿提供服务合同,定作人有义务向执行人赔偿履行合同所必须的所有实际费用。

2. 本条第 1 款的规定,适用于因定作人的过错或者不可抗力无法履行无偿提供服务合同的情形。

第 905 条　提供服务合同的期限

1. 提供服务合同的期限由当事人的协议规定,但法律或者其他规范性法律文件另有规定的除外。

第 906 条　执行人违反提供劳务合同的责任

1. 不履行或者不当履行付费提供服务合同致使定作人所受的损

失,应当由执行人赔偿,在存在执行人过错的情形,应当全额
赔偿,但合同另有规定的除外。在从事经营活动时违反付费
提供服务合同的执行人,不能证明适当履行的不可能系因不
可抗力所致的,应当为此负责,但合同或者法律另有规定的
除外。

2. 不履行或者不当履行无偿提供服务合同所致的损失,应当由
执行人在不超过公民免税最低收入两倍的范围内进行赔偿,
但合同规定执行人其他责任范围的除外。

第 907 条　提供服务合同的解除

1. 提供服务合同可以解除,包括根据本法典、其他法律或者当事
人协议规定的程序和根据单方拒绝合同。

　　提供服务合同解除的程序和后果,由当事人协议或者法律
规定。

第 64 章　运　输

第 908 条　关于运输的总则

1. 货物、乘客、行李、邮件的运输,根据运输合同进行。

2. 运输的一般条件由本法典、其他法律、交通法典(规章)、其他
规范性法律文件和根据其制定的规则确定。

　　以特定种类交通进行货物、乘客和行李运输的条件,以及当
事人在该种运输的责任,由合同规定,但本法典、其他法律、交
通法典(规章)、其他规范性法律文件和根据其制定的规则另
有规定的除外。

第 909 条　货物运输合同

1. 根据货物运输合同,一方当事人(承运人)有义务将另一方当

事人(托运人)托运的货物运送至指定地点,并将其交给有权接收货物的人(收货人),托运人有义务按照规定的费用为货物运输进行支付。

2. 货物运输合同以书面形式订立。

3. 货物运输合同的订立,以货运单[提货单或者交通法典(规章)规定的其他文件]的签发予以证明。

4. 法律可以规定货运合同订立和履行的特殊性。

第910条 乘客和行李运输合同

1. 根据乘客运输合同,一方当事人(承运人)有义务将另一方当事人(乘客)运输至指定地点,在交付行李的情形,应将行李运送至指定地点,并将其交给有权接收行李的人,乘客有义务按照规定的费用为旅途支付,在交付行李的情形,有义务为行李的托运支付。

2. 乘客和行李运输合同的订立,由相关的票证和行李单据的签发予以证明,其形式由相关的交通法典(规章)规定。

第911条 乘客的权利

1. 乘客有权实施以下行为:

(1)根据已获取的票证在交通工具中取得座位;

(2)免费携带一名未满六岁的儿童,但儿童无权占据特定的座位;

(3)以优惠价格为六岁以上未满14岁的子女购买票证;

(4)在交通法典(规章)规定的规格范围内,免费携带一件小件行李;

（5）在路途中可以进行一次停留,将旅途文件(票证)有效期延长不超过十个昼夜,在生病的情形,可以将有效期延长至疾病的全部期间;

（6）根据交通法典(规章)规定的规则,依票证交付的期限,拒绝搭乘、退票并取得先前支付的全部或者部分票证价值;

（7）根据交通文件(票证)所指示的路线,获取关于交通工具出发的时间和地点的完整和及时的信息。

第912条　包租(商务租用)[①]合同

1. 根据包租(商务租用)合同,一方当事人(出租商)为取得费用,有义务向另一方当事人(商务租用人)提供一个或者若干个航线的一个或者若干个交通工具中的全部或者部分舱位,用于货物、乘客、行李、邮件的运输,或者用于不违反法律和其他规范性法律文件的目的。

2. 订立包租(商务租用)合同的程序以及该合同的形式,由交通法典(规章)规定。

第913条　直达联运运输

1. 货物、乘客、行李、邮件的运输,可根据统一的交通文件以若干种交通方式进行(直达联运)。

2. 组织、进行直达联运运输的交通企业的关系,根据他们之间的协议确定。

第914条　长期合同

1. 在必要的情形,承运人和货物的所有权人(占有人)可以订立长期合同,进行连贯的运输。

---

①　在乌克兰语中,包租(чартер)为英语charter的音译,系外来词;商务租用(фрахтування)为本土词汇,主要用于国际贸易运输中船舶、航空器等的租赁。为区别于第58章的租赁(租用),本译本将фрахтування译为“商务租用”。

2. 根据长期合同,承运人有义务在规定的期限接收在规定范围内的用于运输的货物,货物的所有权人(占有人)有义务移转前述货物。在货物运输的长期合同中,应当规定提供交通工具的范围、期限和其他条件,运输货物的移转、结算程序,以及其他运输条件。

第915条 公共交通运输

1. 从法律、其他规范性法律文件或者发给该组织的许可可知,该组织应当依任何人的请求从事货物、乘客、行李、邮件运输的,由法人从事的运输被视为公共交通运输。

2. 公共交通运输合同是公共合同。

第916条 运费

1. 货物、乘客、行李、邮件的运输应当收取运费,其金额根据当事人协议确定,但法律或者其他规范性法律文件另有规定的除外。运费金额没有确定的,收取合理的费用。

2. 以公共交通运输货物、乘客、行李、邮件的费用,根据当事人协议确定,但依照规定的程序批准的运价表另有规定的除外。

以公共交通运输货物、乘客、行李、邮件的优惠条件,可以由交通组织、企业规定,并由其付费,或者在法律和其他规范性法律文件规定的情形,由相应的预算付费。

3. 依货物所有权人(占有人)请求完成的工作和服务以及没有规定的运价,根据当事人的协议额外进行支付。

4. 承运人有权留置移转给其用于运输的货物,以保障支付运费和其他款项,但法律、其他法律文件另有规定或者债的本质另有结论的除外。

第917条 交通工具的提供和货物的提交以供运输

1. 承运人有义务在合同规定的期限提供用于装载的交通工具。

交通工具不适于货物运输的,货物的托运人有权拒绝所提供的交通工具。

2. 托运人应当在规定的期限提交货物,该货物应以合适的包装物和(或)包装进行运输;货物应当根据规定的要求打上标记。

3. 所提交的货物的包装物和(或)包装不符合规定的要求,以及在货物标记确实或者不当的情形,承运人有权拒绝接收。

第918条 货物的装载和卸载

1. 货物的装载(卸载)由组织、交通企业或者托运人(收货人)依照合同规定的程序实施,并且应遵守交通法典(规章)、其他规范性法律文件和根据其制定的规则。

2. 由托运人(收货人)实施的货物装载(卸载),应当在合同规定的期限进行,但交通法典(规章)、其他规范性法律文件和根据其制定的规则另有规定的除外。

第919条 运送货物、乘客、行李、邮件的期限

1. 承运人有义务在合同规定的期限,将货物、乘客、行李、邮件运送至指定地点,但交通法典(规章)、其他规范性法律文件和根据其制定的规则另有规定的除外,在没有前述期限的情形,应当在合理的期限内送达。

2. 在货物送达期限届满后30日的期间内,依收货人的请求仍未送交收货人的,视为遗失,但合同、交通法典(规章)规定更长期限的除外。

货物的收货人应当接收上述期限届满后达到的货物,并返还承运人因货物遗失向其偿付的款项,但合同、交通法典(规章)另有规定的除外。

第920条 根据运输合同所生之债的责任

1. 在违反运输合同之债的情形,当事人承担根据当事人协议所规定的责任,但本法典、其他法律、交通法典(规章)另有规定的除外。

第921条　承运人因未提供交通工具的责任和托运人因不使用所提供交通工具的责任

1. 承运人因不提供交通工具运输货物,托运人依其他理由因不提供货物或者不使用所提供的交通工具,承担合同规定的责任,但交通法典(规章)另有规定的除外。

2. 非因其过错而不提供交通工具或者不适用所提供的交通工具的,货物的承运人和托运人免除责任,包括在交通法典(规章)规定的情形和程序所规定的特定方向禁止(限制)货物运输的情形。

第922条　承运人迟延发送乘客、违反期限将乘客运送至指定地点的责任

1. 迟延发送运输乘客的交通工具,或者使前述交通工具迟到指定地点的,承运人应向乘客支付当事人协议、交通法典(规章)规定金额的罚金,但其可以证明该违反因不可抗力发生,威胁乘客生命或者健康的交通工具的故障消除与承运人无关的除外。

2. 在乘客因交通工具迟延发送而拒绝运输的情形,承运人有义务向乘客返还运费。

3. 因将乘客运送至换乘地点的交通工具迟到,致使乘客无法在该地点换乘的,承运人有义务向乘客赔偿所受的损失。

第923条　承运人因迟延运送货物的责任

1. 在试验运送货物的情形,承运人有义务向另一方当事人赔偿违反运输期限所致的损失,但合同、交通法典(规章)固定其他责任形式的除外。

第 924 条 承运人因货物、行李、邮件的遗失、毁坏、短缺或者损坏的责任

1. 自接受货物、行李、邮件以供运输时起,至将其交付收货人为止,承运人对其完好无缺负责,但其可以证明货物、行李、邮件的遗失、毁坏、短缺或者损坏,是因承运人不可能预先防止的情势所发生,并且其消除与承运人无关的除外。

2. 承运人对接受以供运输的货物、行李、邮件的遗失、毁坏、短缺或者损坏负责,但其可以证明这些情况的发生非因其过错的除外。

第 925 条 因运输合同提出的索赔请求和诉

1. 在因货物、邮件运输合同向承运人提起诉之前,可以依照法律、交通法典(规章)规定的程序向其提出索赔请求。

   〔第 925 条第 1 款根据 2005 年 6 月 23 日第 2705-IV 号法律修改〕

2. 在承运人全部或者部分拒绝满足索赔请求,或者在一个月期限内未收到承运人答复的情形,货物的托运人或者其收货人可以向承运人提起诉。

3. 对货物、邮件运输合同所生的请求,适用一年诉讼时效,自根据交通法典(规章)确定之时起算。

第 926 条 关于国际运输的诉

1. 对与国际运输有关的争议,其诉讼时效、提起诉的程序由乌克兰的国际条约、交通法典(规章)规定。

第 927 条 货物、乘客和行李的保险

1. 货物、乘客和行李的保险,根据法律进行。

第 928 条 承运人因乘客损害、残疾、对健康的其他损害或者死亡的责任

1. 承运人因乘客损害、残疾、对健康的其他损害或者死亡的责任，根据本法典第82章确定，但合同或者法律规定承运人无过错责任的除外。

第65章　交通代办

第929条　交通代办合同

1. 根据交通代办合同，一方当事人（代办人）为获取另一方当事人（客户）的费用，有义务完成或者组织完成合同确定的与货物运输有关的服务。

   交通代办合同可以规定代办人以交通工具和代办人或客户选择的路线组织货物运输的义务，代办人以自己名义或者以客户名义订立货物运输合同之债，保障货物的发送和接收，以及与运输有关的其他债的关系。

   交通代办合同可以规定，货物运送所必需的额外服务，检验货物的数量和状况，货物的装载和卸载，缴付客户承担的关税、税费和费用，在指定地点保管货物直至收货，取得出口和进口所必需的文件，完成海关手续等。

2. 本章的规定适用于承运人履行代办人义务的情形。

3. 交通代办合同的条件根据当事人的协议确定，但法律、其他规范性法律文件另有规定的除外。

第930条　交通代办合同的形式

1. 交通代办合同以书面形式订立。

2. 代办人履行义务时需要委托书的，客户应当授予其委托书。

第931条　根据交通代办合同的支付

1. 向代办人支付的金额由交通代办合同规定，但法律另有规定

的除外。支付金额没有规定的,客户应当向代办人支付合理
的费用。

第 932 条 交通代办合同的履行

1. 代办人有权引入其他人履行自己的义务。

2. 在代办人引入其他人履行自己根据交通代办合同的义务的情形,代办人对合同的违反向客户负责。

第 933 条 向代办人提供的文件和其他信息

1. 客户有义务向代办人提供关于货物属性、其运输条件的文件和其他信息,以及代办人履行合同规定的义务所必需的信息。

2. 代办人应当将发现的所取得信息的瑕疵告知客户,在信息不完整的情形,应请求客户提供必要的补充信息。

3. 在客户不提供文件和必要信息的情形,代办人有权推迟履行自己根据交通代办合同的义务,直至提供全部文件和信息。

4. 客户因违反提供本条第 1 款确定的文件和信息的义务的,对代办人所受的损失负责。

第 934 条 代办人根据交通代办合同的责任

1. 因违反根据交通代办合同的义务,代办人根据本法典第 51 章向客户负责。

第 935 条 交通代办合同的拒绝

1. 经在合理期限内事先告知另一方当事人,客户或者代办人有权拒绝交通代办合同。声明该拒绝的当事人,有义务向另一方当事人赔偿因解除该合同所致的损失。

第 66 章 保管

第 1 节 关于保管的总则

第 936 条 保管合同

1. 根据保管合同,一方当事人(保管人)有义务保管另一方当事人(寄存人)移转给其的物,并且将其完好地返还寄存人。

2. 在保管合同中,保管人是基于经营活动从事保管的人(职业保管人)的,该合同可以规定保管人保管在未来移交保管人的物。

3. 经营活动的主体在公共仓库(储存室、储存间)中从事物的保管的,保管合同是公共合同。

第 937 条 保管合同的形式

1. 在本法典第 208 条规定的情形,保管合同应当以书面形式订立。

   保管人有义务在未来接受物进行保管的保管合同,应当以书面形式订立,与未来移转保管的物的价值无关。

   由保管人签署的收据、单据或者其他文件证明接受物进行保管的,视为合同的书面形式得到遵守。

2. 在火灾、水灾、突然疾病或者其他非常情势下接受物进行保管的,可以由证人进行见证。

3. 法律、其他规范性法律文件有规定,或者该种类保管所通行的,接受物进行保管可以由寄存人提出的号牌、证明接受物进行保管的其他标识予以证明。

第 938 条 保管的期限

1. 保管人有义务在保管合同规定期限内保管物。

2. 保管合同中对保管期限没有规定,并且从合同条件无法确定的,保管人有义务保管物,直至寄存人向其提出返还物的请求。

3. 以寄存人提供返还物的请求确定保管期限的,保管人有权在通常情势下保管期限届满时向寄存人请求领取该物。

第939条 拒绝寄存人移转物以供保管的法律后果

1. 有义务在未来接受物进行保管的保管人,无权请求移转该物进行保管。

2. 未移转物进行保管的寄存人,在合理期限内未预先告知保管人拒绝保管合同的,有义务向保管人赔偿所受的与保管不能有关的损失。

第940条 接受物进行保管的义务

1. 在公共仓库(储存室、储存间)中保管物的职业保管人,无权在其有保管可能性时拒绝订立保管合同。

2. 因具有实质意义的情势,保管人不能保障物的完好性的,可免除接受物进行保管的义务。

物应当在未来移转进行保管的,因具有实质意义的情势,保管人不能保障物的完好性的,免除接受物进行保管的义务。

第941条 以种类标识确定的物的保管

1. 经寄存人同意,保管人有权将移转进行保管的相同种类和相同质量的物进行混合。

第942条 保管人保障物的完好性的义务

1. 保管人有义务采取合同、其他民事立法文件固定的所有措施,保障物的完好性。

2. 保管是无偿进行的,保管人有义务以照管自己所有的物的标准,照管移交保管的物。

第943条　保管合同的履行

1. 保管人有义务亲自履行自己根据保管合同的义务。

2. 为了寄存人的利益并且不可能取得寄存人同意的,保管人有权将物移转其他人保管。

　　将物移转其他人保管的,保管人有义务及时告知寄存人。

3. 在保管人将物移转其他人保管的情形,保管合同的条件是有效的,最初的保管人为接受物的移转进行保管的人的行为负责。

第944条　移转保管的物的使用

1. 未经寄存人同意,保管人无权使用移转其保管的物,以及将其移转其他人使用。

第945条　保管条件的变更

1. 保管人有义务将物的保管条件变更的必要性立即通知寄存人,并且取得其答复。

　　在物有灭失、缺失或者损坏危险的情形,保管人有义务变更物的保管方式、地点和其他条件,不必等待寄存人的答复。

2. 物发生损坏,或者产生损坏的现实威胁或不允许保障物的完好性的其他情势,无法期待采取来自寄存人的措施的,保管人有权出卖物或者物的部分。

　　保管人不对上述情势的产生负责的,有权从物的出卖所得价款中偿付自己的费用。上述情势的存在,由保管人证明。

第946条　保管费

1. 保管费和支付保管费的期限,由保管合同规定。

2. 因保管人不负责的情势保管提前终止的,其有权获取按一定比例的部分费用。

3. 寄存人在保管合同期限终结后不领取物的,有义务按照保管物的全部实际时间支付费用。

4. 法人的设立文件或者合同可以规定物的无偿的保管。

第 947 条　保管开销的赔偿

1. 保管人保管物的开销,可以列入保管费用。

2. 当事人在订立保管合同时无法预见的开销(非常开销),超出属于保管人的费用的,可以进行赔偿。

3. 在无偿保管时,寄存人有义务赔偿保管人从事物的保管的开销,但合同或者法律另有规定的除外。

第 948 条　保管期限届满时寄存人领取物的义务

1. 保管期限届满时,寄存人有义务从保管人处领取物。

第 949 条　保管人返还物的义务

1. 保管人有义务向寄存人返还移转保管的物,或者相同种类和相同质量的相应数量的物。

2. 物应当以被接受保管时的状态向寄存人返还,并考虑其自然属性的变更。

　　保管人有义务移转其从保管物所取得的自然孳息和法定孳息。

3. 被接受保管的物与返还寄存人的物的一致性,可以由证人的见证予以证明。

第 950 条　保管人因物的灭失(缺失)或者损坏的责任

1. 因接受保管的物灭失(缺失)或者损坏,保管人基于一般的根据为其负责。

2. 职业保管人为物的灭失(缺失)或者损坏负责。

　　职业保管人不能证明物的灭失(缺失)或者损坏,是因不可抗力或者保管人在接受保管时不知道并且不可能知道物的属性所发生,或者因寄存人的故意或重大过失所发生的,应当对其负责。

3. 保管期限终结后,仅在存在故意或者重大过失时,保管人才对物的灭失(缺失)或者损坏负责。

第951条　寄存人所受损失的赔偿

1. 在以下情形,因物的灭失(缺失)或者损坏致使寄存人所受的损失由保管人赔偿:

(1)在物灭失(缺失)的情形,赔偿其价值;

(2)在物损坏的情形,赔偿其价值减少的金额。

2. 因物的损坏,其质量变为无法依初始用途使用的,寄存人有权拒绝受领该物,并请求保管人赔偿其价值。

第952条　保管人所受损失的赔偿

1. 保管人接受物进行保管,不知道并且不可能知道物的属性的,寄存人有义务赔偿因移转保管的物的属性致使保管人所受的损失。

第953条　依寄存人的请求将物返还

1. 保管人有义务依寄存人的初次请求将物返还,即使其保管期限尚未届满。

第954条　根据法律的保管

1. 本章的规定适用于基于法律进行的保管,但法律另有规定的除外。

第955条　关于保管的总则适用于特定种类的保管

1. 本章第1节的规定适用于特定种类的保管,但本法典关于特定种类的保管的规定或者法律另有规定的除外。

第 2 节 商品仓库保管

第 956 条 商品仓库的概念

1. 保管商品并且提供与保管有关的服务，依经营活动原则进行活动的组织，是商品仓库。

2. 根据法律、其他规范性法律文件或者许可（特许），有义务接受任何人的商品进行保管的商品仓库，是公共仓库。

第 957 条 仓库保管合同

1. 根据仓库保管合同，商品仓库为获取费用，有义务保管寄存人移转给其的商品，并且完好地将该商品返还。

2. 公共仓库订立的仓库保管合同是公共合同。

3. 仓库保管合同应当以书面形式订立。接受商品进入商品仓库由仓库文件证明的，仓库保管合同的书面形式视为被遵守。

第 958 条 对以种类标识确定的物进行具有支配权的保管

1. 商品仓库有权支配以种类标识确定的物的，对当事人的关系使用关于借贷合同的规定，商品返还时间和地点由关于保管的总则确定。

第 959 条 商品的验收

1. 商品仓库有义务在接受商品进行保管时自己付费进行验收，以确定商品的数量和外在状况。

2. 商品仓库有义务在全部保管期间向寄存人提供验收商品或者其样品的可能性，保管标的是以种类标识确定的物的，应当提取货样并采取保障其完好性的必要措施。

3. 在商品返还时，商品仓库或者寄存人有权请求对其进行验收并且检验质量。与物的验收有关的开销，由请求验收和检验的当事人承担。

在商品返还时,商品仓库与寄存人未共同验收或者检验的,寄存人应当在领取商品的同时以书面形式声明商品的短缺或者损坏,对以通常方式领取商品时无法发现的短缺和损坏,应当在领取商品后三日内作出声明。在没有寄存人声明的情形,可以认为商品仓库根据合同条件返还了商品。

第960条　商品保管条件和状况的变更

1. 为保障商品的完好性,要求立即改变商品保管条件的,商品仓库有义务独立采取相应的紧急措施,并将其情形告知寄存人。

2. 在发现商品损坏的情形,仓库有义务立即编制文书,并且在当日将此情形告知寄存人。

第961条　仓储文件

1. 为证明接受商品,商品仓库应当开具下列一种仓储文件:

仓单;

普通仓储证明;

双重仓储证明。

2. 以普通或者双重仓储证明被接受保管的商品,可以基于该证明的财产担保,在商品保管期限内成为财产担保的标的。

第962条　双重仓储证明

1. 双重仓储证明由仓储证明和财产担保证明(入库证明)两部分构成,两部分可以相互独立。

2. 双重仓储证明两部分的每一部分都应当一致指明如下事项:

(1)接受商品进行保管的商品仓库的名称和所在地;

(2)根据商品仓库登记簿编制的证明编号;

(3)提供商品进行保管的法人的名称或者自然人的姓名,其所在地或者住所地;

(4)被接受进行保管的商品的名称和数量,即单位数和(或)

货件数,和(或)商品的规格(重量、体积);

（5）接受商品进行保管的期限,或者指明在提取前商品被接受进行保管;

（6）保管费或者计算保管费的费率,支付保管费的程序;

（7）开具证明的日期。

双重仓储证明两部分的每一部分都应当包含商品仓库授权人员相同的签名。

﹛第962条第2款第1段根据2014年4月15日第1206-VII号法律修改﹜

3. 不符合本条要求的文件,不是双重仓储证明。

第963条　仓储和财产担保证明持有人的权利

1. 仓储和财产担保证明的持有人有权支配保管放在商品仓库的商品。

2. 单独的仓储证明的持有人有权支配商品,但在根据财产担保证明作出的借款清偿前,该商品不得从仓库取出。

3. 单独的财产担保证明的持有人,根据借款金额和其所使用的比例对商品有财产担保权。在商品财产担保的情形,应当将此在仓储证明上作出标记。

第964条　仓储和财产担保证明的移转

1. 仓储和财产担保证明可以依转让背书共同或者单独转让。

第965条　普通仓储证明

1. 普通仓储证明向持有人开具。

2. 普通仓储证明应当包含本法典第962条第2款第1、2、4、7项和第9段规定的讯息,并指明其向持有人开具。

3. 不符合本条要求的文件,不是普通仓储证明。

第966条　依双重仓储证明的商品交付

1. 仅在共同具备两种证明时,商品仓库才可将商品交付仓储和财产担保证明(双重仓储证明)的占有人。
2. 仓储证明的占有人没有财产担保证明,但偿付依财产担保证明的债务数额的,仅在随仓储证明一并提供依财产担保证明偿付全部债务数额的收据的情形,仓库才可向其交付商品。

   商品仓库向没有财产担保证明也没有偿付依财产担保证明的债务数额的仓储证明的占有人交付商品的,就财产担保的全部款项向财产担保证明的占有人负责。
3. 仓储和财产担保证明的占有人有权请求交付部分商品。在此情形,应当向其开具留存在仓库商品的新证明,用以取代原证明。

第 3 节　保管的特别种类

第 967 条　在典当行的物的保管

1. 典当行接受的来自自然人的物的保管合同,由开具记名单据所固定。
2. 物的价格根据当事人的协议确定。
3. 典当行有义务为寄存人的利益、自己付费为接受保管的物进行保险,该保险以经过评估的物的全价为基础。

第 968 条　寄存人为从典当行领取的物的出卖

1. 自保管合同期限终结之日起三个月期限届满后,寄存人未从典当行领取的物,可以由典当行依照法律规定的程序出卖。
2. 物的出卖所得的金额,用于偿付保管费和属于典当行的其他费用。所余进款应返还寄存人。

第 969 条　银行对贵重物品的保管

1. 银行可以接受文件、有价证券、贵重金属、宝石、其他珠宝和贵重物品进行保管。

2. 寄存人可以授权银行对接受保管的有价证券实施法律行为。

3. 银行保管贵重物品的合同的订立,由银行向寄存人交付记名文件予以证明,出示该文件为向寄存人返还贵重物品的根据。

第970条　提供受银行保护的个人银行保险柜的合同

1. 银行可以向寄存人移转个人银行保险柜(其部分或者专门的场所),用于在其中保管贵重物品及其成品。

2. 银行应当向寄存人交付保险柜钥匙,用以识别寄存人的卡片,证明其持有人有权开启保险柜并从其中取出贵重物品权利的文件。

3. 银行从寄存人处接受贵重物品,对其在保险柜的存放和从保险柜的取出进行监控。

第971条　提供个人银行保险柜但银行不予保护的合同

1. 对向人提供银行保险柜,但银行对保险柜内的物不负责任的合同,适用本法典关于财产租赁(租用)的规定。

第972条　在交通组织、企业寄存处的物的保管

1. 处于交通组织、企业管辖的公共寄存处,有义务接受乘客和其他人的物进行保管,无论其是否具有交通文件。

2. 为证明接受物在寄存处进行保管(自动寄存除外),应当向寄存人开具收据或者号牌。

3. 因交付寄存处的物遗失、短缺或者损坏所致寄存人的损失,自提出赔偿请求时起一昼夜期间内,在将物移转保管时进行的物的评估的数额范围内进行赔偿。

4. 寄存处有义务保管物的期限,由根据交通法典(规章)制定的规则规定,或者由当事人的协议规定。当事人在规定的期限未领取物的,寄存处有义务在三个月的期限内对其进行保管。

该期限届满后,可以依照法律规定的程序将物出卖。

5. 在移交寄存处的物的收据或者号牌遗失的情形,在提供该物属于其的证据后,将物交给寄存人。

6. 对在自动寄存处的物的保管合同,使用本法典关于财产租赁(租用)的规定。

第 973 条　在组织的存衣处的物的保管

1. 物交付给组织的存衣处的,该组织为保管人。

交付存衣处的物的保管人,无论进行保管是有偿的还是无偿的,都有义务采取所有必要措施保障物的完好性。

2. 本条的规定适用于专门保管外衣、帽子的地方,保健机构和其他机构保管外衣、帽子的情形。

第 974 条　在运送乘客时其物的保管

1. 承运人有义务保障乘客在指定地点运送的行李箱(包)、个人物品的完好性(贵重物品和金钱除外)。

第 975 条　在宾馆中物的保管

1. 对在宾馆中居住的人带入宾馆的物,宾馆为其完好性负责。移转给宾馆工作人员的物或者处于为人指定的居室的物,视为带入宾馆。

2. 仅在金钱、其他贵重物品(有价证券、珠宝)单独移转宾馆保管时,宾馆才对其遗失负责。

3. 在物遗失或者损坏的情形,人有义务立即将此情况告知宾馆。

在居住期限终结前,人未向宾馆提出自己请求的,视为其物未遗失或者损坏。

4. 本条的规定,适用于自然人在公共宿舍、汽车旅馆、休养所、寄宿学校、疗养院和人在其处所中临时居住的其他机构。

第 976 条　成为争议对象的物的保管

1. 发生关于对物的权利的争议的两人或者多人,可以将该物移转第三人,其承担在争议解决后,将物返还给根据法院判决或者根据所有争议当事人的协议所确定的人的义务。

2. 成为争议对象的物,可以根据法院判决移转保管。

在此种情形,保管人可以是法院指定的人,或者根据争议当事人协议所确定的人。经其他人同意,物可以移转其保管,但法律另有规定的除外。保管人有权获取由争议当事人支付的报酬。

第 977 条 汽车交通工具的保管

1. 汽车交通工具的保管是由经营活动主体进行的,该合同是公共合同。

2. 根据在试车间、车库和专门停车场的交通工具保管合同,保管人有义务不允许无关人员进入,并依寄存人的初次请求即交还交通工具。

交通工具保管合同也适用于车库建设者或者车库合作社与其成员之间的关系,但法律或者合作社章程另有规定的除外。

接受保管汽车交通工具,由票证(牌照、号牌)证明。

第 978 条 保护合同

1. 根据保护合同,作为经营活动主体的保护人,有义务保障收到保护的人身或者财产的不受侵犯性。该财产的持有人或者受保护人,有义务履行合同规定的人身和财产安全规则,并向保护人按月支付规定的费用。

第 67 章 保险

第 979 条 保险合同

1. 根据保险合同,一方当事人(保险人)有义务在特定事件(保险事故)发生的情形,向另一方当事人(投保人)或者合同确定的其他人赔付金额(保险金),投保人有义务支付保险费并履行合同的其他条件。

第 980 条　保险合同的标的

1. 不违背法律并且与下列有关的财产利益,可以是财产合同的标的:

（1）生命、健康、劳动能力和养老保障(人身保险);

（2）财产的占有、使用和支配(财产保险);

（3）投保人所致的损害赔偿(责任保险)。

第 981 条　保险合同的形式

1. 保险合同以书面形式订立。

保险合同可以通过保险人向投保人签发保险证明(保险单、保险凭证)的方式订立。

2. 在不遵守保险合同书面形式要求的情形,该合同是法定无效的。

第 982 条　保险合同的实质条件

1. 保险合同的标的、保险事故、在保险事故发生的情形保险人有义务在其范围内进行赔付的金额(保险金额)、保险费的数额和支付期限、合同的期限和民事立法文件确定的其他条件,是保险合同的实质条件。

第 983 条　保险合同生效的时间

1. 自投保人第一次支付保险费时起保险合同生效,但合同另有约定的除外。

第 984 条　保险合同中的当事人

1. 为进行保险活动专门成立,并且依照规定的程序取得进行保险活动许可的法人,是保险人。

保险人应当符合的要求、其活动的许可程序和对保险活动进行国家监督的程序,由法律规定。

2. 自然人或者法人可以成为投保人。

第 985 条 为第三人利益保险合同的订立

1. 投保人有权与保险人订立为第三人利益的合同,在该第三人达到特定年龄或者其他保险事故发生的情形,保险人有义务对其赔付保险金。

2. 投保人有权在订立保险合同时指定自然人或者法人领受保险金(受益人),以及在保险事故发生前进行变更,但保险合同另有约定的除外。

3. 为第三人利益保险合同的订立的特殊性,由法律规定。

第 986 条 共同保险

1. 经投保人同意,保险合同的标的可以根据一份保险合同,由若干保险人进行保险(共同保险),这些保险人的权利和义务均须确定。

2. 根据共同保险人与投保人的协议,保险人中的一人可以代表其他共同保险人与投保人发生关系,其他共同保险人在自己份额内承担责任。

第 987 条 再保险合同

1. 根据再保险合同,订立保险合同的保险人对投保人履行部分自己义务的风险,由其他保险人(再保险人)进行保险。

2. 订立再保险合同的保险人,对投保人承担保险合同范围内的全部责任。

第 988 条 保险人的义务

1. 保险人的义务如下:

（1）告知投保人保险条件和规则；

（2）自知晓保险事故发生之日起两个工作日内，采取措施制
　　　订所有必要的文件，以及时向投保人赔付保险金；

（3）在发生保险事故的情形，在合同规定的期限内赔付保
　　　险金。

　　人身保险合同保险金的赔付，与根据国家社会保险、社会保
障以及损害赔偿所支付的金额无关。

　　根据财产保险合同和保险责任的保险金（保险赔偿）不得超
出实际损害的范围。合同有规定的，其他损失视为投保。

　　根据财产保险合同赔付的保险金，由保险人在订立合同时
财产价值范围所确定的保险金额的范围内进行赔付；

（4）合同有规定的，赔偿投保人在保险事故发生时，为防止或
　　　者减少损失所发生的费用；

（5）依投保人申请，在其采取减少保险风险措施的情形，或者
　　　增加财产价值的情形，对保险合同进行相应的变更；

　　｛第 988 条第 1 款第 5 项由 2010 年 6 月 15 日第 2328-Ⅵ 号
法律修订｝

（6）不泄露关于投保人和其财产状况的讯息，但法律规定的
　　　情形除外。

2. 保险合同可以规定保险人的其他义务。

第 989 条　投保人的义务

1. 投保人的义务如下：

（1）及时交纳合同规定金额的保险费（保险款、保费）；

（2）在订立保险合同时，向保险人提供其所知道的对评估保
　　　险风险具有实质意义的全部情势，在未来通知保险人关
　　　于保险风险的任何变更；

（3）在订立保险合同时向保险人告知关于对投保标的订立其他保险合同的情况。

投保人未向保险人告知标的已经投保的，新的保险合同是法定无效的；

（4）采取措施防止保险实现发生所致的损害，并且减少损害；

（5）在合同规定的期限告知保险人保险事故的发生。

2. 保险合同可以规定投保人的其他义务。

第990条 赔付保险金的条件和程序

1. 保险人基于投保人（其权利承受人）或者合同和保险文件（理赔证明）确定的其他人的申请，根据合同条件赔付保险金。

2. 保险文件（理赔证明）由保险人或者其授权的人，依保险人规定的形式制订。

第991条 保险金赔付的拒绝

1. 在以下情形，保险人有权拒绝赔付保险金：

（1）投保人或者为其利益订立保险合同的人的故意行为，该行为旨在保险事故发生的，但与其在正当防卫状态（未超出其限度）或者为保护财产、生命、健康、名誉、尊严和商誉，履行民事或者职务义务有关的行为除外；

（2）投保人或者为其利益订立保险合同的人实施导致保险事故的故意犯罪；

（3）投保人提供关于保险标的或者关于保险事故发生事实的明显虚假的讯息；

（4）投保人根据财产保险合同从导致损失的人处获得全部赔偿；

（5）投保人无正当理由不向保险人及时通知保险事故的发生，或者为保险人确定损失的情势、性质和大小制造障碍；

（6）具备法律规定的其他根据。

2. 保险合同可以规定拒绝赔付保险金的其他根据,但不得违反法律。

3. 保险人关于拒绝赔付保险金的决定,以书面形式告知投保人,并说明拒绝的原因。

第992条 保险人的责任

1. 在保险人未向投保人或者其他人支付保险金的情形,保险人有义务支付合同或者法律规定范围内的违约金。

第993条 投保人对为所致损害负责的人的权利向保险人移转

1. 对根据财产保险合同已支付保险赔偿的保险人,在实际发生费用的范围内,向其移转保险人或者取得保险赔偿的其他人对为损失负责的人的请求权。

第994条 保险合同中自然人投保人的变更

1. 在订立财产保险合同的投保人死亡的情形,其权利和义务移转给根据继承取得该财产的人。

在其他情形,投保人的权利和义务仅经保险人同意才可移转给第三人,但保险合同另有规定的除外。

2. 在为第三人利益订立人身保险合同的投保人死亡的情形,其权利和义务可以移转给该第三人或者依法承担保护被保险人权利和利益义务的人。

第995条 法人投保人终止的后果

1. 法人投保人终止,并且确定其权利承受人的,投保人的权利和义务移转给权利承受人。

第996条 认定自然人投保人无行为能力或者限制其民事行为能力的后果

1. 被法院认定无行为能力的自然人投保人,自认定其无行为能力时起,其权利和义务由其监护人行使。

被法院认定无行为能力的自然人的责任保险合同,自认定其无行为能力时起终止。

2. 被法院限制民事行为能力的自然人投保人,仅经保护人同意,才可行使其投保人的权利和义务。

第997条　保险合同的终止

1. 在合同和法律规定的情形,保险合同终止。

2. 投保人逾期支付保险费,并且在保险人提出支付保险费的书面请求后十个工作日的期间未支付保险费的,保险人可以拒绝保险合同,但合同另有规定的除外。

在合同规定的其他情形,投保人或者保险人可以拒绝保险合同。

3. 合同终止前不迟于30日,投保人或者保险人有义务通知对方当事人关于自己拒绝合同的意图,但合同另有规定的除外。

未经未违反合同的投保人同意,保险人无权拒绝人身保险合同,但合同或者法律另有规定的除外。

4. 投保人拒绝保险合同(生命保险合同除外)的,保险人向其返还合同期限终结前剩余期间的保险费,但应扣除依保险费率计算所确定的调查案件时的正常费用,和保险人实际赔付的保险金。

投保人因保险人违反合同条件而拒绝合同的,保险人应向投保人返还其支付的全部保险费。

5. 保险人拒绝保险合同的(生命保险合同除外),保险人应向投保人返还其支付的全部保险费。

保险人因投保人不履行保险合同条件而拒绝保险合同的,保险人应向投保人返还合同期限终结前剩余期间的保险费,但应扣除依保险费率计算所确定的调查案件时的正常费用，和保险人实际赔付的保险金。

拒绝生命保险合同的后果，由法律规定。

6. 投保人或者保险人拒绝保险合同的，合同终止。

第 998 条　保险合同的无效

1. 在本法典规定的情形，保险合同是法定无效的，或者被认定无效。

在以下情形，保险合同可以被法院认定无效：

（1）保险合同是在保险事故发生后订立的；

（2）保险合同的标的是应被没收的财产。

2. 保险合同无效的后果，根据本法典规定的法律行为无效的规定予以确定。

第 999 条　强制保险

1. 法律可以规定自然人或者法人成为生命、健康、财产或者对其他人的责任的投保人，由其本人付费或者由利害关系人付费（强制保险）。

2. 对强制保险关系，适用本法典的规定，但民事法律文件另有规定的除外。

第 68 章　委托

第 1000 条　委托合同

1. 根据委托合同，一方当事人（受托人）有义务以另一方当事人的名义，由另一方当事人付费，实施特定法律行为。受托人实施的法律行为，创设、变更、终止委托人的民事权利和义务。

2. 委托合同可以规定受托人以委托人名义，由委托人付费实施合同规定的全部或者部分法律行为的专属权利。在合同中可以规定该委托的有效期,和(或)受托人专属权利行使的界限范围。

第 1001 条　委托合同的期限

1. 委托合同可以确定期限,在其期间内受托人有权以委托人的名义实施行为。

第 1002 条　受托人获得报酬的权利

1. 受托人有权因其履行根据委托合同的义务获取报酬,但合同或者法律另有规定的除外。

2. 委托合同未确定支付给受托人的报酬数额或者支付报酬的程序的,在完成委托后根据该服务的通常价格进行支付。

第 1003 条　委托的内容

1. 在委托合同或者基于合同制作的委托书中,应当明确受托人应予实施的法律行为。受托人应予实施的行为,应当是合法、具体和可行的。

第 1004 条　委托的执行

1. 受托人有义务根据授予其委托的内容实施行为。为了委托人和受托人的利益,不可能事先征询委托人意见,或者在合理期限内未收到对征询的回复的,受托人可以违背委托的内容。在此情形,受托人应当在征询意见成为可能时,立即告知委托人关于实施违背委托内容的情况。

2. 对作为商事代理人(本法典第 243 条)实施行为的受托人,委托人可以授权其为了委托人利益,未经事先征询意见即可违背委托内容。商事代理人应当在合理期限内告知委托人关于实施违背委托内容的情况,但合同另有规定的除外。

第 1005 条　委托合同的亲自执行

1. 受托人应当亲自执行授予其的委托。

　　合同有规定,或者受托人被迫处于某情势,为保护委托人利益所需要,受托人有权将委托的执行移转其他人(辅助人)。将委托移转辅助人执行的受托人,应当立即将此告知委托人。在此情形,受托人仅对辅助人的选择负责。

2. 委托人有权在任何时间拒绝受托人选择的辅助人。

3. 受托人的辅助人由委托合同所指定的,受托人对辅助人的选择和其实施的行为不负责任。

4. 委托合同未规定受托人的辅助人实施行为的可能性,或者虽规定该可能性,但合同未指定辅助人的,受托人对辅助人的选择负责。

第 1006 条　受托人的义务

1. 受托人的义务包括:

(1) 依委托人请求告知其关于委托执行过程的所有讯息;

(2) 委托执行后或者在委托执行前委托合同终止的情形,立即向委托人返还期限尚未届满的委托书,合同条件和委托性质有要求的,还应提供关于委托执行的报告和证明文件;

(3) 立即向委托人移转因委托执行所取得的一切所得。

第 1007 条　委托人的义务

1. 委托人有义务向受托人交付委托合同规定的实施法律行为的委托书。

2. 委托人有下列义务,但合同另有规定的除外:

(1) 保障受托人有执行委托所必需的资金;

(2) 赔偿受托人与执行委托有关的费用。

3. 委托人有义务立即接受受托人因委托执行所取得的一切

所得。

4. 委托人有义务向受托人支付其应得的费用。

第 1008 条　委托合同的终止

1. 委托合同基于合同终止的一般根据,以及在以下情形终止:

    (1)委托人或者受托人拒绝合同;

    (2)认定委托人或者受托人无行为能力或者失踪;

    (3)委托人或者受托人死亡。

2. 委托人或者受托人有权在任何时间拒绝委托合同。对拒绝委托合同权利的拒绝是法定无效的。

3. 受托人作为经营者实施行为的,拒绝合同的一方当事人,应当在合同终止前不迟于一个月的期限内告知另一方当事人关于拒绝合同的情况,但合同规定更长期限的除外。

    在作为商事代理人的法人终止的情形,委托人有权不经事先告知受托人即拒绝委托合同。

第 1009 条　委托合同终止的后果

1. 委托合同在委托由受托人全部执行完毕前终止的,委托人应当赔偿受托人与委托执行有关的费用,应当向受托人支付报酬的,还应当向其支付与其已经履行的工作成比例的报酬。该规定不适用于受托人知道或者可能知道委托合同终止后对委托合同的执行。

2. 委托人拒绝委托合同,不构成因合同终止赔偿受托人所受损失的根据,但根据合同终止受托人作为商事代理人实施行为的除外。

3. 受托人拒绝委托合同,不构成因合同终止赔偿委托人所受损失的根据,但受托人在委托人丧失保证自己利益可能的条件下拒绝合同,以及拒绝受托人作为商事代理人实施行为的合同的情形除外。

第 1010 条　受托人的继承人和法人受托人的清算人的义务

1. 在受托人死亡的情形,其继承人应当告知委托人关于委托合同终止的情况,并且采取保护委托人财产的必要措施,包括保管其物、文件并将其移转委托人。

2. 在法人受托人清算的情形,清算人应当告知委托人关于委托合同终止的情况,并且采取保护委托人财产的必要措施,保管其物、文件并将其移转委托人。

第 69 章　行纪

第 1011 条　行纪合同

1. 根据行纪合同,一方当事人(行纪人)有义务根据另一方当事人(委托人)的委托,有偿地以自己名义实施一个或者若干法律行为,由委托人付费。

第 1012 条　行纪合同的条件

1. 行纪合同可以订立为有确定期限或者无确定期限的,行纪的执行有确定区域或者无确定区域的,以作为行纪标的的商品种类为条件或者不以其为条件。

2. 委托人可以有义务不予其他人订立行纪合同。

3. 关于财产及其价格的条件,是行纪人有义务出卖或者购买该财产的行纪合同的实质条件。

第 1013 条　行纪报酬

1. 委托人应当依行纪合同规定的金额和程序,向行纪人支付报酬。

2. 行纪人为第三人履行法律行为担保的,其有权获取补充的报酬。

3. 行纪合同未确定报酬金额的,在行纪合同履行后,依该服务的通常价格支付报酬。

4. 行纪合同因委托人的原因未履行的,行纪人有权基于一般的根据获取行纪报酬。

5. 在解除或者单方拒绝行纪合同的情形,行纪人有权因实际实施的行为获取报酬。

第 1014 条　行纪合同的履行

1. 行纪人有义务以最有利于委托人的条件,并根据其指示实施法律行为。行纪合同未予指明的,行纪人有义务根据通常的交易习惯或者通常所提要求实施法律行为。

2. 行纪人实施法律行为的条件优于委托人确定的条件的,其额外取得的利益属于委托人。

第 1015 条　分行纪

1. 经委托人同意,行纪人有权与第三人(分行纪人)订立分行纪合同,对分行纪人的行为向委托人负责。

根据分行纪合同,行纪人取得对分行纪人的委托人权利和义务。

2. 在为委托人利益所需的特殊情形,行纪人有权不经委托人同意而订立分行纪合同。

3. 未经行纪人同意,委托人无权与分行纪人发生关系。

第 1016 条　行纪人与第三人订立合同的履行

1. 委托人有义务向行纪人履行对第三人的义务提供所有必要的保障。

2. 根据与第三人订立的合同,即使委托人在合同中已经指定或者接受第三人履行合同,行纪人也可取得权利。

3. 第三人不履行与行纪人订立的、由委托人付费的合同的，行纪人对委托人不负责任，但行纪人轻率选择第三人或者为合同履行提供担保（履约担保）的情形除外。

4. 自第三人违反行纪人与其订立的合同的情形，行纪人有义务将此情况立即告知委托人，收集并保障必要的证据。委托人有权请求行纪人让与对该人的请求权。

第 1017 条　委托人指示的违背

1. 为了委托人的利益，行纪人不可能事先征询委托人意见，或者在合理期限内未收到对征询的回复的，行纪人有权违背委托人的指示。在此情形，受托人应当在征询意见成为可能时，立即告知委托人关于实施违背指示的情况。

2. 对作为经营者的行纪人，可以授权其未经事先征询意见即可违背委托人的指示，但必须告知委托人关于实施违背指示的情况。

3. 行纪人不能证明其不具有根据协议价格出卖财产的可能，其以较低价格的出卖防止了更大损失的，以较低价格出卖财产的行纪人，应当向委托人支付差价。

违背委托人指示需要事先征询意见的，行纪人应当证明，其未能事先征询委托人意见，或者在合理期限内未收到委托人对征询的回复。

4. 行纪人以高于协议价的价格买受财产的，在接到行纪人关于该项买受的通知后，委托人在合理期限内作出声明的，有权不接受该财产。

委托人未向行纪人发出拒绝为其买受财产的通知的，该财产视为被委托人接受。

5. 行纪人在买受财产时支付差价的，委托人无权拒绝接受合同的履行。

第 1018 条　委托人的所有权

1. 行纪人取得的、由委托人付费的财产,归委托人所有。

第 1019 条　行纪人对物的留置权

1. 为保障根据行纪合同的请求,行纪人有权留置应当移转给委托人的物。

2. 在委托人被宣告破产的情形,行纪人视为其所留置的物的财产担保权人。

第 1020 条　行纪人对属于委托人的资金的扣除权

1. 行纪人有权从交给其为委托人的所有资金中,扣除根据合同应付给其的金额,但委托人的其他债权人对其享有从委托人所属资金中优先满足自己请求的权利除外。

第 1021 条　行纪人保管委托人财产的义务

1. 行纪人对委托人财产的损失、短缺或者损坏,向委托人负责。

2. 行纪人接受委托人的财产或者为委托人接受财产,发现短缺或者损坏的,以及致使行纪人财产损害的情形,行纪人应当立即将此情况告知委托人,并采取措施保护其权利和利益。

3. 根据合同或者商事交易习惯,行纪人有义务为财产投保并由委托人付费的,没有为委托人财产投保的行纪人对委托人财产的损失、短缺或者损坏负责。

第 1022 条　行纪人的报告

1. 根据委托人的委托实施法律行为后,行纪人应当向委托人提交报告,并向其移转根据行纪合同的一切所得。

2. 对行纪人的报告有异议的委托人,应当自收到报告之日起 30 日的期限内告知行纪人。未提出该异议的,视为接受报告。

第 1023 条　委托人对根据行纪合同的履行的接受

1. 委托人有义务：

(1) 接受行纪人以一切应有方式作出的根据委托合同的履行；

(2) 检验行纪人为其取得的财产，并立即告知行纪人关于在该财产中发现的瑕疵。

第 1024 条 行纪人因履行行纪合同所产生费用而获取赔偿的权利

1. 对因履行根据行纪合同的义务所产生的费用，行纪人有权获得赔偿，包括在行纪人或者分行纪人采取所有措施实施法律行为，但基于与其无关的情势未能完成法律行为的情形。

第 1025 条 委托人拒绝行纪合同的权利

1. 委托人有权拒绝行纪合同。

2. 行纪合同订立为无确定期限的，委托人应当在不迟于 30 天的期限，告知行纪人拒绝合同。

3. 在委托人拒绝行纪合同的情形，其应当在合同规定的期限处分自己在行纪人处的财产，该期限没有规定的，应当立即处分。在委托人未履行该义务的情形，行纪人有权移转财产进行保管，由委托人付费，或者以有利于委托人的价格出卖财产。

4. 在委托人拒绝行纪合同的情形，行纪人对其因履行合同所产生的费用，有权获得赔偿。

第 1026 条 行纪人拒绝行纪合同的权利

1. 仅在合同未规定期限时，行纪人才有权拒绝行纪合同。行纪人应当在不迟于 30 天的期限，告知委托人拒绝合同。

拒绝行纪合同的行纪人，应当采取必要措施保管委托人的财产。

2. 在行纪人拒绝行纪合同的情形，委托人应当收到行纪人拒绝合同的通知之日起 15 日的期限内处分自己在行纪人处的财产。在委托人未履行该义务的情形,行纪人有权将财产移转进行保管,由委托人付费,或者以有利于委托人的价格出卖财产。

第 1027 条 自然人行纪人死亡或者法人行纪人终止的后果

1. 在自然人行纪人死亡或者法人行纪人终止的情形,行纪合同终止。

2. 法人行纪人终止,确定其权利承受人的,如果在规定的债权人提出自己请求的期限内,委托人未告知拒绝合同,则行纪人的权利和义务移转给权利承受人。

第 1028 条 特定种类行纪的特殊性

1. 法律可以对特定种类的财产,规定行纪合同的特殊性。

第 70 章 财产管理

第 1029 条 财产管理合同

1. 根据财产管理合同,一方当事人(管理设立人)向另一方当事人(管理人)移转在确定期限保管的财产,另一方当事人为了管理设立人或者其指定的人(受益人)的利益,有义务以自己名义、有偿地对该财产进行管理。

2. 财产管理合同可以证明财产人对管理所取得财产的委托所有权。

   法律或者财产管理合同可以规定管理人委托所有权的限制。

   〔第 1029 条根据 2003 年 6 月 19 日第 980-IV 号法律修改〕

第 1030 条 财产管理合同的标的

1. 财产管理合同的标的,可以是作为统一财产综合体的企业、不可移动物、有价证券、财产权和其他财产。

2. 金钱不得成为财产管理合同的标的,但法律直接规定进行管理金钱的权利的情形除外。

3. 移转管理的财产应当独立于管理设立人的其他财产和管理人的财产。

移转管理的财产应当由管理人编制独立的资产负债表,并据其进行独立的核算。

与财产管理有关的清算,在独立的银行账户进行。

4. 管理人因财产管理所取得的财产,列入财产管理的所得部分。

〔第 1030 条根据 2003 年 6 月 19 日第 980-IV 号法律修改〕

第 1031 条　财产管理合同的形式

1. 财产管理合同以书面形式订立。

2. 管理不可移动财产,应经公证证明。

〔第 1031 条第 2 款根据 2010 年 2 月 11 日第 1878-VI 号法律修改〕

第 1032 条　管理设立人

1. 财产的所有权人是管理设立人。

2. 财产所有权人是自然人,其居留地不明或者其被宣告失踪的,监护机关和保护人是管理设立人。

3. 财产所有权人是幼年人或者被认定无行为能力的自然人的,管理设立人可以是监护人或者监护机关和保护人。

4. 财产所有权人是未成年人的,管理设立人是本人,但应经父母(收养人)或者保护人准许。

5. 财产所有权人是限制民事行为能力人的,管理设立人是其保护人。

6. 在法律规定的情形,财产设立人可以是乌克兰国家关于调查、侦缉和管理腐败和其他犯罪所得资产问题的机构。

〔第 1032 条根据 2016 年 2 月 18 日第 1021-VIII 号法律增补新的款〕

7. 作为管理合同标的的财产,在其所有权由管理设立人转移其他人的情形,管理合同不终止,但财产所有权因追索而转移的情形除外。

第 1033 条　管理人

1. 经营活动的主体可以是管理人。

2. 国家政权机关、克里米亚自治共和国政权机关或者地方自治机关不得是管理人,但法律另有规定的除外。

3. 受益人不得是管理人。

4. 管理人实施行为,无需委托书。

5. 财产管理合同有规定的,管理人是财产的委托所有权人,其根据法律和财产管理合同占有、使用和支配该财产。财产管理合同不产生向管理人转移移转管理财产的所有权的效力。

〔第 1033 条第 5 款根据 2005 年 12 月 15 日第 3201-IV 号法律修改〕

〔第 1033 条根据 2003 年 6 月 19 日第 980-IV 号法律修改〕

第 1034 条　　由移转管理财产获取收益的人

1. 移转管理财产的收益,属于管理设立人。

2. 管理设立人可以在合同中指定有权由移转管理财产获取收益的人(受益人)。

第 1035 条　　财产管理合同的实质条件

1. 财产管理合同的实质条件是:

（1）移转管理财产的清单;

（2）为财产管理付费的金额和形式。

第 1036 条　财产管理合同的期限

1. 财产管理的期限,在财产管理合同中规定。

　　当事人在财产管理合同中未确定期限的,其视为订立为五年。

2. 财产管理合同期限届满后,在当事人一方未提出关于终止或者变更合同申请的情形,合同视为在相同期限、以相同条件继续。

第 1037 条　管理人的权利和义务

1. 管理人根据合同条件管理财产。只有经管理设立人同意,管理人才可出让移转管理的财产,对其订立财产担保合同。

2. 管理人对移转管理财产的权利所受的一切侵害,其有权根据本法典第 396 条请求消除。

第 1038 条　财产管理的实现

1. 管理人应当亲自管理财产,但本法典第 1041 条规定的情形除外。

2. 管理人实施与财产管理有关的事实和法律行为时,有义务告知与其实施法律行为的人自己是管理人,而非财产的所有权人。

3. 在对移转管理的财产的以书面形式实施的法律行为中,应当指明其由管理人实施。在没有作出前述指明的情形,管理人本人对第三人负有义务。

第 1039 条　作为财产担保合同标的的财产的移转管理

1. 作为财产担保合同标的的财产,可以移转管理。

2. 管理设立人有义务事先告知管理人,移转管理的财产是财产担保合同的标的。

　　管理设立人未事先告知管理人,并且管理人本人不知道并且不可能知道移转管理的财产是财产担保合同的标的的,管理人有权请求解除合同,并依该财产的管理期限请求支付其根据合同应得的报酬。

第 1040 条　依管理设立人的债权人请求对移转管理财产的追索

1. 不允许依管理设立人的债权人的请求对移转管理财产进行追索,但在管理设立人被宣告破产,或者依财产担保权人的请求对作为财产担保合同标的的财产进行追索的情形除外。

第 1041 条　财产管理权向其他人的移转

1. 财产管理合同有规定,或者在合理期限内不可能取得管理设立人相应指示的情形,为了管理设立人或者受益人的利益所需,管理人可以委托其他人(辅助人)以其名义实施为财产管理的必要行为。管理人为其选择的辅助人的行为负责,与为其本人的行为负责相同。

第 1042 条　管理人获取报酬的权利

1. 管理人有权获取合同规定的报酬,以及请求赔偿其因管理财产所指出的费用。

2. 法律有规定或者根据与其订立的合同,财产管理人有权直接从移转管理的财产的使用收入中,直接扣除根据本条第 1 款属于其的资金。

〔第 1042 条第 2 款由 2008 年 12 月 18 日第 692-VI 号法律修订〕

第 1043 条　管理人的责任

1. 在管理财产时,管理人未表现出对管理设立人或者受益人利益的应有关心的,有义务向管理设立人赔偿所致的损失,向受益人赔偿可预期的收益。

管理人不能证明损失是因不可抗力、管理设立人或者受益人的过错行为所发生的,对所致损失负责。

2. 移转管理财产的价值不足以满足债权人请求的,管理人对因其进行管理所产生的债务承担补充责任。

3. 在实施法律行为超越赋予其的权限或者规定的限制的情形,参加法律行为的第三人证明其不知道或者不可能知道管理人超越权限或者规定的限制的,也可发生本条第 2 款规定的管理人的补充责任。在此情形,管理设立人可以请求管理人赔偿其所致的损失。

第 1044 条　财产管理合同的终止

1. 在下列情形,财产管理合同终止:

(1)移转管理的财产灭失;

(2)因合同期限终结,依当事人一方的申请终止合同;

(3)自然人受益人死亡,或者法人受益人清算,但合同另有规定的除外;

(4)受益人拒绝收取根据合同的收益;

(5)认定管理人无行为能力、失踪、限制行为能力或者死亡;

(6)管理人或者管理设立人因管理人不可能进行财产管理而拒绝财产管理合同;

(7)管理设立人根据本条第 6 款指定之外的原因,在向管理人支付合同规定的报酬后拒绝合同;

(8)宣告自然人管理设立人破产;

(9)当事人全部履行完毕财产管理合同;

(10)本合同有规定或者根据法院判决,提前终止财产管理合同。

2. 在当事人一方拒绝财产管理合同的情形,其应当在合同终止前的三个月内告知另一方当事人,但合同规定其他期限的除外。

3. 在财产管理合同终止的情形,移转管理的财产或者该管理所取得的财产,依照合同确定的程序移转给管理设立人。

〖第1044条第3款由2008年12月18日第692-VI号法律修订〗

〖第1044条根据2003年6月19日第980-IV号法律修改〗

第1045条 有价证券管理的特殊性

1. 有价证券管理的特殊性,由法律规定。

第71章 借贷,信贷,银行存款

第1节 借贷

第1046条 借贷合同

1. 根据借贷合同,一方当事人(贷与人)将金钱或者以种类特征所确定的其他物向另一方当事人(借用人)移转所有,借用人有义务向贷与人返还同等数额的金钱(借贷金额),或者同等种类和质量的、同等数量的物。

自金钱或者其他种类物移转时起,借贷合同视为订立。

第1047条 借贷合同的形式

1. 借贷合同的金额超过法律规定的公民最低免税收入十倍的,以书面形式订立,在贷与人是法人的情形,无论金额多少,都以书面形式订立。

2. 为证明借贷合同和其条件,可以要求借用人提供收据,或者证明贷与人向其移转一定金钱或者一定数量的物的其他文件。

第1048条 借贷合同的利息

1. 贷与人有权自借用人处获取借贷金额的利息，但合同或者法律另有规定的除外。获取利息的金额和程序，由合同规定。合同未规定利率的，其金额依乌克兰国民银行贴现率确定。

   在没有其他协议的情形，利息在还贷日前按月支付。

2. 在以下情形，借贷合同视为无息：

   （1）在自然人之间订立，合同金额不超过公民最低免税收入金额 50 倍，并且与当事人任何一方从事的经营活动无关；

   （2）向借用人移转种类物。

第 1049 条　借用人还贷的义务

1. 借用人有义务在合同规定期限，依照合同规定的程序，向贷与人还贷（相同金额的金钱，或者贷与人向其移转的相同数量、种类、质量的种类物）。

   合同未规定还贷期限，或者该期限以提出请求的时刻确定的，借用人应当在贷与人提出该请求之日起 30 日内还贷，但合同另有规定的除外。

2. 无息借贷合同的借用人可以提前还贷，但合同另有规定的除外。

3. 在向贷与人移转种类物，或者将金钱记入其银行账户的，在移转时视为还贷。

第 1050 条　借用人违反合同的后果

1. 借用人未及时返还借贷金额的，其有义务根据本法典第 625 条支付金额。借用人未及时返还种类物的，其有义务根据本法典第 549—552 条支付自物应当返还之日起至物实际返还给贷与人之日止的违约金，违约金的支付与其根据本法典第 1048 条支付应付利息无关。

2. 借贷合同规定按部分（分期）还贷的，在分期返还顺次部分的

情形,贷与人有权请求提前返还剩余部分,并支付本法典第
1048 条规定的利息。

第 1051 条　借贷合同的争议

1. 借用人有权基于其实际上未从贷与人处取得金钱或物,或者
   取得的金钱或物少于合同规定的数量,对借贷合同提出争议。

   借贷合同应当以书面形式订立的,法院判决不得以证明实
   际尚未从贷与人处取得金钱或物,或者取得的金钱或物少于
   合同规定的数量的证人证言为依据。该规定不适用于,在欺
   诈、暴力、借用人的代理人与贷与人恶意协议的影响下,或者
   在严重情势影响下订立合同的情形。

第 1052 条　借用人履行义务的担保

1. 在借用人未履行借贷合同规定的义务的情形,根据还贷担保,
   以及在履行义务的担保丧失,或者根据贷与人不承担责任的
   情势条件恶化的,贷与人有权请求借用人提前还贷,并且支付
   本法典第 1048 条规定的利息,但合同另有规定的除外。

第 1053 条　将债务更新为借贷之债

1. 根据当事人的协议,基于买卖合同、财产租赁或者其他根据所
   产生的债务,可以变更为借贷之债。

2. 以借贷之债变更债务,应当遵守关于更新的要求,以借贷合同
   规定的形式(本法典第 1047 条)进行。

第 2 节　信贷

第 1054 条　信贷合同

1. 根据信贷合同,银行或者其他信贷机构(贷款人)有义务依合
   同规定的金额和条件将金钱(贷款)提供给借款人,借款人有
   义务返还贷款并支付利息。

2. 对根据信贷合同的关系,适用本章第 1 节的规定,但本节另有规定或者信贷合同的本质另有结论的除外。

3. 调整关于提供消费信贷的合同关系的特殊性,由法律规定。

〔第 1054 条根据 2011 年 9 月 22 日第 3795-VI 号法律增补第 3 款〕

第 1055 条　信贷合同的形式

1. 信贷合同以书面形式订立。

2. 未遵守书面形式订立的信贷合同,是法定无效的。

第 1056 条　提供或者接受信贷的拒绝

1. 在违反认定借款人破产程序的情形,或者具备其他明显证明提供给借款人的贷款将无法及时返还的情势的,贷款人有权部分或者全部拒绝向借款人提供合同规定的贷款。

2. 借款人在合同规定的提供贷款期限前告知贷款人的,有权部分或者全部拒绝接受贷款,但合同或者法律另有规定的除外。

3. 在借款人违反信贷合同规定的贷款专用用途的情形,贷款人有权根据合同拒绝向借款人提供进一步的贷款。

第 1056-1 条　信贷合同的利息

1. 信贷合同的利率可以是固定的或者可变的。利率的种类由信贷合同确定。

2. 信贷合同利息的金额、利率的种类(固定的或者可变的)和支付利息的程序,依信贷风险、提供的担保、信贷市场上形成的需求和供给、贷款使用期限、贴现率的金额和合同订立日的其他因素,在合同中确定。

〔第 1056-1 条第 2 款根据 2016 年 11 月 15 日第 1734-VIII 号法律修改〕

3. 固定利率在信贷合同的全部期限内是不可变更的。合同规定的固定利率的金额,不得由贷款人依单方程序予以增加。关于贷款人依单方程序变更固定利率金额的权利的合同条件,是法定无效的。

〔第 1056-1 条第 3 款根据 2016 年 11 月 15 日第 1734-VIII 号、2018 年 7 月 3 日第 2478-VIII 号法律修改〕

4. 在适用可变利率的情形,贷款人依信贷合同所确定的周期性,根据信贷合同规定的条件和程序,有权增加、有义务减少利率,但法律另有规定的除外。在适用新利率之日前不少于 15 个日历日,贷款人有义务书面通知借款人、保证人和其他合同义务人关于利率变更的情况。

在借款人不同意增加利率的情形,借款人有义务在收到关于增加利率的通知之日起 30 个日历日的期间内全额清偿根据合同的债务。自全额清偿根据借贷合同的债务之日起,当事人根据该合同的债终止。在此情形,在全额清偿债务前适用原利率,但不得超过自收到关于增加利率的通知之日起 30 个日历日的期间。

在信贷合同中规定,适用当事人协议的指数对可变利率进行结算的程序。对可变利率进行结算的程序,应当可以准确确定在信贷合同效力期限内任何时刻的利率金额。未经借款人同意,贷款人无权变更信贷合同规定的对利率进行结算的程序。

〔第 1056-1 条第 4 款由 2018 年 7 月 3 日第 2478-VIII 号法律修订〕

5. 确定可变利率的公式所使用的指数,应当符合以下要求:

（1）指数当前值应当周期性地在大众传媒公布,或者通过其他普及的定期信息来源公布,每月不少于一次。信贷合同应当包含对相应指数信息来源的援引；

（2）指数应当基于确定贷款资源市场价值的金融部门的客观指标；

（3）指数当前值应当由在金融服务市场上被认定具有商誉的独立机构规定。

6. 在适用可变利率的情形，在信贷合同中应当确定可以适用的利率增加的最大限额。

{第1056-1条第6款由2018年7月3日第2478-VIII号法律修订}

7. 消费信贷合同可变利率的适用，由法律规定。

{第1056-1条第3款根据2016年11月15日第1734-VIII号法律增补第7款}

{法典根据2008年12月12日第661-VI号法律增补第1056-1条；根据2010年1月21日第1822-VI号法律修改；第1056-1条文本由2011年9月22日第3795-VI号法律修订}

第1057条　商业信贷

1. 其履行与向另一方当事人移转金钱或者种类物的所有权有关的合同，可以规定以预付款、预先支付，逾期或者分期支付商品、工作或者服务费用的方式提供贷款（商业信贷）。

2. 对商业信贷适用本法典第1054—1056条的规定，但产生相应债的关系的合同另有规定，或者违背该债的关系本质的除外。

第1057-1条　信贷合同无效的法律后果

1. 在认定信贷合同无效的情形，法院依当事人的申请，在强制性程序中适用本法典第216条第1款规定的法律行为无效的后果，并且确定应当向贷款人返还的资金金额。

2. 在信贷合同中，以借款人或者保证人的财产为借款人履行债进行财产担保担保的,认定该信贷合同无效的,法院依贷款人的申请对该财产进行查封。

3. 自法院认定信贷合同无效的判决生效之日起 30 日期限内,将法院所确定金额的资金返还贷款人的,应当撤销对财产的查封。在前述期限内未履行返还之债的,贷款人有权向法院提起追索被查封财产之诉。

4. 履行向贷款人返还法院所确定金额的资金之债后,根据本条第 2 款进行的财产查封应当解除。

5. 认定担保借款人履行借贷合同之债的财产担保合同无效的,法院依贷款人的申请,查封作为财产担保标的的财产。在向贷款人履行返还贷款合同资金之债后,应当解除查封,在认定贷款合同无效的情形,在向贷款人履行返还法院根据本条第 1 款所确定金额的资金之债后,应当解除查封。

〔法典根据 2012 年 10 月 2 日 第 5405-VI 号法律增补第 1057-1 条〕

第 3 节 银行存款

第 1058 条 银行存款合同

1. 根据银行存款(存储)合同,一方当事人(银行),接受另一方当事人(存款人)存入或者为其存入的金钱(存款),有义务依合同规定的条件和程序返还存款金额,并支付存款利息或者其他法定孳息。

2. 存款人是自然人的银行存款合同,是公共合同(本法典第 633 条)。

3. 对银行与存款人之间存入存款的账户关系,适用关于银行账户的规定(本法典第 72 章),但本章由不同规定或者银行账户合同的本质由不同结论的除外。

第 1059 条　银行存款合同的形式

1. 银行存款合同以书面形式订立。

　　金钱的存入由银行存款合同证明,并交付存折或者证书或者符合法律、银行经营领域的其他规范性法律文件(银行规则)和商事流转惯例要求的文件的,视为遵守银行存款合同的书面形式。

2. 在不遵守银行存款合同书面形式要求的情形,该合同是法定无效的。

第 1060 条　银行存款的种类

1. 银行存款合同订立的条件是,依初次申请及支付存款(活期存款),或者在合同规定的期限届满时返还存款(定期存款)。

　　合同可以规定返还存入金钱的其他条件。

2. 根据银行活期存款合同,银行有义务依存款人的初次请求支付存款或者部分存款。

　　拒绝存款人依初次申请支取存款的权利的银行活期存款合同,是法定无效的。

　　〔第 1060 条第 2 款由 2015 年 5 月 14 日第 424-VIII 号法律修订〕

3. 根据定期银行存款合同,银行存款合同确定的期限届满后,银行有义务支付存款和该存款的应计利息。

　　在银行定期存款合同条件规定的例外情形,可以在期限届满前或者在合同确定的其他情势发生前,向银行定期存款的存款人返还该存款的应计利息。

　　〔第 1060 条第 3 款由 2015 年 5 月 14 日第 424-VIII 号法律修订〕

4. 在银行存款合同规定的期限届满后,存款人未请求返还定期存款金额或者以其他返还条件存入的存款金额的,在合同确定的情势发生后,合同视为以活期存款的条件延续,但合同另有规定的除外。

第1061条 银行存款的利息

1. 银行依银行存款合同规定的金额,向存款人支付存款金额的利息。

   合同未规定利率的,银行有义务依乌克兰国民银行贴现率支付利息。

2. 银行有权变更活期存款的应付利息,但合同另有规定的除外。

   在银行降低活期存款利率的情形,自告知存款人时起满一个月后,新的利率适用于告知存款人利息降低前存入的存款,但合同另有规定的除外。

3. 合同规定的定期存款利率,或者以在合同确定的情势发生的情形进行返还为条件存入的存款的利率,不得由银行单方降低,但法律另有规定的除外。

4. 规定银行有权依单方程序变更定期存款利率的合同条件,是法定无效的。

   〔第1061条根据2008年12月12日第661-VI号法律增补一款〕

5. 银行存款的利息,自存款存入银行的次日起计算,至向存款人返还或者以其他根据由存款人的账户提取的前一日为止。

6. 银行存款的利息,依存款人的请求在每个季度届满后从存款金额中单独向其支付,在该期限内未支取的利息并入存款金额计算利息,但银行存款合同另有规定的除外。

   在返还存款的情形,支付该时刻的所有应计利息。

第1062条　其他人向存款人的账户存入资金

1. 其他人以存款人名义存入的资金,记入存款人的银行账户,但银行存款合同另有规定的除外。在此情形,因向其他人提供关于其存款账户的必要数据,视为存款人同意领受其他人的资金。

2. 错误记入存款人账户的资金,应当根据本法典第388条返还。

第1063条　为第三人利益的银行存款合同

1. 自然人或者法人,可以订立为第三人利益的银行存款合同(存款)。该人自第一次向银行提出基于存款人权利的请求,或者以其他方式表达行使该权利的意图时起,取得存款人的权利。

   银行存款是为其利益存入的,在该人取得存款人权利前,该权利属于存入存款的人。

   银行存款是为其利益存入的,其作为自然人的姓名(本法典第28条)或者法人的名称(本法典第90条),是银行存款合同的实质条件。

2. 银行存款是为其利益存入的,该人拒绝存入的,为第三人利益订立合同的人有权请求返还存款,或者将其转为自己名下。

第1064条　存折

1. 与自然人订立银行存款合同,将资金存入其存款账户,由存折证明。

   在存折中应当指明银行(其分支机构)的名称和所在地、存款账户的号码、入账和出账的全部金额,以及在向银行提交存折时账户上的资金余额。

2. 存折所指明的关于账户的讯息,是银行与存款人之间结算存款的根据。

3. 支付存款、支付存款的利息、执行存款人关于将资金从存款账户划拨给其他人的指令,在提交存折时由银行进行。

存折遗失或者处于不适于提交的状态的,银行依存款人的申请发给其新的存折。

第 1065 条 存款(存储)证书

1. 存款(存储)证书证明存入银行的存款金额,和存款人(证书持有人)在规定期限届满后,在发给其证书的银行支取证书规定的存款金额和利息的权利。

﹝第 1065 条第 2 款基于 2015 年 5 月 14 日第 424-VIII 号法律删除﹞

第 72 章 银行账户

第 1 节 关于银行账户的总则

﹝第 72 章根据 2017 年 3 月 23 日第 1983-VIII 号法律增补第 1 节的名称﹞

第 1066 条 银行账户合同

1. 根据银行账户合同,银行有义务将存入其的资金接受并记入为客户(账户持有人)开立的账户,执行客户关于从账户中转账和支付的指令,并进行根据账户的其他业务。

2. 银行在保障客户无阻碍地支配资金的情况下,有权使用客户账户中的资金。

3. 银行无权确定和监控客户资金的使用方向,无权对资金支配权作出法律、银行与客户之间的合同,或者对银行账户资金的财产权设定负担的条款所没有规定的限制。

﹝第 1066 条第 3 款由 2017 年 3 月 23 日第 1983-VIII 号法律

修订 }

4. 本章的规定,适用于其他金融机构根据颁发的许可订立银行账户合同,以及适用于代理账户和其他银行账户,但法律另有规定的除外。

第 1067 条　银行账户合同的订立

1. 银行账户合同的订立,即为客户或者其所确定的人,依当事人协议的条件,在银行开立账户。

2. 客户请求以银行公布的符合法律和银行规则的条件开立账户的,银行有义务与其订立银行账户合同。

　　银行无权拒绝开立账户,无权拒绝实施根据法律、银行设立文件和颁发的许可所规定的相应业务,但银行没有可能承担银行服务,或者法律或银行规则允许该拒绝的除外。

　　在银行无根据地拒绝订立银行账户合同的情形,客户有权根据本法典获得保护。

第 1068 条　银行执行的根据账户的义务

1. 银行有义务为客户实施法律、银行规则和商事流转惯例为该种类账户所规定的业务,但银行账户合同另有规定的除外。

2. 银行有义务将存入客户账户的资金,在相关结算文件转入银行之日入账,但银行账户合同或者法律规定其他期限的除外。

3. 银行有义务依客户的指令,在相关结算文件转入银行之日,将资金由其账户中进行支付或者划拨,但银行账户合同或者法律固定其他期限的除外。

4. 合同有规定的,客户有义务为银行执行根据客户账户的业务付费。

第 1069 条　账户的信贷

1. 根据银行账户合同,尽管客户的账户资金不足,银行仍由其账户进行支付(账户的信贷),视为银行向客户提供自进行该支付之日起相应金额的贷款。

2. 与账户信贷有关的当事人的权利和义务,由关于借贷和信贷的规定(本法典第71章第1、2节)确定,但合同或者法律另有规定的除外。

3. 对客户使用银行资金所支付的费用,合同没有规定的,不得超过乌克兰国民银行贴现率的两倍。

〔第1069条根据2012年9月18日第5284-VI号法律增补第3款〕

第1070条 使用账户资金的利息

1. 因使用客户账户中的资金,银行应当支付利息,利息的金额记入账户,但银行存款合同或者法律另有规定的除外。

利息的金额在合同规定的期限内记入客户的账户,合同没有规定该期限的,在每个季度届满后记入。

2. 本条第1款规定的利息,由银行依合同规定的金额支付,合同未规定相应条件的,由银行依活期存款通常支付的金额支付。

第1071条 由账户支付资金的根据

1. 银行可以基于客户的指令,由客户账户支付资金。

2. 未经客户指令,可以基于法院判决,以及在法律、银行与客户之间的合同或者对银行账户资金的财产权设定负担的条款有规定的情形,由客户账户支付资金。

〔第1071条第2款根据2010年11月4日第2677-VI号法律、2017年3月23日第1983-VIII号法律修改〕

第1072条 由账户支付资金的顺序

1. 银行根据提交顺序执行结算文件,例外的情形在客户账户剩余资金的范围内执行,但银行与客户之间的合同另有规定的除外。

2. 在向银行同时提出若干结算文件的情形,基于这些结算文件进行资金的支付的,银行依以下顺序由客户账户支付资金:

(1)在第一顺序支付基于法院满足损害赔偿、残疾、其他健康损害或者死亡的请求的判决,以及关于追索抚养费的请求的判决所确定的资金;

(2)在第二顺序支付基于法院关于支付养老金、向根据劳动合同(契约)工作的人支付报酬,以及根据作者权合同支付报酬的判决所确定的资金;

(3)在第三顺序支付基于法院其他判决所确定的资金;

(4)在第四顺序支付规定上缴预算的结算文件所确定的资金;

(5)在第五顺序按提交顺序支付其他结算文件所确定的资金。

在向银行同时提出根据对银行账户资金的财产权设定负担的条款的结算文件,和基于其进行资金支付的其他结算文件的情形,银行由客户账户、但在根据该负担条款提交的结算文件外支付资金。在向银行同时提出对银行账户资金的财产权设定负担的条款的结算文件的情形,银行根据相应负担的优先性,依该结算文件由客户的账户支付资金。

〔第 1072 条第 2 款根据 2017 年 3 月 23 日第 1983-VIII 号法律增补一段〕

3. 在客户账户的资金不足(不充足)的情形,银行不进行对结算文件的核算,但银行与客户之间的合同另有规定的除外。

第 1073 条　银行不当执行根据客户账户的业务的法律后果

1. 在未将客户存入的资金及时记入账户、没有根据地注销客户的账户或者违背客户指令将资金从其账户转出的情形,银行应当在发现违法行为后,将相应的金额记入客户或者适格的收款人的账户,支付利息并且赔偿所致损失,但法律另有规定的除外。

第 1074 条 支配账户权利的限制

1. 不允许限制客户支配处于其账户中资金的权利,但根据法院判决限制支配账户权利的情形,或者法律或对银行账户资金的财产权设定负担的条款有规定的其他情形,以及在中止与通过犯罪途径所得收入的合法化(洗钱)有关的金融业务或者中止与资助恐怖主义和资助法律规定的大规模杀伤武器的扩散有关的金融业务的情形除外。银行无权规定禁止负担的确立,但可以规定合理的赔偿。

2. 因账户资金金额少于根据对银行账户资金的财产权设定负担的条款所确定的金额的,未经负担设定人的书面同意,客户无权向银行发出指令,银行无权执行指令。

3. 对银行账户资金的财产权设定负担的,在银行收到负担设定人关于具备理由追索负担标的的通知后,因账户资金金额将少于负担设定人以请求负担所担保的金额,根据相关银行账户合同,未经负担设定人的书面同意客户无权向银行发出指令,银行无权执行指令。银行收到负担设定人的通知后,不对是否具备上述理由进行审查。

4. 在银行收到客户指令时,银行已客户书面告知存在负担的,违反本条第 2、3 款要求的银行,在依客户指令由账户销账的资金金额内,向负担设定人负责。

5. 本条第 2、3 款规定的负担设定人的同意,可以一般形式表达,和(或)包含视为给予该同意的条件。该同意可以列入对银行账户资金的财产权设定负担的合同条款。

〔第 1074 条根据 2010 年 5 月 18 日第 2258-VI 号法律、2010

年 11 月 4 日第 2677-VI 号法律、2014 年 10 月 14 日第 1702-VII 号法律修改;由 2017 年 3 月 23 日第 1983-VIII 号法律修订｝

第 1075 条　银行账户合同的解除

1. 依客户申请,银行账户合同可在任何时间解除。在对相关账户资金的财产权是所设负担对象的情形,未经负担设定人同意,客户无权根据与银行达成的协议解除银行账户合同,或者通过单方拒绝履行债等方式单方解除银行账户合同,或者实施引起合同终止的其他行为,但负担条款另有规定的除外。违反该要求所实施的法律行为,是法定无效的。

　　负担设定人的同意,可以一般形式表达,和(或)包含视为给予该同意的条件。该同意可以列入对银行账户资金的财产权设定负担的合同条款。

　　｛第 1075 条第 1 款由 2017 年 3 月 23 日第 1983-VIII 号法律修订｝

2. 在以下情况,银行有权解除银行账户合同:

　　(1)保存在客户账户中的资金金额少于银行规则或者合同规定的最低限额,自银行事先告知之日起一个月内没有恢复的;

　　(2)该账户在　　年内没有进行业务的,但合同另有规定的除外;

　　(3)调整预防和制止通过犯罪途径所得收入的合法化(洗钱)、资助恐怖主义和资助大规模杀伤武器的扩散领域关系的立法所规定的情形;

　　｛第 1075 条第 2 条根据 2014 年 10 月 14 日第 1072-VII 号法律增补新的款｝

　　(4)在合同或者法律规定的其他情形。

3. 账户资金的余额,依照法律规定的程序,根据客户指示交还客户,或者根据银行规则规定的期限和程序,转入其他账户。

〔第 1075 条第 3 款根据 2016 年 6 月 2 日第 1404-VIII 号法律修改〕

4. 客户账户在三年内持续没有任何业务,并且在该账户没有资金余额的,银行有权拒绝银行账户合同并关闭客户账户。

第 1075-1 条　对账户资金的财产权设定负担的银行账户合同的变更

1. 对账户资金的财产权设定负担的银行账户合同的任何变更(本条第 2 款规定的变更除外),在负担设定人书面同意该变更的例外情况才可进行。

负担设定人的同意,可以一般形式表达,和(或)包含视为给予该同意的条件。该同意可以列入对银行账户资金的财产权设定负担的合同条款。

2. 对账户资金的财产权设定负担的银行账户合同的变更,不限制负担设定人基于所设定的负担所产生的权利的,不经负担设定人同意即可进行。在发生争议的情形,证明相关变更不限制负担设定人的权利的义务,由客户承担。

3. 在违反本条要求的情形,客户有义务向负担设定人赔偿该违法行为所致的损失。在进行相关变更时,客户书面通知银行相关账户资金的财产权已被设立负担的,赔偿损失的义务由银行与客户连带承担。

〔法典根据 2017 年 3 月 23 日第 1983-VIII 号法律增补第 1075-1 条〕

第 1076 条　银行秘密

1. 银行保障银行账户秘密,根据账户进行的业务和关于客户的讯息。

关于业务和账户的讯息,仅可提供给客户本人或者其代理人。对其他人,包括国家政权机关及其公职人员、公务人员,该信息仅在关于银行和银行活动的法律规定的情形,依照规定的程序,才可向其例外地提供。

2. 在银行泄露构成银行秘密的讯息的情形,客户有权请求银行赔偿所致的损失和精神损害。

3. 负担设定人获取相关信息的权利由产生该负担的法律行为所规定的,银行有义务依负担设定人的书面请求,根据对银行账户资金的财产权所设定的负担,在该信息应当向客户提供的期限内,向负担设定人提供关于相关账户资金余额的信息、关于根据该账户所进行的业务、通知银行所设定的负担和(或)银行所考虑的负担和对账户支配权的其他限制。

〔第 1076 条根据 2017 年 3 月 23 日第 1983-VIII 号法律增补第 3 款〕

第 2 节　有条件的保管账户(第三方托管)

第 1076-1 条　有条件的保管账户(第三方托管)合同

1. 根据有条件的保管账户(第三方托管)合同,客户(账户持有人)开立有条件的保管账户(第三方托管),银行有义务接受从账户持有人和(或)第三人处取得的资金并记入该账户,将该资金转给账户持有人指示的人(受益人),或者在具备有条件的保管账户(第三方托管)合同规定的根据时将该资金返还账户持有人。

2. 有条件的保管账户(第三方托管)合同没有其他规定的,银行有权使用有条件的保管账户(第三方托管)的资金,但须保障及时将该资金转给受益人,或者根据有条件的保管账户(第三方托管)合同的条件将该资金返还账户持有人。

3. 对当事人因开立、维持、关闭有条件的保管账户(第三方托管),使用本章第1节的规定,但本节另有规定,银行、账户持有人和受益人之间法律关系的内容另有结论的除外。

第1076-2条 根据有条件的保管账户(第三方托管)的业务

1. 根据有条件的保管账户(第三方托管)进行的业务,包括银行将从账户持有人和(或)第三人处取得的资金记入,在有条件的保管账户(第三方托管)合同确定的根据发生时,将该资金转给受益人,以及根据有条件的保管账户(第三方托管)合同的条件,将该资金转给受益人或者将其返还账户持有人。

2. 将资金记入有条件的保管账户(第三方托管),依照有条件的保管账户(第三方托管)合同规定的程序一次或者分次进行。

3. 在有条件的保管账户(第三方托管)合同规定的根据发生时,银行有义务在合同规定的期限(没有该期限的,此相关根据发生之日起五个工作日)内,将有条件的保管账户(第三方托管)中的资金转给受益人。有条件的保管账户(第三方托管)合同可以规定将有条件的保管账户(第三方托管)中的资金转给受益人,其具体金额取决于合同所指示的根据的发生。

4. 有条件的保管账户(第三方托管)合同可以规定,在根据发生时,有条件的保管账户(第三方托管)中的资金或者其部分应当返还账户持有人。

第1076-3条 从有条件的保管账户(第三方托管)转出资金的审查

1. 有条件的保管账户(第三方托管)规定向银行提供证明根据发生的文件,在该根据发生时即向受益人或者其指定的人转出有条件的保管账户(第三方托管)资金或者将该资金返还账户持有人的,银行根据有条件的保管账户(第三方托管)合同,仅依表面特征审查该文件,但法律或者有条件的保管账户(第三方托管)合同另有规定的除外。

2. 银行认为,人所提供的文件不符合有条件的保管账户(第三方托管)合同的条件,依表面特征或者有条件的保管账户(第三方托管)合同规定的其他要求,银行有义务拒绝将资金转给该人,但应在收到文件之日起五个工作日内指明拒绝转出有条件的保管账户(第三方托管)资金的原因,但有条件的保管账户(第三方托管)合同另有规定的除外。

3. 有条件的保管账户(第三方托管)可以将审查根据是否发生的义务施加给银行,以判断是否将资金转给受益人或其指定的人,或者将资金返还账户持有人。

4. 有条件的保管账户(第三方托管)可以将审查根据是否发生的义务施加给合同指示的任何第三人,以判断是否将资金转给受益人或者将资金返还账户持有人。合同应当规定第三人向银行提供关于资金转移条件发生的信息的程序、情势和条件。

第 1076-4 条　对有条件的保管账户(第三方托管)中资金支配的限制

1. 有条件的保管账户(第三方托管)合同没有其他规定的,账户持有人和受益人均无权支配有条件的保管账户(第三方托管)中的资金。

2. 有条件的保管账户(第三方托管)规定账户持有人或者收益人支配账户资金可能性的,有条件的保管账户(第三方托管)合同的当事人可以在合同中规定对该支配的限制。

第 1076-5 条　银行根据有条件的保管账户(第三方托管)合同的

报酬

1. 有条件的保管账户(第三方托管)合同可以规定银行因提供和维持账户、履行根据账户的义务所获取的报酬。

2. 银行的报酬不得从有条件的保管账户(第三方托管)资金中抽取,但有条件的保管账户(第三方托管)合同另有规定的除外。

第 1076-6 条　有条件的保管账户(第三方托管)资金的地位

1. 不允许根据开户行的债的关系(包括其清算的情形),追索和(或)冻结有条件的保管账户(第三方托管)资金,但根据有条件的保管账户(第三方托管)合同追索或者冻结日的状况,银行有权作为酬金扣除的账户资金除外。

2. 不允许根据账户持有人或者受益人(其中包括在其清算的情形)的债的关系,追索和(或)冻结有条件的保管账户(第三方托管)资金。在此情形,在有条件的保管账户(第三方托管)合同规定的根据发生时,允许对账户持有人或者受益人基于有条件的保管账户(第三方托管)在银行中的请求权,包括对有条件的保管账户(第三方托管)资金支付请求权(或者其部分),进行追索和(或)冻结。

第 1076-7 条　有条件的保管账户(第三方托管)合同的变更

1. 对有条件的保管账户(第三方托管)合同的任何变更,除本条第 2 款规定的变更外,均应在提供受益人同意变更的书面同意的条件下进行,并且与受益人是否是有条件的保管账户(第三方托管)合同当事人无关。

2. 受益人不是有条件的保管账户(第三方托管)合同当事人,未经其同意对该合同进行不限制受益人权利的变更的,基于有条件的保管账户(第三方托管)合同生效。在发生争议的情形,证明有条件的保管账户(第三方托管)合同中的相应变更未限制受益人权利的义务,由银行承担。

3. 违反本条要求实施的变更有条件的保管账户(第三方托管)合同的法律行为,是法定无效的。

第 1076-8 条　有条件的保管账户(第三方托管)合同的终止与有条件的保管账户(第三方托管)的关闭

1. 因有条件的保管账户(第三方托管)合同期限届满,或者发生有条件的保管账户(第三方托管)合同规定的其他情势,有条件的保管账户(第三方托管)合同终止。

2. 在开立有条件的保管账户(第三方托管)的银行清算的情形,有条件的保管账户(第三方托管)合同终止。

3. 依账户持有人在任何时间的申请,有条件的保管账户(第三方托管)可以解除,在得到受益人书面同意的条件时,可以例外地解除合同。自银行收到下列文件中的最后一份时起,合同视为解除:账户持有人的申请和受益人同意解除合同的书面同意,账户持有人的申请和受益人的书面同意包含在同一文件中的,自银行收到该文件时起,合同视为解除。

4. 在终止或者解除有条件的保管账户(第三方托管)合同的情形,银行应当关闭有条件的保管账户(第三方托管),账户资金返还给账户持有人,在有条件的保管账户(第三方托管)合同指示的合同终止或者解除根据发生时,该资金(合同有规定的,为该资金的一部分)转给受益人或者其指定的人。

在有条件的保管账户(第三方托管)合同解除的情形,依账户持有人的申请和受益人的书面同意,账户持有人和受益人可以共同在申请书和书面同意书中标明,资金(或者资金的一部分)转给账户持有人和(或)受益人或者其指定的人,无论有条件的保管账户(第三方托管)合同规定的根据是否发生。

5. 本法典第 1075 条的规定不适用于有条件的保管账户（第三方
托管）合同。

〔第 72 章根据 2017 年 3 月 23 日第 1983-VIII 号法律增补第
2 节〕

第 73 章　保理

第 1077 条　保理合同的概念

1. 根据保理合同（通过让与资金请求权的融资），一方当事人（保
理人）为获取报酬（以合同规定的任何方式），将资金移转或者
有义务移转给另一方当事人（客户）支配，客户将自己对第三
人（债务人）的资金请求权让与或者有义务让与保理人。

〔第 1077 条第 1 款第 1 段根据 2010 年 9 月 9 日第 2510-VI
号法律修改〕

为保障客户对保理人之债的履行，客户可以将自己对债务
人的资金请求权让与保理人。

2. 保理人根据保理合同之债，可以规定向客户提供与其所让与
的资金请求权有关的服务。

第 1078 条　保理合同的标的

1. 保理合同的标的可以是支付期限已经届满的资金请求权（当
前请求），以及在未来产生的请求权（未来请求）。

2. 自对债务人的请求权产生之日起，未来请求视为移转保理人。
资金请求权的移转以特定时间为条件的，自该时间发生之时
起，其视为移转。

在此情形，无需补充办理资金请求权的转让。

第 1079 条　保理合同的当事人

1. 保理合同的当事人是保理人和客户。

2. 保理合同中的客户,可以是作为经营活动主体的自然人或者法人。

3. 保理人可以是银行,或者根据法律有权进行保理业务的其他金融机构。

〔第 1079 条第 3 款由 2010 年 9 月 9 日第 2510-VI 号法律修订〕

第 1080 条 禁止让与资金请求权的无效性

1. 客户与债务人之间存在关于禁止或者限制让与资金请求权的协议,不影响保理合同的无效。

在此情形,因客户违反关于禁止或者限制让与资金请求权的条件,不免除其债的关系或者对债务人的责任。

第 1081 条 客户对保理人的责任

1. 客户因其让与的资金请求权无效而向保理人承担责任,但保理合同另有规定的除外。

2. 客户有权让与资金请求权,在让与该权利时客户不知道债务人有权不履行请求的情势的,被让与的资金请求权无效。

3. 债务人不履行或者不当履行被让与的资金请求权的,客户对此不负责任,该资金请求权被交与保理人履行,但保理合同另有规定的除外。

第 1082 条 债务人向保理人履行资金请求权

1. 债务人收到客户或者保理人关于资金请求权让与的书面通知,在该通知中确定应当履行的资金请求以及应当接受支付的保理人名称的,债务人有义务向保理人进行支付。

2. 债务人有权请求保理人在合理期限内向其提供关于向保理人实际让与资金请求权的证据。保理人未履行该义务的,债务人有权向客户进行支付,履行自己对其所负的债务。

3. 债务人根据本条向保理人的履行,免除其对客户所负的义务。

第 1083 条 资金请求权的再次让与

1. 不允许保理人向第三人再次让与资金请求权,但保理合同另有规定的除外。

2. 保理合同允许资金请求权再次让与的,其根据本章规定进行。

第 1084 条 保理人的权利

1. 根据保理合同的条件,通过保理人购买客户的资金请求权而向客户融资的,保理人取得其从债务人履行请求所得的全部资金,客户所取得的资金少于保理人向客户支付的资金的,客户不对保理人负责。

2. 为担保客户对保理人所负之债的履行,而向保理人让与资金请求权的,保理人有义务向客户提供报告,并将超出以请求权出让所担保的客户债务金额的资金移转给客户。

   保理人从债务人处取得的资金,少于客户对保理人所负、以请求权出让所担保的债务金额的,客户有义务向保理人支付债务的余额。

第 1085 条 债务人的对待请求

1. 保理人向债务人提出支付请请求的,债务人有权提出抵销基于债务人与客户的合同的资金请求权,但以债务人收到关于向保理人让与资金请求权的通知前所产生的为限。

2. 债务人不得向保理人提出因客户违反关于禁止或者限制出让资金请求权的合同条件而向其提出的请求。

第 1086 条 债务人权利的保护

1. 在客户违反与债务人订立的合同义务的情形,债务人有权直接从客户处取得根据出让的资金请求权而向保理人所支付的资金的,债务人无权请求保理人返还该资金。

2. 保理人不履行向客户移转与请求权出让有关的资金之债,或者明知客户违反对债务人与请求权出让有关之债的,有权直接从客户处取得根据出让的资金请求权而向保理人所支付资金的债务人,有权请求保理人返还该资金。

第74章　结算

第1节　关于结算的总则

第1087条　结算的形式

1. 自然人参加的与其从事经营活动无关的结算,可以借助电子或纸质形式的结算文件,以现金或者非现金的形式进行。

2. 法人之间的结算以及自然人参加的与其从事经营活动有关的结算,以非现金形式进行。这些人之间的结算也可以金钱现金方式进行,但法律另有规定的除外。

3. 自然人、法人以及自然人经营者根据本条以现金方式结算的金额上限,由乌克兰国民银行规定。

〔第1087条根据2010年5月18日第2258-Ⅵ号法律增补第3款;由2012年9月18日第5284-Ⅵ号法律修订〕

第1088条　非现金结算的种类

1. 进行非现金结算时,允许适用委托付款、信用证、结算支票(支票)、委托收款结算,以及法律、银行规则和商事流转管理规定的其他结算。

2. 合同当事人有权依自己意志选择任何种类的非现金结算。

3. 非现金结算通过开立相关账户的银行和其他金融机构(以下

简称银行）进行,法律另有规定并且非现金结算的种类有限制的除外。

4. 进行非现金结算的程序,由本法典、法律和银行规则调整。

第 2 节　适用委托付款的结算

第 1089 条　关于适用委托付款结算的总则

1. 根据付款委托,银行有义务依付款人委托,在法律或者银行规则规定的期限,将其在该银行账户中的资金转出确定的金额至付款人所确定的人（收款人）在该银行或者其他银行的账户,但合同或者商事流转惯例规定其他期限的除外。

2. 本节的规定适用于与在银行没有账户的人通过银行转账资金的有关的关系,但法律、银行规则另有规定或者关系的本质另有结论的除外。

第 1090 条　银行执行付款委托的条件

1. 付款委托和与其共同提交的清算文件的内容和形式,应当符合法律和银行规则规定的要求。

2. 银行无权修改客户的付款委托,但法律或者银行规则另有规定的除外。

3. 在付款委托的金额不超出付款人账户资金金额的条件下,银行开始履行付款人的付款委托。

第 1091 条　付款委托的执行

1. 接受付款人付款委托的银行,应当将相应的资金转入收款人的银行,后者将其记入付款委托所指示的人的账户。

2. 银行有权引入其他银行（执行银行）执行将资金转入客户委托书所确定的账户。

3. 银行应当将依付款人请求执行付款委托的情况,立即通知付款人。关于银行执行付款委托的通知程序和对内容的要求，由法律、银行规则或者银行与付款人之间的合同规定。

第 1092 条　不执行或者不当执行付款委托的责任

1. 在不执行或者不当执行客户付款委托的情形，银行根据本法典和法律承担责任。

2. 在因执行银行违反结算业务规则不执行或者不当执行付款委托的情形，法院可以将责任归于该银行。

3. 银行违反结算业务规则，导致银行错误移转资金的，银行根据本法典和法律承担责任。

第 3 节　根据信用证的结算

第 1093 条　信用证

1. 在根据信用证结算时，银行（开证行）根据客户（付款人）—信用证申请人的委托，并根据其指示或者以自己名义，有义务依信用证确定的条件或者委托其他（执行）银行，向资金收取人或者其确定的人—受益人进行付款。

2. 在开立抵偿信用证的情形，付款人的资金存放在开证行或者执行银行的独立账户中。

在开立非抵偿信用证的情形，付款人账户中临时没有资金时，开证行担保根据信用证为银行债权人付款。

第 1094 条　可撤销信用证

1. 可撤销信用证可由开证行在任何时间变更或者撤销，无需实现告知资金收取人。信用证的撤销，不创设开证人对资金收取人的义务。

2. 执行银行在实施时未收到关于信用证条件变更或者撤销的告知的，应当根据可撤销信用证进行付款或者其他业务。

第1095条 不可撤销信用证

1. 仅经资金收取人同意,不可撤销信用证才可撤销或者变更其条件。

2. 依开证行请求,执行银行可以通过将根据信用证条件进行支付之债补充接受为开证行之债,以此确认不可撤销信用证。

   经执行银行确认的不可撤销信用证,未经执行银行同意,不得变更或者撤销。

第1096条 信用证的执行

1. 为信用证的执行,资金收取人应当向执行银行提供规定信用证条件、证明信用证所有条件的执行的文件。

   在违反其中任意一项信用证执行条件的情形,信用证即不予执行。

2. 执行银行拒绝接受表面特征不符合信用证条件的文件的,应当立即将此情况告知资金收取人和开证行,并说明拒绝的理由。

3. 收到执行银行所接受的文件的开证行认为,该文件表面不符合信用证条件的,其有权拒绝接受,并请求执行银行赔偿因违反信用证条件支付给资金收取人的资金。

第1097条 执行信用证的银行的责任

1. 在因执行银行违反信用证条件,无根据拒绝支付或者不正确支付根据信用证的资金的情形,执行银行向开证行承担责任。

   在执行银行违反寄存信用证或者其所确认的不可撤销信用证的条件的情形,根据法院判决可将对付款人的责任归于执行银行。

第1098条 信用证的关闭

1. 在以下情形,信用证关闭:

（1）信用证有效期届满；

（2）信用证条件有规定的,资金收取人在有效期届满前拒绝
　　信用证的执行；

（3）付款人全部或者部分拒绝信用证,该拒绝由信用证条件
　　所规定的。

　　执行银行应将信用证关闭的情况告知开证行。

2. 执行银行应将寄存信用证未执行的金额连同关闭的信用证一
并返还开证行。开证行有义务将返还的金额记入付款人的
账户。

第4节　根据委托收款的结算

第1099条　关于根据委托收款结算的总则

1. 在根据委托收款(托收)结算时,银行(托收行)根据客户的
委托,由客户付费,实施接受付款人付款和(或)付款承诺的
行为。

2. 取得委托收款的托收行,有权为执行委托而引入其他银行(执
行银行)。

　　根据委托收款所适用的情形和进行结算的程序,由法律、银
行规则和商事流转惯例规定。

第1100条　委托收款的执行

1. 在没有任何文件或者文件表面特征不符合收款委托的情形,
执行银行应当将此情况立即告知客户。在未消除前述瑕疵的
情形,银行无需执行委托,将文件返还。

2. 文件应以收到该文件时的形式提交付款人,但进行收款业务
所必需的银行标记和签名除外。

3. 对在提交文件时即进行支付的文件,执行银行有义务在收到

收款委托时立即将其提交付款。

文件应当在其他期限进行支付的,为收到付款人的承诺,执行银行应当在收到收款委托时立即提交用于承诺的文件,付款请求的进行不得迟于文件所确定的支付期限开始日。

4. 银行规则有规定或者收款委托有专门准许的,可以接受部分付款。

5. 执行银行应当将收取(托收)的资金立即移转托收行支配,托收行应将该资金记入客户账户。执行银行有权从托收资金中扣除其应得的报酬、偿付其的费用和(或)开销。

第1101条 关于业务进行的告知

1. 未收到付款和(或)承诺的,执行银行应当立即告知托收行关于未付款或者拒绝承诺的原因。托收行应当立即将此情况告知客户,征询其对进一步行为的指示。

在银行规则规定期限内,对银行规则没有规定期限的,在合理期限内,未收到对进一步行为的指示的,执行银行有权将文件返还托收行。

第5节 适用结算支票的结算

第1102条 关于适用结算支票结算的总则

1. 账户所有人(支票出票人)向银行发出无条件的、书面指令,将支票所指示的资金转给收款人(支票持票人),包含前述指令的文件是结算支票(支票)。

2. 支票的付款人可以仅是银行,支票出票人在该银行账户中存有其可以支配的资金。

3. 不允许在支票提示期届满前撤销支票。

4. 支票的签发不消灭其所应当履行的金钱之债。

5. 使用支票的程序和条件,由本法典、法律和银行规则规定。

6. 支票应当包含银行规则规定的所有必须记载事项。缺少必须记载事项中的任何一项或者对其进行修改的支票,是无效的。

7. 支票的形式和填写程序,由法律和银行规则规定。

第 1103 条　支票付款

1. 支票由支票出票人的资金付款。

　　将资金存放在用于适用支票结算的账户中的程序和条件,由银行规则规定。

2. 支票应当由付款人在向其提示付款时,在银行规则规定的期限内根据支票付款。

3. 支票付款人应当以所有可能的方式确认支票的真实性,包括支票提示人是被授权的人。

4. 因伪造、偷窃或者遗失的支票进行付款所致的损失,根据导致损失的过错归属,由支票付款人或者支票出票人承担。

第 1104 条　支票的代收

1. 向支票持票人的银行提示代收以取得付款,视为支票的提示付款。

　　支票付款的进行,依照本法典第 1100 条规定的程序。

2. 将代收账户的资金记入支票持票人的账户,在从付款人处取得付款后进行,但支票持票人与银行的合同另有规定的除外。

第 1105 条　关于支票未付款的告知

1. 支票持票人应在实施拒付或者相同意义行为之日后的两个工作日的期间内,告知支票出票人关于未付款的情况。

2. 在前述期限内未发出告知的人,不丧失自己的权利。其应赔偿因未告知支票未付款可能发生的损失。赔偿损失的数额不得超过支票的金额。

第1106条 支票未付款的后果

1. 在付款人拒绝对支票付款的情形,支票持票人有权向法院提起诉。支票持票人除有权请求对支票付款外,还有权就获取付款所支出的费用及利息获得赔偿。

2. 对支票持票人关于对支票付款的请求,适用一年诉讼时效期间。

第75章 对财产智力所有权的支配

第1107条 对财产智力所有权的支配的合同种类

1. 对财产智力所有权的支配,基于以下合同进行:

 (1)对智力所有权客体的使用许可;

 (2)许可合同;

 (3)根据定作进行创造和使用智力所有权客体的合同;

 (4)关于移转专属性财产智力所有权的合同;

 (5)对财产智力所有权进行支配的其他合同。

2. 关于支配财产智力所有权的合同,以书面形式订立。

 在对财产智力所有权的支配的合同未遵守书面形式的情形,该合同是法定无效的。

 法律可以规定对财产智力所有权进行支配的合同以口头形式订立的情形。

第1108条 对智力所有权客体的使用许可

1. 对智力所有权客体的使用有专属决定权的人(许可人),可以向其他人(被许可人)提供书面授权,授予其在特定的有限领域使用该客体的权利(使用智力所有权客体的许可)。

2. 对智力所有权客体的使用许可,可以作为独立的文件编制,或者是许可合同的组成部分。

3. 对智力所有权客体的使用许可,可以是专属的、单独的、非专
属的,以及不违反法律的其他种类。

　专属许可仅发给一个被许可人,并且排除许可人在该许可
所限制的领域使用智力所有权客体,以及发给其他人在该领
域使用该客体的可能性。

　单独的许可仅发给一个被许可人,并且排除许可人发给其
他人在该许可所限制的领域使用智力所有权客体的可能性,
但并不排除许可人在该领域使用的可能性。

　非专属许可不排除许可人在该许可所限制的领域使用智力
所有权客体,以及发给其他人在该领域使用该客体的可能性。

4. 经许可人书面形式同意,被许可人可以向其他人发出使用智
力所有权客体的书面授权(转许可)。

第1109条　许可合同

1. 根据许可合同,一方当事人(许可人)向另一方当事人(被许可
人)提供使用智力所有权客体的准许(许可),其条件根据当事
人的共同同意并考虑本法典和其他法律的要求确定。

2. 在许可合同规定的情形下可以订立转许可合同,根据该合同,
被许可人向其他人(被转授许可人)提供使用智力所有权客体
的转许可。

3. 在许可合同中确定许可的种类,智力所有权客体的使用领域,
根据合同所授予的具体权利、前述客体的使用方式、授予权利
的地域和期限等,及因使用智力所有权客体支付费用的金额、
程序和期限,以及当事人认为适于列入合同的其他条件。

4. 许可合同没有其他规定的,许可合同视为提供非专属许可。

5. 对智力所有权客体的使用权,在订立合同时尚未生效的,不得

成为许可合同的标的。

6. 许可合同中没有确定的对智力所有权客体的使用权和其使用方式,视为未授予被许可人。

7. 在许可合同中没有规定授权使用智力所有权客体的地域条件的,许可的效力在乌克兰国土范围内适用。

8. 在关于出版或者再版作品的许可合同中,酬金以固定的金额确定的,合同应规定作品的最大印数。

9. 违反本法典规定的许可合同条件,是法定无效的。

第 1110 条　许可合同的期限

1. 许可合同的期限由合同规定,该期限的届满不得迟于在智力所有权客体合同中确定的专属财产权的效力期限届满。

2. 在被许可人违反合同规定的智力所有权客体使用的开始期限的情形,许可人可以拒绝许可合同。许可人或者被许可人可以在对方违反其他合同条件的情形下拒绝许可合同。

3. 在许可合同中没有关于合同期限的条件的情形,视为其以智力所有权客体合同中确定的专属财产权的效力期限届满前的剩余期限订立,但不得超过五年。在前述五年期限届满前的六个月内,当事人的任何一方没有书面通知另一方当事人拒绝合同的,合同视为以不定期的条件延续。在此情形,当事人的任何一方,经书面通知对方当事人,有权在合同解除前的六个月内的任何时间拒绝合同,但根据当事人的协议确定更长通知期限的除外。

第 1111 条　典型的许可合同

1. 有权的主管机关或者创作协会可以核准典型的许可合同。

2. 许可合同可以包含典型的许可合同没有规定的条件。与法律或者典型合同规定的状况相比,与智力所有权客体创作人订

立的许可合同的条件使其状况恶化的,是法定无效的,可以被
典型合同或者法律规定的条件所取代。

第 1112 条　根据定作创造和使用智力所有权客体的合同

1. 依根据定作创造和使用智力所有权客体的合同,一方当事人
   (作者—作家、艺术家等)有义务根据另一方当事人(定作人)
   的要求,在规定的期限内创造智力所有权的客体。

2. 根据定作创造和使用智力所有权客体的合同,应当确定定作
   人使用该客体的方式和条件。

3. 根据定作创造的造型艺术作品的原件,应移转定作人所有。
   在此情形,对该作品的财产智力所有权由其作者保留,但合同
   另有规定的除外。

4. 根据定作创造和使用智力所有权客体的合同,限制该客体的
   作者创造其他客体的权利的,是法定无效的。

第 1113 条　关于移转专属性财产智力所有权的合同

1. 根据移转专属性财产智力所有权的合同,一方当事人(享有专
   属性财产权的人),根据法律和合同确定条件,向另一方当事
   人部分或者全部移转该权利。

2. 订立关于移转专属性财产智力所有权的合同,不影响先前已
   经订立的许可合同。

3. 关于移转专属性财产智力所有权的合同条件,恶化相关客体
   创造者或其继承人的状况,使其低于本法典和其他法律规定
   的状况的,以及限制创造者创造其他客体权利的,是法定无
   效的。

第 1114 条　对财产智力所有权的支配的合同的国家登记

1. 使用智力所有权客体的许可和本法典第 1109、1112、1113 条
   确定的合同,不要求进行强制性国家登记。

其国家登记,依许可人或者被许可人的请求,依照法律规定的程序进行。

未进行国家登记,不影响根据许可或者其他合同所授予的权利和对相关智力所有权客体的其他权利的效力,包括被许可人向法院请求保护自己权利的权利。

2. 专属性财产智力所有权移转的事实,进行国家登记后该权利根据本法典和其他法律依然有效的,该事实应当进行国家登记。

第76章　商业特许

第1115条　商业特许合同

1. 根据商业特许合同,一方当事人(权利持有人)依另一方当事人(使用人)的请求,有义务将属于自己的权利综合体授予另一方当事人使用并收取费用,用于制造和(或)销售特定种类的商品,和(或)提供服务。

与授权使用权利综合体有关的关系,由本法典和其他法律调整。

第1116条　商业特许合同的标的

1. 商业特许合同的标的,是对智力所有权客体(商标、工业外观设计、发明、作品、商业秘密等)、商业经验和商誉的使用权。

2. 商业特许合同规定的对合同标的的使用,可以指示或者不指示对特定领域民事流转的地域。

第1117条　商业特许合同的当事人

1. 作为经营活动主体的自然人和法人,是商业特许合同的当事人。

第 1118 条　商业特许合同的形式

〔第 1118 条名称根据 2015 年 2 月 12 日第 191-VIII 号法律修改〕

1. 商业特许合同以书面形式订立。在未遵守特许合同书面形式的情形,该合同是法定无效的。

〔第 1118 条第 2 款基于 2015 年 2 月 12 日第 191-VIII 号法律删除〕

〔第 1118 条第 3 款基于 2015 年 2 月 12 日第 191-VIII 号法律删除〕

〔第 1118 条第 4 款基于 2015 年 2 月 12 日第 191-VIII 号法律删除〕

第 1119 条　商业转许可合同

1. 在商业特许合同规定的情形,使用人可以订立商业转许可合同,根据该合同,其将权利持有人授予自己的对权利综合体或者权利综合体的部分使用权,授予其他人(转使用人)在与权利持有人协商的条件下或者商业特许合同确定的条件下使用。

2. 对商业转特许合同适用本法典或者其他法律关于商业特许合同的规定,但转特许的特殊性另有结论的除外。

3. 使用人和转使用人为其所致损害向权利持有人连带负责。

4. 商业许可合同被认定无效的,商业转许可合同也无效。

第 1120 条　权利持有人的义务

1. 权利持有人有义务向使用人移转技术和商业文件,提供行使根据商业特许合同授予其的权利所必须的其他信息,向使用人及其工作人员解答与行使该权利有关的问题。

2. 权利持有人有义务实施以下行为,但商业特许合同另有规定的除外：

〔第 1120 条第 2 款第 1 项基于 2015 年 2 月 12 日第 191-VIII 号法律删除〕

（2）向使用人提供经常性的技术和咨询协助，包括协助培训和提高工作人员的职业水平；

（3）对使用人基于商业特许合同生产的商品（工作、服务）质量进行监督。

第 1121 条　使用人的义务

1. 考虑使用人根据商业特许合同所进行的活动的性质和特殊性，使用人有义务：

（1）依使用权利持有人在合同中确定的方式使用商标和其他标识；

（2）担保根据商业特许合同生产的商品（工作、服务）质量，符合权利持有人生产（完成、提供的）的类似商品（工作、服务）；

（3）遵守权利持有人的指令和指示，旨在担保权利持有人授予的权利的使用，符合综合体使用的性质、方式和条件；

（4）向直接从权利持有人处购买（定作）商品（工作、服务）的买受人（定作人）提供其可以期望的补充服务；

（5）将根据商业特许合同使用权利持有人的商标和其他标识的最清晰方式通知买受人（定作人）；

（6）不泄露权利持有人的生产秘密和从其获取的其他秘密信息。

第 1122 条　商业特许合同的特别条件

1. 商业特许合同可以规定特别条件，包括：

（1）权利持有人有义务不向其他人提供类似的权利综合体在

　　　为使用人确定的地域内使用,或者在该地域内自己不实
　　　施类似活动;

　(2)使用人有义务在合同效力所及的地域内,就使用权利持
　　　有人授予的权利所进行的经营活动,不与权利持有人进
　　　行竞争;

　(3)使用人有义务不从权利持有人的竞争者(潜在的竞争者)
　　　处取得类似的权利;

　(4)使用人有义务与权利持有人就合同规定的商品销售(完
　　　成工作、提供服务)的场所所在地,以及场所的内部和外
　　　部装饰进行协商。

2. 规定权利持有人有权确定合同规定的商品(工作、服务)的
　　价格,或者规定该价格的上限或下限的合同条件,是法定无
　　效的。

3. 使用人有权向专属的特定范畴的买受人(定作人),或者向在
　　合同确定的地域所在地(居所地)的专属的买受人(定作人)
　　出卖商品(完成工作、提供服务)。

第 1123 条　权利持有人依向使用人提出的请求的责任

1. 权利持有人依向使用人提出的请求,因使用人出卖(完成、提
　　供)的商品(工作、服务)质量不合格,承担补充责任。

　　　依向使用人提出的请求,使用人作为权利持有人产品(商
　　品)的生产者,权利持有人与其承担连带责任。

第 1124 条　使用人在新期限订立商业特许合同的权利

1. 以正当方式履行自己义务的使用人,有权以同等条件,在新期
　　限订立商业特许合同。

2. 法律可以规定权利持有人可以拒绝在新期限订立商业特许合
　　同的条件。

第 1125 条 商业特许合同的变更

1. 商业特许合同可以根据本法典第 53 章的规定进行变更。

   〔第 1125 条第 1 款第 2 段基于 2015 年 2 月 12 日第 191-VIII 号法律删除〕

第 1126 条 商业特许合同的终止

1. 没有规定期限的商业特许合同的任何一方当事人,在不少于六个月的时间提前告知对方当事人的,有权在任何时间拒绝合同,但合同规定更长期限的除外。

   〔第 1126 条第 2 款基于 2015 年 2 月 12 日第 191-VIII 号法律删除〕

3. 在以下情形,商业特许合同终止:

   (1)权利持有人对合同确定的商标或者其他标识的权利终止,没有类似权利予以取代的;

   (2)权利持有人或者使用人被宣告无支付能力(破产)的。

第 1127 条 在当事人变更的情形下,商业特许合同效力的保持

1. 商业特许合同确定的智力所有权客体的专属权利,由权利持有人移转给其他人的,不能构成商业特许合同变更或者解除的根据。

2. 在权利持有人死亡的情形,其继承人已经登记,或者在自继承开始之日起六个月期间内作为经营活动主体进行注册的,根据商业特许合同的权利和义务移转给继承人,或者将自己的权利和义务移转给有权从事经营活动的人。

   在根据本款移转给继承人或者其他人之前,死亡人权利的实现和义务的履行由管理遗产的人进行,并根据本法典第 1285 条进行指定。

第 1128 条 权利持有人的商标或者其他标识变更的后果

1. 在权利持有人的商标或者其他标识变更的情形,对其的使用
   权列入根据商业特许合同授予使用人的权利综合体,使用人
   不请求解除合同和赔偿损失的,该合同对权利持有人的新标
   识继续保持效力。

   在合同效力继续的情形,使用人有权请求相应减少应向权
   利持有人支付的费用。

第 1129 条　根据商业特许合同所授予的使用权终止的后果

1. 在商业特许合同生效期间,根据该合同所授予的使用权终止
   的,合同的效力不终止,但涉及权利的规定终止,使用人有权
   请求相应减少影响权利持有人支付的费用,但合同另有规定
   的除外。

   在权利持有人对商标和其他标识的权利终止的情形,发生
   本法典第 1126 条第 3 款或者第 1128 条规定的后果。

第 77 章　共同活动

第 1 节　关于共同活动的总则

第 1130 条　关于共同活动的合同

1. 根据共同活动合同,当事人(参加人)为达到不违反法律的确
   定目的,有义务不组建法人即进行共同活动。

2. 共同活动可以基于参加人出资的联合(普通合伙),或者不基
   于参加人出资的联合。

第 1131 条　关于共同活动的合同的形式和条件

1. 关于共同活动的合同,应以书面形式订立。

2. 关于共同活动合同的条件,包括参加人共同行为的协调或者

共同事务的进行、为共同活动分出的财产的法律地位、参加人开销和损失的抵偿、其对共同行为结果的参加和其他条件,根据当事人的协议确定,但法律关于特定种类的共同活动另有规定的除外。

第 2 节　普 通 合 伙

第 1132 条　普通合伙合同

1. 根据普通合伙合同,当事人(参加人)为获取利润或者达到其他目的,有义务联合自己的出资,并共同实施行为。

第 1133 条　参加人的出资

1. 参加人投入共同活动(共同财产)的一切,包括资金、其他财产、专业知识和其他知识、技能和技巧以及商誉和业务联系,被视为出资。

2. 参加人的出资被视为价值均等的,但普通合伙合同或者实际情势另有结论的除外。对参加人出资的货币评估,根据参加人之间的协议进行。

第 1134 条　参加人的共同财产

1. 参加人投入的其享有所有权的财产,以及因共同活动所产出的产品和由该活动取得的自然孳息和法定孳息,属于参加人按份共有,但普通合伙合同或者法律另有规定的除外。

   参加人投入的以其所有权以外的根据所享有的财产,为全体参加人的利益所使用,并且是其共同财产。

2. 对参加人财产的会计核算,可以由其委托参加人中的一人进行。

3. 对参加人共同财产的使用,根据其共同协议进行,在未达成协议时,依照法院判决确定的程序进行。

4. 参加人维系共同财产的义务,和与履行该义务有关的开销的
　　赔偿程序,由普通合伙合同规定。

第 1135 条　　参加人对共同事务的管理

1. 在管理共同事务时,每个参加人都有权以所有参加人的名义
　　实施行为,普通合伙合同没有规定的,事务的管理由普通合伙
　　合同的个别参加人进行或者全体参加人共同进行。

　　　在共同管理事务时,每一个法律行为的实施都要求所有参
　　加人的同意。

2. 在与第三人的关系中,参加人以全体参加人的名义实施法律
　　行为的权限,由其他参加人授予其的委托书或者普通合伙合
　　同证明。

3. 在与第三人的关系中,参加人不得援引实施法律行为的参加
　　人在管理参加人共同事务方面的权利受到限制,除非其证明,
　　在法律行为实施时第三人知道或者可以知道该限制的存在。

4. 以全体参加人名义实施法律行为的参加人,其管理参加人共
　　同事务的权利受到限制的,或者为全体参加人利益实施以自
　　己名义实施法律行为,该法律行为的实施对全体参加人的利
　　益是必须的,可以请求赔偿其自己付出的开销。

5. 关于参加人共同事务的决定,由参加人依共同协议作出,但普
　　通合伙合同另有规定的除外。

第 1136 条　　参加人的信息权

1. 普通合伙合同的每个参加人,都有权了解参加人共同事务管
　　理的全部文件。拒绝或者限制该权利,包括根据参加人协议
　　作出的拒绝或限制情形,是法定无效的。

第 1137 条　　参加人的共同开销和损失

1. 赔偿与参加人共同活动有关的开销和损失的程序,根据他们

之间的协议确定。在没有该协议的情形,每个参加人依其出资在共同财产中的价值比例承担开销和损失。

全部免除参加人赔偿共同开销或者损失的条件,是法定无效的。

第1138条 参加人对共同之债的责任

1. 普通合伙合同与其参加人进行经营活动无关的,每个参加人依其出资在共同财产中的价值比例,以自己的财产对共同的合同之债负责。对非因合同所产生的共同之债,合伙人连带负责。

2. 普通合伙合同与其参加人进行经营活动有关的,参加人对共同之债连带负责,与债的产生根据无关。

第1139条 利润的分配

1. 普通合伙合同参加人因其共同活动所取得的利润,依参加人的出资在共同财产中的价值比例进行分配,但普通合伙合同或者参加人的其他协议另有规定的除外。

剥夺或者拒绝参加人获取部分利润的条件,是法定无效的。

第1140条 依参加人的债权人的请求将其份额分出

1. 普通合伙合同参加人的债权人,有权根据本法典的规定,提出关于从共同财产中分出参加人份额的请求。

第1141条 普通合伙合同的终止

1. 在以下情形,普通合伙合同终止:

   (1)认定参加人无行为能力、失踪、限制行为能力,但当事人之间的协议规定对其他参加人保留合同的除外;

   (2)宣告参加人破产,但当事人之间的协议规定对其他参加人保留合同的除外;

   (3)普通合伙合同的自然人参加人死亡或者法人参加人清

算,但当事人之间的协议规定对其他参加人保留合同或
者由其继承人(权利承受人)取代死者(被清算的法人)的
除外;

(4)参加人拒绝继续参加普通合伙合同,或者依参加人之一
的请求解除合同,但当事人之间的协议规定对其他参加
人保留合同的除外;

(5)普通合伙合同的期限届满;

(6)依参加人债权人的请求将其份额分出,但当事人之间的
协议规定对其他参加人保留合同的除外;

(7)合伙的目的达到,或者发生不可能达到合伙目的的情势。

2.在普通合伙合同终止的情形,移转参加人共同占有和(或)使
用的物,应无偿返还提供物的参加人,但当事人的协议另有规
定的除外。

　　处于参加人共同所有的财产和其产生的共同请求权的分
割,依照本法典规定的程序进行。

　　将特定物投入共同所有的参加人,在普通合伙合同终止的
情形,在维护其他参加人和债权人利益的条件下,有权请求依
司法程序向其返还该物。

3.自普通合伙合同终止时起,对第三人未履行的共同之债,由其
参加人承担连带责任。

第1142条　参加人拒绝继续参加普通合伙合同和合同的解除

1.参加人可以提出申请,拒绝继续参加无期限的普通合同合同,
但应在退出合同前不少于三个月的时间提出。

　　限制拒绝继续参加无期限的普通合伙合同的条件,是法定
无效的。

2.订立为有确定期限的普通合伙合同,或者以确定达到目的作

为解除条件的合同的参加人,有权依正当理由请求解除与其他参加人的合同,并向其他参加人赔偿合同解除所致的实际损失。

第1143条　参加人对普通合伙合同因其终止的责任

1. 因参加人拒绝继续参加或者在合同解除时依参加人之一的请求,普通合伙合同没有终止的,终止参加合同的参加人,对在其作为合同参加人参加普通合伙合同期间所产生的共同之债,向第三人负责。

第 2 分编　非合同之债

第 78 章 悬赏

第 1 节 未宣布竞赛的悬赏 ①

第 1144 条 未宣布竞赛的悬赏的权利

1. 人有权因向其移转相应的成果(移转信息、物的所在、自然人的所在等)而进行悬赏(奖励)。

2. 悬赏通过大众传媒或者其他方式向不特定范围的人广告的,是公开的。

3. 在悬赏广告中,应当确定任务、期限、履行地、奖赏的形式和金额。

第 1145 条 任务的内容

1. 在悬赏需要履行的任务的情形,可以是由不同人完成的一次性行为或者不限数量的同种行为。

第 1146 条 履行任务的期限(期间)

1. 在悬赏任务履行的情形,可以规定期限(日期)。任务履行的期限(期间)没有规定的,其被视为在根据任务内容的合理期间内有效。

第 1147 条 悬赏条件的变更

1. 宣布悬赏的人有权变更任务和提供奖赏的条件。

2. 接受任务履行的人有权请求向其赔偿因任务变更所致的损失。

3. 因提供奖赏的条件变更,任务履行使得接受以变更的条件履

---

① 悬赏系 Публічна обіцянка винагороди 的意译,亦可直译为 "公开宣布奖赏"。

行任务的人丧失利益的,该人有权请求赔偿其所付出的开销。

第1148条　任务履行的法律后果

1. 在任务履行并且向其移转成果的情形,宣布悬赏(奖励)的人有义务为其付费。

2. 任务设计为一次性任务的,奖赏支付给第一个完成任务的人。

　　该任务由若干人同时完成的,奖赏在其之间平均分配。

第1149条　与悬赏有关的债的终止

1. 在以下情形,与悬赏有关的债终止:

　　(1)成果移转的期限届满;

　　(2)成果已由第一个完成任务的人移转。

2. 宣布悬赏的人,有权公开宣布终止任务。

　　在此情形,为准备任务履行投入实际费用的,有权请求赔偿。

第2节　根据竞赛结果的悬赏

第1150条　宣布竞赛的权利

1. 自然人或者法人(竞赛设立人)有权宣布竞赛(比赛)。

2. 竞赛通过大众传媒公开宣布。竞赛的宣布也可以其他方式作出。

3. 竞赛设立人有权邀请私人参加人(非公开的竞赛)。

第1151条　竞赛的条件

1. 竞赛设立人在宣布竞赛的同时通告竞赛条件,或者亲自告知表示愿意参加的每个人。

2. 竞赛的标的,可以是智力活动成果、实施特定行为、完成工作等。

3. 根据竞赛结果,发放奖励(奖金)。奖金的份数、每份奖金的奖励(奖金)种类等,在竞争条件中确定。

竞争条件还可以规定向胜出者仅提供精神鼓励。

4. 竞争条件可以规定提供竞赛作品或者完成确定行为的期限。

5. 竞赛的标的、应向胜出者支付的奖励(奖金),是竞赛宣布的实质条件。

第1152条 竞赛条件的变更

1. 竞赛设立人在竞争开始前有权变更其条件。在竞赛开始后,不允许变更竞赛条件。关于竞赛条件的变更,应当依照宣布竞赛的条件进行宣布。

2. 因竞赛条件变更,参加竞赛的人丧失利益或者利益的实现成为不可能的,该人有权请求设立人赔偿其为准备参加竞赛所付出的开销。

第1153条 进行竞赛的拒绝

1. 因不取决于设立人的情势使得竞赛的进行成为不可能的,竞赛设立人有权拒绝进行竞赛。

在设立人以其他根据拒绝进行竞赛的情形,竞赛参加人有权请求赔偿其为准备参加竞赛所付出的开销。

第1154条 竞赛的胜出者

1. 取得最好成果的人,是竞赛的胜出者。

2. 竞赛的胜出者依竞赛设立人规定的程序确定。竞赛的成果,以宣布竞赛的同一程序进行宣布。

3. 利害关系人可以对竞赛成果诉至法院。

第1155条 对提交竞赛的智力活动成果进行评估的特殊性

1. 根据对提交竞赛的智力活动成果进行评估的结果,竞赛设立人(竞赛委员会、评判委员会)可以作出以下决定:

(1)颁发竞赛条件确定的所有份数的奖金和奖励(奖金);

（2）颁发若干份奖金中的特定奖金和奖励（奖金）；

（3）在提交竞赛的工作中，没有任何一件符合要求的，拒绝颁
　　发奖金；

（4）颁发精神鼓励和（或）奖励（奖金）。

第 1156 条　竞赛胜出者的权利

1. 竞赛胜出者有权请求其设立人在竞赛条件规定的期限内履行
自己的债。

2. 竞赛的标的是智力活动成果的，只有经竞赛胜出者同意，竞赛
设立人才有权继续使用。

3. 相对其他人，竞赛设立人享有与竞赛胜出者订立关于使用竞
赛标的合同的优先权。

第 1157 条　向竞赛参加人返还其提交竞赛的物

1. 竞赛参加人向竞赛提交物，不终止其对该物的所有权。

　　规定竞赛设立人不向参加人返还其提交竞赛的物的竞赛条
件，是法定无效的。

2. 只有经竞赛参加人同意，竞赛设立人才可留下提交竞赛的物。
在宣布竞赛结果之日起一个月期间内，竞赛参加人未提出请
求返还物的，对提交竞赛的物，视为竞赛设立人有权继续占有
该物。

　　竞赛参加人有权在任何时间，提出关于向其返还提交竞赛
的物的请求。

3. 提交竞赛的物，未赠与竞赛设立人或者其未购买的，竞赛设
立人可以根据本法典第 344 条（取得时效）取得对该物的所
有权。

第79章 为其他人的财产利益
未经其委托而实施行为

第 1158 条 为其他人的财产利益未经其委托而实施行为的权利

1. 其他人的财产利益,受到发生对其不利的财产性后果的危险威胁的,人有权未经委托而实施旨在预防、消除或者减少该危险的行为。

2. 为其他人的财产利益未经其委托而实施行为的人,有义务在初次可能时告知其自己的行为。该行为被其他人认可的,对当事人的关系适用关于相应合同的规定。

3. 为其他人的财产利益未经委托开始行为的人,没有可能将自己的行为告知该人的,其有义务采取全部有条件的措施,预防、消除或者减少对其他人的不利财产性后果。为其他人的财产利益未经委托实施行为的人,有义务承担所有与实施该行为有关的义务,包括实施法律行为的义务。

第 1159 条 关于为其他人的财产利益未经其委托而实施行为的报告的提供

1. 为其他人的财产利益未经其委托而实施行为的人,有义务在该行为结束后立即向为其财产利益实施行为的人提供关于该行为的报告,并向其移转实施行为所取得的全部。

第 1160 条 为其他人的财产利益未经其委托而实施行为的人付出开销的赔偿

1. 为其他人的财产利益未经其委托而实施行为的人,其实际付出的开销可以被行为实施时的情势所证明是正当的,有权请求该人赔偿。

2. 为其他人的财产利益未经其委托而实施行为的人,在初次可能时未将自己的行为告知该人的,其无权请求赔偿为此付出的开销。

第 80 章　救助自然人的健康和生命、自然人或者法人的财产

第1161条　因救助自然人的健康和生命产生的债

1. 没有相应权限的人,救助自然人的健康和生命免受现实危险所受的损害,由国家全额赔偿。

第1162条　因救助其他人财产产生的债

1. 没有相应权限的自然人,救助其他人具有实质价值的财产免受现实危险,遭受损害、残疾、其他健康损害或者死亡的,由国家全额赔偿。

2. 没有相应权限的人,救助其他人具有实质价值的财产免受现实危险所受的财产损害,由该财产的所有权人(占有人)赔偿,但应考虑其物质状况。

损害赔偿应考虑受损财产的所有权人(占有人)的财产状况。

损害赔偿的金额不得超出被救助财产的价值。

第 81 章　为自然人的生命、健康、财产或者法人的财产而制造危险

第1163条　自然人生命、健康、财产或者法人财产所受危险的消除

1. 生命、健康或者财产受到危险的自然人,以及财产受到危险的

法人,有权请求制造危险的人进行消除。

第 1164 条 不消除为自然人生命、健康、财产或者法人财产而制造危险的后果

1. 在不消除为自然人生命、健康、财产或者法人财产而制造危险的情形,利害关系人有权请求:

（1）采取消除危险的紧急措施；

（2）赔偿造成的损害；

（3）禁止制造危险的活动。

第 1165 条 因不消除为自然人生命、健康、财产或者法人财产而制造危险所致损害的赔偿

1. 因不消除为自然人生命、健康、财产或者法人财产所而制造危险所致的损害,根据本法典进行赔偿。

第 82 章 损害赔偿

第 1 节 关于损害赔偿的总则

第 1166 条 因致使财产损害而承担责任的一般根据

1. 以不法决定、行为或者不作为,致使自然人或者法人的人身非财产权受到财产损害的,以及致使自然人或者法人的财产受到损害的,由致使损害的人全额赔偿。

2. 致害人证明损害非因其过错发生的,免除赔偿。

3. 因不可抗力致使自然人损害、残疾、其他健康损害或者死亡的,在法律规定的情形下进行赔偿。

4. 合法行为致使的损害,在本法典和其他法律规定的情形下进行赔偿。

第 1167 条　因致使精神损害而承担责任的根据

1. 以不法决定、行为或者不作为,致使自然人或者法人受到精神损害的,造成损害的人有过错的,由其进行赔偿,但本条第 2款规定的情形除外。

2. 在以下情形,国家政权机关、克里米亚自治共和国政权机关、地方自治机关、自然人或者法人造成精神损害的,无论是否有过错,均应进行赔偿:

   (1)因源于高度危险性的行为,致使自然人遭受残疾、其他健康损害或者死亡损害的;

   (2)因非法定罪、非法追究刑事责任、非法采取强制措施、非法拘留、非法行政扣留或者矫正,致使自然人受到损害的;

   〔第 1167 条第 2 款第 2 项由 2012 年 4 月 13 日第 4652-VI 号法律修订〕

   (3)在法律规定的其他情形。

第 1168 条　因自然人残疾、其他健康损害或者死亡所致的精神损害的赔偿

1. 因残疾或者其他健康损害所致的精神损害,可以一次性赔偿或者通过按月支付的方式赔偿。

2. 因自然人死亡所致的精神损害,向其丈夫(妻子)、父母(收养人)、子女(被收养人)以及与其共同居住在同一家庭的人赔偿。

第 1169 条　人因行使自卫权的情形所致损害的赔偿

1. 人因行使自卫权免受非法侵害时所致的损害,包括在正当防卫状态所致的损害,没有超出其界限的,不予赔偿。

2. 在人因行使自卫权导致其他人损害的情形,该损害应当由致

使损害发生的人进行赔偿。该损害由法律未予禁止的方式所致,并且不违反社会道德基础的,由实施违法行为的人进行赔偿。

第 1170 条 通过关于终止对特定财产所有权的法律所致损害的赔偿

1. 在通过关于终止对特定财产所有权的法律所致损害的情形,该财产所有权人所受的损害由国家全额赔偿。

第 1171 条 在紧急避险状态所致损害的赔偿

1. 人因实施旨在消除威胁其他自然人或者法人民事权利或者利益的危险的行为所致的损害,该危险在当时条件下不可能通过其他手段消除的(紧急避险),由造成危险的人进行赔偿。

   赔偿损害的人,有权向利益受到其保护的人提出反请求。

2. 考虑在紧急避险状态致使损害的情势,法院可以向利益受到保护的人施加赔偿义务,或者令其当中的每个人依确定的份额赔偿损害,或者使其部分或全部免除赔偿。

第 1172 条 法人或者自然人赔偿因其工作人员或者其他人所致的损害

1. 法人或者自然人对其工作人员在履行自己劳动(职务)义务时所致的损害进行赔偿。

2. 承揽人根据定作人的任务实施行为的,定作人对承揽人致使其他人所受的损害进行赔偿。

3. 经营性公司、合作社对其参加人(成员)以公司或者合作和名义从事经营或者其他活动时所致的损害进行赔偿。

第 1173 条 国家政权机关、克里米亚自治共和国政权机关或者地方自治机关所致损害的赔偿

1. 国家政权机关、克里米亚自治共和国政权机关或者地方自治

机关在履行其权限时,以非法决定、行为或者不作为致使自然
人或者法人受到的损害,由国家、克里米亚自治共和国或者地
方自治机关进行赔偿,无论其是否有过错。

第 1174 条　国家政权机关、克里米亚自治共和国政权机关或者地方自治机关公职或者公务人员所致损害的赔偿

1. 国家政权机关、克里米亚自治共和国政权机关或者地方自治
机关公职或者公务人员在履行其权限时,以非法决定、行为或
者不作为致使自然人或者法人受到的损害,由国家、克里米亚
自治共和国或者地方自治机关进行赔偿,无论其是否有过错。

第 1175 条　国家政权机关、克里米亚自治共和国政权机关或者地方自治机关在规范创制活动领域所致损害的赔偿

1. 因国家政权机关、克里米亚自治共和国政权机关或者地方自
治机关通过规范性法律文件,致使自然人或者法人受到损害,
该规范性法律文件被认定非法并被撤销的,由国家、克里米亚
自治共和国或者地方自治机关进行赔偿,无论其是否有过错。

第 1176 条　进行侦缉活动和诉前调查的机关、检察院,或者法院的非法决定、行为或者不作为所致损害的赔偿

1. 因自然人被非法定罪、非法追究刑事责任、非法拘留、非法行
政拘留或者矫止所受的损害,由国家全额赔偿,不论进行侦缉
活动和诉前调查的机关、检察院或者法院的公职和公务人员
是否有过错。

2. 请求赔偿因从事侦缉活动和诉前调查的机关、检察院或者法
院的非法行为所受损害的权利,因法律规定的情形产生。

3. 刑事程序基于关于赦免的法律或者关于和解的法令终止的,
不产生赔偿损害的权利。

4. 在诉前调查程序或者诉讼程序中,自然人通过虚假供述阻碍

事实认定,并且该行为促使作出非法定罪、非法追究刑事责任、非法采取强制措施、非法拘留、非法行政拘留或者矫正的,无权请求赔偿损害。

5. 因法院对民事案件作出非法判决致使自然人或者法人受到的损害,在对非法判决的作出有影响的法官,其行为中被认定具有根据生效的法院刑事判决中包含的犯罪构成要件的情形,由国家全额赔偿。

6. 因进行侦缉活动和诉前调查的机关、检察院或者法院的其他违法行为或者不作为或者非法决定,致使自然人或者法人所受的损害,基于一般的根据进行赔偿。

7. 进行侦缉活动和诉前调查的机关、检察院或者法院的非法决定、行为或者不作为所致损害的赔偿程序,由法律规定。

〔第 1176 条根据 2005 年 12 月 1 日第 3165 号法律修改;由 2012 年 4 月 13 日第 4652-VI 号法律修订〕

第 1177 条　自然人因遭受刑事犯罪的赔偿(补偿)

1. 自然人因遭受刑事犯罪所受的损害,根据法律进行赔偿。

2. 因遭受刑事犯罪所受的损害,依法律规定的情形和程序,由乌克兰国家财政补偿。

〔第 1177 条由 2013 年 5 月 16 日第 245-VII 号法律修订〕

第 1178 条　幼年人所致损害的赔偿

1. 幼年人(未满 14 岁)所致的损害,由其父母(养父母)或者监护人或者基于法律根据抚养幼年人的其他自然人进行赔偿,但其能证明损害是非善意行为的结果或者其拒绝进行抚养并监督的幼年人的除外。

2. 幼年人在接受教育机构、保健机构或者其他有义务监督其的机构监督时导致的损害,由负责监督幼年人的机构和基于合同对幼年人进行监督的人进行赔偿,但其可以证明损害非因其过错引起的除外。

3. 幼年人处于根据法律对其行使监护职能的机构时,该机构有义务赔偿其所致的损害,但其可以证明损害非因其过错引起的除外。

4. 幼年人所致的损害基于父母(收养人)或者监护人的过错发生,以及有义务监督其的机构或者人的过错发生的,父母(收养人)、监护人、该机构和有义务进行赔偿损害的人,根据他们之间的协议或者根据法院判决确定赔偿的份额。

5. 本条第 1 款确定的赔偿幼年人所致损害的义务,在其成年的情形并不予终止。在成年后,其有足够的资金可以赔偿在 14 岁前所致的受害人生命或者健康损害,而本条第 1 款确定的人没有支付能力或者死亡的,法院可以判决其承担部分或者全部赔偿。

第 1179 条　未成年人所致损害的赔偿

1. 未成年人(满 14 岁但未满 18 岁)为其所致的损害,基于一般的根据独立负责。

2. 在未成年人没有足够赔偿其所致损害的财产的,该损害由其父母(收养人)或者保护人在不足部分或者全部范围赔偿损害,但其可以证明损害非归因其过错的除外。未成年人处于根据法律对其行使保护职能的机构中的,该机构有义务在不足部分或者全部范围赔偿损害,但其可以证明损害非归因其过错的除外。

3. 父母(收养人)、保护人、根据法律对未成年人行使保护职能的机构负担赔偿损害的义务,当导致损害的人成年后或者其成年前已成为有足够赔偿损害财产的所有权人时终止。

第 1180 条　未成年人在取得完全民事行为能力后所致损害的赔偿

1. 未成年人在取得完全民事行为能力后所致的损害,由该人基于一般的根据独立赔偿。

2. 在取得完全民事行为能力的未成年人没有足以赔偿其所致损害的财产的情形,其父母(收养人)或者保护人同意其取得完全民事行为能力并且不能证明损害非归因其过错的,该损害由其父母(收养人)或者保护人对不足部分或者全部范围赔偿。这些人赔偿损害的义务在致使损害的人成年时终止。

第 1181 条　若干幼年人所致损害的赔偿

1. 若干幼年人共同行为所致的损害,由其父母(收养人)、监护人,根据其相互之间的协议或者法院确定的份额进行赔偿。

2. 在若干幼年人所致损害时,其中一人处于根据法律对其行使监护职能的机构的,该机构根据法院判决确定的份额赔偿所致的损害。

第 1182 条　若干未成年人所致损害的赔偿

1. 若干未成年人共同行为所致的损害,由其根据其相互之间的协议或者根据法院判决进行赔偿。

2. 在若干未成年人所致损害时,其中一人处于根据法律对其行使保护职能的机构的,该机构根据法院判决确定的份额赔偿所致的损害。

第 1183 条　被剥夺亲权的父母对损害的赔偿

1. 父母被剥夺亲权后三年期间内,有义务对亲权被剥夺的子女所致的损害进行赔偿,但其可以证明该损害不是其不履行自己父母义务的结果的除外。

第 1184 条　无行为能力的自然人所致损害的赔偿

1. 无行为能力的自然人所致的损害,由监护人或者有义务对其进行监督的机构赔偿,但其可以证明损害非归因其过错的除外。在无行为能力人恢复行为能力的情形,不终止这些人赔偿无行为能力的自然人所致损害的义务。

第 1185 条　民事行为能力受到限制的自然人所致损害的赔偿

1. 民事行为能力受到限制的自然人所致的损害,由其基于一般的根据进行赔偿。

第 1186 条　没有意识到自己行为的意义和(或)不能控制自己行为的自然人所致损害的赔偿

1. 自然人所致的损害,在损害发生时没有意识到自己行为的意义和(或)不能控制自己行为的,不予赔偿。考虑受害人和致害人的物质状况,法院可以作出由其部分或者全部赔偿该损害的判决。

　　导致损害的自然人,因饮酒、吸食毒品和毒物等,使自己进入没有意识到自己行为的意义和(或)不能控制自己行为的状态的,其所致的损害,应基于一般根据进行赔偿。

2. 因精神障碍或者痴呆,没有意识到自己行为的意义和(或)不能控制自己行为的人造成损害,其丈夫(妻子)、父母、成年子女与该人共同生活,知道其精神障碍或者痴呆,但未采取损害预防措施的,法院可以作出由其赔偿该损害的判决。

第 1187 条　高度危险来源所致损害的赔偿

1. 与使用、保存或者维护交通工具、机械和设备,使用、保存化学、放射性、易爆易燃获其他物质,喂养野生动物、服务犬和烈性犬等有关的活动,为实施活动的人和其他人制造高度危险的,是高度危险来源。

2. 高度危险来源所致的损害,由占有交通工具和机械,使用、保

存或者维护制造高度危险的客体的人,基于相关的法律根据
(所有权、其他物权、承揽合同、租赁合同等)进行赔偿。

3. 非法占有交通工具、机械,以使用、保存或者维护其他客体的
活动造成损害的人,有义务基于一般的根据进行赔偿。

4. 其他人非法占有交通工具、机械、其他客体,促使其所有权人
(占有人)疏忽的,以使用、保存或者维护活动所致的损害,法
院经考虑具有实质意义的情势后作出的判决所确定的部分,
由其共同赔偿。

5. 从事高度危险来源活动的人对所致损害负责,但其可以证明
损害因不可抗力或者受害人故意造成的除外。

第1188条　因若干高度危险来源相互作用所致损害的赔偿

1. 因若干高度危险来源相互作用所致的损害,基于一般的根据,
分情况进行赔偿:

（1）因其他人过错,由一人所致的损害,由有过错的人赔偿;

（2）仅因受到损害的人的过错时,该人不进行赔偿;

（3）具备所有人的过错活动导致损害发生的,由具有实质意
义的情势决定相应份额,确定赔偿金额。

2. 因高度危险来源相互作用造成其他人损害的,共同造成损害
的人有义务向其赔偿,不论是否有过错。

第1189条　核损害的赔偿

1. 核损害赔偿的特殊性,由法律规定。

第1190条　若干人共同所致损害的赔偿

1. 以共同行为或者不作为造成损害的人,向受害人承担连带
责任。

2. 依受害人的申请,法院可以根据共同造成损害的人的过错程
度,确定其责任。

第1191条　对有过错的人提出反请求的权利

1. 对其他人造成的损害进行赔偿的人,有权在已经支付的赔偿范围内向该人提出反请求(追索),但法律其他范围的除外。

2. 国家、克里米亚自治共和国、区域共同体、法人,有权在用于治疗遭受该犯罪行为的人所花费的资金的范围内,向实施犯罪的有过错的自然人提出反请求。

3. 赔偿进行侦缉活动和诉前调查的机关、检察院、法院的公职、公务人员所致的损害后,仅根据对该人生效的法院刑事判决确认其行为具有刑事犯罪构成要件的情形,国家才有权向该人提出反请求。

〔第1991条第3款根据2013年5月16日第245-VII号法律修改〕

4. 赔偿相应国家政权机关、克里米亚自治共和国政权机关或者地方自治机关公职或者公务人员以非法决定、行为或者不作为所致损害后,国家、克里米亚自治共和国、区域共同体有权在支付赔偿的范围内(基于劳动关系赔偿工资和赔偿精神损害的除外),向有过错的人提出反请求。

〔第1191条根据2010年7月8日第2457-VI号法律增补新款〕

5. 父母(收养人)、监护人或者保护人,以及有义务对幼年人或者未成年人进行监督的机构或者人,在赔偿幼年人或者未成年人或者被认定无行为能力的自然人所致的损害后,无权向该人提出反请求。

第1192条　赔偿受害人所受财产损害的方式

1. 经考虑案件的情势,依受害人的选择,法院可以判决导致损害的人以原物向其赔偿移转相同种类并且相同质量的物,修理受损的物等,或者全额赔偿所致的损失。

向受害人应予赔偿损失的金额,根据案件审理时受损财产或者恢复受损物所需完成工作的实际价值确定。

第 1193 条 受害人过错和导致损害的自然人的物质状况的考虑

1. 受害人因故意所受的损害,不予赔偿。

2. 受害人的重大过失促使损害发生或者加重的,依受害人过错的程度(在致害人过错的情形,同样依其过错程度)减少赔偿金额,但法律另有规定的除外。

3. 在赔偿致使供养人死亡的情形和赔偿安葬费的情形,赔偿本法典第 1195 条第 1 条规定的补充开销时,不考虑受害人的过错。

4. 法院可以考虑导致损害的自然人的物质状况,减少损害赔偿的金额,但损害归因于犯罪实施的情形除外。

第 1194 条 为自己民事责任投保的人对损害的赔偿

1. 为自己民事责任投保的人,在保险赔付(保险赔偿)不足以全额赔偿其所致损害的情形,有义务向受害人支付损害的实际金额与保险赔付(保险赔偿)之间的差额。

第 2 节 残疾、其他健康损害或者死亡损害的赔偿

第 1195 条 残疾、其他健康损害或者死亡损害的赔偿

1. 自然人或者法人,致使其他自然人残疾或者其他健康损害的,有义务向受害人赔偿其因丧失或者降低职业或一般劳动能力所损失的工资(收入),以及赔偿加强营养、疗养治疗、药物获取、修复、外出保养等所必需的补充开销。

2. 在自然人残疾或者其他健康损害的情形,在损害发生时没有工作的,赔偿金额由最低劳动报酬的金额确定。

3. 致使自然人残疾或者其他健康损害的,进行赔偿时不考虑因健康丧失所得的抚恤金,或者其此前所得的抚恤金以及其他收入。

4. 可依法律或者合同增加致使受害人残疾或者其他健康损害的赔偿范围和金额。

第 1196 条　自然人履行合同之债时所受损害的赔偿

1. 自然人履行合同之债(运送合同等)时所受的残疾、其他健康损害或者死亡损害,应当依本法典第 1166 和 1187 条规定的根据进行赔偿。

第 1197 条　根据劳动合同工作的自然人因残疾或者其他健康损害所损失的工资(收入)的确定

1. 自然人因残疾或者其他健康损害所损失的工资(收入),应当依受害人在残疾或者其他健康损害前享有的月平均工资(收入)确定,并考虑受害人职业劳动能力丧失的程度,没有职业劳动能力的,应考虑一般劳动能力。

依受害人的意愿,月平均工资(收入)可以 12 个月计算,或者以在因残疾或者其他健康损害在健康损害或者劳动能力丧失前近三个工作日历月计算。受害人月平均工资(收入)少于最低工资收入五倍的,工资(收入)损失的金额自最低工资收入的五倍起计算。

2. 为确定在职业病情形的赔偿金额,可以依受害人的意愿考虑 12 个月内的月平均工资(收入),或者因残疾或者其他健康损害导致的工作终止前近三个工作日历月的月平均工资(收入)。

3. 对损失的工资(收入),应列入根据劳动合同在基本工作地和兼职地所有种类的劳动支付,该支付为缴纳公民所得税前的金额。

对损失的工资（收入），不列入一次性支付、未休假赔偿、离职金、怀孕和分娩补助等。

受害人在其受到损害时没有工作的，根据其意愿，其月平均工资（收入）由其离职前的工资或者在当地与其职业水平相同的工作人员工资的通常金额确定。

4. 受害人的工资（收入）在其残疾或者其他健康损害前有变更（根据职务工资提高、换至高收入的工作、在结束教育后着手工作），以致改善其物质状况的，在确定月平均工资（收入）时仅考虑其在相应变更后得到或者应当得到的工资（收入）。

第 1198 条　因自然人经营者残疾或者其他健康损害所损失的收入的确定

1. 自然人经营者因残疾或者其他健康损害所损失的应予赔偿的收入金额，由其上一营业年度所得的、分为 12 份的年收入予以确定。该人获取的收入少于 12 个月的，其损失收入的金额，通过相应月份数的总收入予以确定。

2. 自然人经营者因残疾或者其他健康损害所损失的经营活动的收入，基于税收机关的数据予以确定。

3. 自然人经营者因残疾或者其他健康损害所损失的收入金额，以受害人在残疾或者其他健康损害前所拥有的税前收入金额确定。

4. 独立保障自己工作的自然人（律师、从事创作活动的人和其他人）所损失的收入金额，依照本法典第 1—3 条规定的程序予以确定。

第 1199 条　幼年人或者未成年人因残疾或者其他健康损害所受损害的赔偿

1. 在幼年人残疾或者其他健康损害的情形,导致该损害自然人或者法人有义务赔偿其治疗、修复、日常保养、加强营养等开销。

   受害人年满 14 岁(在学习的则年满 18 岁)后,导致损害的法人或者自然人有义务向受害人赔偿与丧失或者减少劳动能力有关的损害,其金额由法律规定的最低劳动报酬确定。

2. 在健康损害发生时未成年人有工作的,应当依其工资金额赔偿损害,但不得低于法律规定的最低工资金额。

3. 根据所取得的职业能力,在开始劳动活动后,受害人有权请求增加与其因残疾或者其他健康损害而降低职业劳动能力的赔偿金额,但不得低于法律规定的最低工资金额。

4. 受害人不具有职业能力,并且在成年后,因其在成年前所受残疾或者其他健康损害继续处于无劳动能力状态的,其有权请求在不低于法律规定的最低工资金额的范围内赔偿损害。

第 1200 条　致使受害人死亡的损害赔偿

1. 在受害人死亡的情形,受其供养或者在其死亡时有权接受其供养的无劳动能力的人,以及在其死亡后出生的受害人的子女,有权请求损害赔偿。

   损害赔偿的期限为:

   (1)向子女的赔偿,在其年满 18 岁(对中小学生、大学生,在教育结束前,但最长不得超过其 23 岁前)前;

   (2)向丈夫、妻子、达到法律规定的领取养老金年龄的父母(收养人)的赔偿,是终生的;

   (3)向残疾人,在其残疾期间;

   〔第 1200 条第 1 款第 5 段根据 2018 年 10 月 2 日第 2581-VIII 号法律修改〕

（4）向没有工作，并且照料死者的子女、兄弟、姐妹、孙子女的死者父母（收养人）或者夫妻或者其他家庭成员中的一人的赔偿，在接受照料的人年满 14 岁前；

（5）向其他接受死者供养的没有劳动能力的人的赔偿，在其死亡后五年内。

2. 向本条第 1 款第 1-5 项所指的人赔偿损害的金额，以死者的月平均工资（收入），扣除死者本人和由其供养的有劳动能力，但无权请求赔偿损害的人所应得的份额。在受害人收入的构成中，还应列入养老金、根据根据终生供养（照料）合同属于其的金额和其他其所得的类似支付。

3. 向失去供养人的人，应当全额赔偿损害，不考虑其因失去供养人所指定的养老金和其他收入。

4. 因供养人死亡而有权请求赔偿的每一个人，为其计算出的赔偿金额不得继续重复计算，但以下情形除外：供养人在世时受孕并在其死亡后出生的子女的出生；指定（终止）向照料死者孩子、兄弟、姐妹、孙子女的人进行赔偿。

赔偿金额可以由法律规定增加。

第 1201 条　安葬费的赔偿

1. 致使受害人死亡的人，有义务向安葬和树立墓碑的人赔偿必要的开销。

付出该开销的自然人所取得的安葬费，不记入损害赔偿的金额。

第 1202 条　损害赔偿的程序

1. 致使受害人残疾、其他健康损害或者死亡的损害赔偿，按月进行支付。

在具有实质意义的情势，并考虑造成损害的自然人的物质状况,赔偿金额可以一次支付,但最长不得超过三年进行支付。

2. 追索本法典第1195条第1款规定的补充开销,可以在基于相应医学鉴定结论规定的期限范围内,以及在有必要为服务和财产进行预先支付的情形(获取行车单、支付路费、支付专门交通工具费等)提前进行。

第1203条 在受害人工作能力状况变更的情形依其请求增加损害赔偿的金额

1. 受害人的工作能力与其决定损害赔偿问题时所拥有的相比有所降低的,其有权请求增加损害赔偿的金额。

第1204条 依致害人的请求减少损害赔偿的金额

1. 受害人的工作能力与其决定损害赔偿问题时所拥有的相比有所好转的,因致使受害人残疾或者其他健康损害而被施加赔偿损害义务的人,有权请求减少损害赔偿的金额。

第1205条 在有义务赔偿损害的法人终止的情形下的损害赔偿

1. 在有义务赔偿因造成残疾、其他健康损害或者死亡损害的法人终止的情形,其权利承受人确定的,由其权利承受人按月支付赔偿金额。

在此情形,关于增加损害赔偿金额的请求,向其权利承受人提出。

2. 在法人清算的情形,应向受害人和本法典第1200条确定的人所支付的款项应当变现,用于依照法律或者其他规范性法律文件规定的程序向受害人和前述人的支付。

在法人的清算资金不足以变现用于应为的支付的情形,其变现的义务基于法院对受害人提起的诉的判决,由清算委员会承担。

第 1206 条　遭受犯罪侵害的人治疗开销的赔偿

1. 实施犯罪的人,有义务向保健机构赔偿治疗遭受该犯罪的人的开销,但在正当防卫超过限度,或者因受害人一方的暴力或者严重侮辱所产生的强烈精神激动状态的情形所致损害的除外。

2. 幼年人或者未成年人实施犯罪的,治疗受害人的开销,由本法典第 1178 和 1179 条确定的人予以赔偿。

3. 在国家所有、克里米亚自治共和国或者区域共同体所有的保健机构进行治疗的,赔偿治疗开销的资金归入相应的财政。

第 1207 条　国家对因犯罪所致的残疾、其他健康损害或者死亡损害的赔偿义务

1. 因犯罪所致的残疾、其他健康损害或者死亡损害,无法确定实施犯罪的人,或者该人没有支付能力的,由国家向受害人或者本法典第 1200 条确定的人进行赔偿。

2. 致使残疾、其他健康损害或者死亡损害的国家赔偿条件和程序,由法律规定。

第 1208 条　因生活费用提高和最低工资金额增加而增加损害赔偿金额

1. 在生活费用提高的情形,依受害人申请,因残疾、其他健康损害或者死亡的损害赔偿金额,应当基于法院判决进行指数化调整。

2. 在最低工资金额增加的情形,依受害人申请,因残疾、其他健康损害或者死亡的损害赔偿金额,应当基于法院判决进行相应的增加。

第 3 节　因商品、工作(服务)瑕疵所致损害的赔偿

第 1209 条　因商品、工作(服务)瑕疵所致损害的赔偿根据

1. 作为不可移动财产的商品的制造者、工作(服务)的执行者,对因商品、工作(服务)的结构、工艺、配方和其他瑕疵,以及因关于商品、工作(服务)信息不真实或者不充分,致使自然人或者法人遭受损害的,有义务进行赔偿。

　　损害赔偿与作为不可移动财产的商品的制造者、工作(服务)的执行者的过错无关,以及与受害人和其之间的合同关系无关。

2. 作为不动产的商品的制造者、工作(服务)的执行者,证明损害因不可抗力或者受害人违反商品、工作成果(服务)的使用或者保存规则发生的,免除其损害赔偿。

3. 作为可移动财产的商品,包括作为其他可移动或者不可移动财产以及电力组成部分的商品,因其瑕疵所致损害的赔偿根据由法律规定。

　　{第 1209 条由 2011 年 5 月 19 日第 3390-VI 号法律修订}

第 1210 条　有义务赔偿因商品、工作(服务)瑕疵所致损害的人

1. 作为不可移动财产的商品瑕疵所致的损害,应当由商品制造者赔偿。

　　作为可移动财产的商品,包括作为其他可移动或者不可移动财产以及电力组成部分的商品,因其瑕疵所致的损害,应当由商品制造者或者根据法律确定的其他人赔偿。

　　{第 1210 条第 1 款由 2011 年 5 月 19 日第 3390-VI 号法律修订}

2. 因工作(服务)瑕疵所致的损害,应当由其执行者赔偿。

3. 因未提供关于作为不可移动财产的商品性质和使用规则的充分或者真实信息原因致使损害发生的,应当根据本条第 1 款赔偿。

〔第 1210 条第 3 款根据 2011 年 5 月 19 日第 3390-VI 号法律修改〕

第 1211 条　因商品、工作(服务)瑕疵所致损害的赔偿期限

1. 因作为不可移动财产的商品瑕疵所致的损害,在商品、工作(服务)成果的使用期(有效期)规定的期限内发生的,应当予以赔偿,该期限没有规定的,在自商品制造、工作执行(服务提供)之日起十年期限内发生的,应当予以赔偿。

2. 在以下情形,因作为不可移动财产的商品瑕疵所致的损害,也应予以赔偿:

(1)违反法律要求,未规定商品、工作(服务)成果的使用期(有效期)的;

(2)未被事先告知使用期(有效期)届满后所应实施的必要行为,以及在未履行该行为的情形的可能后果的。

3. 作为可移动财产的商品,包括作为其他可移动或者不可移动财产以及电力组成部分的商品,因其瑕疵所致损害的赔偿期限,由法律规定。

〔第 1211 条由 2011 年 5 月 19 日第 3390-VI 号法律修订〕

第 1211-1 条　因作为可移动财产的商品瑕疵所致损害赔偿的特殊性

1. 作为可移动财产的商品,包括作为其他可移动或者不可移动财产以及电力组成部分的商品,因其瑕疵所致损害赔偿的特殊性,由法律规定。

〔第 82 章根据 2011 年 5 月 19 日第 3390-VI 号法律增补第

1211-1 条 }

第 83 章　没有充分的法律
根据取得、保管财产

第 1212 条　与没有充分的法律根据取得、保管财产有关的债的总则

1. 没有充分的法律根据取得财产(无根据取得的财产),或者由其他人(受害人)付费、自己保管财产的人,有义务向受害人返还该财产。有根据取得财产,但根据后来消失时,人有义务返还财产。

2. 本章规定的适用,与没有根据取得或者保管的财产是财产取得人、受害人、其他人行为的结果,或者事件的后果无关。

3. 本章的规定也适用于以下请求:

   (1)根据无效的法律行为履行返还;

   (2)所有权人向非法占有人追索财产;

   (3)债的当事人一方履行返还;

   (4)非法取得财产或者由其他人付费自己保管、自己保管财产的人赔偿损害。

第 1213 条　没有根据取得的财产的原物返还

1. 取得人有义务向受害人原物返还没有根据取得的财产。

2. 在不可能向受害人原物返还其没有根据取得的财产的情形,依法院审理关于财产返还案件时确定的价值向其赔偿。

第 1214 条　没有根据取得的财产的法定孳息和维系该财产的开销的赔偿

1. 没有充分的法律根据取得财产或者由他人付费、自己保管财

产的人,有义务赔偿,自其知道或者可能知道关于没有充分的法律根据占有该财产的情况时起,其从该财产取得或者可能取得的所有法定孳息。自该时起,其为其所允许的财产恶化负责。

没有充分的法律根据取得财产或者自己保管财产的人,有权请求赔偿自其有义务返还法定孳息时起,其为财产所付出的必要开销。

2. 在没有根据取得或者保管金钱的情形,应计算使用金钱的利息(本法典第 536 条)。

第 1215 条　不应返还的没有根据取得的财产

1. 以下没有根据取得的财产,不应返还:

（1）自然人或者法人自愿进行支付的工资和与其相当的报酬,养老金,津贴,奖学金,致使残疾、其他健康损害或者死亡的损害赔偿金,扶养费和作为生存手段提供给自然人的其他资金,当事人没有计算错误并且取得人一方没有恶意的;

（2）法律规定的其他财产。

第六卷

继承权

第84章　关于继承的总则

第1216条　继承的概念

1. 权利和义务(遗产)从死亡的自然人(被继承人)移转给其他人(继承人),是继承。

第1217条　继承的种类

1. 继承根据遗嘱或者根据法律实现。

第1218条　遗产的构成

1. 在继承开始时属于被继承人,并且不因其死亡而终止的全部权利和义务,构成遗产。

第1219条　不构成遗产的人的权利和义务

1. 与被继承人人身密切相关的权利和义务,不构成遗产,包括:

   (1)人身非财产权;

   (2)参加公司的权利和公民联合体的成员权,但法律或者其设立文件另有规定的除外;

   (3)致使残疾或者其他健康损害的损害赔偿请求权;

   (4)对扶养费、养老金、津贴或者法律规定的其他费用;

   (5)本法典第608条规定的作为债权人或者债务人的权利和义务。

第1220条　继承的开始

1. 继承因人的死亡或者其被宣告死亡而开始。

2. 人死亡之日或者其被宣告死亡的日(本法典第46条第3款),是继承开始的时间。

3. 在一昼夜的期间内死亡数人,他们可能相继继承的,继承同时开始,并且单独进行每个继承。

4. 可能相继继承的若干人,在因共同的危险发生时死亡的,推定其同时死亡。在此情形,继承同时开始,并且单独进行每个继承。

第 1221 条　继承开始的地点

1. 被继承人的最后居住地,是继承开始的地点。

2. 被继承人的最后居住地不明的,不可移动财产或者其主要部分的所在地为继承开始的地点,在没有不可移动财产时,可移动财产主要部分的所在地为继承开始的地点。

3. 在特别的情形,继承开始的地点由法律规定。

〔第 1221 条根据 2015 年 2 月 12 日第 189-VIII 号法律增补第 3 款〕

第 1222 条　继承人

1. 在继承开始时存活的自然人,以及在被继承人在世时受孕并且在继承开始后活着出生的人,可以成为根据遗嘱和根据法律的继承人。

2. 法人和民事关系的其他参加人(本法典第 2 条),可以成为根据遗嘱的继承人。

第 1223 条　继承权

1. 遗嘱确定的人享有继承权。

2. 在没有遗嘱、遗嘱被认定无效、根据遗嘱的继承人不接受或者拒绝接受的情形,以及在遗嘱未涵盖所有遗产的情形,根据法律的继承权由本法典第 1261—1265 条确定的人取得。

3. 继承权产生于继承开始的日。

第 1224 条　继承权的消除

1. 故意剥夺被继承人或者任何可能成为继承人的人的生命或者对其实施杀害企图的人,没有继承权。

实施该企图,被继承人知道该企图但仍将其指定为自己根据遗嘱的继承人的,本款第 1 段的规定不适用于该人。

2. 故意阻碍被继承人制作、变更或者撤销遗嘱,并且以此促使其本人或者其他人产生继承权或者促使其增加在遗产中的份额的人,没有继承权。

3. 父母对子女失去亲权,或者其权利在继承开始是没有恢复的,在子女死后,父母没有法定继承权。

父母(收养人)和成年子女(被收养人),以及逃避履行供养由法院所确定的被继承人义务的人,没有法定继承权。

4. 相继死亡的人,其相互之间的婚姻无效或者被法院判决认定无效的,没有继承权。

夫妻中的一人死后,婚姻被认定无效的,夫妻中的另一人生存,并且不知道也不可能知道婚姻登记的障碍的,法院可以认定对夫妻中死亡一方在该婚姻期间他们所取得财产份额的继承权。

5. 根据法院判决,查明人逃避为因高龄、重病或者残疾而处于无助状态的人提供帮助的,人可以被消除法定继承权。

6. 本条的规定,适用于所有继承人,包括遗产中对必留份享有权利的人,以及对其作出遗赠的人。

第 1225 条　对地块的权利继承权

1. 对地块的所有权基于一般的根据向继承人移转,并保留其指定的用途。

2. 向住房、其他建筑物和构筑物的继承人移转所有权,或者其所在地块的使用权。

3. 向住房、其他建筑物和构筑物的继承人移转所有权,或者对其进行维护所必需的地块的使用权,但遗嘱确定其他范围的除外。

第1226条　对共同共有权中份额的继承

1. 基于一般的根据对共同共有权中份额进行继承。

2. 共同所有权的主体有权在遗嘱确定前,将自己在共同共有权中的份额以遗嘱处分,并以原物形式分出。

第1227条　对获取工资、养老金、奖学金、扶养费、归属被继承人的其他社会支付金额的权利的继承

1. 对工资、养老金、奖学金、扶养费、因残疾或其他健康损害所赔偿的临时无劳动能力的津贴、属于被继承人的其他社会支付的金额,被继承人在世时没有取得的,移转给其家庭成员,在其没有家庭成员的情形,作为遗产的组成部分。

第1228条　对在银行(金融机构)中存款的权利的继承

1. 存款人有权以订立遗嘱或者向银行作出相应指示的方式,处分在自己死亡的情形下对在银行(金融机构)中存款的权利。

2. 对存款的权利作为遗产的组成部分,与支配方式无关。

3. 在向银行(金融机构)作出指示后所订立的遗嘱,在遗嘱中变更应向其移转对存款的权利的人,或者遗嘱涉及被继承人全部财产的,遗嘱应当全部或者部分地撤销。

第1229条　对获取保险赔付权的继承

1. 获取保险赔付(保险赔偿)权的继承,基于一般的根据进行。

2. 人身保险合同中的投保人指定在其死亡的情形,应将获取保险赔付的权利移转某人的,该权利不作为遗产的组成部分。

第1230条　获取损失、精神损害的赔偿和违约金支付的权利的继承

1. 对被继承人在合同之债中所受损失的赔偿的权利,移转给继承人。

2. 追索因债务人未向被继承人履行自己的合同义务所生的违约金（罚金、罚款）的权利，该权利在被继承人在世时由法院判决确定的，移转给继承人。

3. 对精神损害的赔偿的权利，该权利在被继承人在世时由法院判决确定的，移转给继承人。

第 1231 条　对被继承人所致的财产损害（损失）和精神损害的赔偿义务的继承

1. 被继承人所致的财产损害（损失）的赔偿义务，移转给继承人。

2. 被继承人所致的精神损害的赔偿义务，在其在世时由法院判决确定的，移转给继承人。

3. 在被继承人在世时，由法院判决确定的被继承人应当向债权人支付违约金（罚金、罚款）的义务，移转给继承人。

4. 被继承人所致的财产和精神损害，由继承人取得的作为遗产的可移动或者不可移动财产价值范围内进行赔偿。

5. 违约金（罚金、罚款）的金额、财产损害（损失）和精神损害的赔偿金额，与继承人取得的作为遗产的可移动或者不可以移动财产价值相比过大的，根据继承人提起的诉，法院可以减少前述金额。

第 1232 条　继承人赔偿供养、照料、治疗和安葬被继承人开销的义务

1. 对继承人中的一人或者其他人供养、照料、治疗和安葬被继承人所付出的合理开销，继承人有义务赔偿。

2. 供养、照料、治疗被继承人的开销，可以追索在其死亡前三年内发生的开销。

第 1232-1 条　住所租卖合同权利和义务的继承

1. 被继承人根据住所租卖合同所拥有的一切权利和义务，移转

给继承人。

2. 继承人拒绝住所租卖合同,依照本法典第 1273 条规定的程序
进行。

3. 依继承人提出的对住所租卖合同的提前终止,依照法律规定
的程序进行。

〔法典根据 2008 年 12 月 25 日第 800-VI 号法律增补第
1232-1 条〕

第 85 章　遗嘱继承

第 1233 条　遗嘱的概念

1. 自然人对其死亡情形的个人指令,是遗嘱。

第 1234 条　对遗嘱的权利

1. 完全民事行为能力的自然人,具有指令遗嘱的权利。

2. 对遗嘱的权利由本人行使。不允许通过代理人实施遗嘱。

第 1235 条　立遗嘱人指定继承人的权利

1. 立遗嘱人可以指定一个或者若干自然人为自己的继承人,不
论其与这些人是否具有家庭、亲属关系,也可以指定民事关系
的其他参加人为自己的继承人。

2. 对法定继承人中的任何人,立遗嘱人可以不指明理由地剥夺
其继承权。在此情形,该人不得接受继承权。

3. 立遗嘱人不得剥夺对遗产中的必留份享有权利的人的继承
权。对遗产中的必留份享有权利的人的遗嘱效力,在继承开
始时确定。

4. 在被剥夺继承权的人死亡的情形,在立遗嘱人死亡前,对其继
承权的剥夺失去效力。该人的子女(孙子女)基于一般的根据

享有继承权。

第 1236 条　立遗嘱人确定根据遗嘱应当继承的遗产范围的权利

1. 立遗嘱人有权使遗嘱包括在订立遗嘱时属于其的权利和义务，以及在未来属于其的权利和义务。
2. 立遗嘱人有权对所有继承人或者部分继承人订立遗嘱。
3. 立遗嘱人在遗嘱中仅在继承人之间分配自己的权利的，向其指定的继承人移转与其所得权利成比例的部分义务。
4. 对遗产组成部分的遗嘱的效力，在继承开始时确定。

第 1237 条　立遗嘱人的遗赠权

1. 立遗嘱人有权在遗嘱中作出遗赠。
2. 法定继承人范围内的人，以及法定继承范围外的人，都可成为受遗赠人。

第 1238 条　遗赠的标的

1. 财产权或者遗产组成范围内或遗产组成范围外的物，将其移转受遗赠人所有或者根据其他物权享有权利，是遗赠的标的。
2. 向继承人移转住房、住宅或者其他可移动或不可移动财产，立遗嘱人有权附加允许其他人使用的义务。在其所有权人后续变更的情形，使用住房、住宅或者其他可移动或不可移动财产的权利保持效力。

   根据遗赠取得的使用住房、住宅或者其他可移动或不可移动财产的权利，不可向受遗赠人的继承人让与、转移和移转。

   使用提供给受遗赠人的住房、住宅或者其他建筑物的权利，不构成其家庭成员在其中居住的根据，但遗嘱另有指示的除外。
3. 被立遗嘱人托付遗赠的继承人，仅在移转给其的财产的实际价值内执行遗赠，并扣除被继承人落在该财产上的债务的份额。

4. 自继承开始时起,受遗赠人有权向继承人提出请求。

第1239条　遗赠效力的丧失

1. 继承开始前,在受遗赠人死亡的情形,遗赠失去效力。

第1240条　立遗嘱人向继承人附加其他义务的权利

1. 立遗嘱人可以使继承人实施非财产性的特定行为,包括对个人证件的处理、确定安葬仪式的地点和形式。

2. 立遗嘱人可以使继承人实施旨在达到公益目的的特定行为。

第1241条　对遗产中必留份的权利

1. 被继承人的幼年、未成年、成年但无劳动能力的子女,无劳动能力的孀妇(鳏夫)和无劳动能力的父母,应继承依法定继承其每一个人所应得份额的一半(必留份)。

　　继承中必留份的金额,可以由法院在考虑这些继承人与被继承人的关系以及具有实质意义的其他情势的基础上,予以减少。

　　{第1241条第1款规定的关于被继承人成年无劳动能力的子女对遗产中必留份的权利的正式解释,参见宪法法院2014年2月11日第1-рп号判决}

2. 对遗产中的必留份,应计入日常家庭陈设和生活所必需的物的价值,为对必留份享有权利的人所设立的遗赠的价值,以及向其作为继承人所移转的其他物权和财产权的价值。

3. 在遗嘱中所规定的对遗产中必留份享有权利的继承人的任何限制和负担,仅在超过必留份的那部分遗产有效。

　　{第1241条根据2004年11月3日第2146-IV号法律修改}

第1242条　附条件的遗嘱

1. 立遗嘱人可以将具备与其行为相关或者不相关的特定条件

（具备其他继承人、在特定地方生活、子女的出生、接受教育等），作为遗嘱所指定的人产生继承权的条件。

遗嘱中所确定的条件，应当在继承开始时存在。

2. 遗嘱中确定的条件违反法律或者社会道德原则的，是法定无效的。

3. 遗嘱中指定的人，无权基于其不知道条件或者条件成就不取决于其本人而请求认定条件无效。

第 1243 条　夫妻的遗嘱

1. 夫妻有权对基于共同共有权属于他们的财产，订立共同遗嘱。

2. 在订立共同遗嘱的情形，共同共有权中的份额，在夫妻中一方死亡后，移转给夫妻中在世的另一方。在后者死亡的情形，继承权由夫妻在遗嘱中确定的人享有。

3. 在妻子和丈夫在世时，他们中的任何一方有权拒绝共同遗嘱。该拒绝应经公证证明。

4. 在夫妻一方死亡的情形，公证人在夫妻遗嘱所指明的财产上涂写禁止出让的标记。

第 1244 条　继承人的预备指定

1. 立遗嘱人有权在遗嘱所指定的继承人在继承开始前死亡、不接受继承，或者拒绝接受继承，或者继承权被消除的情形，以及在不具备遗嘱所确定的条件（本法典第 1242 条）的情形，指定其他继承人。

2. 被附带指定的继承人可以是本法典第 1222 条所确定的任何人。

第 1245 条　未被遗嘱涵盖的遗产部分的继承

1. 未被遗嘱涵盖的遗产部分，应由法定继承人基于一般的根据继承。根据遗嘱，接受遗产其他部分的移转的继承人，也属于前述继承人之列。

第 1246 条 在遗嘱中役权的设立

1. 立遗嘱人有权为满足其他人的需求,在遗嘱中对地权、其他自然人资源或者其他不可移动财产设立役权。

第 1247 条 对遗嘱形式的一般要求

1. 遗嘱以书面形式订立,并指明订立遗嘱的地点和时间。

2. 遗嘱应当由立遗嘱人本人签署。

　　人无法本人签署遗嘱的,其应根据本法典第 207 条第 4 款进行签署。

3. 遗嘱应当由公证人或者本法典第 1251—1252 条确定的其他公职、公务人员证明。

4. 由本条第 3 款所指的人进行证明的遗嘱,应当依照乌克兰内阁批准的程序进行国家登记,记入继承登记簿。

　　〔第 1247 条根据 2010 年 9 月 21 日第 2527-Ⅵ 号法律增补第 4 款〕

第 1248 条 由公证人证明的遗嘱

1. 立遗嘱人亲自手写或者借助公认技术手段书写的遗嘱,由公证人证明。

2. 公证人可以依人的请求,逐字记录其亲自手写或者借助公认技术手段书写的遗嘱。

　　在此情形,遗嘱应当由立遗嘱人出声地宣读,并由其签字。

　　立遗嘱人因身体缺陷不能自己宣读遗嘱的,遗嘱的证明应当有证人在场(本法典第 1253 条)时进行。

第 1249 条 公证人对秘密遗嘱的证明

1. 由不了解遗嘱内容的公证人所证明的遗嘱,是秘密的遗嘱。

2. 订立秘密遗嘱的人,将其封存在信封中交与公证人。立遗嘱人应当在信封上签字。

公证人在信封上进行自己的证明签署,再次封印,并且于立遗嘱人在场时将其放置在另一信封中并进行封印。

第 1250 条　公证人对秘密遗嘱的宣告

1. 收到关于继承开始的信息后,公证人指定遗嘱内容的宣告日。关于遗嘱内容的宣告日,已知被继承人的家庭成员和亲属的居所地的,应告知被继承人的家庭成员和亲属,或者在大众传媒上对此进行告知。

2. 在利害关系人和两名证人在场时,公证人开启保存遗嘱的信封,并宣告其内容。

3. 关于遗嘱的宣告,应制作笔录,由公证人和证人签署。在笔录中应记录遗嘱的所有内容。

第 1251 条　由地方自治机关公职人员公证的遗嘱

〔第 1251 条名称根据 2010 年 7 月 6 日第 2435-Ⅵ号法律修改〕

1. 在居住点没有公证人的,遗嘱可以由相应地方自治机关有权限的公职人员进行证明,但秘密遗嘱除外。

〔第 1251 条根据 2010 年 7 月 6 日第 2435-Ⅵ号法律修改〕

第 1252 条　由其他公职、公务人员证明的遗嘱

1. 在医院、军队医院、其他常设保健机构接受治疗的人,以及在养老和残疾人机构居住的人,其遗嘱可以由医疗机构的主治医生、主治医生的助手,或者该医院、军队医院、其他常设保健机构的值班医生,以及军队医院的首长、养老和残疾人机构的负责人或者主治医师证明。

〔第 1252 条第 1 款根据 2018 年 10 月 2 日第 2581-Ⅷ号法律修改〕

2. 人在悬挂乌克兰国旗的航海、海运船舶上航行期间,其遗嘱可以由该船舶的船长证明。

3. 处于勘测或者其他考察中的人的遗嘱,可由该考察的负责人证明。

4. 军人的遗嘱,处于没有公证人或者实施公证行为的机关的部队、兵团、军事机构、军事教学机构驻地的工作人员、其家庭成员和军人的家庭成员的遗嘱,可以由该部队、兵团、军事机构或者教学机构的指挥员(负责人)证明。

〔第 1252 条第 4 款根据 2010 年 7 月 6 日第 2435-VI 号法律修改〕

5. 处于刑罚执行机构的人的遗嘱,可以由刑罚执行机构的负责人证明。

〔第 1252 条第 5 款由 2009 年 4 月 14 日第 1254-VI 号法律修订〕

6. 处于侦查隔离所的人的遗嘱,可以由侦查隔离所的负责人证明。

〔第 1252 条第 6 款由 2009 年 4 月 14 日第 1254-VI 号法律修订〕

7. 本条第 1—6 款所指的人的遗嘱,应在证人在场时进行证明。

8. 对公职、公务人员证明的遗嘱,适用本法典第 1247 条的规定。

9. 本条第 1—6 款确定的公职、公务人员所证明的遗嘱,等同于由公证人所证明的遗嘱。

第 1253 条　在证人在场时遗嘱的证明

1. 依立遗嘱人的意愿,其遗嘱可以在证人在场时进行证明。

2. 在本法典第 1248 条第 2 款第 3 段和第 1252 条规定的情形,在进行证明时,应有不少于两名证人在场。

3. 只有具有完全民事行为能力的人,才能成为证人。

4. 下列人,不能成为证人:

（1）公证人或者证明遗嘱的其他公职、公务人员;

（2）遗嘱继承人;

（3）遗嘱继承人的家庭成员和近亲属;

（4）不能宣读或者签署遗嘱的人。

5. 在场证明遗嘱的证人,应出声宣读遗嘱,并在其上签名。

6. 证人的个人讯息,应记入遗嘱。

第 1254 条　立遗嘱人撤销和变更遗嘱的权利

1. 立遗嘱人有权在任何时间撤销遗嘱。

2. 立遗嘱人有权在任何时间订立新的遗嘱。后订立的遗嘱,完全撤销先前的遗嘱,或者撤销先前遗嘱中违反后立遗嘱的部分。

3. 每个新的遗嘱都撤销先前的遗嘱,并且不恢复立遗嘱人先前所立的遗嘱。

4. 立遗嘱人订立的新遗嘱被认定无效的,先前遗嘱的效力不恢复,但本法典第 225 和 231 条规定的情形除外。

5. 立遗嘱人有权在任何时间对遗嘱作出变更。

6. 遗嘱的撤销、遗嘱的变更由立遗嘱人亲自实施。

7. 遗嘱的撤销、遗嘱的变更依照本法典为遗嘱的证明规定的程序进行,并且应当依照乌克兰内阁批准的程序进行国家登记,记入继承登记簿。

〔第 1254 条第 7 款根据 2010 年 9 月 21 日第 2527-VI 号法律修改〕

第 1255 条　遗嘱秘密

1. 公证人,证明遗嘱的其他公职、公务人员,证人,以及替代立遗嘱人签署遗嘱的自然人,在继承开始前,无权泄露关于遗嘱订立事实、遗嘱内容、遗嘱撤销或者变更的讯息。

第 1256 条　遗嘱的解释

1. 遗嘱的解释,可以在继承开始后由继承人本人进行。

2. 在继承人之间产生遗嘱解释争议的情形,由法院根据本法典第 213 条进行解释。

第 1257 条　遗嘱的无效

1. 无权订立遗嘱的人所订立的遗嘱,以及违反对遗嘱形式和证明要求的遗嘱,是法定无效的。

2. 依利害关系人提起的诉,法院确认立遗嘱人的意思表示不自由和不符合其意志的,认定遗嘱无效。

3. 遗嘱中包含的个别指令无效,不导致遗嘱其他部分无效。

4. 在遗嘱无效的情形,根据该遗嘱的继承人被剥夺继承权的,基于一般根据取得法定继承权。

第 86 章　法定继承

第 1258 条　法定继承的顺序

1. 法定继承人按顺序取得继承权。

2. 在没有前一顺序继承人、其继承权被消除、其不接受继承或者拒绝接受继承的情形,每个下一顺序的法定继承人才取得继承权,但本法典第 1259 条规定的情形除外。

第 1259 条　取得继承权顺序的变更

1. 法定继承人取得继承权的顺序,可以在继承开始后,由有利害关系的继承人以公证证明的合同进行变更。该合同不得侵害不参加该合同的继承人的权利,以及对遗产中的必留份享有权利的继承人的权利。

2. 属于下一顺序法定继承人的自然人,在较长期间内,向因高龄、重病或者残疾而处于无助状态的被继承人提供物质保障和其他帮助的,可以根据法院判决,与享有继承权的那一顺序的继承人共同取得继承权。

第 1260 条　被收养人和收养人的继承

1. 在法定继承的情形,被收养人和其后代作为一方,收养人和其亲属作为另一方,等同于亲生亲属。

2. 在被收养人的父母死亡后,被收养人和其后代,依其家族谱系出生的其他亲属不得根据法律进行继承。

　　在被收养人和其后代死亡后,被收养人的父母和其依家族谱系出生的其他亲属不得根据法律进行继承。

3. 根据法院关于收养的判决,被收养人与其亲生祖母、祖父、兄弟和姐妹保存法律联系的,被收养人享有根据代位权的继承权,在其亲生兄弟、姐妹死亡的情形,享有作为第二顺序继承人的继承权。

　　在被收养人死亡的情形,与其保存法律联系的亲生祖母、祖父、兄弟、姐妹,基于一般的根据进行继承。

第 1261 条　法定继承人的第一顺序

1. 第一顺序法定继承权,由被继承人的子女,包括在被继承人在世时怀孕并在其死亡后存活的子女,夫妻中在世的一方和父母享有。

第 1262 条　法定继承人的第二顺序

1. 第二顺序法定继承权,由被继承人的亲生兄弟和姐妹,其父系的祖母、祖父和母系的外祖母、外祖父享有。

第 1263 条　法定继承人的第三顺序

1. 第三顺序法定继承权,由被继承人的亲伯、叔、舅[①]和姑、姨[②]享有。

第1264条　法定继承人的第四顺序

1. 第四顺序法定继承权,由在继承开始前与被继承人在一个家庭共同生活的人享有。

第1265条　法定继承人的第五顺序

1. 第五顺序法定继承权,由被继承人第六亲等以内的其他亲属享有,其中更近亲等的亲属排除更远亲等亲属的继承权。

　　亲等由亲属距离被继承人出生的数目确定。被继承人本人的出生不记入该数目。

2. 不是被继承人家庭成员的被供养人,取得第五顺序法定继承权。

　　不是被继承人家庭成员的未成年人或者无劳动能力的人,从被继承人处接受不少于五年的物质帮助,该帮助对其而言是唯一或者基本生存手段的,视为被供养人。

第1266条　根据代位权的继承

1. 被继承人的孙子女、外孙子女、[③]曾孙子女、曾外孙子女[④]在继承开始时存活的,继承根据法律属于其母亲、父亲、祖母、外祖母、[⑤]祖父、外祖父[⑥]的遗产份额。

---

① 伯、叔、舅的原文为一个词"дядько",下同。
② 姑、姨的原文为一个词"тітка",下同。
③ 孙子女、外孙子女的原文为一个词"внуки"。
④ 曾孙子女、曾外孙子女的原文为一个词"правнуки"。
⑤ 祖母、外祖母的原文为一个词"баба",下同。
⑥ 祖父、外祖父的原文为一个词"дід",下同。

2. 曾祖母、曾外祖母、①曾祖父、曾外祖父②在继承开始时存活的,继承根据法律属于其子女(被继承人的祖母、外祖母、祖父、外祖父)的遗产份额。

3. 被继承人的侄子、外甥、侄女、外甥女③在继承开始时存活的,继承根据法律属于其母亲、父亲(被继承人的姐妹、兄弟)的遗产份额。

4. 被继承人的堂兄妹、表兄妹④在继承开始时存活的,继承根据法律属于其母亲、父亲(被继承人的姑、姨、伯、叔、舅)的遗产份额。

5. 依代位权的继承由若干人进行的,其死亡亲属的份额在他们之间均等分配。

6. 依直系亲属谱系的代位权行使,不限亲等。

第1267条　法定继承人遗产中的份额金额

1. 每个法定继承人的遗产份额是均等的。

2. 继承人根据其相互之间涉及可移动财产的口头协议,可以变更其中任意一人的份额金额。

3. 继承人根据其相互之间由公证人证明的涉及不可移动财产或者交通工具的书面协议,可以变更其中任意一人的份额金额。

第87章　继承权的实现

第1268条　继承的接受

---

① 曾祖母、曾外祖母的原文为一个词"прабаба"。
② 曾祖父、曾外祖父的原文为一个词"прадід"。
③ 侄子、侄女、外甥、外甥女的原文为一个词"племінники"。
④ 堂兄妹、表兄妹的原文为一个词组"двоюрідні брати та сестри"。

1. 遗嘱继承人和法定继承人有权接受继承或者不接受继承。

2. 不允许附条件或者有保留地接受继承。

3. 在继承开始时与被继承人经常居住的继承人,在本法典第 1270 条规定的期限内未申请拒绝继承的,视为接受继承。

4. 幼年人、未成年人、无行为能力人以及民事行为能力受到限制的人,除本法典第 1273 条第 2—4 款规定的情形外,视为接受继承。

5. 继承的接受,自继承开始时归属于继承人,与继承人接受的时间无关。

第 1269 条　接受继承申请的提交

1. 在继承开始时未与被继承人经常居住的继承人希望接受继承,应当向公证人或者在乡村居民定居点向相关地方自治机关有权限的公职人员提交关于接受继承的申请。

〔第 1269 条第 1 款根据 2010 年 7 月 6 日第 2435-VI 号法律、2014 年 10 月 20 日第 1709-VII 号法律修改〕

2. 关于接受继承的申请,由继承人亲自提交。

3. 年满 14 岁的人,有权不经其父母或者保护人的同意而提交接受继承的申请。

4. 以幼年人、未成年人名义接受继承的申请,由其父母(收养人)、监护人提交。

5. 提交接受继承申请的人,可以在接受继承的期限内撤回申请。

第 1270 条　接受继承的期限

1. 为接受继承所规定的期限是六个月,自继承开始时起计算。

2. 人的继承权的产生,以其他继承人不接受继承或者拒绝接受继承为条件的,其接受继承的期限为三个月,自其他继承人不接受继承或者拒绝接受继承时起计算。

剩余期限少于三个月的,应延长至三个月。

第 1271 条 遗赠的接受

1. 自继承开始时起六个月的期限内,受遗赠人未拒绝遗赠的,视
为其接受。

第 1272 条 错过接受继承期限的后果

1. 在本法典第 1270 条规定的期限内,继承人未提交接受继承的
申请的,视为其不接受继承。

2. 经接受继承的继承人的书面同意,错过接受继承期限的继承
人可以向公证人或者在乡村居民定居点向相关地方自治机关
有权限的公职人员提交关于接受继承的申请。

〔第 1272 条第 2 款根据 2010 年 7 月 6 日第 2435-VI 号法律、
2014 年 10 月 20 日第 1709-VII 号法律修改〕

3. 依错过接受继承期限的继承人提起的诉,对有正当理由的,法
院可以为其确定足以提交接受继承申请的补充期限。

第 1273 条 拒绝接受继承的权利

1. 遗嘱继承人或者法定继承人可以在本法典第 1270 条规定的
期限内拒绝接受继承。拒绝接受继承的申请,向公证人或者
在乡村居民定居点向相关地方自治机关有权限的公职人员
提交。

〔第 1273 条第 1 款根据 2010 年 7 月 6 日第 2435-VI 号法律、
2014 年 10 月 20 日第 1709-VII 号法律修改〕

2. 民事行为能力受到限制的自然人,经保护人和监护、保护机关
同意,可以拒绝接受继承。

3. 满 14 岁但未满 18 岁的未成年人,经父母(收养人)、保护人和
监护、保护机关同意,可以拒绝接受继承。

4. 仅经监护和保护机关准许,父母(收养人)、监护人才可以拒绝

接受幼年人、无行为能力人所应得的继承。

5. 拒绝接受继承是无条件的和无保留的。

6. 在接受继承的期限内,可以撤回对接受继承的拒绝。

第 1274 条　为其他人的利益拒绝接受继承的权利

1. 遗嘱继承人有权为其他遗嘱继承人的利益,拒绝接受继承。

2. 法定继承人有权为法定继承人中处于任何顺序的任何一人的利益,拒绝接受继承。

3. 继承人为其他继承人的利益拒绝继承,其他继承人有权拒绝该继承人遗产中的份额。

4. 立遗嘱人预备指定继承人的,以其名义订立遗嘱的人,可以为不是被预订指定为继承人的人的利益拒绝继承。

5. 拒绝接受继承,可以由法院基于本法典第 225、229—231 和 233 条规定的根据认定为无效。

第 1275 条　拒绝接受继承的法律后果

1. 遗嘱继承人中的一人拒绝接受继承的,其有权接受的遗产份额,移转给其他遗嘱继承人,并且在其之间平均分配。

2. 法定继承人中有继承权的那一顺序的一个继承人拒绝接受继承的,其有权接受的遗产份额,移转给其他法定继承人,并且在其之间平均分配。

3. 本条规定不适用于继承人为其他继承人的利益拒绝接受继承,以及立遗嘱人预备指定其他继承人的情形。

4. 遗赠所确定的遗嘱继承人拒绝接受继承的,遗赠的义务移转给接受继承的其他遗嘱继承人,并在其之间平均分配。

5. 遗嘱继承人拒绝接受继承的,不剥夺其法定继承权。

第 1276 条　接受继承权利的移转

1. 遗嘱继承人或者法定继承人在继承开始后死亡并且未及接受

继承的,接受其所应得遗产份额的权利移转给其继承人(转继承),但接受遗产中必留份的权利除外。

在此情形,接受继承的权利在剩余的期限内,基于一般的根据实现。剩余的期限少于三个月的,延长至三个月。

第 1277 条 遗产无人继承

1. 在没有遗嘱继承人和法定继承人、其继承权被消除、其不接受继承以及其拒绝接受继承的情形,继承开始地的地方自治机关,遗产组成部分有不可移动财产的,则其所在地的地方自治机关有义务向法院提交认定遗产无人继承的申请。

作为遗产组成部分的可移动财产,位于继承开始时不可移动财产标的之上的,该可移动财产移转给接受不可移动财产移转的区域共同体所有。

〔第 1277 条第 1 款根据 2016 年 9 月 20 日第 1533-Ⅷ号法律增补第 2 段〕

认定遗产无人继承的申请,可以由被继承人的债权人提交,农业用途的地块作为遗产组成部分的,可以由邻接地块的所有权人或者使用人提出申请。在此情形,法院追加继承开始地和(或)作为遗产组成部分的不可移动财产所在地的地方自治机关参加案件审理。

〔第 1277 条第 1 款根据 2016 年 9 月 20 日第 1533-Ⅷ号法律增补第 3 段〕

有权利或者义务提交认定遗产无人继承的人,有权自继承登记机关处取得关于继承案件的管理信息,并获得发放关于继承权的证书。

〔第 1277 条第 1 款根据 2016 年 9 月 20 日第 1533-Ⅷ号法律增补第 4 段〕

〔第 1277 条第 1 款由 2011 年 9 月 22 日第 3795-VI 号法律修订;根据 2016 年 9 月 20 日第 1533-VIII 号法律修改〕

2. 认定财产无人继承的申请,自继承开始时起一年期间内提交。

3. 被法院认定为无人继承的遗产,移转继承开始地的区域共同体所有,属不可移动财产的,移转其所在地的区域共同体所有。

〔第 1277 条第 3 款根据 2016 年 9 月 20 日第 1533-VIII 号法律修改〕

4. 成为无人继承财产所有权人的区域共同体,有义务满足根据本法典第 1231 条提出申请的被继承人债权人的请求。无人继承财产的所有权人是若干区域共同体的,被继承人债权人的请求,由各区域共同体依其取得所有的无人继承财产的价值,按比例地予以满足。

〔第 1277 条第 4 款根据 2016 年 9 月 20 日第 1533-VIII 号法律修改〕

5. 继承人不予接受的遗产,在根据本法典第 1283 条认定为无人继承遗产之前,应得到保管。

第 1278 条　继承人之间遗产的分割

1. 被继承人在遗嘱中没有亲自在其之间分配遗产的,每个继承人在遗产中的份额是均等的。

2. 每个继承人都有权实际分出其份额。

第 1279 条　特定继承人享有从被继承财产中实际分出的优先权

1. 在继承开始前与被继承人在同一家庭共同生活不少于一年期限的继承人,相对其他继承人,享有从日常家庭陈设和生活物品中实际分出属于其遗产份额的优先权。

2. 与被继承人同为财产共同所有人的继承人,相对其他继承人,

享有从该财产中实际分出属于其遗产份额的优先权,但不得
违反其他继承人具有实质意义的利益。

第 1280 条　遗产的再分配

1. 接受继承的期限届满后及继承人之间分配遗产后,其他继承
人接受遗产的(本法典第 1272 条第 2、3 款),应在他们之间进
行再分配。

前述继承人有权请求向其移转存留部分的财产,或者支付
金钱补偿。

2. 超过接受继承期限的继承人所主张的财产,作为无人继承的
遗产移转区域共同体并被保管的,继承人有权请求向其实际
移转。在其被出卖的情形,继承人有权获得金钱补偿。

第 1281 条　被继承人的债权人向继承人提出的请求

1. 继承人知道关于被继承人的债务情况,和(或)者继承人继承
第三人已设定负担的财产的,有义务通知被继承人的债权人
继承开始。

〔第 1281 条第 1 款根据 2018 年 7 月 3 日第 2478-VIII 号法律
修改〕

2. 自继承人收到关于对全部或者部分遗产的继承权证书之日起
的六个月期间内,被继承人的债权人应当向接受继承的继承
人提出自己的请求,不论请求的期限是否开始。

〔第 1281 条第 2 款由 2018 年 7 月 3 日第 2478-VIII 号法律
修订〕

3. 被继承人的债权人不知道并且不可能知道接受继承或者继承
人收到继承权证书的,其有权在得知接受继承或者继承人收
到继承权证书时起,向在六个月内接受继承的继承人提出自
己的请求。

〔第 1281 条第 3 款由 2018 年 7 月 3 日第 2478-VIII 号法律修订〕

4. 在本条第 2、3 款规定期限内,被继承人的债权人未向接受继承的继承人提出请求的,丧失请求权。

第 1282 条　继承人满足债权人请求的义务

1. 继承人有义务在根据继承所取得的财产价值的范围内,完全满足债权人的请求。

2. 继承人有义务一次性满足债权人的请求,但继承人与债权人之间的协议另有规定的除外。

在拒绝一次性支付的情形,法院依债权人提起的诉,追索已向继承人实际移转的财产。

〔第 1282 条第 2 款第 2 段根据 2018 年 7 月 3 日第 2478-VIII 号法律修改〕

第 1283 条　被继承财产的保护

1. 为继承人、受遗赠人和被继承人债权人的利益,在继承人接受继承前或者法院关于认定遗产为无人继承的遗产的判决生效前,以对被继承遗产进行保管的方式,实现对其的保护。

〔第 1283 条第 1 款根据 2016 年 9 月 20 日第 1533-VIII 号法律修改〕

2. 公证人或者在乡村居民定居点的继承开始地的相关地方自治机关有权限的公职人员,依继承人的申请,或者依企业、机构、组织、公民的告知,或者基于法院宣告自然人死亡的判决,或者自己主动采取措施保护被继承的财产。

〔第 1283 条第 2 款由 2014 年 10 月 20 日第 1709-VII 号法律修订〕

3. 在为接受继承规定的期限届满前,或者法院关于认定遗产为无人继承遗产的判决生效后,被继承遗产的保护继续进行。

采取措施保护被继承遗产的人或者机关,有权与第三人订立旨在以担保方式保护被继承财产的合同。

〔第 1283 条第 3 款根据 2016 年 9 月 20 日第 1533-VIII 号法律增补第 2 段

第 1283 条第 3 款根据 2016 年 9 月 20 日第 1533-VIII 号法律增补第 3 段〕

4. 保护被继承财产的开销,由继承人根据其在遗产中的份额赔偿,在遗产被认定为无人继承的遗产的情形,由以区域共同体名义对被认定为无人继承的遗产行使所有权的地方自治机关赔偿。

〔第 1283 条第 4 款根据 2016 年 9 月 20 日第 1533-VIII 号法律修改〕

第 1284 条　遗嘱执行人对被继承财产的保护

1. 继承不仅根据遗嘱,而且根据法律进行的,被继承人指定的遗嘱执行人应采取措施保护所有遗产。

2. 法定继承人有权指定其他人采取措施保护法定继承部分的遗产。

第 1285 条　遗产的管理

1. 遗产的组成部分有要求维护、照管、实施其他事实或者法律行为的财产,以使其处于良好状态的,在没有继承人或者遗嘱执行人的情形,公证人和在没有公证人的居民定居点的相应地方自治机关应与其他人订立保管遗产的合同。

在没有继承人或者遗嘱执行人的情形,管理作为遗产组成部分的地块的人为该地块所在地的村、镇、市拉达。

〔第 1285 条第 1 款根据 2016 年第 1533-VIII 号法律增补第 2

段｝

2. 管理遗产的人,有权实施旨在继承人出现前或者接受继承前保管遗产的一切必要行为。

3. 管理遗产的人,有权因履行自己的权限而获得报酬。

第88章　遗嘱的执行

第1286条　立遗嘱人指定遗嘱执行人的权利

1. 立遗嘱人可以委托具有完全民事行为能力的自然人或者法人(遗嘱执行人)执行遗嘱。

2. 遗嘱为若干人的利益订立的,遗嘱的执行可以委托其中的任何一人。

3. 遗嘱为一个人的利益订立的,遗嘱的执行可以托付给不是遗嘱继承人的人。

第1287条　依继承人的发起指定遗嘱执行人

1. 立遗嘱人指定的遗嘱执行人不能保障执行立遗嘱人的意思的,继承人有权提起关于解任立遗嘱人指定的遗嘱执行人的诉,使其不再履行自己的权限。

2. 立遗嘱人未指定遗嘱执行人,或者其指定的人拒绝执行遗嘱或被解任执行遗嘱的,继承人有权在继承人中选择执行人,或者指定其他人为遗嘱执行人。

3. 继承人对遗嘱执行人的指定不能取得一致同意的,依继承人中一人的请求,可以由法院指定遗嘱执行人。

第1288条　由公证人指定遗嘱执行人

1. 立遗嘱人未指定遗嘱执行人,或者遗嘱执行人拒绝执行遗嘱或由继承人利益所要求解任遗嘱执行人的,可以由公证人或者在乡村居民定居点的继承开始地的相关地方自治机关有权限的公职人员指定。

〔第 1288 条第 1 款根据 2014 年 10 月 20 日第 1709-VII 号法律修改〕

第 1289 条　人对指定其为遗嘱执行人的同意

1. 仅经人同意,才可指定其为遗嘱执行人。

2. 人同意作为遗嘱执行人,可以在遗嘱本身的文本中表达,或者添附其后。

3. 人可以向继承开始地的公证人提交关于同意在继承开始后成为遗嘱执行人的申请。

第 1290 条　遗嘱执行人的权限

1. 遗嘱执行人有义务:

　　(1)采取措施保护被继承的财产;

　　(2)采取措施告知继承人、受遗嘱人、债权人关于继承开始的
　　　　情况;

　　(3)请求被继承人的债务人履行其自己的债;

　　(4)管理遗产;

　　(5)保障继承人中的每个人都获取遗嘱所确定的遗产份额;

　　(6)保障对遗产中必留份享有权利的人获取遗产中的份额。

2. 遗嘱执行人有义务保障继承人履行遗嘱所要求的行为。

3. 遗嘱执行人的权限,由继承开始地的公证人颁发的文件证明。

第 1291 条　遗嘱执行人因履行自己权限而获取报酬的权利

1. 立遗嘱人有权在遗嘱中确定财产(以原物或者金钱形式表现),遗嘱执行人有权从遗产的组成部分中获取该财产作为其履行自己权限的报酬。

2. 遗嘱未确定报酬金额的,其可依遗嘱执行人与继承人的协议

确定,在有争议的情形,由法院确定。

3. 遗嘱执行人有权请求继承人赔偿其为保护遗产、管理遗产和执行遗嘱所付出的开销。

第 1292 条 遗嘱执行的监督

1. 继承人有权监督遗嘱执行人的行为。

2. 继承人是幼年人、未成年人、无行为能力人或者民事行为能力受到限制的人,遗嘱执行的监督由父母(收养人)、监护人、保护人以及监护和保护机关进行。

3. 依本条第 1、2 款确定的人的请求,遗嘱执行人应当报告其根据遗嘱执行所实施的行为。

4. 在遗嘱执行后,遗嘱执行人向继承人或者其法定代理人提交关于履行自己权限的报告。

第 1293 条 对遗嘱执行人的行为向法院申诉的权利

1. 遗嘱执行人的行为不符合本法典、其他法律,侵害继承人利益的,继承人、其法定代理人以及监护和保护机关有权向法院申诉。

2. 对认定遗嘱执人行为违法的请求,适用一年诉讼时效。

第 1294 条 遗嘱执行人权限的有效期

1. 在遗嘱中记载的被继承人的意思全部实现前,遗嘱执行人的权限持续有效。

2. 遗嘱执行人权限的效力,由继承开始地的公证人,依继承人与受遗赠人的协议予以终止。

3. 遗嘱执行人的权限终止后,应当向公证人返还颁发给其的文件(本法典第 1290 条第 3 款)。

4. 在遗嘱执行人未返还授予其权限的文件的情形,继承人有权请求获得文件,以及请求赔偿其所致的损失。

第 1295 条 遗嘱执行人拒绝行使自己权限的权利

1. 遗嘱执行人,无论其是否被指定的,都有权拒绝行使自己的权利。

2. 遗嘱执行人有义务立即通知继承人以及遗嘱执行人应当对其实施确定行为的其他人,关于拒绝履行自己权限的情况。

3. 在必须实施紧急行为,迟延处理将使继承人受到损失威胁的情形,遗嘱执行人不得拒绝履行自己的权限。

4. 遗嘱执行人因未履行本条第 2、3 款规定的要求所致的损失,向继承人负责。

第 89 章 继承权的手续

第 1296 条 继承人取得继承权证书的权利

1. 接受继承的继承人,可以取得继承权证书。

2. 若干人接受继承的,继承权证书向每一个继承人颁发,并记载其他继承人的姓名和在遗产中的份额。

3. 没有继承权证书,不剥夺继承人的继承权。

第 1297 条 继承人提请继承权证书的义务

〔第 1297 条名称根据 2018 年 7 月 3 日第 2478-VIII 号法律修改〕

1. 接受继承的继承人,其遗产组成部分有财产和(或)财产权、负担和(或)不可移动财产和对其应进行国家登记的其他财产的,有义务提请公证人或者在乡村居民定居点向相关地方自治机关有权限的公职人员,向其颁发对不可移动财产的继承权证书。

〔第 1297 条第 1 款根据 2014 年 10 月 20 日第 1709-VII 号法

律修改；由 2018 年 7 月 3 日第 2478-VIII 号法律修订〕

2. 若干人接受继承的，向每一个继承人名下颁发继承权证书，并指明其他继承人的姓名和在遗产中的份额。

第 1298 条　颁发继承权证书的期限

1. 自继承开始时起六个月期限，向继承人颁发继承权证书。

2. 为已受孕但未出生的子女的利益订立遗嘱的，仅在该子女出生后，才可颁发继承权证书并且在所有继承人之间分配遗产。

　　本款第 1 段的规定，也适用于在法定继承的情形，被继承人在世时受孕但在其死亡后出生的子女。

3. 在接受继承的期限终结前，具有实质意义的情势有要求的，公证人可以向继承人颁发取得被继承人在银行（金融机构）中部分存款的许可。

　　〔第 1299 条基于 2013 年 7 月 4 日第 402-VII 号法律删除〕

第 1300 条　继承权证书的修改

1. 经所有接受继承的继承人同意，公证人或者在乡村居民定居点向继承开始地相关地方自治机关有权限的公职人员可以对继承权证书进行修改。

　　〔第 1300 条第 1 款根据 2014 年 10 月 20 日第 1709-VII 号法律修改〕

2. 根据法律判决，依继承人中一人的请求，可以对继承权证书进行修改。

3. 在本条第 1、2 款规定的情形，公证人向继承人颁发新的继承权证书。

第 1301 条　认定继承权证书无效

1. 确认被颁发证书的人没有继承权的，以及在法律规定的其他情形，根据法院判决认定继承权证书无效。

第90章　继承合同

第1302条　继承合同的概念

1. 根据继承合同,一方当事人(取得人)有义务执行另一方当事人(出让人)的指令,在后者死亡的情形取得对出让人财产的所有权。

第1303条　继承合同的当事人

1. 夫妻、夫妻中的一人或者其他人可以成为继承合同的出让人。

2. 自然人或者法人可以成为继承合同的取得人。

第1304条　继承合同的形式

1. 继承合同以书面形式订立,并经公证证明,以及依照乌克兰内阁批准的程序进行国家登记,记入继承登记簿。

　　〔第1304条第1款根据2010年9月21日第2527-VI号法律修改〕

第1305条　继承合同中取得人的义务

1. 继承合同中的取得人,有义务在继承开始前或者继承开始后,实施财产性或者非财产性的特定行为。

第1306条　夫妻参加的继承合同的特殊性

1. 属于夫妻共同共有的财产以及夫妻中任何一人个人所有的财产,可以成为继承合同的标的。

2. 继承合同可以规定,在夫妻中一人死亡的情形,遗产移转给另一人,在夫妻中另一人死亡的情形,其财产根据合同移转给取得人。

第1307条　继承合同履行的担保

1. 证明继承合同的公证人,在继承合同所确定的财产上涂写禁止出让的标记。

2. 出让人对继承合同所指的财产订立遗嘱的,是法定无效的。

3. 出让人有权指定在其死后对继承合同履行进行监督的人。

　　在没有该监督人的情形,对继承合同履行的监督由继承开始地的公证人进行。

第1308条　继承合同的解除

1. 在取得人不执行出让人指令的情形,依出让人的请求,法院可以解除合同。

2. 在取得人不可能执行出让人指令的情形,依取得人的请求,法院可以解除合同。

最终和过渡性规定

1. 本法典自 2004 年 1 月 1 日起生效。

2. 自 2004 年 1 月 1 日起,认定下列文件失效:

1963 年 7 月 18 日《乌克兰苏维埃社会主义共和国民法典》及对其的修改;

《关于核准乌克兰苏维埃社会主义共和国民法典》的乌克兰苏维埃社会主义共和国法律(乌克兰苏维埃社会主义共和国最高拉达公报,1963 年,第 30 期,第 463 条);

1963 年 12 月 9 日乌克兰苏维埃社会主义共和国最高拉达主席团《关于乌克兰苏维埃社会主义共和国民法典和民事诉讼法典生效程序》的法令第 2—7 条、第 12、13、16 条(乌克兰苏维埃社会主义共和国最高拉达公报,1963 年,第 51 期,第 731 条;1985 年,第 23 期,第 542 条;乌克兰最高拉达公报,1993 年,第 3 期,第 15 条)。

3. 乌克兰内阁应在 2003 年 4 月 1 日前,准备并向乌克兰最高拉达提交审议:

应当确认失效的立法文件(其个别规定)的清单,因本法典生效而应进行修改的立法文件的清单;

关于国际私法的法律草案,和因本法典必须通过的其他法律草案。

4. 乌克兰民法典适用于其生效后产生的民事关系。

对在乌克兰民法典生效前产生的民事关系,本法典的规定适用于生效后产生或者继续存在的权利和义务。

5. 乌克兰民法典第 6 卷,适用于在本法典生效前已经开始,但继承人中无人接受的继承。

乌克兰民法典第 1277 条关于无人继承财产的规则,适用于继承开始日距离本法典生效至少一年的继承。

6. 先前有效的立法规定提起诉讼的期限,该期限在本法典生效前仍未届满的,乌克兰民法典关于诉讼时效的规则适用于该诉讼。

7. 对认定争议的法律行为无效并适用法定无效的法律行为的无效后果之诉,提起该诉的权利在 2004 年 1 月 1 日前产生的,适用先前有效的立法为相关的诉所规定的诉讼时效。

8. 乌克兰民法典第 344 条关于取得时效的规则,适用于财产的占有开始于本法典生效前三年内开始的情形。

9. 对 2004 年 1 月 1 日前订立,并且在乌克兰民法典生效后继续有效的合同,适用本法典关于特定种类合同变更或者解除的根据、程序和后果的规则。

10. 乌克兰民法典关于违反合同的责任的规则,适用于相应的违法行为实施在本法典生效后的情形,但在 2004 年 1 月 1 日前订立的合同中规定该违法行为的其他责任的情形除外。

11. 正在进行的关于终止所有权案件的诉讼程序,其根据个是乌克兰民法典或者其他法律的,应当终止。

对该案件已经作出但未履行的法院判决,不得强制执行。

乌克兰总统（签名）Л. 库奇马

基辅市

2003 年 1 月 16 日

第 435-IV 号

图书在版编目（CIP）数据

乌克兰民法典 / 刘鹏译 . — 北京：商务印书馆，2022
ISBN 978 - 7 - 100 - 21055 - 3

Ⅰ . ①乌…　Ⅱ . ①刘…　Ⅲ . ①民法—法典—乌克兰
Ⅳ . ① D951.133

中国版本图书馆 CIP 数据核字（2022）第 065687 号

本书出版获得甘肃政法大学科研经费资助

乌克兰民法典

刘鹏　译

商 务 印 书 馆 出 版
（北京王府井大街 36 号　邮政编码 100710）
商 务 印 书 馆 发 行
北 京 冠 中 印 刷 厂 印 刷
ISBN　978 - 7 - 100 - 21055 - 3

2022 年 7 月第 1 版　　　　开本 880 × 1230　1/32
2022 年 7 月北京第 1 次印刷　　印张 17⅞
定价：138.00 元